KB028184

009

클래식그림씨리즈

뉘른베르크 연대기

클래식그림씨리즈 그림이 구축한 문명, 고전으로 만나다

뉘른베르크 연대기

The Nuremberg Chronicle

클래식그림씨리즈 009

초판 1쇄 인쇄 2022년 5월 1일
초판 1쇄 발행 2022년 5월 10일

지은이 하르트만 셰델
해 설 정태남
펴낸이 김연희

펴 낸 곳 그림씨
출판등록 2016년 10월 25일(제406-251002016000136호)
주 소 경기도 파주시 광인사길 217(파주출판도시)
전 화 (031)955-7525
팩 스 (031)955-7469
이 메 일 grimmsi@hanmail.net

ISBN 979-11-89231-46-0 03900
ISBN 979-11-960678-4-7 (세트)

009
클래식그림씨리즈

뉘른베르크 연대기
The Nuremberg Chronicle

하르트만 셰델 지음
정태남 해설

그림씨

해설

이탈리아 건축사, 작가

정태남

독일 르네상스 중심지에서 탄생한 《뉘른베르크 연대기》

《뉘른베르크 연대기*The Nuremberg Chronicle*》는 고대부터 전해 온 여러 가지 많은 문헌들과 또 그 당시의 문헌을 바탕으로 세계 역사를 연대순으로 백과사전처럼 담고 있는 책이다. 그런데 여기서 말하는 '역사'는 영어의 히스토리history보다는 라틴어의 히스토리아historia에 더 가깝다. 히스토리아의 뜻은 '역사'도 되고 '이야기'도 된다.

이 책에는 성서에 따른 역사와 세속의 인간사와 여러 가지 크고 작은 기이한 사건들이 기술되어 있는데, 연대순으로 보면 크게 두 부분으로 나뉜다. 즉, 천지창조부터 예수 그리스도의 탄생 직전까지 시대와 예수 그리스도 탄생 이후부터 1492년까지의 역사이다. 전체적으로는 기독교 역사, 로마 제국 역사, 독일 역사가 주된 흐름을 이룬다.

이 책의 특징은 무엇보다도 먼저 일러스트레이션이 풍부하게 곁들여 있다는 점이다. 이 책은 자그마치 1,809점에 달하는 삽화 때문에 그 가치를 인정받고 있다. 사실 이 책은 15세기에 유럽에서 출판된 책들 중에서 삽화가 가장 풍부하고 또 삽화가 가장 세련되게 배치되어 있는 책으로 여긴다. 출판의 역사에서, 장인정신과 디자인 관점으로 볼 때 《뉘른베르크 연대기》는 한 세대 이전에 출간한 《구텐베르크 성서》와 비교될 정도로 정교하며 탁월하다.

《뉘른베르크 연대기》에 수록된 삽화들은 성서 이야기, 왕들의 초상화와 계보도, 성인과 순교자, 기괴한 모습의 인간들, 여러 자연재해뿐만 아니라 마치 여행가이드북처럼 유럽의 여러 주요 도시와 유럽 및 세계 지도도 포함하고 있다.

《뉘른베르크 연대기》는 라틴어 판 약 200권, 독일어 판 약 300권이 현재까지 남아 있는데 상당수가 전 세계의 도서관이나 박물관에 보존되어 있거나 개인이 소장하고 있다. 그렇다면 오늘날 이 책의 금전적 가치는 얼마나 될까? 물론 보존 상태에 달려 있다. 2010년 런던의 경매에 나온 보존상태가 좋은 책의 경매가가 최고 85만 달러까지 올라갔다. 이는 약 10억 원에 해당하는 금액이다.

구텐베르크 사후 25년 뒤

인쇄술의 역사에 대해 말할 때 요하네스 구텐베르크Johannes Gutenberg(1400~1468)를 언급하지 않을 수 없다. 그는 서양 역사에서 처음으로 금속활자를 이용한 활판 인쇄술을 발명한 장본인이다. 그는 금속 세공 기술을 활용하여 정교한 금속활자를 제작하였고 또 활자에 적합

한 합금을 개발했으며, 더 나아가 정교한 인쇄에 필요한 유성 잉크도 개발했고 와인을 만들 때 쓰는 포도압착기 원리를 이용한 프레스 인쇄기도 개발했다. 물론 수많은 시행착오도 겪었지만 어쨌든 그가 인쇄한 출판물 중에서 최고의 명품으로 꼽는 것은 1460년경에 활판 인쇄술로 출판한《42행 성서》, 일명《구텐베르크 성서》이다. 그전까지만 하더라도 성서는 모두 손으로 쓴 필사본이었으니, 구하기도 어려웠고 값도 비쌌으며 이를 보유하는 사람도 일부 성직자를 포함한 극소수에 한정되어 있었다.《구텐베르크 성서》가 출간되었을 무렵, 인쇄술은 독일 전역에 퍼지기 시작했고 뉘른베르크에서는 1470년에 인쇄소가 처음으로 문을 열었다. 독일어권 국가 중에서 출판 및 인쇄 문화가 가장 활발했던 6개 도시는 쾰른, 스트라스부르, 라이프치히, 바젤, 아우크스부르크, 뉘른베르크이다. 이 새로운 인쇄기술을 통하여 성서뿐 아니라 필사본으로만 존재하던 수많은 그리스와 로마의 고전들과 새로운 책들을 대량으로 찍어 내는 것이 가능해졌으며, 이러한 출판물들은 전 유럽에 보급되었다.

구텐베르크는 1400년경 마인츠Mainz에서 태어나 1468년에 세상을 떠났는데 그가 살다 간 15세기 전후의 유럽에서는 인문주의와 르네상스 문화의 꽃이 피기 시작했다. 이러한 시기에 그의 인쇄술은 지식의 대중화를 빠른 속도로 촉진시켜 서양사회의 정보화에 크게 기여했으니 오늘날로 치면 컴퓨터와 인터넷 혁명과 같은 맥락이라고나 할까.

이러한 시대적 상황에서《뉘른베르크 연대기》는 구텐베르크가 세상을 떠난 지 25년이 지난 1493년 7월 12일에 뉘른베르크에서 출판되었다. 콜럼버스가 신대륙에 첫발을 디딘 것이 1492년 10월 12일이니까 신대륙을 발견한 지 꼭 아홉 달 뒤이다. 또 1517년에 루터가 종교개혁의 횃불을 들어올리기 24년 전이다.

뒤러의 고향 뉘른베르크

뉘른베르크Nürnberg는 남부 독일 바이에른 주의 북부 프랑켄Frnaken(라틴어 및 영어식으로는 프랑코니아Franconia) 지역에 위치한다. 바이에른 주의 수도이자 가장 큰 도시는 뮌헨이고 두 번째로 큰 도시가 뉘른베르크이다. 뮌헨에서 북쪽으로 약 160킬로미터 떨어진 곳이다. 뉘른베르크는 제2차 세계대전 때 연합군의 폭격으로 폐허가 되었다가 전후에 옛 모습대로 복구되었다. 따라서 뉘른베르크는 지금도 고풍스러운 분위기가 매력적으로 다가오는 부유한 도시이다. 여기저기 있는 고딕식 성당들과 높은 언덕 위에 서 있는 중세 풍의 성채는 이 도시의 연륜을 말해 준다.

뉘른베르크의 공항 이름은 '알브레히트 뒤러 공항'Albrecht Dürer Flughafen이다. 이곳에서 사람들을 붙잡고 독일 미술사에서 가장 위대한 예술가가 누구냐고 물으면 십중팔구 이곳 출신의 알브레히트 뒤러Albrecht Dürer(1471~1528)를 가장 먼저 꼽는다. 그의 동상은 뉘른베르크 성으로 올라가는 길에 서 있다.

뒤러는 르네상스 시대에 유럽에서 가장 위대한 예술가 중의 한 사람으로 손꼽히는데, 유명세를 따져 본다면 '독일의 미켈란젤로'

독일 르네상스의 중심지였던 뉘른베르크.

알브레히트 뒤러의 〈자화상〉(1500년).

라고 할까. 그러고 보니 그는 미켈란젤로와 같은 시대를 살았던 인물이다.

그의 고향 뉘른베르크는 신성 로마 제국의 '비공식 수도'였으며 15세기 후반에서 16세기에 인구 5만 명의 도시로, 쾰른과 아우크스부르크와 함께 독일에서는 가장 크고 부유한 도시 중의 하나로 손꼽혔다. 당시 국제 무역의 중심지였던 이곳 상인들은 동쪽으로는 폴란드의 크라쿠프와, 서쪽으로는 포르투갈의 리스본과, 남쪽으로는 프랑스의 리옹, 이탈리아의 베네치아를 다니며 교역했다.

뉘른베르크는 은제품, 지리와 천문용의 정교한 관측기구 등을 비롯하여 여러 종류의 상품을 수출하여 부를 축적했다. 이처럼 부유한 뉘른베르크에는 문화의 꽃이 피었고 독일 르네상스의 요람이 되었다.

이에 출판과 인쇄업도 호황을 이루었다. 특히 안톤 코베르거Anton Koberger(1440?~1513)가 설립한 출판 및 인쇄소는 유럽에서 가장 규모가 컸으며 인쇄의 품질과 분량에서 타의 추종을 불허했다. 안톤 코베르거가 출간한 서적들 중 대표작이 바로《뉘른베르크 연대기》이다. 뒤러가 태어나고 활동한 것은 바로 그때였다.

《뉘른베르크 연대기》 출판 경위

《뉘른베르크 연대기》를 집필한 사람은 뉘른베르크 태생의 의사이자 인문학자인 하르트만 셰델Hartmann Schedel(1440~1514)이다. 이 책을 출판하는 데는 막대한 비용이 들었는데, 그 뒤에는 재정적 후원자가 있었다. 제발트 슈라이어Sebald Schreyer(1446~1520)와 제바스티안 카머마이스터Sebastian Kammermaister(1446~1503)가 그들이다. 이 두 사람은 뉘른베르크의 부유한 사업가로 뉘른베르크 시의 경제와 문화 사업에 깊게 관여하고 있었다. 특히 슈라이어는 1488년《뉘른베르크 도시 연대기*Chronica Neronpergensium*》라는 책 출판에 큰 역할을 했다. 그 후 그는 삽화가 풍부하게 곁들여진 새로운 세계 역사서 출판을 기획했던 것으로 보인다. 이 부유한 두 상인은 셰델에게 집필을 의뢰했고, 1492년 3월 16일에는 이를 출판하는 데에 막대한 자금을 제공했다.

셰델은 여러 분야에 관심이 깊었던 인물이었다. 그는 라이프치히 대학에서 1456년부터 1462년까지 공부하면서 예술 분야의 학위를 취득한 다음 멀리 이탈리아의 파도바Padova 대학으로 유학 가서 인문학을 공부했고 이어서 의학도 공부했다. 그곳에 있는 동안 셰델은 그리스 출신의 데메트리오스 칼콘뒤데스Demetrios Chalkondydes(1424~1511) 교수로부터 고대 그리스어도 배웠다. 사실 그는 고대 그리스를 연구한 최초의 독일인 중 한 사람이다. 셰델은 1466년에 파도바 대학에서 의학박사 학위를 받은 다음 뉘른베르크로 돌아왔다.

그런데 그의 마음속에는 또 하나의 큰 열정이 꿈틀거리고 있었다. 그것은 다름 아닌 책이었다. 그는 열광적으로 서적을 수집했다. 그가 소장했던 책들은 모두 670권의 인쇄본과 370권의 필사본인데 필사본 상당수는 그가 직접 필사한 것이다. 당시 필사본 책은 값이 너무 비쌌기 때문에 일반인들이 쉽게 소유하기 힘든 시대였음을 고

려하면 엄청난 소장품이 아닐 수 없다. 그의 서재를 채웠던 서적들 대부분은 현재 뮌헨의 바이에른 주립도서관에 소장되어 있다.

이 서적들은 문법, 논리, 수사학, 천문학, 점성술, 수학, 철학, 인문학, 의학, 과학의 역사, 종교와 신학 등 매우 다양한 분야에 이른다. 셰델은《뉘른베르크 연대기》를 기획하고 저술하는 데에 자신이 수집한 서적들을 많이 참조했음에 틀림없다.

셰델은 '세계사'를 중세의 연대기 서술 전통에 따라 6개의 시대로 나눈 것에다가 세상의 종말을 첨가하여 다음과 같이 일곱 개의 시대로 구분하여 서술하고 있다. 그중에서 제6시대의 내용은 전체의 반 이상을 차지한다.

제1시대: 천지창조부터 노아 이전까지

제2시대: 노아부터 아브라함의 탄생까지

제3시대: 아브라함 및 모세부터 사울 왕까지

제4시대: 다윗 왕부터 예루살렘의 파괴까지

제5시대: 예수 그리스도의 탄생 직전까지

제6시대: 예수 그리스도의 탄생부터 15세기 후반까지

제7시대: 세상의 종말과 최후 심판

이 책은 1493년 7월 12일 라틴어로 처음 출판된 다음, 그해 12월 23일에 독일어 번역판이 출판되었다. 사실 독일어 판은 처음부터 계획되어 있었다. 독일어 번역은 뉘른베르크 시 정부의 서기였던 게오르크 알트Georg Alt(1450~1510)가 맡았는데 그는 라틴어 판본을 엮을 때부터 조력했다. 라틴어 판본과 독일어 판본의 차이점이라면 라틴어 판본이 656페이지인 반면, 독일어 판본은 596페이지로 내용이 약간 요약되어 있으며 난해한 사상을 설명하는 부분은 삭제되어 있는 점이다. 이것은 독자층이 달랐기 때문이다. 라틴어 판본은 종교계·학계·궁정을 위한 것이고, 독일어 판본은 대학을 다니지 않은 상류계층을 위한 것이었다.

그런데 이렇게도 유명한《뉘른베르크 연대기》는 처음부터 제목이 있었던 것이 아니다. 사실 옛날 책들은 제목이 없는 경우가 많은데, 이 책도 마찬가지였다. 학자들은 이 책의 라틴어 목차에 처음 나오는 문구 Liber Chronicarum을 따서 단순히《리베르 크로니카룸》이라고 했는데, '연대기 책'이란 뜻이다. 또는 '세상의 역사'라는 뜻의 라틴어로《히스토리아 문디*Historia mundi*》라고도 했다. 독일어권에서는 저자 이름을 붙여《셰델의 세계연대기*Die Schedelsche Weltchronik*》라고 한다. 물론 여기서 말하는 '세계'는 유럽과 그 주변을 말한다. 영어권에서는 이 책이 출판된 도시의 이름을 따서《뉘른베르크 연대기》라고 하는데, 제목만 보면 마치 '뉘른베르크'라는 도시의 역사로 오해할 여지가 있다.

출판 및 인쇄업자, 안톤 코베르거

알브레히트 뒤러의 아버지는 금세공 장인으로 헝가리에서 뉘른베르크로 일자리를 찾아온 이민자였다. 그가 살던 집은 뉘른베르크의 중앙시장이자 중심광장인 하우프트마르크트Hauptmarkt 부근의 거리에 있었는데 뒤러는 그곳에서 1471년에 태어났다. 뒤러 가족이 살던 거리에는 뉘른베르크 태생의 금세공 장인 안톤 코베르거가 살고 있었는데 그는 나중에 어린 알브레히트 뒤러의 대부代父가 된다.

안톤 코베르거는 금세공 일을 그만두고 알브레히트 뒤러가 태어나기 1년 전인 1470년에 뉘른베르크에서는 처음으로 출판사 겸 인쇄소를 창립했다. 그는 사업 수완이 좋아서 불과 몇 년 사이에 경쟁 업체들을 인수했다. 그의 업체는 자본주의 시대의 대기업처럼 성장을 거듭하여 단시간에 독일에서 가장 성공적인 업체로 발전했으며 규모로 보면 유럽에서 제1의 업체로 자리를 굳혔다.

그의 사업장은 24대의 인쇄기와 30개의 다양한 서체의 활자를 갖추고 있었기 때문에 동시에 여러 가지 책들을 인쇄할 수 있었다. 또 사업장에는 활자 선별, 활자 배치, 삽화, 인쇄 등 여러 단계의 인쇄 과정을 전담하는 직공들이 있었는데, 많을 때는 100명까지도 되었다. 그의 사업장은 잘 조직화되어 있었기 때문에《뉘른베르크 연대기》와 같은 방대한 책을 효율적으로 출판할 수 있었다.

그는 사업이 번창하자 밀라노, 파리, 비엔나, 부다(당시에는 부다와 페스트가 통합되지 않았다) 등 유럽 주요 도시에 서적 유통업자와 서점들을 직접 돌아보면서 관리할 전문 인력을 갖추었다. 게다가 늘어나는 수요에 맞추어 출판물 공급을 원활하게 하기 위해 종이를 직접 제작하는 제지소까지 뉘른베르크에 두 군데 갖추었다. 그는 1500년까지 약 250종의 책을 출판한 것으로 알려져 있다.

화가 볼게무트의 대형 공방

알브레히트 뒤러의 작품 중에 1515년에 그린 〈미하엘 볼게무트의 초상화〉가 있다. 그럼 이 초상화의 인물은 무슨 일을 하던 사람일까? 《뉘른베르크 연대기》에 들어간 삽화는 모두 목판화인데 이 책에 들어간 대량의 목판화 원판을 제공한 장본인이 바로 미하엘 볼게무트Michael Wolgemuth(1434~1519)이다.

볼게무트는 화가로서도 뛰어났고 사업 수완도 좋았다. 그는 양아들 빌헬름 플라이덴부르프Wilhelm Pleydenwurff(1460~1494)와 함께 뉘른베르크에서 예술의 여러 분야를 아우르는 대형 공방을 운영했는데, 그곳에는 많은 조수들과 견습생들이 작업했다. 이 공방은 원래 목판, 제단화, 조각 등을 제작했지만 서적용 삽화라는 새로운 예술 시장이 떠오르자 이에 대비했고 또 전문화했다.

볼게무트와 빌헬름 플라이덴부르프는 1487년부터 1488년 중반에 처음으로 《뉘른베르크 연대기》에 들어갈 삽화를 의뢰받았고, 이어서 1491년 12월 29일에 추가 삽화와 설명을 제공하는 추가 계약을 맺었다. 볼게무트는 예술가의 기존의 그림을 목판화로 만들기 위해 밑그림을 도안하거나, 도장 파듯 그 도안을 바탕으로 목판을 만드는 장인들을 전문인력으로 고용했다. 그런데 《뉘른베르크 연대기》에 수록된 삽화는 모두 1,809개이지만 볼게무트 공방에서 제작한 목판 원본은 모두 645개밖에 안 된다. 이것은 같은 삽화가 중복되어 사용되었다는 뜻이다.

한편 알브레히트 뒤러는 15세가 되던 1486년부터 1489년까지

알브레히트 뒤러가 그린 〈미하엘 볼게무트의 초상화〉(1515년).

3년 동안 볼게무트 공방에서 견습공으로 있으면서 그의 가르침을 받았다. 그때 뒤러는《뉘른베르크 연대기》의 삽화를 준비하는 데 어느 정도 참여했을 가능성도 있다. 예로 제5시대에서 Folium LXXVI recto의 〈해와 달〉(그림 091) 목판화에서는 뒤러의 손길이 보인다고 하는 학자도 있다.

뒤러는 견습을 마친 다음《뉘른베르크 연대기》출판 전후인 1490년부터 1494년까지 4년 동안 또 다른 예술 경험을 쌓기 위해 뉘른베르크를 떠나 여러 지역으로 여행했다. 뒤러는 생의 후반에 수많은 판화용 삽화 작품을 남겼는데, 학자들은 그것은 그가 이곳에서 얻은 경험과 관련 있으리라 추정한다.

한편 흥미로운 것은 볼게무트의 공방이 셰델이 살던 집 바로 옆에 있었다는 것과, 또 슈라이어와 코베르거는 같은 거리에 살았다는 것이다.

인쇄한 뒤 일일이 손으로 채색한 삽화

셰델이 다룬 분야는 기존의 다른 연대기에 비해 훨씬 더 광범위하다. 따라서《뉘른베르크 연대기》에 수록된 삽화의 종류도 매우 다양하다. 다만 인물들의 복장과 건물 및 도시의 모습은 시대와 문화권이 다른데도 대부분 중세와 15세기의 독일 풍이다.

연대기는 역사서보다는 훨씬 더 융통성 있게 집필할 수 있다. 따라서 집필자는 자기가 관심 있는 것에 초점을 맞출 수 있다. 셰델이 관심을 유별나게 많이 가졌던 것은 독일과 유럽의 주요 도시들이다. 사실《뉘른베르크 연대기》에서 도시 풍경을 담은 삽화는 100개가 넘고 그중 29개는 책의 양쪽 페이지를 차지한다.

뉘른베르크에서 거리상 가까이에 있는 도시들의 삽화를 보면 어느 도시를 묘사한 것인지 비교적 쉽게 알아볼 수 있다. 하지만 뉘른베르크에서 멀리 떨어져 있는 도시일수록 떨어진 거리에 비례하여 원래 모습과 다르게 묘사되어 있다.

한편 현존하는 책의 삽화를 보면 '컬러판'인 경우가 많은데, 이것은 인쇄 후에 일일이 손으로 채색한 것이다. 사실《뉘른베르크 연대기》가 출간된 뒤 이를 위한 착색 전문 업체도 생겨났다. '컬러판'은 '흑백판'보다 당연히 비쌌다.

《뉘른베르크 연대기》의 '해적판' 등장

《뉘른베르크 연대기》는 판매량 기록은 남아 있지만 책값이 얼마였는지, 또한 처음에 몇 부가 발행되었는지 정확히 알려져 있지 않다. 그럼에도 학자들은 라틴어판은 대략 1,400~1,500부, 독일어판은 700~1,000부가 발행되었던 것으로 추정한다. 라틴어판이 독일어판 발행부수보다 훨씬 많았던 것으로 추정하는 것은 라틴어판이 전 유럽을 대상으로 출판했기 때문이다. 당시 유럽 지식층 사이에서는 라틴어가 국제어처럼 통용되었던 탓이다.

그런데 1509년의 판매량 조사 기록에 따르면 라틴어판은 539부, 독일어판은 60부, 모두 약 600부가 팔리지 않고 재고로 남아 있었다. 출판하는 데 막대한 비용이 든《뉘른베르크 연대기》는 사업 측면에서 보면 별로 성공한 것이 아닌 것 같다. 이토록 많은 책이 팔리지 않고 창고에 쌓여 있던 이유는 무엇일까? 그것은 전혀 예기치 않은 일이 발생했기 때문이다.《뉘른베르크 연대기》가 출간되고 나서 3년 뒤에 독일어로 된 해적판이 나왔던 것이다.

이 해적판은 바이에른 남부 도시 아우크스부르크에 있는 인쇄소에서 출간되었다. 이 해적판을 펴낸 장본인은 아우크스부르크 태생의 요한 쇤슈페르거Johann Schönsperger(1455~1521)였다. 그는 금세공업자인 토마스 뤼거Thomas Rüger(?~1483)와 함께 1481년에 출판 및 인쇄업을 시작하여 재미를 봤다. 그러다가 1496년에 《뉘른베르크 연대기》의 독일어판 '해적판'을 출간했다. 게다가 1년 뒤에는 아예 학문시장을 장악하려고 라틴어판 '해적판'도 펴냈다.

이 '해적판'은 《뉘른베르크 연대기》의 본문과 삽화를 거의 그대로 베낀 것이나 다름없다. 판형은 《뉘른베르크 연대기》보다 훨씬 작은 1/2 크기였지만 내용도 그대로이고 삽화도 같은 분량이었기 때문에, 글씨와 삽화가 작아졌고 약자를 많이 썼다. 한편 원본의 그림을 베끼면서 등장인물이 많은 삽화는 인물 수를 크게 줄였다. 이러한 연유로 이 '해적판'은 '작은 셰델'이란 뜻으로 '클라이네 셰델'Kleine Schedel이라고 불렸다.

이 '해적판'은 크기가 작은 데다가 품질이 낮은 종이를 사용했기 때문에 《뉘른베르크 연대기》보다 책값이 훨씬 쌌다. 따라서 더욱더 많은 사람들이 큰 부담 없이 구입할 수 있었다. 게다가 흥미로운 점은 '해적판'에는 《뉘른베르크 연대기》에서 잘못된 부분들이 교정되어 있다는 것이다.

이 '해적판'은 워낙 잘 팔렸기 때문에 《뉘른베르크 연대기》의 개정판 출간 계획이 무산되었다. 그런데 쇤슈페르거의 행위는 당시 저작권법이 없었기 때문에 불법으로 간주되지 않았다. 따라서 '클라이네 셰델'은 남의 것을 그대로 베낀 것임에도 '해적판'이라 부르기도 힘들다.

그렇다면 《뉘른베르크 연대기》의 내용은 셰델이 모두 직접 저술한 것일까? 엄밀하게 따지면 실제로 그가 직접 쓴 내용의 분량은 전체의 10퍼센트도 되지 않는다. 사실 그는 자신이 소장하던 방대한 저서들 중에서 특히 이탈리아 북부도시 베르가모Bergamo 출신의 사제이자 인문학자인 야코포 필립포 포레스티Jacopo Filippo Foresti (1435~1520)가 쓴 연대기를 상당히 많이 참조했다. 이 연대기는《뉘른베르크 연대기》보다 10년 전인 1483년에 베네치아에서 처음 출판된 것이었다. 그렇다고《뉘른베르크 연대기》를 오늘날 잣대로 남의 저서를 복사하여 엮은 표절 작품이라고 말할 수는 없다.

어쨌든 '원본'이든 '해적판'이든《뉘른베르크 연대기》는 당시에 지식의 확산에 크게 기여했다.

예수 그리스도의 탄생부터 세상의 종말과 최후의 심판까지

《뉘른베르크 연대기》는 기독교 관점에서 쓴 것이기 때문에 천지창조부터 시작한다. 즉 제1시대부터 제5시대에 이르기까지의 상당부분은《구약성서》 내용과 평행을 이루며 아시리아, 이집트, 그리스, 로마 왕정 및 공화정의 역사가 전개된다.

《뉘른베르크 연대기》의 첫 번째 삽화는 옥좌에 앉아 천지창조하는 여호와의 모습이며 그 위 배너의 라틴어 구절은 "그가 말하자 그것들은 만들어졌다. 그가 명하자 창조되었다."이다. 이 삽화는 한 페이지 전면을 차지한다(그림 001). 이것을 시작으로《구약성서》 내용을 담은 삽화들이 제4시대까지 나온다.

제2시대에서 주목할 만한 삽화는 노아의 세 아들 셈, 함, 야벳이 들고 있는 '세계 지도'이다(그림 020). 이 지도는 아시아, 아프리카, 유럽 대륙을 보여 주는데 유럽은 북쪽에서 서쪽으로, 아프리카는 남쪽으로, 아시아는 남쪽에서 동쪽을 통해 북쪽으로 펼쳐져 있다. 아시아는 전체의 반 이상을 차지한다.

그런데 이 지도에서 아메리카 대륙은 보이지 않는다. 《뉘른베르크 연대기》가 출판되기 바로 이전 해인 1492년 10월에 콜럼버스Christopher Columbus(1451~1506)는 신대륙을 발견했지만 콜럼버스는 그것이 인디아인 줄로만 알았다. 사실 신대륙이 존재한다는 사실은 아메리고 베스푸치Amerigo Vespucci(1454~1512)가 남아메리카 대륙을 탐험한 1501~1502년 이후에야 알려졌다. 이런 연유로 아메리카 대륙이 표시되어 있지 않은 것이다. 또한 재미있는 것은 이 지도와 연계하여 로마인들과 중세인들이 상상하던 미지의 세계에 사는 인간들의 모습을 그린 삽화이다(그림 017, 018, 019). 요즘으로 치면 외계인이라고나 할까.

제2시대부터 제5시대에 이르는 시대에는 여러 도시들이 소개되어 있다. 고대에 존재했던 니네베, 바빌론, 트로이아처럼 완전히 상상하여 묘사한 삽화가 있는가 하면(그림 027, 031, 049), 베네치아처럼 단번에 알아볼 수 있을 정도로 비교적 자세하게 묘사된 삽화도 있다(그림 056). 베네치아의 경우 베른하르트 폰 브라이덴바흐Bernhard von Breidenbach(1440~1497)가 1486년에 출간한 《성지 순례》에 수록된 에어하르트 로이비히Erhard Reuwich(1445~1505)의 삽화 베네치아의 풍경을 그대로 참조한 것이다. 또 피렌체를 묘사한 삽화도 비교적 정확하다(그림 095). 그것은 프란체스코 로셀리Francesco Rosselli(1445~1513?)가 그린 피렌체의 풍경을 참조했기 때문이다. 그런데 베네치아 근교에 있는 파도바는 셰델이 유학한 도시였는데도 불구하고 실제의 모습과 아주 달리 묘사되어 있다(그림 057). 이것은 셰델은 집필만 하고 삽화에 대한 조언은 별로 하지 않았다는 뜻이다.

《뉘른베르크 연대기》에서 로마의 역사는 중요한 부분을 차지한다. 제4시대에서는 로마가 건국되기 이전부터 융성했으며 로마 초기에 지대한 영향을 끼친 에트루리아가 언급된다. 페루지아는 에트루리아의 주요 도시 가운데 하나였다(그림 064).

그다음에는 로마 건국 전설(그림 069)과 왕정 시대가 일부 다루어지는데《구약성서》에 나오는 선지자 다니엘과 바빌론의 네부카드네자르Nebuchadnezzar(느부갓네살) 왕 시대는 로마 왕정 시대 중반에 해당한다(그림 068).

제5시대에서는 로마 역사를 본격적으로 다루기 시작한다. 로마 역사는 7명의 왕이 통치하던 왕정 시대(기원전 753~기원전 509), 매년 선출되는 두 명의 집정관이 통치하던 공화정 시대(기원전 509~기원전 27), 황제가 통치하던 제정 시대(기원전 27~기원후 467)로 나뉜다.

공화정 시대에 로마는 국력을 서서히 키워 나가기 시작하여 마침내 카르타고와 격돌한다. 기원전 814년에 창건된 카르타고는 지중해의 해상강대국으로 발전했지만 기원전 149년에 완전히 멸망하고(그림 052), 로마는 지중해의 최강국으로 부상했다. 공화정 후반 율리우스 카이사르(줄리어스 시저)는 권력을 독점하다가 기원전 44년에 암살당한다(그림 098). 그가 죽은 후 혼란한 정세를 평정한 그의 조카 옥타비아누스는 로마의 제1인자가 되는데 그가 기원전 27년에 원로원으로부터 '아우구스투스'Augustus라는 칭호를 받음으로써 로마 제국이 시작된다. 그러니까 왕정 시대, 공화정 시대, 제정 시대 초기 27년은 제5시대에 해당한다. 한편 티부르의 시빌라Sibylla(여자 예언자)는 아우구스투스 구세주가 탄생할 것이라고 예언했다고 한다(그림 099). 이 삽화는 예수 그리스도와 로마 제국 간의 연관성을 처음으로 보여 준다.

제5시대의 마지막 삽화는 마리아의 일생을 묘사한 세 장면이다(그림 101). 첫째는 마리아의 탄생, 둘째는 마리아의 결혼, 마지막은 수태고지, 즉 가브리엘 천사가 마리아에게 구세주를 낳을 것이라고 알리는 장면이다. 큰 틀에서 보면 천지창조 이후 제5시대에 이르는 시대는 예수 그리스도의 탄생을 예비하는 시대인 셈이다.

예수 그리스도 탄생 이후 로마 제국 시대

제6시대가 시작되는 시점인 예수 그리스도가 이 세상에 왔을 때는 로마 제국의 초대 황제 아우구스투스는 63세였다. 로마 제국은 아우구스투스(재위 기원전 27~기원후 14)에 의해 완전한 기틀이 잡혔고, 그의 의붓아들인 클라우디우스 가문 혈통의 티베리우스 황제Tiberius(재위 14~37), 칼리굴라 황제Caligula(재위 37~41), 클라우디우스 황제Claudius(재위 41~54), 네로 황제Nero(재위 54~68)를 거치면서 발

아우구스투스

티베리우스

칼리굴라

클라우디우스

네로

로마 제국 초기
율리오- 클라우디우스
왕조 황제들.

전과 혼란을 거듭했다. 아우구스투스로부터 네로 황제까지를 율리오-클라우디우스 왕조라고 한다(그림 114).

예수 그리스도가 십자가에 못 박혀 처형당한 것은 제2대 황제 티베리우스가 통치할 때였다. 기독교 역사에서 매우 중요한 사건인 십자가형을 묘사한 삽화는 한 페이지 전체를 차지하지 않고, 예수의 생애의 네 장면(그림 103), 즉 탄생 , 박사들과 토론(탄생 후 12년), 세례(탄생 후 20년), 십자가 처형을 묘사한 시리즈 그림 안에 있다. 그리고 이 네 장면은 전체 페이지의 1/3 정도만 차지한다. 또 기독교에서 매우 중요시되는 부활의 장면을 묘사한 삽화는 없다.

반면에 제자들의 순교 장면은 비교적 자세하게 묘사되었다. 한편 베드로와 바울이 순교했다고 전해지는 시기는 역사적으로 증명할 사료가 없고 오로지 전해져 내려오는 말에 전적으로 의존하는데 일반적으로 네로 황제 치세에 해당하는 것으로 추정한다(그림 120, 121). 네로 황제는 초기 기독교신자들을 무자비하게 박해했다고 하지만 그에 관련한 삽화는 없다.

네로 황제가 몰락하고 난 다음 로마 제국은 정치적으로 혼란의 소용돌이에 빠졌다. 베스파시아누스Vespasianus(재위 69~79)는 유대 반란을 진압하다가 로마의 혼란한 정세를 평정하고 황제가 되었다(그림 125). 그는 자신의 가문과 로마 제국의 영광을 상징하는 거대한 원형극장 콜로세움을 착공했으며, 장남 티투스Titus(재위 79~81)와 차남 도미티아누스Domitianus(재위 81~96)가 아버지로부터 제위를 계승했고 콜로세움을 완공했다. 도미티아누스 재위 시, 사도 요한(또는 〈요한 계시록〉의 저자인 파트모스의 요한)은 수도 로마 외곽에서 뜨거운 기름 가마솥에서 순교했다고 전해진다(그림 136).

한편 로마의 가장 중요한 랜드마크인 콜로세움을 그린 삽화는 따로 없고 다만 제4시대에 로마 시가지 전경을 담은 삽화에서 왼쪽에 반 정도 묘사되어 있을 뿐이다.

도미티아누스가 암살당한 다음에는 나이가 지긋한 원로의원 네르바Nerva(재위 96~98)가 황제로 추대되면서 소위 '5현제 시대'가 열리는데 그가 양자로 삼아 후계자로 발탁한 트라야누스 황제Traianus(재위 98~117)는 로마 제국의 영토를 최대로 확장했으며, 하드리아누스 황제Hadrianus(재위 117~138), 안토니누스 피우스 황제Antoninus Pius(재위 138~161) 시대에는 사상 최고의 번영기를 누렸다. 하지만 철학자 황제 마르쿠스 아우렐리우스Marcus Arurelius(재위 161~180) 시대부터는 게르만족을 비롯한 외적의 침입이 빈번해지면서 평화가 흔들리고 그의 아들 콤모두스 황제Commodus(재위 180~192) 시대부터는 로마 제국의 국운이 서서히 기울어지기 시작했다.

그 후 로마는 오랜 기간 동안 혼란기를 거치게 되는데, 그 사이에 기독교는 여러 번 국가 차원의 박해를 받았으며, 이러한 박해는 디오클레티아누스 황제Diocletianus(재위 284~305) 때 최고조에 달했다. 디오클레티아누스 사후 후계자 문제로 야기된 내란을 평정하고 로마 제국의 제1인자로 등장한 콘스탄티누스 황제Constantinus(재위 305~337)는 기독교 세력과 손을 잡았으며 313년에는 밀라노 칙령을 통해 기독교를 공인했다.

그는 국가의 통일을 위해 여러 파로 갈라져 있던 기독교를 통합할 필요성을 느끼고 325년 소아시아의 니케아에서 종교회의를 개최했다. 이때 삼위일체설이 받아들여진다(그림 144).

로마 제국 멸망의 역사는 콘스탄티누스 황제가 330년에 제국의 수도를 비잔티움으로 옮김으로써 급류를 타게 된다. 이 로마 제국의 새로운 수도는 처음에는 '새로운 로마'라는 뜻으로 노바 로마Nova Roma라고 불리다가 나중에는 '콘스탄티누스의 도시'라는 뜻의 콘스탄티노폴리스Constantinopolis로 개명되었다(그림 143). 영어로는 콘스탄티노플Constantinople이고, 현재 터키의 이스탄불이다.

그 후, 기독교는 390년에 테오도시우스 황제Theodosius I(재위 379~395)에 의해 로마의 국교로 정해졌다. 그런데 그가 395년에 죽은 후 로마 제국은 동로마 제국과 서로마 제국으로 갈라지기 시작했다.

한편 중앙아시아에서 온 훈족이 375년경 유럽을 침공함에 따라 게르만족의 대이동이 본격적으로 시작되어 서고트족, 프랑크족, 반달족, 동고트족 등과 같은 여러 게르만 민족이 대거 로마 제국 국경 안으로 몰려들어 와 터를 잡았다. 476년에는 게르만족 출신의 용병 대장 오도아케르Odoacer(434?~493)가 서로마 제국의 황제 로물루스 아우구스툴루스Romulus-Augustulus를 퇴위시킴으로써 (서)로마 제국은 역사의 뒷전으로 완전히 사라졌다.

로마 제국을 물려받게 된 게르만족은 고유의 종교를 버리고 점차 기독교를 받아들이면서 유럽 역사의 전면에 등장했다.

서로마 제국 멸망 이후부터 1492년까지

서로마 제국 지역을 완전히 장악한 게르만족은 7세기경까지 더 넓은 영토를 차지하기 위하여 자기들끼리 다투었다. 이러한 과정 속에서 프랑크족이 서서히 두각을 나타내기 시작하여 서유럽 최초의 통일 국가인 프랑크 왕국을 세웠다.

한편 7세기에 중동 지역에서는 무함마드가 창시한 이슬람교가 교세 확장을 거듭했다(그림 153). 그 후 711년 이슬람 세력은 서고트족이 지배하던 이베리아 반도의 남부를 침공하여 순식간에 이베리아 반도 전역을 석권했다.

그다음에는 피레네 산맥을 넘어 진격했으나 732년에 프랑크 왕국의 칼 마르텔Karl Martell(689~741)은 그들을 격퇴하여 기독교를 이슬람으로부터 지켰다. 그를 이은 피핀Pippin 3세(714~768) 시대에는 프랑크 왕국과 교회가 제휴하게 되며, 그의 아들 카를Karl 대제(재위 768~814)는 고대 로마 제국의 상당 부분에 해당되는 지역을 정복하였다. 그 후, 교황을 위협하던 랑고바르트 족을 누르고 800년에 로마에서 로마 제국 황제의 관을 받아 기독교의 보호자로서 지위를 굳혔으며, 곳곳에 성당과 수도원을 세우는 등 기독교를 전 유럽에 전파했다. 하지만 그가 죽은 뒤 프랑크 왕국은 서프랑크(프랑스), 동프랑크(독일), 중프랑크(이탈리아)로 분열하게 된다.

카를 대제 왕조가 끝난 다음, 911년 동프랑크에서는 프랑켄(프랑코니아) 공公 콘라트Konrad 1세가 왕으로 선출되었고 이어 919년에 작센 공 하인리히Heinrich 1세(876~936)가 왕위에 올랐다(그림 163).

그는 최초의 독일 왕으로 신성 로마 제국의 기초를 닦았다. 그의 아들 오토Otto 1세(912~973)는 이탈리아에서 교황 요하네스 12세(재위 955~964)를 위협하던 현지의 귀족들을 토벌하고 교황으로부터 로마 황제 관을 받았다. 이로써 신성 로마 제국이 시작되었다. 카를 대제처럼 교회를 중심으로 제국을 통치하려 한 오토 대제의 정책은 이후 중세 교회권의 확대에 결정적인 역할을 했다.

하지만 그 후 잘리어Salier 왕조(1024~1125) 때인 1075년부터는 황제권과 교황권은 서로 대립하기 시작하는데 이 대립은 클뤼니 수도원 출신의 교황 그레고리우스Gregorius 7세(재위 1073~1085) 때 절정에 달했고, 1122년에 하인리히 5세와 교황 칼리스투스 2세 간에 맺어진 보름스Worms 협약을 통해 종식되었다.

잘리어 왕조에 이어 호엔슈타우펜Hohenstaufen 왕조(1138~1254)의 전설적인 황제 프리드리히Friedrich 1세(1122~1190)는 신성 로마 제국 황제를 대표하는 유능한 군주로서 독일의 국내 체제를 정비했다. 그런데 이 왕조의 마지막 통치자 프리드리히Friedrich 2세(1194~1250)의 궁정은 독일이 아닌 시칠리아의 팔레르모에 있었다. 그는 기독교 문화 외에도 비잔틴, 이슬람 문화도 받아들여 시칠리아를 일종의 국제문화의 용광로로 만들었다.

한편 당시의 교황 인노첸티우스Innocentius 3세(1198~1216)는 교황의 절대적 영적 권위를 주장했고 여러 나라들의 정치 문제에 관여했다. 프란체스코 수도회는 바로 이 교황으로부터 인가를 받았다(그림 172, 173).

호엔슈타우펜 왕조가 끝난 다음에는 왕들이 난립하는 대공위 시대가 1273년까지 지속되었고, 이 혼란기 후에는 선제후 제도가 서서히 자리 잡게 되었다. 1356년에 룩셈부르크 왕가의 황제 카를 4세가 반포한 황금칙서는 제국의 근본적인 법률을 정하고 황제 선거 절차와 황제를 선출하는 7명의 선제후의 자격을 규정했는데, 선제후 7명 중 3명은 성직자, 4명은 세속제후로 정했다(그림 160).

그러다가 1438년부터는 오스트리아의 합스부르크 왕가가 신성 로마 제국의 제위를 계속적으로 계승하게 되었다. 하지만 합스부르크 시대에도 제후들은 여전히 할거했기 때문에 독일의 분권적인 상태는 계속되었다(독일은 오스트리아를 제외하고 1871년에야 '독일제국'이란 국명으로 통일된다).

제6시대에 일어난 가장 큰 사건은 1453년에 있었던 콘스탄티노폴리스의 함락일 것이다. 동로마 제국(비잔티움 제국)의 수도이자 유일한 기독교 지혜의 본산 콘스탄티노폴리스가 오스만 튀르크의 술탄 메흐메드 2세에게 함락당함으로써 1천 년 비잔틴 제국의 역사는 막을 완전히 내리고 말았다. 이에 따라 성 소피아 성당은 이슬람 성전으로 바뀌었고 도시명도 이스탄불로 바뀌었다. 삽화는 이 도시의 참혹했던 멸망의 순간이 아니라 번영하던 시대의 모습을 보여주는데 제목은 '함락된 콘스탄티노폴리스'로 붙여져 있다. 이 삽화(그림 187)는 이전에 나온 콘스탄티노폴리스 삽화(그림 143)의 반쪽 크기이다.

그 후 이슬람의 오스만 튀르크(터키) 세력은 유럽 본토를 침공하기 시작하는데, 먼저 발칸 반도를 점령한 후 헝가리를 유린하고는 중부 유럽을 위협하게 된다. 샤바츠 요새(그림 188)는 헝가리가

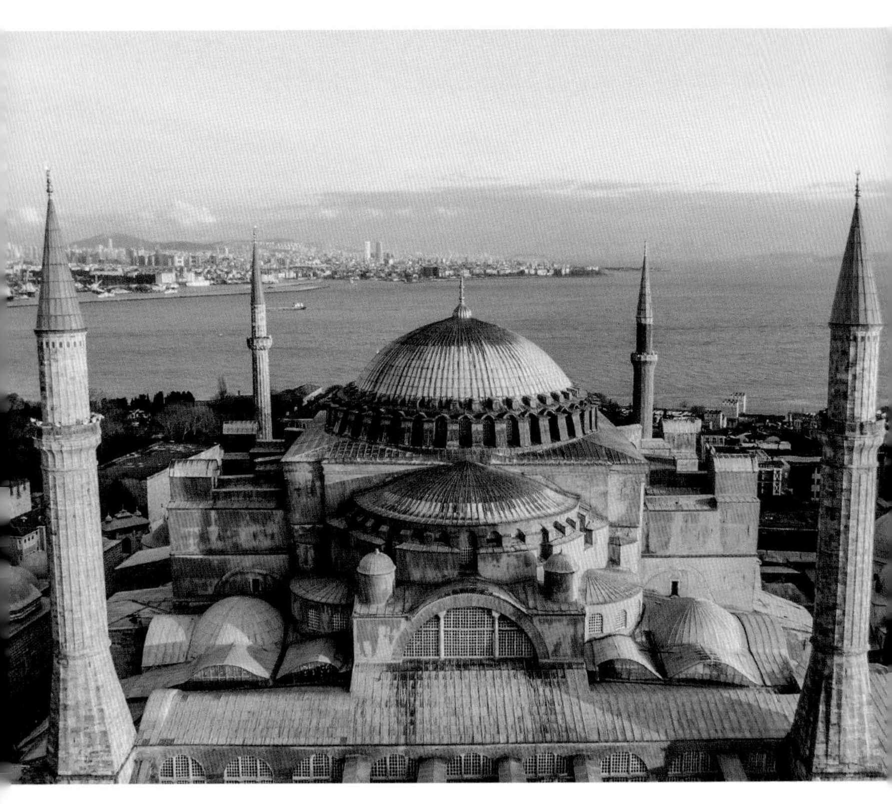

이스탄불의 현재 모습.

침략군을 맞아 싸우던 상황을 엿보게 해 주는 삽화이다. 이 사건은 1492년, 즉《뉘른베르크 연대기》출간 바로 이전 해에 있었다.

중세 말 독일의 주요 도시들

제6시대에는 어떻게 보면 오늘날의 시티 가이드북city guidebook이라고 해도 될 정도로 많은 독일 도시들이 소개된다. 그중 상당수의 삽화는 양쪽 페이지를 차지한다. 독일의 근간을 이루던 신성 로마 제국은 선제후국, 공작령, 주교령, 백작령, 제국도시, 수도원령, 기사령 등 모두 자그마치 1,600개 정도의 크고 작은 독립된 연방국가와 도시들로 이루어진 혼합체였다.

13세기 중반에는 약 3천 개 정도의 크고 작은 도시들이 있었는데 이 도시들의 기원과 성격은 다양했다. 어떤 도시들은 로마 시대에 세워진 병영도시에서 유래했고, 어떤 도시들은 제후가 거주하는 성이나 국왕, 혹은 영주가 다스리는 행정의 중심지로 건설되었다. 또 어떤 도시들은 교역과 생산과 시장이 확대됨으로써 발생하기도 했다.

독일 도시를 묘사한 삽화들에서 보는 것처럼 이 도시들은 도시 성벽과 성루, 성, 성당 및 수도원을 비롯한 종교 건축물, 시청사, 길드 회관, 도시 귀족들의 주택 등이 도시의 특징적인 모습을 이루고 있다. 그런데 특이한 점은 어느 도시도 런던이나 파리와 같은 왕도王都나 대도시로 발전하지 못했다는 것이다. 이것은 영국이나 프

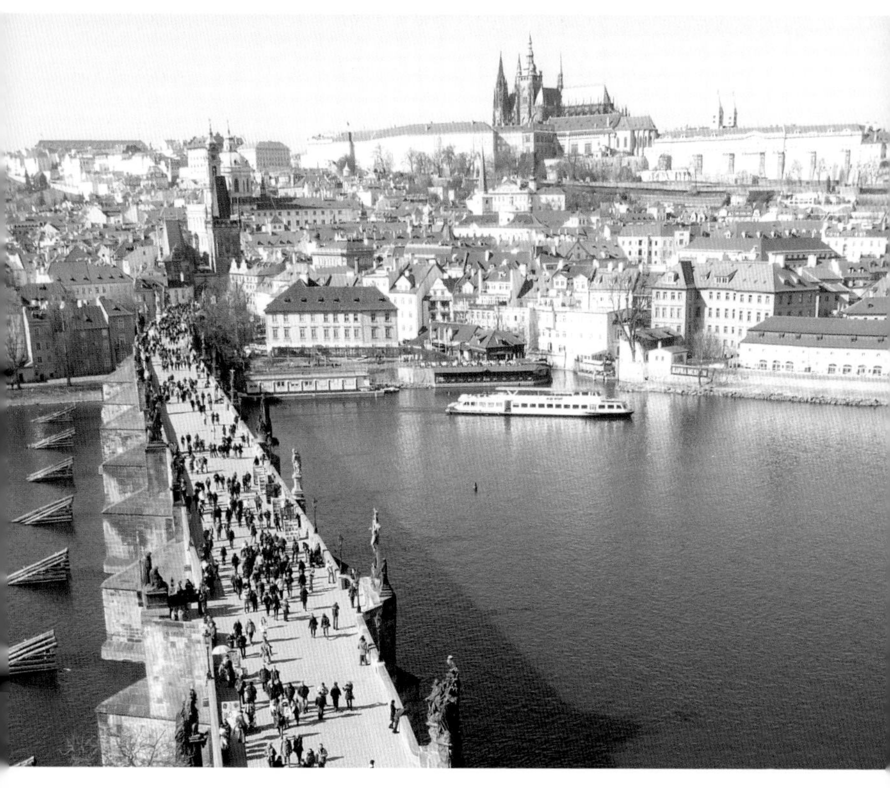

블타바 강변의 프라하.

카를 4세의 이름이 붙은 카를 다리 너머 언덕 위에는 프라하 성과 성 비투스 성당이 있다.

랑스와는 달리 당시 독일의 정치는 중앙집권적인 체제가 아닌 분권적 체제였기 때문이다. 단 프라하의 경우 오랫동안 신성 로마 제국의 수도였기 때문에 다른 도시들에 비해 왕도의 성격이 남아 있다(그림 181).

이러한 도시들을 묘사한 삽화 중 뉘른베르크가 가장 크다. 이 삽화의 크기는 가로 약 50센티미터, 세로 약 34센티미터로《뉘른베르크 연대기》의 삽화 중에서 가장 크다(그림 109). 그런데 이상하게도 이 삽화에 대해서는 아무런 설명이 없다. 이것은 뉘른베르크 사람들이 자신들의 도시에 대해 이미 너무나 잘 알고 있기 때문에 굳이 따로 설명할 필요가 없었던 것으로 보인다.

유대인 차별을 담은 삽화들

제6시대에는 유대인에 대한 편견, 차별, 박해를 묘사하는 삽화가 간간히 나온다. 유대교를 믿는 유대인들은 예수 그리스도를 처형했고, 또 구세주로 인정하지 않는다는 이유로 차별을 받았다. 그들은 아무런 법적 권한 없이 단지 왕이나 교회의 보호에만 의존하여 살았고 일체의 직종에 종사하는 것이 금지되었기 때문에 돈을 빌려주고 이자를 받는 것이 그들의 중요한 생계수단이었다. 이는 곧 '유대인은 고리대금업자들'이라는 인식이 사람들의 뇌리에 깊게 각인되어 유대인을 박해하는 좋은 구실이 되었다.

유대인 관련 삽화들을 살펴보면, 그림 150은 어느 유대인이 십자가에 달린 예수의 형상을 칼로 찌르자 예수의 형상에서 피가 흘러내리는 장면을 묘사하는데, 본문에는 이 사건이 발생한 장소와 시간에 대한 언급은 없다.

그림 170은 영국 노위치Norwich에서 성 금요일에 유대인들이 윌리엄이란 소년을 십자가형에 처한 장면을 묘사한다. 이 사건에 대한 본문은 12세기를 다루고 있으나 이 사건이 정확히 언제, 왜 일어났는지는 알 수 없다.

그림 189는 1475년 3월 21일, 트렌토Trento(현재 이탈리아 북부도시)에서 일어났다고 하는 사건을 묘사한다. 본문에서는 일련의 유대인들이 유대 전통에 따라 누룩 없는 빵을 준비하는 데 필요한 그리스도의 피가 부족하여 기독교 집안의 아기를 유괴하여 살해했다고 설명한다.

이런 이야기들은 사실 대부분 실체가 없고 항간에 떠도는 괴소문인 경우가 많았다. 하지만《뉘른베르크 연대기》에 이런 이야기들이 눈에 띄는 삽화와 함께 실리는 바람에 유대인에 대한 편견과 증오가 더욱 가중되었음은 두말 할 나위가 없다. 1세기 후 영국의 셰익스피어도 이런 종류의 이야기에 영향 받아《베니스의 상인》을 썼을 것이다.

제6시대가 묘사한 재앙

제6시대 마지막에 나오는 큰 삽화는 1490년 7월 12일 이스탄불을 덮쳤던 자연 재앙을 묘사한 것이다(그림 192).

당시 그곳의 베네치아 상인들과 다른 상인들에 의하면 800채의 집이 파괴되고 3천 명의 사람들이 피해를 입었다고 한다. 기독교도들은 이를 이교도 무슬림에 대해 신이 진노한 것이라고 했다.

이 삽화 바로 아래에 작은 삽화가 붙어 있는데 이것은 1492년 11월 7일 정오에 하늘에서 무게가 몇 백 킬로그램이 되는 돌이 알자스 지방의 한 작은 마을에 떨어진 사건을 묘사한다. 당시 사람들은 이것을 말세의 재앙이 닥쳐올 징조로 해석했다(그림 193). 하늘에서 떨어졌다고 하는 돌은 유성이었을 것이다.

사실 당시의 많은 사람들은 15세기가 끝나는 시점을 세상의 종말로 생각했기 때문에 앞으로 어떤 일이 일어날지 불안해 했다. '세상의 종말'을 7년 남짓 앞둔 불안한 분위기 속에서 사람들은《뉘른베르크 연대기》가 출간되자 이에 많은 관심을 쏟았음에 틀림없다.

뒤러는《뉘른베르크 연대기》가 출간된 지 5년 후인 1498년에《요한계시록》을 출간했다. 이것은 서양미술사에서 최초로 저명한 화가가 삽화를 그려 인쇄한 것이었다. '세상의 종말'을 2년도 남기지 않은 시기인 만큼 수많은 사람들이 이 판화에 관심을 쏟았다. 뒤러는 이 판화 판매로 엄청난 돈을 벌어들였다.

15세기가 끝났는데도 사람들이 그토록 우려하고 두려워하던 세상의 종말은 오지 않았다. 하지만 16세기라는 새로운 세기가 도래하기 전후, 유럽의 역사는 변화의 급물살을 타고 있었다. 신세계의 발견은 새로운 세계를 열어 기존 세계의 경제와 정치에 커다란 영향을 미쳤으며, 중앙집권적인 국가 체제가 점차 대두하여 지방분

권적인 봉건제를 대체하기 시작했다.

또 1517년에 마르틴 루터Martin Luther(1483~1546)는 종교개혁의 횃불을 들어 올렸다. 이로써 중세기독교의 종교적·문화적 통일성은 완전히 무너지며 신교와 구교 간의 대립으로 야기된 전쟁은 유럽을 한동안 혼란의 소용돌이로 몰아넣었다. 루터는《뉘른베르크 연대기》가 출간된 1493년에는 10세 소년이었다.

한편 뒤러는 1519년에 신성 로마 제국의 황제 막시밀리안 1세의 초상화를 그렸는데, 막시밀리안 1세는 바로 그해에 세상을 떠났다. 그는 전쟁과 결혼을 통해 합스부르크가의 영향력을 유럽 전체로 확대했다. 셰델은 황제가 죽기 약 30년 전《뉘른베르크 연대기》에서 그를 기독교와 로마 제국의 유산 뿌리가 깊은 이탈리아와 독일을 통일할 인물로 칭송했었다.

제7시대와 부록

제6시대가 끝난 다음, 텍스트도 삽화도 없는 여백이 여섯 페이지(Folium CCLVIIII recto~CCLXI verso)에 걸쳐 나오고 일곱 번째 페이지에 제7시대가 시작한다.

제7시대는 적그리스도의 출현과 최후의 심판에 대해 언급하는데, 분량은 모두 아홉 페이지로 매우 짧은 편이다. 제7시대의 삽화는 모두 3개, 즉 '적그리스도의 출현'(그림 194), '죽음과 시간의 종말'(그림 195), '최후의 심판'(그림 196)인데, 그중 첫 번째와 세 번째 삽화

뒤러가 1519년에 그린 신성 로마 제국의 황제 〈막시밀리안 1세의 초상화〉.

는 페이지 전면을 차지하기 때문에 '세상의 종말'이 다가오는 것을 두려워하던 사람들에게 강한 메시지를 던져 주었을 것이다.

제7시대가 끝나면 여백이 세 페이지에 걸쳐 나온 다음 부록이 펼쳐진다. 부록은 초판이 완성되었을 무렵, 책에서 언급하지 못한 다른 정보를 더 담기 위한 것이었는데 유럽 도시나 지역에 관한 정보가 많다.

《뉘른베르크 연대기》의 맨 마지막을 장식하는 삽화는 양쪽 페이지에 걸친 독일을 중심으로 하는 중부 유럽 지도이다(그림 204). 이 지도에는 독일을 중심으로 북쪽으로는 스칸디나비아 반도와 발트해 연안, 동쪽으로는 러시아, 서쪽으로는 아일랜드와 잉글랜드, 남쪽으로는 알프스 산맥 남쪽으로부터 베네치아, 이스탄불까지의 영역이 포함되어 있다.

이 지도는 히에로뉘무스 뮌처Hieronymus Münzer(1437~1508)가 만든 것인데, 최초로 인쇄된 독일 지도이자 가장 오래된 중부 유럽의 지도이다. 셰델의 친구였던 뮌처는 셰델처럼 이탈리아에서 의학을 공부했고 뉘른베르크에서 의사이자 사업가로 활동했으며 유럽 여러 지역을 여행한 유능한 지리학자이기도 했다.

일러두기

- 《뉘른베르크 연대기》에는 오른쪽 페이지만 로마 숫자로 페이지가 표시되어 있다. 예로 Folium CLXXXVI는 186페이지이다. 이 해설서에서는 라틴어 서적에서 쓰는 recto(앞면), verso(뒷면)를 사용했다. 따라서 Folium CLXXXVI recto는 186페이지, Folium CLXXXVI verso는 187페이지이다.
- 삽화 해설에서 본문의 내용을 인용한 경우는 따옴표 안에 비스듬한 서체로 표기했다. 예: *"1128년 6월 15일, 이탈리아의 여러 지역에서 피 같은 붉은 비가 쏟아졌다."*

차례

제5시대

예수 그리스도의 탄생 직전까지

제6시대

예수 그리스도의 탄생부터 '현재'까지

제7시대

세상의 종말과 최후 심판

부록

제1 시대

천지창조부터
노아 이전까지

001

Folium I verso

창조주 여호와

《뉘른베르크 연대기》의 첫 번째 삽화로 한 페이지 전면을 차지한다.
옥좌에 앉은 창조주 여호와의 모습이 그려져 있는데 그 위 배너의 라틴어 구절은 “*그가 말하자 그것들은 만들어졌다. 그가 명하자 창조되었다.*”이다. 이는 〈시편〉 33편 6절 “여호와의 말씀으로 하늘이 지음이 되었으며 그 만상을 그의 입 기운으로 이루었도다.”에 해당한다.
아래에 보이는 두 개의 방패는 책을 소유한 사람이 자신의 이름이나 가문의 문장을 넣도록 한 것이다.

Ipse dixit et fa
sūt ipe mādau ꝛ
ps 32
creata sūt

002

Folium II recto

천지창조의 첫 단계

창조주의 손 오른쪽 아래 원 안에는 천사들이 찬양하고 있고 상부에는 성령을 상징하는 비둘기가 있다. 가운데의 원은 무無를 상징하기 때문에 비어 있어야 하지만, 고딕체 문자 Yle로 채워져 있다. 이것은 그리스 문자 ΰλη(hyle휠레)에 해당하는데 이는 형태를 갖추기 전의 무형태의 물질을 말한다.

In principio creauit deus celum et terrā. Terra autem erat ina
nis ⁊ vacua: ⁊ tenebre erāt sup̱ faciem abissi: et spūs dn̄i ferebat̃ sup̱ aq̄s. Moyses diuinus ꝓpħa
atq̧ historicꝰ. q̄ troianū bellū septingētis fere ānis antecessit edocet: quō deꝰ machinator constitu/
torq̧ rex̄. cū hoc opꝰ adoriretur: fecit p̄mū oīm celū: et ī sblime suspēdit: qđ eēt sedes ipsiꝰ dei ꝯditoris: de/
inde terrā fundauit: ac celo sbdidit. Tenebras aūt cōstituit ī terra. Nihil em̄ p̄se ꝯtinet lumīs: nisi accipiat
a celo. In q̊ posuit lucē p̄ennē: ⁊ superos ⁊ vitā ꝑpetuā. Et ꝯ̄ in terra tenebras: ⁊ inferos: ⁊ mortē. Moy/
ses v̄o cū deū creasse ꝯmemorat tres errores Platonis. s. Arestotilis ⁊ epicuri elidit. Plato em̄ ab eterno
deū ydeas ylen. Et in p̄ncipio de yle mūdū fuisse factū testat̃. ylen greci p̄mā materiā rex̄ nō formatam ap/
pellāt. Qua visibilia hec elemēta formata sunt. q̄ q̄dā ꝯcordia ꝯueniūt. Aliūtq̧ ceteri de materia ⁊ forma:
aut de athomis factis fuisse: deꝰ tn̄ mūdū sine p̄iacēti ⁊ p̄pata materia creauit: cū prudētissimꝰ esset ad exco
gitādū: ⁊ ad faciēdū solertissimꝰ anteq̧ ordiret̃ hoc opꝰ mūdi. qm̄ pleni ⁊ ꝯsummati boni fons ī ip̄o erat:
vt ab eo bono tāq̧ riuꝰ oriret̃. Angelos ī p̄ncipio oīm creaturax̄ p̄mordiales fecit. ⁊ ex eo qđ n̄ ē: qꝛ ꝑ eter
nitatē fort| ē: ꝑ fortitudinē ꝑtāt| īmēse: q̄ fine ac mō caret: sic̄ vita facturis. Quid ergo mirū si facturus mū
dū: p̄us materiā de q̄ faceret p̄pauit: ex eo qđ nō erat. Qđ intellexerūt forte ⁊ sarraceni dicentes. Eductos
āgelos a deo de tenebris ad lucē: adīpletosq̧ eterna leticia. In q̄busdā tn̄ indolis diuīe stirpis nō ꝑmāsit.
Auctorē huiꝰ rei ex bono ꝑ se malū effectū greci diabolū appellant: nos crimīatorē vocamꝰ. Terra erat ia
nis (vt trāstulit diuꝰ Hiero. vl' vt septingēta) inuisibil' ⁊ īcoposita: Quā ꝓ sui ꝯfusiōe abyssum vocat: quā
⁊ greci chaos dicūt. Abyssum vocat terrā. i. materiā trino dimēsu ī altissimas profunditates extensam: de
hoc etiā Ouidiꝰ meminit. Ante mare ⁊ terras ⁊ qđ tegit oīa celū. Vnꝰ erat toto nature vultꝰ in orbe. Quē
dixere chaos rudis indigestaq̧ moles. Nec q̄cq̧ nisi pōdus iners: ꝯgestaq̧ eodē. Nō bene iūctarū discor/
dia semina rerū. Nullus adhuc mūdo p̄bebat lumina titan. Et spūs dn̄i: organū diuine artis ferebat̃ sup̱
aquas: vt volūtas architecti cū cuncta ad faciendū disponit. Cū perfecta sint opa dei. Creatio rex̄ senario
numero explicatur. Cuius partes. vnū: duo: tria sunt. que in trigonū surgāt. In primo creationē. In se/
cundo ⁊ tercio dispositionē. In reliquis ornatum Moyses per opera sex diex̄ ostendit.

003

Folium II verso

천지창조 첫째 날

창조주의 손 오른편 아래에 두 개의 큰 원이 그려져 있는데 천지창조 첫째 날을 묘사한 띠로 보인다. 가운데 원 안에 빛을 묘사하려 한 것 같으나 미완성인 듯하다.

De opere prime diei.

Dixitqꝫ deus fiat lux. Et facta ē lux. Et vidit deus luceꝫ ꝙ esset bona. Et diuisit lucē a tenebris. Appellauitqꝫ lucē diem. Et tenebras noctē. Factūqꝫ ē vespere ⁊ mane dies vnus. Moyses mirū artificiū diuina nō hūana industria totiꝰ nature secretis apte cōueniēs in suo libro ostentat. q̄ oēm doctrinā ⁊ eloq̄ntiā ⁊ ingeniū supat. Gl'iosus eñ deꝰ. q̄ ē vera lux. lucēqꝫ diligēs. oīa in luce faciēs. Mūdi fabricā a luce rectissime inchoauit. Que tribꝰ diebꝰ vsqꝫ ad q̄rtā (in q̄ luīaria formata sunt) circuitu suo diem naturalē pegit. Extatqꝫ nobilissimū corpoꝝ spūali creature finitimū atqꝫ optimū. suā pulcritudineꝫ maxīe cōicans. Cū pūctꝰ minimꝰ totiꝰ mūdi spaciū repleat. Ideo lux sola ē. q̄ mūdꝰ totꝰ bonꝰ ⁊ pulcer ē: ꝑ īmundaqꝫ sine corruptōne trāsiēs. Et merito lucē vidit q̄ bona. Cū nihil aliud sit q̄ꝫ ꝑmi boni imago tenuis ⁊ vmbratilis silitudo. Statim tractāte spū aq̄s illas ⁊ ꝑuadente sbiectū iussu dei artificis exorta ē lux decus ⁊ splendor: vt nubes lucida supiores mūdi ꝑtes sua claritate illumināns. vt in diluculo fieri solet: ꝑ modū solis agitata: supiꝰ emisperiū: ⁊ vicissim inferiꝰ illumināns. Et postea diuisit: vt tenebre ⁊ lux diuersa emisperia vendicarēt. Appellauit lucē diē a claritate q̄ purgat tenebras: tenebras a nocēdo noctē. ne oculi videant. Secundū hāꝝ ꝑtiū dimēsionē diē fecit ⁊ noctē. q̄ spacia ⁊ orbes tēpoꝝ ꝑpetuos ac volubiles quos vocamꝰ annos alterna ꝑ vices successione ꝯficiāt. Ac factū ē dies vnꝰ: q̄ fuit ꝑmꝰ dies seculi: nō ꝑmꝰ dieꝝ oīm ideo nō ꝑmꝰ ꝫ vnꝰ noīatꝰ ē. Et sic eo die fecit deꝰ materiā informē. Angelos. Celū. lucē. terrā. aquā ⁊ aerē ⁊c. Ipiꝰ q̄ꝫ terre binas ꝑtes ꝯ̄rias inter se diuersasqꝫ ꝯstituit. s. orienteꝫ occidentēqꝫ. Ex q̄bus oriens deo accēsetˀ. qꝛ ipe lumīs fons ⁊ illustrator ē reꝝ. Et q̄ꝺ oriri nos faciat ad vitā sempiternā. Occidēs autē ꝯturbate illi ꝑueqꝫ mēti ascribitˀ. q̄ꝺ lumē abscōdat. q̄ꝺ tenebras sꝑ inducat. Et q̄ꝺ hoīes faciat occidere ⁊ interire pctīs. Nā sic lux oriētis ē. In luce aūt vite ratio v̄satˀ. sic occidētis tenebre sunt. In tenebris autē mors ⁊ interitꝰ ꝯtinetˀ. Deīde alteras ꝑtes eadē rōe dimēsus ē: meridiē ac septētrionē: q̄ ꝑtes illis duabꝰ societate iungūtˀ. Ea eī q̄ ē solˀ calore flagrātior ꝓxīa ē: ⁊ coheret oriēti. At illa q̄ frigoribus ⁊ ꝑpetuo gelu torpet. eiusdē ē cuiꝰ extremꝰ occasus. Nā sic ꝯ̄rie sunt lumini tenebre: ita frigꝰ calori. Ut igitˀ calor lumini ē ꝓximus: sic meridies oriēti: vt frigꝰ tenebris. ita plaga septētrionis occasui. Hec omnia opus quarte diei vberius manifestabit.

004

Folium III recto

천지창조 둘째 날

정사각형 안에 5개의 동심원이 4개의 띠를 형성하고 있고 왼쪽 상단에 창조주의 손이 있다. 둘째 날은 지구의 대기권과 생명체의 근간인 수분이 창조되었다.
하지만 이 삽화가 표현한 것은 두 번째 날과 맞지 않는다. 즉, 다음 삽화와 위치가 바뀌었으며 미완성작으로 보인다.

SEcundo die dixit deus. Fiat firmamentum in medio aquarũ: et diuidat aquas ab aquis: vocauitqꝫ firmamentum celum. Prophetam de celestibus misterijs loquentem audiamus. Fecit em̄ deus firmamentum rotundum mobile cetera sensibilia continens. Et ex aquis congelatis in modũ cristalli solidauit: et in eo fixa sidera. Spera aũt celi cũ sideribus in ea fixis duob[9] axis voluit. Quoꝝ alter septẽtrionalis boreas: Alter australis nothus dictus voluit ab oriẽte in occidentẽ tãta celeritate: vt nisi planete contra cursum eam tardarent mundi ruinaz faceret. Et artifex mundi: celi naturam aquis temperauit: ne conflagratõne ignis superioris: elementa inferiora succenderet. Supra nouem celoruz orbes id est septem planetas: ꝛ speram octauam quam vocant inerrantem nonumqꝫ orbem qui ratione non sensu dep̄hensus est: primusqꝫ est inter corpora que mouentur: creditum est decimum celum fixum manens ꝛ quietum: quod motu nullo participet. Neqꝫ hoc tantum creditum a nostris: maxime iunioribus Strabo ꝛ Beda: ſ᷒ a pluribus etiam hebreorum: pretereaqꝫ a philosophis ꝛ mathematicis quibusdam: E quibus satis duos sit attulisse: Abraam hispanum astrologum maximũ ꝛ ysaac philosophũ: quoꝝ vterqꝫ hoc attestatur: quin ꝛ hic ysaac decimũ orbem ab Ezechiele designatum intelligit per zaphirũ in similitudinẽ throni: vt color zaphiri lucis nitorem: throni similitudo immobilitatem significet. Sed redeamus ad Moysem diuidentem aquã ab aquis medio firmamẽto. Triplex em̄ particio corpoꝝ sublunariũ. Alia sup̄ mediam regionem aeris sunt: suprema. s. pars eiusdem elementi ꝛ purissimus ignis quod totum etheris nomine designatur ibi pura immixta ꝛ legitima elemẽta. Alia infra ipam aeris meditulliũ: que apud nos sunt vbi elementuz purum nullum (neqꝫ em̄ purum elementum sensibile) sed mixta omnia ex feculenta crassioreqꝫ parte mundani corporis constãt. Intercedens regio aeris que etiam dicitur firmamẽtum. vnde ꝛ aues sub firmamento celi ab eo volantes introducuntur: ea est regio in qua sublimes ille impressiones apparent: pluuie: niues: fulgura: fulmina: tonitrua: comete ꝛ cetera id genus. Recte igitur nõ solum situ: sed ꝛ nature ꝓprietate hoc firmamentum superiora elementa ab inferioribus: quasi aquas ab aquis discriminat ꝛ distinguit. Sup̄ eum pura sunt elementa: infra eam perfecta mixtione ab elementali simplicitate discedunt. Vocauitqꝫ firmamẽtum celum: cum tegat omnia sensibilia ꝛ inuisibilia quod a koylon quod est concauũ deducũt.

005

Folium III verso

천지창조 셋째 날

셋째 날은 생명이 살아가는 데 적합하게 바다, 땅, 식물 등이 창조되었다.

이 삽화는 둘째 날 삽화와 바뀌었다.

De opere tercie diei.

Tercio die deus aquas sub firmamento in locum vnum cōgregauit ⁊ appareat arida: vocauitqꝫ aridam terram. Congregatōnes vero aquarum maria appellauit. Uidens ꝙ bonum esset: ait germinet terra herbam virentem: ⁊ semen facientem: ⁊ lignum pomiferum facientem fructum iuxta gen' suum. Post firmamentum de elementorum integritate: ⁊ positura: ⁊ ordine: nos breuiter admonet per collectionem aquarum ad locum vnum: ⁊ prescriptas mari leges ne terram obruat. Si igitur que inuisibilis olim fuerat terra: futurum est vt sub conspectum veniat: necesse est aquas que sub celo sunt id est sub media aeris regione congregari ad locum vnum id est ad cōmunem mixtionis colluuiem confluentes: certis legibus tamen: quasi littoribus prescriptam in vnum locum: tanqꝫ in matricem coalescere. Neqꝫ enim illud ita est verum: vt nusquā distinctis disclusisqꝫ in locis aque inueniantur. Cum indicum mare ab hircano: hircanum ab adriatico: adriacicum ab Euxino. Innumera preterea fluuiorum: fontium lacuumqꝫ fluēta longissima locorum inuicem intercapedine dispescantur. Sed ideo ad locum vnum congregate aque dicūtur. Quia particulares he atqꝫ diuise aquarum collectiones vel marine vel fluuiatiles: omnes vt inquit Salomon ad primarium mare tendentes: in vnum occeani locum vniūtur ⁊ coeunt. Terra autem cum maris vndis obruitur: nec vtilis nobis: nec visibilis item est: sed tunc ⁊ animalium ⁊ nostris vsibus idonea: cū ab eo secedens mari magis magisqꝫ sub aspectum venit: tūc fertilis: tunc fecunda. Qđ hic a Moyse apertissime demonstratur. Cum eam simul atqꝫ apparet: ⁊ herbarum ⁊ fruticum et arborum parentem facit. Recte post illam aquarum congregationem terram inducit statim viridem ⁊ florescentem. In medio autem mundi tanqꝫ centrum posuit: venis metallorum videlicet auro: argēto: ere: cupro: stanno: plumbo: ferro (quod omnia domat) dotauit: cunctis quoqꝫ herbarum generibus summa oblectatione in viridi maturitate illico vestiuit. Herbeqꝫ semina: arbores fructus suauissimos produxerunt. Ferūt quoqꝫ eodem die paradisū ab eo factum id est ortum fecundissimum ⁊ amenissimū: omni genere ligni arborumqꝫ. Quem omni amenitate fontium: ⁊ terre virentium: lignorumqꝫ fructum vberrimū producentium conseruit.

006

Folium IV recto

천지창조 넷째 날

동심원(또는 궤도)이 많이 늘어났다. 즉, 창조가 진행됨에 따라 우주는 더욱 복잡해지고 있는 것이다.

넷째 날에는 해, 달, 별이 창조되었다. 지구를 의미하는 가운데 원 안에는 풍경이 그려져 있는데 위아래가 바뀌어 있다. 이유는 알 수 없다.

QUarto die dixit deus. Fiāt luminaria in firmamēto celi: ⁊ diuidant diem ⁊ noctē. Et sint in signa ⁊ tpa: ⁊ dies ⁊ ānos: vt luceāt in firmamēto celi ⁊ illuminēt terrā. Et factū ē ita. Fecitq; deus duo luminaria magna: luminare maius: vt p̄esset diei: ⁊ luminare min⁹: vt p̄esset nocti ⁊ stellas: vt diuiderent lucē ⁊ tenebras. Moyses p̄mo celestiū meminit q̄ posuit de⁹ in firmamēto vt lucerēt in celo: ⁊ terrā illuminarēt solē videlicet lunā ⁊ stellas: quib⁹ ipa supior mundi ps ornat: vti terra ornat his q̄ in ea fiunt metallis: plātis: aīantib⁹. Cū eīn de natura firmamēti dixerat: restabat vt de opib⁹ siderū: deq; eoꝝ officio dissereret: declarās in quē vsum fundata: ⁊ cui muneri delegata a deo fuerint. Celestiū eīn corpoꝝ due ī vniuersum manifeste opatōnes mot⁹ ⁊ illūiatio: mot⁹ duplex statuit. Alter mūdi toti⁹ q̄ celū ⁊ ether. 24. horis: p totū spaciū vniuersi pfecto ambitu circūuoluūtur. Alter sideꝝ pprius multiplex ⁊ varius. Inter q̄s p̄ncipalis motus solis: q̄ spacio. xij. mensiū zodiaci signa oīa circuit. Ille diē facit: vnde ⁊ diurnus dr̄: hic autē annū. Reliqui siderū motus varijs tempoꝝ interuallis paguntur. Recte igitur ⁊ breuiter nos oīm admonuit Moyses cū dixit posita sidera in firmamēto in dies annos ⁊ tempa. Indicauit p̄terea expresse reliquā opationē sideꝝ. Que ē illuminatio: cū dixit statuta illa vt lucerēt in celo: ⁊ terrā illuminarēt. In hec igitur ministeria ⁊ lune ⁊ solis ⁊ stellaꝝ sunt corpa distributa. Sol eīn q̄ oritur in die: licet sit vnus (vn̄ solē esse appellatū Cicero vult videri) qꝛ obscuratis siderib⁹ solus appareat. Tamē verū ⁊ pfecte plenitudinis lumē ē: ⁊ calore potissimo: ⁊ fulgore clarissimo illuscescit oīa. Quis eīn stelle innumerabiles micare ac radiare videant: tamē qꝛ non sunt plena ac solida lumīa: nec caloris pferūt q̄cq;: nec tenebras multitudine sua vincūt Duo igit p̄ncipalia inueniūtur. que diuersam ⁊ ꝯriā sibi hn̄t potestatē calor ⁊ humor: que mirabiliter de⁹ ad sustentāda ⁊ gignenda oīa excogitauit. Altissime hic ptractāde essent q̄stiones: ⁊ q̄ sibi singule iustū volumē exposcerent: quo pacto hec sidera sint in firmamento: an vti ptes eius nobiliores: an vt aīalia in suis speris: in aq̄ pisces. iumēta in terris: congressum hic itē locus cū Genethliacis sibi exposceret diuinādi per astra: ⁊ p̄noscēdi futuros euētus: sciam hinc ꝯfirmātib⁹ qꝛ Moyses sidera ī signa posita a deo dixerit: Querendū hic etiā de natura siderū: de motu: de p̄ncipatu: de lune maculis: deq; oīni siderali sciētia. Verū quāq; sint pulcra ⁊ digna cognitu. Audiemus fortassis Horacianū illud sed nunc non erat hic locus.

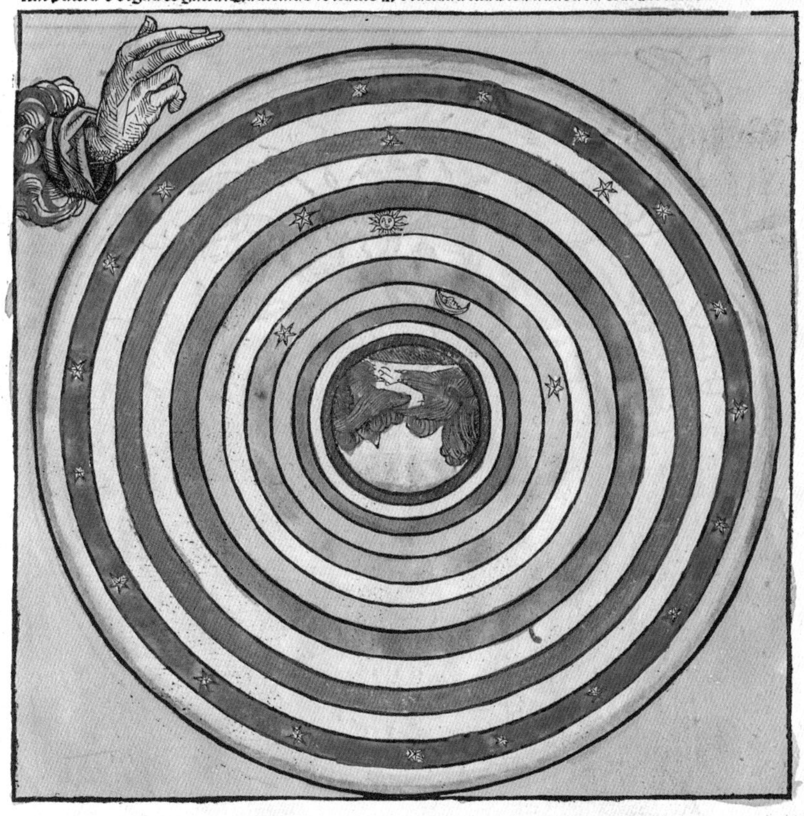

007

Folium IV verso

천지창조 다섯째 날

정사각형 안에 원이 있고 왼쪽 위에 조물주의 손이 보인다. 물속에는 물고기가 있고, 하늘에는 새가 날고 있고, 잎이 없는 나뭇가지에는 여러 종류의 새들이 앉아 있다. 나무 앞에는 공작새가 유유하게 걸어가고 새들은 이미 증식하라는 조물주의 명령을 받은 듯하다.

하지만 천지창조의 초기 단계에서도 약육강식의 현실을 보여 주려는 듯 나무 뒤에는 부엉이가 비둘기를 공격하고 있다.

De opere quinte diei.

Quinto die dixit deus: producant aque reptile anime viuentis: ⁊ volatile super terrã sub firmamento celi. Creauitqꝫ deus cete grandia: ⁊ omnem animam viuentem atqꝫ motabilem quas produxerãt aque in species suas: ⁊ omne volatile scḋm genus suum. Vidẽs quod esset bonum benedixit eis dicens. Crescite ⁊ multiplicamini ⁊ replete aquas maris: auesqꝫ multiplicentur super terram. Ornauit igitur eo die deus aerem ⁊ aquam: volatilia dans aeri: natatilia aquis: q̄ reptilia dicuntur: cum impetu quodam se rapiunt. Cete enim grandia ⁊ belluas: maioraqꝫ terrestribus animalibus ex habundãtia humoris ⁊ mõstrifica in mari reperiuntur. Et quicquid in vlla parte nature nascitur: ⁊ in mari esse vulgi opinio fert. Manifesta iam que sequuntur de animalium productione: post plantas enim ea sunt mixta que sentiunt ⁊ mouentur: quamq̄ꝫ ⁊ in plantis stupidum sensum adscribant pitagorici. Hec aũt animantia que citra omnem controuersiam motu sensuqꝫ participant: ⁊ hic a Moyse: ⁊ in Timeo in volatilia: ⁊ in aquis degẽtia: ⁊ terrestria distinguũtur. Veniamus igitur ad Moysem qui postqꝫ de celestibus dixit terrestrium animaliũ meminit ordine cõgruenti: que vel aquas vel terram vel aerem inhabitant. Si tamen inhabitare aerem volucres dici possunt. Relinquamus hic disputationem: quo pacto corpora animalium ex elementis: aut quid sint indite a deo naturis rerũ seminarie rationes: sit ne item vita brutorũ de sinu educta materie: an diuino potius principio om̄is vita proueniat: vt cõstantissime asserit Plotinus: cui sententie fortasse videbit̃ hoc loco ꝓpheta suffragari. Cũ postqꝫ dixit: producant aque reptile anime viuentis: adiecit postea creauit deus omne animã viuentẽ: vbi nõ id dũtaxat quispiã obseruaret ꝙ ⁊ aq̄ ꝓducãt deo iubente: ⁊ deinde etiã deus ꝓducat: verꝫ ⁊ illud qḋ vbi de dei ope agit̃ scriptũ est: creauit deus animã viuentẽ. vbi aũt de aq̄s: nõ aĩam. ꝫ reptile aĩe viuentis q̄si aquis vehiculũ. Inter aĩalia terre tria memorat Moyses q̄ in seq̄nti die insinuat. Plurima aũt ⁊ maxima in indico mari aĩalia. E quibus balene quaternũ iugerꝫ. Et in mari bellue circa solsticia maxime visunt̃. Tũc illic ruũt turbines: tũc imbres: tũc deiecte mõtiũ iugis ꝓcelle ab imo vertũt maria. pulsatasqꝫ ex ꝓfundo belluas cum fluctibus voluũt. auiũ quoqꝫ grãdissime ⁊ pene bestiarum generis strucio cameli affrici vel ethiopici altitudinem equitis insidentis equo excedunt: celeritatem vincunt. Multo mirabilius de naturis auium ⁊ piscium ratio experiendi quotidie in varijs locis datur.

008

Folium V recto

천지창조 여섯째 날-아담의 창조

정사각형 윗부분 왼쪽에 조물주의 손이 보이지 않는다.
왜냐면 조물주가 직접 화면에 등장하기 때문이다. 망토를 위로 휘날리는 조물주는 진흙으로부터 상체를 막 드러내는 아담의 오른손을 왼손으로 잡고, 오른손으로 그에게 축복을 내린다.
오른쪽에는 사슴이, 전면에는 아기 곰의 평화로운 모습이 보인다.

Sexta die dixit de⁹. pducat terra aīam viuētē. iumēta. ⁊ reptilia. ⁊ bestias terre iuxta spēs suas. Et vidit de⁹ qđ eēt bonū: ait. Faciam⁹ hoīem ad imaginē ⁊ silitudinē nr̄am. Et p̄sit piscib⁹ mari. ⁊ volatilib⁹ celi. ⁊ bestijs vniuerse terre. Et creauit de⁹ hoīem ad imaginē ⁊ silitudinē suā. Ornatis supiorib⁹ mūdi ptib⁹ tādē sexta die terrā generib⁹ aīaliū ornauit. Inter aīalia terre tria memorat moyses. iumēta. reptilia. ⁊ bestias. In qb⁹ tres drias brutoꝝ irrōnabiliū in cōe nob insinuat. Sūt em̄ bestie q̄ pfecta sunt phātasia: mediū iter irrōnalia locū sortite: erudiri tn̄ ab hoīe aut māsuescere nesciūt. Sūt reptilia q̄ ipfectā hn̄t phātasiā: q̄si media iter bruta ⁊ plātas. Sūt iumēta q̄ ⁊ si carēt rōe: discipline tn̄ hūane q̄qmō capaces cū sint: rōis aliqđ pticipare videt̄: mediā q̄si sortita ꝯditōem iter bruta ⁊ hoīes. Aīalia autē varij generi dissilib⁹ formis. ⁊ mag̃ ⁊ miora vt fierēt ipauit. Et facta sunt bina. i. diuersi sex⁹ singl̄a. Ex q̄ꝝ fetibus: ⁊ aer: ⁊ terra: ⁊ maria copleta sunt. Deditq̧ his oīb⁹ generatim de⁹ alimēta de terra: vt vsui eē hoīb⁹ possent. Alia nimiꝝ ad cibos. alia vo ad vestimētū. Que āt magnū sunt viriū: vt i excolēda terra iuuarent. vn̄ dicta sunt iumēta. Hacten⁹ de trib⁹ mūdis: supceleſti: celeſti: ⁊ sblūari. Nūc agēdū de hoīe vt de quarto mūdo. Ita reb⁹ oīb⁹ mirabili descptione cōposit: regnū sibi eternū pare cōstituit. Et innūerabiles aīas pcreare. qb⁹ īmortalitatē daret. Tū fecit ipe simulacꝝ sensibl̄e atq̧ itelligēs. i. ad imaginis sue formā. q̄ nihil p̄t eē pfecti⁹: hoīem figurauit ex limo terre: vn̄ hō nūcupat⁹ ē. q꞉ sit fact⁹ ex humo. De⁹ rerū oīm machinatoꝝ fecit hoīem (qđ Cicero q̄uis expers celestiū lr̄aꝝ: vidit tn̄) q̄ libro de legib⁹ p̄mo h̄ idē tradidit qđ ꝓbe Cui⁹ verba sbiecim⁹. Hoc aīal pūidū: sagax: mltiplex: acutū: memor: plenū rōis ⁊ ꝯsilij quē vocam⁹ hominē: pclara q̄dā ꝯditōe generatū eē a summo deo solū. Est em̄ ex tot aīantiū generib⁹ atq̧ naturi: ꝑticeps rōis ⁊ cogitatōis: cū cetera sint oīa exptia. Est āt plerūq̧ ꝯsuetudo a regib⁹ vsurpata ⁊ pncipib⁹ terre: vt si forte magnificā ⁊ nobilē citatē ꝯdiderit. iā vrbe absoluta imaginē suā i medio illi⁹ visendā oīb⁹ spectādāq̧ ꝯstituat. Haut aliter pncipē oīm deū fecisse videt̄. q̄ tō mōdi machia ꝯstructa: postremū oīm hoīem in medio illi⁹ statuit ad imaginē suā ⁊ silitudiēꝫ formatū. vt libeat exclamare illđ mercurij. Magnū o asclepi miracl'm ē hō. Hoc pcipuo noīe gl'iari hūana ꝯditio p̄t: q̄ ēt fetn̄: vt huire illi: nulla creata sba dedignet̄: huic terra ⁊ elem̄ta: huic bruta sunt p̄sto: ⁊ famulāt̄. huic militat celū. huic salutē pcurāt āgelice mētes. Nec mirū alicui videri debet: amari illū ab omībus. In quo om̄ia suū aliqđ: Immo se tota ⁊ sua om̄ia agnoscūt.

009

Folium V verso

천지창조 일곱째 날

프톨레마이오스 시스템에 의거하여 중세의 교부들에 의해 확대된 우주를 표현한다.
한가운데 동전 크기의 원은 지구인데 무슨 이유인지는 모르지만 풍경이 거꾸로 그려져 있다. 지구는 13개의 궤도를 지니고 있다.
정사각형 네 군데 구석에 의인화된 숩솔라누스Subsolanus, 아우스테르Auster, 아파르크티아스Aparctias, 제피루스Zephirus는 각각 동풍, 남풍, 북풍, 서풍을 의미한다.

De sanctificatione septime diei

CONsummato igitur mundo: per fabricam diuine solercie sex dierum. Creati em̄ dispositi ꝛ ornati tandē pfecti sunt celi ꝛ terra. Compleuit deꝰ gliosus opus suū: ꝛ requieuit die septimo ab operibꝰ manuum suarū: postq̃ cūctum mundū: ꝛ omnia que in eo sunt creasset: nō quasi operando lassus: sed nouam creaturam facere cessauit: cuius materia vel similitudo non precesserit. Opus enim propagationis operari non desinit. Et dominus eidem diei benedixit: ꝛ sanctificauit illū: vocauitq̃ ipsum Sabatū quod nomem hebraica lingua requiem significat. Eo ꝙ in ipso cessauerat ab om̄i opere qd̄ patrarat. Vn̄ ꝛ Judei eo die a laboribus proprijs vacare dignoscūtur. Quem ꝛ ante legez certe gentes celebrem obseruarunt. Jamq̃ ad calcem ventum est operum diuinorum. Illum ergo timeamus: amemus: ꝛ veneremur. In quo sunt omnia siue visibilia siue inuisibilia. Et a domino celi: domino bonoꝝ omniū. Cui data om̄is potestas in celo ꝛ in terra. Et presentia bona: quatenus bona sint. Et veram eterne vite felicitatem queramus.

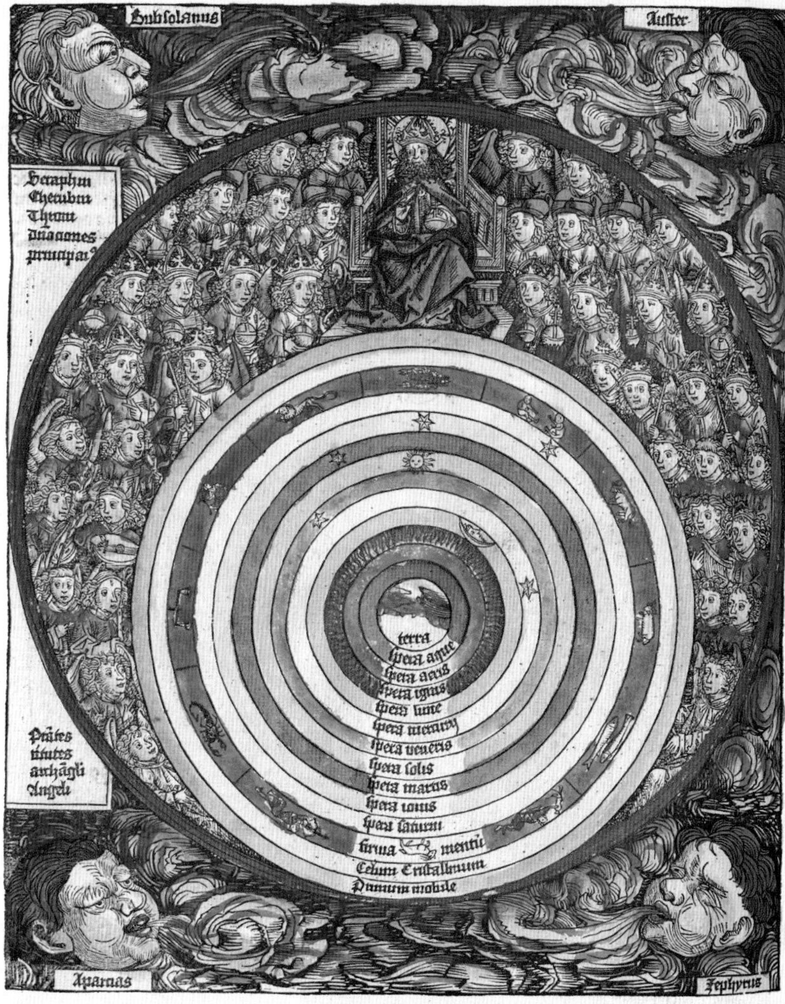

010

Folium VI verso

하와의 창조

창조주는 한쪽 무릎을 꿇고 왼쪽에서 잠든 아담의 옆구리로부터 왼손으로 하와를 끌어내어 일으켜 세우고는 오른손으로 축원한다. 창조주는 아담의 갈비뼈로 하와를 만들지만 갈비뼈는 묘사되어 있지 않다. 배경은 낙원이 아닌 험준한 바위가 있는 곳이다.

PRima etas mundi ab Adã vſqꝫ ad diluuiũ habet ſm Hebreos ãnos 1656. ſm ſeptuaginta interp̃tes Iſidoruꝫ ⁊ plures alios quoruꝫ numerus in etatibus conſequẽter ponitur habuit annos. 2242.

SUmma bonitas volens cõmũicare ſuuꝫ bonũ ⁊ alijs fecit creaturaꝫ rationalem q̃ ſummũ bonũ intelligeret: ĩtelligẽdo amaret: amãdo poſſideret: poſſidẽdo beata eẽt. Fecit deꝰ aũt primũ hoĩeꝫ formãdo corpꝰ eiꝰ ꝑ miniſterium angeloꝝ de limo terre ĩ agro damaſceno ⁊ inſpirauit ĩ faciẽ eiꝰ ſpiraculum vite: hoc ẽ aĩam creauit: quaꝫ corpori facto vniuit. Factꝰ aũt ẽ homo ad ymagineꝫ dei in naturalibꝰ ⁊ ad ſilitudineꝫ in gratuitis. Ecce dñs mirabili ꝑfudit grã. Cũ ergo marẽ ad ſilitudinẽ ſuã primuꝫ finxiſſet: tũ etiã feminaꝫ ꝯfigurauit adipſius hoĩs effigiem vt duo inter ſe ꝑmixti ſexꝰ ꝓpagare ſobolem poſſent: ⁊ omnẽ terrã multitudine opplere.

FOrmatis aĩantibꝰ terre ⁊ volatilibꝰ adducq̃ ad Adã vt videret ea: cũ adã nõ ĩueniret adiutor ſilis ſibi. immiſit dñs ſoporẽ in Adã ⁊ tulit vnã de coſtis eiꝰ: ⁊ replẽs carnẽ ꝓ ea: ⁊ edificauit in mulierẽ. Quã adã vidẽs dixit: h̃ nũc os de oſſibꝰ meis h̃ vocabit̃ Iſſa qđ latiẽ mlr interp̃tat̃: q2 de viro ſũpta ẽ. Factũ igit̃ adã deꝰ in ꝑadiſum trãſtulit: ⁊ ibi de coſta dormiẽtis Euã ꝓduxit: ſibiqꝫ ſociã formauit: Hãc ñ fecit de capite ne viro dñaret̃: nõ de pede viri ne ꝯtẽneret̃: ſꝫ de latere vt amoris vinculũ ꝓbaret̃: etiã vt nõ loci generis nobilitate: ſꝫ virtute vnuſqſqꝫ ſibi cõparet grãm. Jõ extra ꝑadiſuꝫ vir factꝰ ẽ: mulier vero ĩtra paradiſũ. Creat̃ deniqꝫ extra ꝑadiſũ h̃ eſt ĩ inferiori loco vir factꝰ melior inuenit̃ ꝓ Eua q̃ in ꝑadiſo facta fuit Adã igit̃ ꝓthoplaſtũ primũ hoĩem ſummꝰ oĩm reꝝ fabicator deus ſexto die ſecl'o q̃nta ⁊ viceſima marcij beſtijs terre creatis cũctiſqꝫ reptilibꝰ ⁊ volucribꝰ de limo terre rubeo ĩ agro damaſceno tãqꝫ creaturaꝝ omniũ finẽ ⁊ poſſeſſorẽ finxit.

011

Folium VII recto

선악과 유혹과 낙원으로부터 추방

화면은 종려나무를 중심으로 좌우로 나뉘어 있다. 오른쪽에는 뱀의 유혹에 빠진 하와가 아담과 함께 선악과를 손에 쥐고 있다. 왼쪽은 칼을 빼어든 천사가 아담과 하와를 추방하고 있다.

〈창세기〉에 따르면 하나님은 아담과 하와에게 가죽으로 만든 옷을 제공했다고 하지만 아직 나뭇잎으로 부끄러운 부분을 가리고 있다. 아담은 운명을 받아들이는 표정이다. 반면에 하와는 천사에게 따지려 하지만 천사는 관심이 없어 보인다.

Qui cum suggerente diabolo in forma serpentis prothoparentes mandatum dei transgressi fuissent: maledixit eis deus: et ait serpenti. Maledictus eris inter omnia animantia et bestias terre: super pectus tuum gradieris: et terram comedes cunctis diebus vite tue. Mulieri quoque dixit. Multiplicabo erumnas tuas: et conceptus tuos: in dolore paries filios et sub viri potestate eris: et ipse dominabitur tibi. Ade vero dixit Maledicta terra in opere tuo in laboribus comedes ex ea: spinas et tribulos germinabit tibi: in sudore vultus tui vesceris pane tuo: donec revertaris in terram de qua sumptus es. Et cum fecisset eis deus tunicas pelliceas eiecit eos de paradiso collocans ante illum cherubin cum flammeo gladio: vt viam ligni vite custodiat.

Adam primus homo formatus de limo terre triginta annorum apparens imposito nomine Eva vxori sue. Cum de fructu ligni vetiti oblato ab vxore sua comedisset: eiecti sunt de paradiso voluptatis: in terram maledictionis vt iuxta imprecationem domini dei. Adam in sudore vultus sui operaretur terram: et pane suo vesceretur. Eva quoque in erumnis viveret filios quoque pareret in dolore. quam incompabili splendore decoravit. eam felicitatis sue invidus hostis decepit: cum levitate feminea fructus arboris temerario ausu degustavit: et virum suum in sententiam suam traxit. Deinde perizomatibus foliorum susceptis ex delitiarum orto in agro ebron vna cum viro pulsa exul venit. Tandem cum partus dolores sepius experta fuisset cum laboribus in senium et tandem in mortem sibi a domino predictam devenit.

012

Folium IX recto

추방당한 다음의 아담과 하와

험준한 바위가 보이는 다소 황량한 환경에서 아담은 다소 피곤한 표정으로 생존에 필요한 양식을 마련하기 위해 일을 하고, 하와는 두 아들 카인과 아벨을 양육하고 있다.
아담과 하와는 맨발이고 가죽옷을 걸쳤다. 하지만 하와의 치마는 고급스러운 의상처럼 표현되었다.

ADam vir sctūs cūctꝭ diebꝰ vite sue ꝓbie spū claruit: pniaꝫ magnā ac diuturnā fecit filijs suis ꝑcepta iusticie ꝺdit: ꝑcipiēs vt a ꝯsortio cayn ac filiorū eiꝰ oīno abstinerent. nec cū eis mrīmonia iūgerēt. Hic pmꝰ nr̄ parēs vno pctō a ꝑadiso nos expulit: ꝟ sctā ꝯuersatōe sua ac pn̄ia sua exēm nobis dedit ad regni celestꝭ gaudia remeādi: ꝗ āt ꝟ n̄ seqꝰ de ipo iuste cōqri nō poterit. ⸿Comestor dic̄. Adā genuisse. 30. filios ⁊ totidē filias ꝑter cayn ⁊ abel. adā fuit pr̄ ⁊ socer cayn qꝛ cayn ꝯxit mrīmoniū cū calmana sorore sua. Augus. Adā vo mortuꝰ ē hn̄s ānos nōgētos ⁊. xxx. vt dꝛ i ymagīe mūdi. postq̄ꝫ genuit. xxx. filios ⁊c̄. ⁊ sepultꝰ ē ī loco caluarie circa hierl'm: vbi postq̄ꝫ aliq̄ꝫdiu reqeuit. trāslatū ē corpꝰ eiꝰ ī ebrō ī terrā de q̄ sumptꝰ ē: cui snīe concordat Athanasiꝰ ⁊ docto. hebrei. qꝛ ꝯuenit vt ibi corpus suuꝫ xp̄us exponeret morti: vbi caput generis humani fuit corruptū: ⁊ vbi seminata est corruptio ibiq̄ꝫ incorruptō orietur: quatenꝰ sic medicina morbo corr̄ideret. Johēs tn̄ in ꝯriū sonat vt patet.

AUgustinus. xiij. de ciuitate dei. humanū genus ideo ex vno homine deus instituit vt cōmēdaret q̄ꝫ ei grata sit in pluribus vnitas. que consideratio multuꝫ electis prodest: sanctis angelis in eterna pace sociādis: verū tāta immanitate peccādi defecerēt hoīes vt tutiꝰ atꝫ pacatiꝰ īter se bestie viuerēt. Neqꝫ. n. vnq̄ꝫ inter se leones aut īter se dracōes q̄lia hoīes bella gesserūt. vinculū cōcordie diligit deus.

ADam itaqꝫ ⁊ Eua pmū oīm parētes. xxx. supꝭ nōgentos vixere ānos. ⁊ ꝑter Cayn Abel ⁊ Seth cū sororibus suis q̄s scriptura cōmemorat. xxx. alios genuerat filios. Demū q̄ꝫ infirmitate correptus Seth filio atꝫ alijs interdixit ne eiꝰ filij cū filijs cayn ꝯmiscerēt. Illū ꝑ oleo mīe īpetrādo ad paradisum vt aiunt: transmisit tandē deficiēs in Ebron sepelitur. Sūt tn̄ q̄ dicūt eū ī caluarie loco sepultū fuisse

013

Folium IX verso

아담의 가계도

1 제사하는 카인과 여동생 칼마나

아벨을 살해하는 카인

2 아담

세트와 데보라

에노스

카이난

3 제사하는 아벨과 여동생 데보라

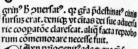

Abel secūdus filius Ade natus est anno.30. Ade cū sorore delbora. Iste abel primus martyr ecclīam inchoauit qz ī grā ꝛ iusticia ꝑmāsit. Si eī ab Adā īchoata fuisset nō foret cōtinua. Hūc āt iustū ꝛ setū ꝯmēorāt euāgelia Qui ab ineūte etate iusticiā colere ꝛ deū timere didicit. Cuiꝰ ꝯuersatio pastoralis erat: ꝛ de oībꝰ ꝑmicias deo offerebat. Et ꝓpterea deꝰ ad eius sacrificia respiciēs. ꝛ eiꝰ oblatōez gͣtam hēret germāo pn̄te. q̊ viso vultꝰ cayn ꝑ ꝯfusiōe ꝯcidit et iuidie stimulo sauciꝰ cayn ī eū ꝯsurrexit ac īterfec̄. Qui celestē citatē ꝑmꝰ ꝯdidit. Et ipiꝰ ciuem se ꝑmū ꝯstituit Centenario ꝛ eo amplius Abel mortuo. Adā post centesimū annū Seth genuit filium.

1

2

Anno.cxxx.ſm heb. Scdm lxx. īterꝑtes.ccxxx. Adaz genuit seth q̄ fuit terciꝰ filiꝰ ade ꝛ natꝰ ē āno pr̄is sui .cxxx. inchoāte ſm he. ve. ħ ē āno mōdi.130.cōpleto vixit āt ānis.912. Iste seth natꝰ est 230.āno ad. q̄z.c.moyses ꝑtermisit qbꝰ luxit filiū suū abel ī valle ploratōnis ꝓpe ebrō. ipe eē ꝑ oleo mīe īpetrādo padisuz adijt. In his duobꝰ primis filijs Ade.s. Cayn ꝛ abel ortū hūert due ciuitates ſm Aug.14.li.d ci.dei. fecerūt itaqꝫ duo amores duas ciuitates.terrenam.s. amor sui vsqꝫ ad ꝯtēptū dei. Celestez v̊o amor dei vsqꝫ ad ꝯtēptū sui deniqꝫ illa ī seipa: ħ in dn̄o gliat. Illa q̄rit ab hominibus gliam. huic āt deꝰ ꝯscie testꝭ maxia ē glīa. ad illā ptinet cayn q̄ ꝑmo natꝰ ē ꝛ citatē ꝯdidit. Ad istā ptīz abel. q̄ scdo natꝰ ē ꝛ tāqꝫ pegrinꝰ ħ ꝯuersatꝰ. qz grā ꝑdestinatꝰ ciuis sursuz erat. deniqꝫ vt cītas dei sue aduersarie coopatōe clarescat. aliq̄ facta reproborum cōmemorare necesse fuit.

Cayn ꝑriogenitꝰ ade ꝛ eue cū sorore sua calmana natꝰ ē āno ade.xv.ī agro damaseno. Hic primꝰ agrorū cultor fuisse ꝑhibeť cupidissimꝰ q̄dē ꝛ aliene felicitatis īpatiētissimꝰ ac scelleratꝰ volens mūera sua reprobata a deo et mūera fr̄is sui accepta motꝰ iuidia fr̄em suū ductuz ī agrū īterfecit. ꝓpter qd̄ a deo pūitꝰ fuit vt oībꝰ diebꝰ vite sue eēt vagꝰ ꝛ ꝓfugꝰ sup terrā. Cūqꝫ cayn ꝯfectꝰ eēt senio ꝛ iter frutecta aliq̄n sederet a ꝓnepote suo lamech q̄ senectutꝭ vicio cecꝰ factꝰ dū venatōi īsistēt pueri ductorꝭ suasu credēs cayn ferā sagitta occisus fuit.

Eras plimas dīsoꝝ regū gētiuz aut opm magnificoꝝ: aut ꝑsonaꝝ sublimiū hicide ānotauī: qbꝰ vtuť astronomi

3

ī suis calculatōibꝰ ab adā vsqꝫ ad alphonsum. Et nō qꝫ era ē tp̄s famosuz alicuius gētis vel secte incipiēs ab aliq̄ effectu q̄ ē nōbilis bonitatꝭ vel malicie ꝛ vulgariter ꝑt dici datū: iuxta qd̄ publice ꝯscriptōes fuit. Vn̄ ꝛ sctūs leo huiꝰ noīs ꝑmꝰ freq̄nter ħ termino era vtiť in Epistolis suis.

Enos filius Seth natꝰ ē āno Seth cv. anno v̊o mūdi.435.ſm.lxx.ſm heb.235.āni vite eius.905. Iste enos incepit inuocare nomē dn̄i forte per aliqua deprecatoria verba que inuenit.

Caynā filius Enos natus ē āno patris sui.xc. Mūdi v̊o ſm.lxx.625. ſm heb.ccc.xxv.āni vite eiꝰ extiterūt 910.

In linea iustoꝝ tres notāť celestibꝰ decorati. Pꝛio enos q̄ primo nomen dei inuocauit. Secundo Enoch q̄ cū deo ambulauit: ꝛ trāslatus ē in padisuz. Tercio Noe q̄ ꝑfectus fuit in generatōibus suis humanū genus saluauit ab aq̄s diluuij. In linea v̊o pctoꝝ tres decorantur terrestribus. Primo Jabel qui fuit pater habitantium in tentorijs atqꝫ pastorum. Secundo Jubal qui fuit pater canentiū in Cithara ꝛ organo. Tercio Tubalchayn qui fuit malleator in cūcta opera eris.

014

Folium X recto

에녹의 가계도

1 **에녹과 에드나**: 에녹Enoch은 300년 동안 하나님과 함께 동행하다가 승천했다고 한다. 성서에 나오는 인물 중 최초의 승천자이다.

2 **므두셀라와 형제들**: 에녹의 아들 므두셀라Methuselah는 969년을 살았다고 하니 성서에 나오는 인물 중 가장 오래 살았다. 노아의 할아버지이다.

3 **라멕과 그의 두 아내 아다와 실라**: 므두셀라의 아들 라멕Lamech은 두 아내 아다와 실라를 거느렸으니 일부다처주의의 시조인 셈이다.

4 **야발과 유발(왼쪽), 투발카인과 나아마(오른쪽)**: 아다가 낳은 두 아들 야발과 유발은 각각 양치기와 악사樂士가 되었으며, 실라가 낳은 아들 투발카인은 대장장이가 되었으며, 딸 나아마는 실을 잣고 옷감을 만드는 일을 하였다.

1 Enoch filius Cayn quotus sit in numero filioꝝ Cayn certum nō est. Iste Enoch cayn ciuitatē ꝯdidit appellās eā noīe ei⁹ Enochiā quā ꝛ sua ꝓle repletā vidit. dicit eñ Joseph⁹. Qd chayn rapinis ꝛ violentijs opes cōgregās filios suos ad latrocinia icitabat. Timēsqꝫ eos q̄s ledebat filios suos in citate recollegit. Absurdū tñ nō ē ſm august. xv. de ciui. dei. q̄ cayn edificauit citatē caꝫ vix q̄tuoꝛ viros scriptura dicat tūc fuisse. qꝛ nō oēs nūerauit q̄ tūc eē poterant: ſꝫ illos tñ noīare necē putauit q̄s suscepti opis rō postulauit. Adā per cayn sceleratum vndenario numero finit̄ q̄ pctm̄ significat̄ ꝛ ip̄e numer⁹ femīa claudit̄ a q̄ sexu factuꝫ ē iniciū pcti.

Enoch

Nota q̄ omnes artes vel scientie seculares liberales siue mechanice vl' phisice humane curiositati debuiētes a filijs lamech legūt̄ inuēte ꝛ sic filij adulterini p̄mū ſbtiliores alijs fuerūt: ꝛ qꝛ timebant futuꝝ pclm̄ diluuij ꝛ ignis Jō tubalcaim easdē artes ī duab⁹ colūnis sculpsit. Vna latericia ꝛ alia marmorea colūna lapidea adhuc manet ī terra syria: vt. s. si ꝯstructa laterib⁹ ab imbrib⁹ extermiaret̄ lapidea ꝑmanēs ꝑberet hoīb⁹ scpta' cognoscere.

2 Matusalem Enoch fili⁹ cētesimo ei ꝛ octuagesimoseptiō anno nat⁹ lamech filiū hūit q̄nato duos ꝛ octoginta supra septīgētos superuixit ānos. Et sic Matusalē diuti⁹ vixisse ferūt oīb⁹ q̄s scriptura cōmemorat.

Matusalem

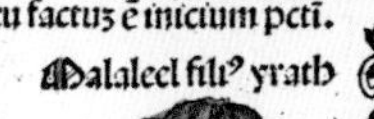

Malaleel fili⁹ yrath

Yrath filius Enoch

Malaleel centū ꝛ sexagītaqꝫ hñs etatis ānos genuit filiū iareth quo nato postea septingētos et triginta annis supuixit.

3 Iste Lamech primus bigamiaꝫ introduxit habens duas vxores ꝯ illō qd dictū fuit ab Adā spū ꝓphetico: erūt duo ī carne vna. q̄ viru. i. cayn īter frutecta iacētē sagitta īterfecit adolescētēqꝫ eū ducētē arcu pcussum occidit. Punit⁹ ē igr̄ ꝓpter occisionem caī septuagies septies qꝛ septuagita ꝛ. vij. aīe d' eo egresse ī diluuio pierūt.

Iste Jabel fili⁹ Lamech ex vxore Ada icepit ꝯdē tētoria pastoralia portatilia ad mutādū pascua ꝓ gregib⁹ nutriēdis nl nisi ꝯiugiū carnale meditās ꝛ pascua vētri. ſꝫ ſm cōmestorē greges ordiauit ꝛ caracterib⁹ distinxit sepauitqꝫ ſm genera greges ouiū a gregib⁹ edoꝝ ꝛ ſm q̄litatē vnicolores a grege ſpsi velleris: ꝛ ſm etatē aniclos a maturiorib⁹ ꝛ cōmixturas cert̄ tpib⁹ faciēdas itellexit

Ada Lamech Sella

Cōcupia oculoꝝ

Iste tubalcayn filius lamech et selle secunde vxoris sue artē ferrarēā prim⁹ inuenit: res bellicas exercuit sculpturas ī metallis in libidineꝫ oculoꝝ fabricauit sumens exemplum a natura ex opere fruticum sicut frater suus Tubal ad voluptatem aurium consonantias excogitauit.

Cōcupia aurium

Iste Tubal fili⁹ Lamech ex vxore Ada hic dr̄ pater canentiū ī cythara ꝛ organo qꝛ musicā inuenisse dr̄ nō tñ instr̄a musicalia adinuenit ſm ꝯmestorē q̄ postea lōge inuēta referūt̄ ſꝫ ꝯsonātias inuenit vt laboꝛ pastoral' quē frater su⁹ iabel p̄amauit ī delitijs vteret̄ ꝛ in delicijs exercere t: postea tñ mlti adiuenerūt ꝯsonātias melodiaꝝ ꝛ diuersa instr̄a musicalia sic moises de sonitu aq̄ꝝ dr̄ armonias ꝑpēdisse. Sūt tñ q̄ dicāt q̄ archades popl'i ꝑ calamos breues ꝛ logos p̄mi excogitauerunt cantum: laercius vero id repertū dicit tempore pithagore philosophi.

Concupia carnis

Noema filia Lamech ex Sella soroꝛ Tubalcayn artem varie diuerseqꝫ texture inuenit: lanam et linuꝫ in fila traxit ꝛ pannū texuit ꝓpter leuitatem. Naꝫ antea pellibus bestiarum vtebantur.

4

Jabel Tubal

Tubalcaī Noema

015

Folium X verso

그리스도 조상의 계보

1 **마할랄렐**: '하나님을 찬양하다'라는 뜻으로, 셋Seth의 손자인 게난Cainan이 70세에 낳은 아들이다. 895세까지 산 마할랄렐Mahalalee은 계열상 예수 그리스도의 조상이다.

2 **야렛**: 마할랄렐이 65세에 낳은 아들이 야렛Jared이다.

3 **에녹**: 야렛의 아들이며 므두셀라의 아버지로, 300년 동안 하나님과 함께 동행 하다가 죽지 않고 하늘로 들려 올라갔다고 한다.

4 **므두셀라**: '창 던지는 자', '하나님께 예배하는 자'란 뜻인데 969세까지 살았으니 성경 역사에서 가장 오래 산 인물이다.

5 **라멕**: 므두셀라의 아들이며 노아의 아버지로 777세까지 살았다.

Etas prima mundi

MAlaleel filius caynan q̃ plantatio dei interpretatur in linea xp̄i natus est anno patris sui. 75. anno vo mūdi bm Hebre. 470. bm. lxx. 760. obijt habens annos octingentos. 95. Dicit Aug. 15. de ciui. dei. q plures āte diluuiū nongentos annos attigerunt nemo tamen ad mille peruenit: q̃ plixitas etatis fuit per miraculū diuinū ad multiplicandū genus humanū τ ad sciētiarū principia inuenienda. Tum etiā scdm naturam: qz homines erant melioris cō/plexionis τ maioris vigorositatis. Nā habebāt tunc multa maiora ossa qui/dem homines q̃z nunc. Unde allegans Plinium dicit. q̄nto magis p̄terit seculi cursus: tāto minora corpa fert natura: ne etiā magnitudo gigantoꝝ videat ali/cui incredibilis testatur sacra historia dicens se vidisse molarem dentem: de q̃ cē/tum dentes scdm modulum nostre fieri potuissent. Dixitq̧ August. 12. q nullo modo audiendi sunt illi qui dicūt tante fuisse breuitatis illos annos: q decez de illis faciunt vnum de nostris: atq̧ nongentos tantū. 90. Nam dicit Plinius ad huc sunt gentes q̃. cc. annis viuūt.

IAreth filius Malaleel qui interpretatur descendens siue roborans vł sa porans natus ē anno patris sui. lxv. supra centesimuz Gen̄. v. mūdi vo dcc. lx. scdm he. ve. & scdm. lxx. interpretes. 976. vixit autem nongentos τ sexaginta duos. Dicit Augusti. q multi sunt geniti ante diluuiū de seth τ etiā cayn quos tamen scriptura festine trāscurrit: vt veniat ad noe vbi ambarum ge/nealogiarū τ ciuitatū dei τ diaboli discretio concretioq̧ numeraret τ ad Abra/ham cui facta est repromissio de christo nascituro qui ē alpha τ o: Appocalip. i. ꝓpter quod scriptura sacra quosdam ꝯmemorat. nec omnes isti primogeniti q̃s scriptura nominat vt cayn cognouit vxorem suam τ genuit Enoch. nō est conse quēs q Enoch fuit eius primogenitus. τ sic de alijs. Huius vo tempe filij seth viri optimi in p̄ceptis patris cum simplicitate cordis perseuerantes a filijs Ca/ym pessimis quidem in omnē luxum prolapsis multa mala passi sunt.

ENoch filius Jareth natus est anno patris sui. c. lxv. Gen̄. v. mūdi vero 1022. scdm he. ve. Sz bm. lxx. 1122. Anni vite eiꝰ fuere. 365. Iste enoch septimus ab Adam deo placuit τ translatus est in paradisuz: τ septima requies p̄dicatur ad quā trāsfertur omnis qui tanq̧ sexta die etate seculi christi aduentu formatur. viuit aūt in paradiso in corporis τ spūs tranquillitate cū he lya vsq̧ ad tempus antixp̄i exituri ad fidei defensionem. Postremo martyrio co ronandi. hūc iudas apostolus in epistola sua nonnulla scripsisse refert: q̃ ab an/tiquitate suscepte fidei a patribus refutata sunt.

MAtusalem filius Enoch natus est anno patris sui. lxvij. mundi vero bm lxx. 1287. Anni quibus vixit fuere. 969. Iste Matusalem antiquissimꝰ fuit omniū quos scriptura ꝯmemorat. De annis autē eius diuerse sunt opiniones. bm lxx. interp̄tū computationem vixisset. 14. annis post diluuium. Sed non legitur fuisse in archa noe. Hiero. vo asserit: q eodē āno diluuij mor/tuus sit. Septemq̧ diebus ante diluuium sepultus. Quidam vo eum cum pa/tre suo Enoch trāslatum fuisse volunt: τ diluuiū p̄terisse putabant causante hoc diuersitate codicū nostroꝝ τ hebreoꝝ: bm August. τ Rab. τ ysi. qui omnes di/cunt eum absq̧ omni ambiguo non vixisse. 14. annis post diluuium cum ibi tā/tū. viij. anime salue fiebant.

LAmech filius Matusalem natus est āno p̄ris sui bm textum nostrū Gen̄. v. clxxxvij. anno vero mundi bm lxx. 1454. vixit autez annis. 777. Iste lamech cum esset annorum. 172. genuit Noe quem cum genuisset dixit. Iste. s. Noe consolabitur nos a laboribus manuū nostrarum in terra cui male/dixit dominus. Et genuit preter Noe filios τ filias. Et cū vixisset septingētos τ septuagintaseptem annos tradidit principatum Noe filio suo τ mortuus est. Eo quidem tempore gigantes erant super terram; viri vtiq̧ famosi τ incredibi/lis potentie scientes bellum.

제2 시대

노아부터
아브라함의 탄생까지

016

Folium XI recto

노아의 방주

이 삽화는 방주의 건조부터 홍수가 종료된 것까지의 장면을 한꺼번에 보여 준다.
전면에 목수들이 방주를 건조하기 위해 큰 목재를 다듬는 모습이다. 오른쪽에는 노아가 작은 지팡이를 들고 작업을 진두지휘하고 있다. 그 너머에는 여러 사람들이 방주를 건조하고 있는데 방주는 스페인 함선처럼 묘사되었다.
방주 윗부분에는 비둘기가 올리브가지를 물고 되돌아온 모습이 보인다. 즉, 홍수가 끝나고 마른 땅이 발견되었다는 뜻이다.

Secunda etas mũdi principiũ a Noe habuit post diluuiũ: qđ fuit vniuersale p totũ Anno sexcẽtesimo vite Noe a p̃ncipio aũt mundi ẜm he. Millesimosexingentesimoquinquagesimosexto. Sed ẜm .lxx. interp̃tes quos Beda et ysido. approbãt Bis mille ducenti ⁊. xlij. ⁊ durat vsq̧ ad abraham ẜm he. 292. annis. Sed ẜm .lxx. 842. annis. ¶ Ante diluuiũ vo p. 100. annos Dominus apparuit Noe id ẽ quingentesimo anno vite Noe.

Noe diuini honoris et iusticie amator filius Lamech. ingenio mitis ⁊ integer inuenit grãm coram dño. Cũ cogitatio hominũ p̃na erat ad malũ. Omi tpe omes in viam rectã deducere satagebat. Cũq̧ instaret finis vniuerse carnis precepit ei dñs vt faceret arcam de lignis leuigatis bituminatã intus et extra. que sit trecẽtoꝝ cubitoꝝ geometroꝝ longitudinis. Orosius ⁊ post eũ Augusti. ⁊ Hugo. Cubitũ geometricũ sex cubitos visuales facere dicit: quã pticaꝫ noiant. Sit itaq̧ trecẽtoꝝ pticaꝝ lõgitudis: qnq̃ginta latitudinis ⁊ triginta altitudinis. i. a fundo vsq̧ ad tabulatũ sb tignis. Et i cubito cõsummab illã. In q̃ mãsiũculas cenacla fenestrã ⁊ ostium i latere deorsum facies. Noe igit post cẽtuz ⁊ xx. ãnos ad arcã fabricatã. q̃ p solatio vite erant ncc̃ria cõportauit. Cũctorũq̧ aĩaliũ ad ẜuãdũ genus eoꝝ masclos siĺ ⁊ feminas pⁱter introduxit. Ip̄e deniq̧ ⁊ filij eiꝰ vxor ⁊ vxores filioꝝ primo die meñ april' ingressus ẽ. Facto diluuio cuz dñs oẽm carne deleuit. Noe cũ suis saluatꝰ ẽ. Stetitq̧ arca sup altissimos mõtes armenie. Qui locꝰ egressoꝝ vocat. Egressi deo grãs egerũt. Et altare facto: deo sacrificabant.

Hoc signũ federis qđ do inter me et vos ⁊ ad omnẽ animã. Gñ. ix.

Arcus pluuialis siue Iris licet dicatur hr̃e sex vel quatuor colores. tñ duos colores p̃ncipaliter habet. q̃ duo iudicia repñtant. aq̃s diluuiũ p̃teritũ figurat ne amplꝰ timeat. igneus futurũ iudiciũ signat per ignem vt certitudinaliter expectet. ¶ Illo diluuij Anno prima seculi etas termiata ẽ ab Adaz vsq̧ ad diluuiũ inclusiue. Etas scđa incepit q̃ ⁊ ad abrahe natiuitatẽ vsq̧ perdurat.

Noe vna cũ filijs ⁊ vxore ac filiorũ vxoribꝰ ex archa egresso: ꝯfestim altare edificato de cũctis pecoribꝰ volatilibusq̧ mũdis holocausta dño obtulit. Et eiꝰ odorẽ suauitatis odoratꝰ est dñs. Propter qđ eidem dñs benedixit ac filijs suis dicens.

017

Folium XII recto

인간들의 모습

1세기의 로마의 군인이자 정치인이며 《박물지》를 쓴 플리니우스가 묘사한 세상의 기괴한 인간들의 모습.

- 개 머리의 인간
- 외눈박이 인간
- 머리는 없고 몸통에 눈과 입이 있는 인간/리비아
- 한 쪽 발이 뒤로 향한 인간
- 오른쪽은 남자, 왼쪽은 여자인 양성兩性 인간
- 거대한 다리 하나만 있는 남자
- 입이 너무 작아서 빨대로만 마셔야 하는 인간

018

Folium XII recto

인간들의 모습

4~5세기의 성 아우구스티누스가 묘사한 세상의 기괴한 인간들의 모습.

- 코 없는 인간
- 입이 크고 접시만큼 늘어질 수 있는 아랫입술을 가진 인간
- 코끼리처럼 귀가 큰 인간
- 뿔이 달리고 코가 크며 발이 짐승 같은 인간
- 발이 빨라서 달리는 사슴의 뿔을 양손에 잡을 수 있는 인간
- 말의 다리를 가진 인간
- 달려드는 학들을 방패와 몽둥이로 공격하는 남자

017 

De hominib⁹ diuerſaꝝ formaꝝ dicit Pli.li.vij. ca.ij. Et Aug.li.xvi.de ci.dei.ca.viij. Et Iſidorus Ethi.li.xi.ca.iij. oīa q̄ ſequūtur in india. Cenocephali homines ſunt canina capita habētes cū latratu loquūtur aucupio viuūt. vt dicit Pli. qui omnes veſciūtur pellibus animaliū.

Cicoples in India vnū oculum hn̄t in fronte ſuꝑ naſum hij ſolas ferarū carnes comedūt. Ideo agriofagite vocātur ſupra naſomonas confineſq̄ illorū homines eſſe: vtriuſq̄ nature inter ſe vicibus coeūtes.

Calliphanes tradit Areſtotiles adijcit dextram mā mam ijs virilem leuam muliebrem eſſe quo hermofroditas appellamus.

Ferunt certi ab oriētis ꝑte intima eſſe homines ſine naribus: facie plana eq̄li totius corporis planicie. Alios ſuꝑiore labro orbas. alios ſine linguis ⁊ alijs cō creta ora eſſe modico foramine calamis auenaꝝ potū haurientes.

Item homines habentes labiū inferius. ita magnū vt totam faciem contegant labio dormientes.

Item alij ſine linguis nutu loq̄ntes ſiue motu vt monachi.

Pannothi in ſcithia aures tam magnas hn̄t. vt contegant totum corpus.

Artabrite in ethiopia ꝓni ambulāt vt pecora. ⁊ aliqui viuūt ꝑ annos. xl. quē nullus ſuꝑgreditur.

Satiri homūciones ſunt aduncis naribus cornua ī frontibus hn̄t ⁊ capraꝝ pedibus ſimiles qualē in ſolitudine ſanctus Antonius abbas vidit.

In ethiopia occidentali ſunt vnipedes vno pede latiſſimo tam veloces vt beſtias inſequantur.

In Scithia Ipopedes ſunt humanā formaz eq̄nos pedes habentes.

In affrica familias quaſdā effaſcinātiū Iſigonus ⁊ Memphodorus tradūt quaꝝ laudatōne intereāt ꝓbata. areſcāt arbores: emoriātur infantes. eſſe eiuſdem generis in tribalis et illirijs adijcit Iſogon⁹ q̄ viſu quoq̄ effaſtinent iratis p̄cipue oculis: quod eorū malū facilius ſentire puberes notabili⁹ eſſe ꝙ pupillas binas in oculis ſingulis habeant.

Item hoīes. v. cubitoꝝ nūq̄ infirmi vſq̄ ad mortez Hec oīa ſcribūt Pli. Aug. Iſi. Preterea legit̄ ī geſtis Alexādri ꝙ ī india ſunt aliq̄ hoīes ſex man⁹ hn̄tes.

Itē hoīes nudi ⁊ piloſi in flumine morātes.

Itē hoīes manib⁹ ⁊ pedib⁹ ſex digitos habentes.

Itē apothami ī aq̄s morantes medij hoīes ⁊ medij caballi.

Item mulieres cū barbis vſq̄ ad pect⁹ ſ capite plano ſine crinibus.

In ethiopia occidētali ſūt ethiopeſ. iiij. oc̄los hn̄tes

In Eripia ſunt hoīes formoſi ⁊ collo gruino cū roſtris aīalium hoīmq̄ effigies mōſtriferas circa extremitates gigni mime miru. Artifici ad formanda corpora effigieſq̄ celandas mobilitate ignea.

Antipodes āt eē. i. hoīes a ɔ̄ria ꝑte terre vbi ſol orit̄ q̄ñ occidit nob̄ aduerſa pedib⁹ nr̄is calcare veſtigia nulla rōe credēdū ē vt ait Aug. 16. de ci. dei. c. 9. Ingēs tn̄ ſ pug̃ lraꝝ ɔtraq̄ vulgi opīoez circūfundi terre hoīes vndiq̄ cōuerſiſq̄ īter ſe pedib⁹ ſtare et cūcti ſil'em eē celi v̄ticē. Ac ſili mō ex q̄cūq̄ ꝑte mediā calcari. Cur āt n̄ decidāt: mirēt̄ ⁊ illi nos n̄ decidere: nā em̄ repugnāte: ⁊ quo cadāt negāte vt poſſint cadere. Nā ſic ignis ſedes nō ē niſi ī ignib⁹: aq̃rū niſi ī aq̄s. ſpūs niſi in ſpū. Ita terre arcentibus cūctis niſi in ſe locus non eſt.

 018

019

Folium XII verso

인간들의 모습

6~7세기의 학자이자 세비야 대주교인 이시도루스가 묘사한 세상의 기괴한 인간들의 모습.

- 팔이 여섯 개 달린 남자
- 털이 많은 여자
- 손가락이 여섯 개인 남자
- 상반신은 사람이고 하반신은 말인 인간
- 수염이 난 대머리 여자
- 눈이 네 개인 남자
- 목이 길고 새 주둥이 입을 가진 인간

020

Folium XII verso – XIII recto

세계 지도

아시아, 아프리카, 유럽 대륙을 보여 주는 지도.

유럽은 북쪽에서 서쪽으로, 아프리카는 남쪽으로, 아시아는 남쪽에서 동쪽을 통해 북쪽으로 펼쳐져 있다. 아시아는 전체의 반 이상을 차지한다. 대륙은 바다에 의해 분리되어 있다. 지도를 둘러싼 띠에는 방위를 나타내는 바람들이 의인화되어 있다.

이 지도는 노아의 세 아들 셈, 함, 야벳이 들고 있다.

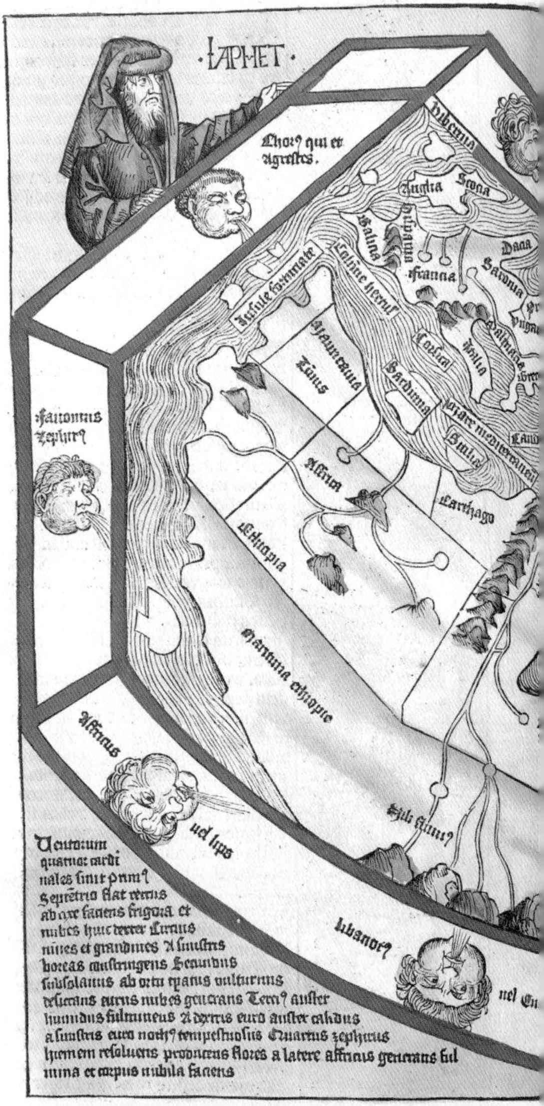

Secunda etas mundi

IAPHET

Ventorum quatuor cardinales sunt primus Septētrio flat rectus ab axe faciens frigora et nubes huic dexter Circius nives et grandines A sinistris boreas nustringens Secundus subsolanus ab ortu equanus vulturnus desiccans eurus nubes generans Tercius auster humidus fulmineus A dextris euro auster calidus a sinistris euro nothus tempestuosus Quartus zephirus hiemem resolvens producens flores a latere affricus generans ful mina et corpus nubila faciens

Orbis dicitur a rota ⁊ est q̄libet figura sperica ⁊ rotunda. Et ideo mūdꝰ orbis dr̄. q̄ʒ rotūdꝰ ē: ⁊ dʒ orb terre vl' orbisterrarū. Dicūt āt ꝭm vincē. filij sem obtinuisse asiā. filij chā affricā ⁊ filij iaphet europā. Isið. in li. Ethy. asserit ꝙ orbis diuisus ē in tres partes ꝫ nō eq̄liter. Nā asia a meridie ꝑ orientem vsq₃ ad septētrionem ꝑuenit. Europa v̄o a septētrione vsq₃ ad occidentē ꝑtingit. Sed affrica ad occidentem ꝑ meridiez se extendit. Sola quoq₃ Asia

continet vnam partem nostre habitabilis. s. medietatem: alie vo ptes. s. affrica ⁊ europa aliam medietatē sunt sortite. Inter has autem partes ab occeano mare magnū progreditur. easqꝫ intersecat: quapropter si in duas partes orientis ⁊ occidentis orbem diuidas in vna erit asia in alia vo affrica ⁊ europa. Sic autem diuiserunt post diluuiū filij Noe: inter quos Sem cum posteritate sua asiam. Japhet europam: cham affricam possederunt. vt dicit glo. super Gen. x. ⁊ super libro Paralippo. primo. Idem dicit Crisostomus Isidorus ⁊ Plinius.

Linea Christi

Noe patriarcha

Secunda etas mundi

Noe filius lamech decim⁹ ab Adam: cui⁹ anno sexcentesimo primo hoc ē anno mūdi. M. sexcentesimo. lvij. incepit secūda etas: nat⁹ ē ãno patris sui cētesimo octogesimo secūdo. gñ. v. Mūdi vo. M. lvi. iuxta hebre. ß ßm Orosiū Bedā τ. lxx. interp. anno mūdi. M. dc. xlij. Et interptat̄ requies ßm ysi. τ Rabanū vbi sup. Ab eo q̄ sb illo oīa retro quieuert p̄ diluuiū. Hebrei tamen dicūt q̄ idcirco requies interpretatur: quia primus inuenit artē arādi terram cū animalibus. Ideo dr̄ Gen. v. Ipse consolabitur nos ab operibus. Nam prius foderūt soli homines agrū: ß postq̄ animalia arare ceperūt: fuerūt hoīes alleuiati: ideo etiā dr̄: q̄ Noe erat vir agricola.

Memorie cōmendandū ē. q̄ de istis trib⁹ filijs Noe. s. sem. cham. τ Japhet lxxij. gētes procreate sunt. vt p̄z Gen. x. Harū autē gentiū vocabula ptim māserūt. ita vt hodieq̄ appareat. Unde fuerint deriuata: sicut ex assur assyrij: τ ex heber hebrei: partim tēpis vetustate mutata sunt: ita vt vix hoīes doctissimi antiq̄ssimas pscrutātes historias. Chā. 2. fili⁹ noe Cathaflua vxor ei⁹ nec oīm ß aliq̄z ex istis origine gētiū repire potuerūt. Et si oīa pside rent̄ plā mutata q̄ manentia noīa apparent.

Iste Jonichus fuit q̄rtus filius Noe natus est tercio anno post diluuiū de quo Moyses tacet. Sapiens primo astronomiā inuenit. τ q̄dam futura preuidit τ maxime de ortu q̄tuor regnorū τ eorum occasu. Cūq̄ pr̄ dedisset ei munera iuit in terrā Ethan τ habitauit ibi gentē ɔstituēs. Hec em̄ Eliopolis. i. solis terra ē ad quā nōnulli filiorū Japhet viri clarissimi accedentes ciuitatem ipsi Jonicho extruxere. Hic fert̄ cōsiliū dedisse Nemroth quō regnare possz fuit autē vir ingenio eminentissimus τ astronom⁹ permaximus. qui oīm siderū cursus τ stellarū habitudines cōtemplatus fuit. Qua q̄dem disciplina vt dictū est ortū pīter τ occasum q̄tuor regnorū principaliū p̄uidit τ docuit. Huic aūt mortuo cosdron ei⁹ filius successit.

ionich⁹. 4. fi. noe

Cobus filius chā a q̄: vt Josepho in primo antiq̄tatū libro placet: Ethiopes fuere. Hij pmū a semetipis τ ab asianis chusei vocabant̄. Inde Ethiopes. τ a q̄bus ethiopia regia hec p̄uincia in Mauritanie finib⁹ ē. In q̄ vaste sunt solitudines orientem versus.

Chanaan primus filius cham a q̄ chananei τ hūt. xi. filios q̄ possederūt terrā chananeorū q̄ nūc terra dr̄ p̄missionis q̄ nūc Judea nūcupat̄ τ ab eo chananea. Sydon a q̄ sydonij. Ethe⁹ a q̄ ethei. Et Jebuseus a q̄ iebusei q̄rū duorū fuit hierlm. Amore⁹ a q̄ amorei. Gerse⁹ a quo gersei. Eueus a q̄ euei. i. gabaonite. Arche⁹ qui archas oppidū ɔdidit ꝫ tripolim ī radicib⁹ libani sitū. Cine⁹ Aradius a q̄ aradij q̄ aradium īsulā posse derūt angusto freto a phenicis littore sepatum. Samarites a q̄ sirie nobilis ciuitasq̄ vocatur aeolis. Amatheus a q̄ amatite.

Phuth. 2. filius cham a q̄ libia affrice regio τ libici ppl̄i q̄ icipit ab athlante mauritanie mōte. τ ab eo r̄gio phutēs appellata ē

Messaraym. 3. fili⁹ a q̄ Egyptij exorti sunt. τ hz. v. filios: egiptij em̄ ab hebreis mersei vocabātur a mersa isto q̄ princeps fuit egypti. Lydin a quo lydi ppl̄i τ a quibus lydia prouīcia nomen accepit p̄uincia in minori Asia. In q̄ Ephesus Johis apostoli sedes. Ananim a q̄ ananij. τ laobim a q̄ cubarij τ alios q̄rū natōes ignote habet̄: q̄ bello ethiopico subuersevsq̄ ad obliuionem p̄teritorū nominū puenerūt. Masrā fili⁹ chā. 3. ex se septē p̄tulit natōes q̄rū sexta p̄ cesloim natio scz palestinorū: q̄ mō palestini dicūt ppl̄i. Et palestīa p̄uīcia ħ ī syria est arabie ɔtermina dicta a philistea vrbe philistei. Tusim a q̄ philistijm. Cellū Sabatha a q̄ sabatheni q̄ nominantur a grecis astabari.

Chus quartus filius Cham habuit q̄tuor filios cū vxore

Regina habz duos filios τ sabatha antiq̄ postmodū vocabula pdidere. ab hijs ethiopice gētes: ethiopia in occidētali plaga descendisse putat̄. Sabaa a q̄ arabes. Dadan a q̄ Ethiopes. Euila secūd⁹ filiorū chus filij chā fuit. a q̄ Euilei. q̄ nūc Getuli appellant̄ ppl̄i. s. q̄ in remotiorib⁹ aphrice ptib⁹ hītare ɔsueuert. Saba a q̄ sabe⁹ al' sabei τ hij arabes vt scribit Joseph⁹ appellāt̄. s. in libano et ātilibano ɔmorāt̄: τ ab istī arabia regio dicta quā solin⁹ sacrā iterptat̄. Nebroth fili⁹ ch⁹ filij chā Gigas q̄dē τ vasto corpe vir. cū eēt iter filios filiorū Noe audacissim⁹ apd babilonios pmanēs tyrānidē pm⁹ exercere cepit.

Canaan
Sydon
Etheus
Jebuseus
Amorreus
Gergeseus
Eueus
Aratheus
Cyneus
Aradius
Samarites
Amatheus
Phuth
Mesraym
Lydim
Anamim
Laabim
Chusim
Cesluim
Sabatha
Regma
Sabaa
Dadan
Saba
Nemroth
Euila

021

Folium XIV verso – XV recto

함의 가계도

왼쪽 노아로부터 한 가지가 뻗어져 나와 그의 둘째 함Ham과 그의 아내 카타플루아 사이에 태어난 후손들의 모습이 묘사되어 있다. 오른쪽 페이지 첫째 인물이 함의 첫째 아들 카나안이고 맨 마지막 인물은 흑인이다.

노아의 저주를 받은 카나안의 후손들은 나중에 그들의 땅을 이스라엘에게 내 주게 된다.

022

Folium XV verso

술 취한 노아

대홍수가 끝난 뒤 하루는 노아가 포도주를 마시고 취해서 자기 장막에서 완전히 벌거벗은 채 잠들었다. 그의 둘째 아들 함이 아버지 장막에 들어갔다가 나와서는 형 셈과 동생 야벳 앞에서 벌거벗은 아버지를 비웃었다.

하지만 셈과 야벳은 옷을 준비하여 아버지 하체를 안 보려고 뒷걸음질하며 다가가 아버지 하체를 덮었다. 즉, 아버지의 명예와 인격이 손상되지 않도록 했던 것이다.

깨어난 노아는 셈과 야벳을 축복했고, 함의 아들 카나안의 후손들은 그의 형제의 종들의 종이 될 것이라고 저주했다.

삽화에서는 포도나무와 잘 익은 포도열매는 표현되어 있으나 노아의 장막은 표현되지 않았다.

Sem primꝰ filiꝰ noe natꝰ ē anno p̄ris sui. l. mūdi vo ſm. lxx. interp̄. 2244. ſm heb. 1658. ħ ē an̄ xp̄i natiuitatē. 2957. anni vite eiꝰ fuere. 600. Iste sem bienio post diluuiū genuit arphaxat ⁊ fert fuisse melchisedech q̄ p̄mꝰ post diluuium ꝯdidit salē vrbē ipa ē hierl'm ⁊ ab eo descēderūt generatōes. 27. Protulit aūt sem. v. filios e q̄bus q̄nq3 singulares ꝓdiere gētes. Cuiꝰ p̄mogenitꝰ Elam a q̄ Elamite p̄sidis principes. Sem aūt anno cētesimo vite genuit Arphaxat: ⁊ alios filios ⁊ filias ⁊ mortuus est.

Sem. 1. fi. noe — psla vxor. eiꝰ

Elam pꝰ filiꝰ sem

2 assur

Luth

Arfaxat 3 fiꝰ Sem

Aram

Iste assur. 2. filiꝰ sem a q̄ assiriorū pullulauit impiū. q2 nolebat rebellare ꝯ deū in edificatōe turris babel. cū nebroth: iō fugit de terra sennaar. ad aliā regionē longinq̄ ꝑus nō hītatam q̄ ex eiꝰ noīe vocat assiria. ⁊ edificauit ciuitatē q̄ postea vocata est ninive. que fuit metropolis totius regni assyrioꝝ. Iste ppl's sp crudelitatis infamiā hūit.

Arphaxat. 3. filiꝰ sem natꝰ ē anno mūdi ſm hebr. 1693. ſm interp̄. lxx. 2279. Uixit aūt ānis. 338. ⁊ mortuꝰ ē. Ab isto Arphaxat emersere chaldei a q̄bus ⁊ Caldea regio appellata ē. Hec in asie ptibus ē. Arabie cōtermīa longe plana ⁊ fontiū indigua in q̄ babilon fuit magna.

Aram q̄rtus filiꝰ sem. habuit. iiij. filios ⁊ ab eo ꝓgeniti sūt siri q̄rū metropol' damascꝰ in hebreo syria dr̄ aram. Primꝰ fi. arā fuit hus traconitidis regiōis: q̄ ē īter palestinā ⁊ celesirie. i ea ē hus terre iudee ꝯfinia ex q̄ iob ꝓpha ortū hūit

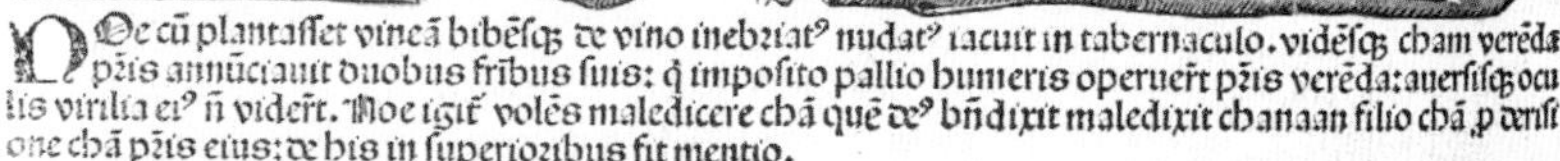

Noe cū plantasset vineā bibēsq3 de vino inebriatꝰ nudatꝰ iacuit in tabernaculo. vidēsq3 cham verēda p̄ris annūciauit duobus frībus suis: q̄ imposito pallio humeris operuerūt p̄ris verēda: auersisq3 oculis virilia eiꝰ n̄ viderūt. Noe igit volēs maledicere chā quē deꝰ bñdixit maledixit chanaan filio chā ꝓ derisione chā p̄ris eius: de his in superioribus fit mentio.

022

023

Folium XVI recto

야벳의 가계도

홍수 이후 노아의 세 아들로부터 다시 인류가 급속히 확산되었다.

이 삽화에서는 야벳을 포함하여 모두 18명의 얼굴이 등장하는데 야벳과 그의 막내아들 티라스를 제외하고는 전부 머리에 모자를 쓰고 있다. 야벳은 경배 받는 인물임을 나타내기 위해 머리를 그대로 노출시킨 모습으로 표현한 듯하다. 티라스는 천체를 연구하는 모습인데 두뇌를 쓰는 자임을 보여 주기 위해 모자 없이 묘사된 것일지도 모른다.

Japhet tercius filius noe habz septem filios q̄ et europam sortitus est. Iste iaphet a p̄re bn̄dictus ē ꝓpter ingenuã nobilitatem dilatationēq; ei imp̄cabat. ⁊ ab eo descenderũt generatõnes .xv. Septē aũt gẽtes per iaphet filios institute fuerũt. ¶ Gomer p̄mogenit' iaphet in europam veniẽs gomeritas instituit: q̄ postea a grecis galathe nũcupati sunt: ⁊ a q̄bus galatia regio. Hec quippe hispanie ⁊ lusitanie cõtermina quã a meridie hz. Ab occidẽte v̄o ⁊ septẽtriõe occeanũ. Et ab oriẽte flumẽ sequane ⁊ germanie ꝓuincias ¶ Gomer ḡ primus fi. iaphet a q̄ galathij ⁊ hz .3. filios. ¶ Prim' astanes a q̄ sarmacia. hij scithaꝝ hoĩes sunt ĩ paludis meothidis ꝓfundo hitãtes q̄ exilis regio ē infelicib' arborib' referta. ¶ Scd's Riphath al' raphaa a q̄ paphlagones. ⁊ paphlagonia nomē accepit. h̄ ē minoris asie regio ¶ Terci' Thegorma a q̄ friges emersere. ⁊ a q̄b' frigia mioris asie ꝓuicia cog̃miata fuit: q̄ postea dardania. deinde troia cog̃miata ē ¶ Scd's fi. iaphet magog a q̄ scithe ⁊ a q̄bus schia ⁊ gothia nomen hũere ¶ Terci' Medar siue made' a q̄ medi a q̄b' media regio nomẽ sortita ē q̄ ē assyrie ⁊ ꝑsie vicina ¶ Quart' fi. iaphet iauan a q̄ greci. hic .iiij. genuit filios iste cõdidit iones grecos et a q̄b' mare ioniũ nomẽ accepit. ionia. ei grecoꝝ regio fuit. iter cariã ⁊ eoliã q̄ nunc Turchia dr̄. ¶ Prim' helissan a q̄ helisey. q̄ postea eolij a grecis nũcupati sunt. a q̄bus eolia ĩsula in siculo mari, vigintiq; quinq; passuũ milib' ab ytalia distare dr̄. ¶ Scd's tharꝯ q̄ i miori asia tarsos cõdidit q̄ ãtiq̄t' cilices dicebãt inde ꝓuicia cilicia pauli ap̄li p̄ria ¶ Terci' thaysa al' cethim a q̄ cyp̄a ĩsula cethima dcã fuit de q̄ circa ĩsulas de socio ei' ptz. ¶ Qrt' dodanim a q̄ burgũdi. h̄ i insulã rhodis veniẽs rhodios appellari voluit ¶ Quĩt' fi. thubal a q̄ hispani a q̄b' hispaĩa europe r̄gio ꝓxĩa. ¶ Sext' fi. mosoch a q̄ Capadoces ⁊ regio Capadocia maiori asie vicia Septi' fi. thiras suos thirẽses appellauit. a q̄ tracia ꝓuicia. q̄ i scithie ꝑtib' ē noĩat.

Japhet

Funda vxor

024

Folium XVI recto

예루살렘

예루살렘의 라틴어 명칭은 히에로솔미나Hierosolima이다. 세 겹의 성벽으로 둘러싸여 있고, 주요 탑문에는 이름이 붙어 있다. 가운데에 솔로몬 성전이 구심점을 이룬다. 성벽 안에는 사람이라고는 하나도 보이지 않는다.

전체적으로 보면 건물들이 다닥다닥 붙은 유럽의 중세 도시를 연상하게 한다.

Jerosolima nomẽ vrbis in palestina me
tropolis iudeoꝝ: pri⁹ Jeb⁹. postea salẽ.
tercio hierosolima. vltio helia dicta. Cu
ius vrbis prim⁹ ꝯditor fuit (vt Joseph⁹ testaẗ)
Canaan q̃ iust⁹ appellat⁹ erat rex. Et h̃ q̃dẽ mel
chisedech sacerdos dei altissimi dicebatur. Qui
cũ ibidẽ phanũ edificassꝫ illud Solimã appella
uit. solimi fuerũt ppl'i iuxta liciã q̃s homer⁹ pu/
gnatissimos: ⁊ a bellerophõte deuictos dicit. et
in mõtib⁹ hitasse. Et corneli⁹ tacit⁹ cũ de iudeoꝝ
origine opiõnẽ narrat ait. Alij clara iudeoꝝ ini/
tia solimos carmib⁹ celebratã homeri gẽtẽ ꝯdi
tam vrbẽ hierosolimã noĩe suo fecisse. vñ Juue
nalis interpres legũ solimaꝝ. q̃ ciuitas cananee
gẽtis vsq꞉ ad tpa dauid reg꞉ hitatio fuit. Nec io
sue iudeorũ pñceps eos cananeos seu iebuseos
expellere potuit. Dauid iebuseis expulsis cũ ci/
uitatem reedificasset eã hierosolimã. i. munitissi
mã nũcupauit. Hui⁹ vrb̃ situs ⁊ munitio petro
sa erat. ⁊ triplici muro cingebatur. q̃ vt Strabo
ait interi⁹ aq̃s abundans exteri⁹ v̊o oĩno siccam
fossam hẽbat ĩ lapide excisam. xl. pedũ ꝓfundi/
tate. latitudo v̊o. cc. l. E lapide aũt exciso educta
erant celeberrimi tẽpli menia. Hec hierosolima
lõge clarissima vrbium oriẽtis sup̃ duos colles
erat ꝯdita ĩteruallo discretos ĩ quã dom⁹ creber/
rime desinebãt. Colliũ alter q̃ supior citas excel/
sior ⁊ ĩ ꝓlixitate directior castellũ dauid diceba/
tur. Alter q̃ ĩferiorẽ sustinet citatez vndiq꞉ decli-
uis ẽ vall' ĩ medio ad syloã ptinꝫ ita fõtẽ q̃ dulc꞉
ẽ vocabãt. firmissime ãt dd̃ salomõis aliorũq꞉ ĩ
terra regũ opa ornata fuit. agrippa eẽ ptez citat꞉
addiderat ⁊ cinxerat. Exuberãs em̃ miltitudine
paulatĩ extra menia spebat. Noĩata ẽ ps addita noua citas. Om̃e ãt citat꞉ ĩ giro spaciũ. xxx. ⁊
trib⁹ stadijs finiebaẗ. Et si ĩ toto admirabil'. ter
cius mur⁹ admirabilior ob excellẽtiaꝫ turr꞉ q̃ ad
septẽtrionẽ occidẽtẽq꞉ surgebat ĩ ãgulo. de q̃ so/
le orto arabia ꝓspici poterat ⁊ mare vsq꞉ ad fines hebreoꝝ. Et iuxta eã turr꞉ yppico: ⁊ due q̃s
herodes ĩ ãtiq̃ muro edificauerat. Mirabil' fuit
lapidũ magnitudo ex secto marmore cãdido ita
adũati vt singl'e turres singl'a saxa videreẗ. hijs
ĩ septẽtriõali pte aula r̃gia p̃stãtissima ꝯiũgeba
tur. Muro alto cincta ac varietate saxorũ ornata
Mlte deniq꞉ portic⁹ p circl'm flexe colũneq꞉ ĩ sin
gulis: q̃ ĩter eas sb̃ diuo patebãt spacia vbi erãt
viridaria cũ cisternis eneis. q̃b⁹ aq̃ effundebaẗ.
Pudet dicere h̃ r̃gia q̃l' fuerat cũ flãma ab ĩtesti-
nis ĩsidiatorib⁹ oĩa ꝯsumpsit. De excidio tñ h⁹
regie vrb̃ ĩferi⁹ patebit; vrbẽ aũt sacraꝫ reddidit
mors xp̃i. Pl'aq꞉ sac̃ ĩ eo loco videre possumus
Amnẽ. s. q̃ lot⁹ ẽ xp̃s. Tẽplũ seu tẽpli ruinaꝫ ĩ q̃
docuit. locũ vbi cũ sũma hũilitate passus ẽ corpe
vt nos aĩ passionib⁹ libaret. sepulcꝝ vbi sãctissi
mũ illõ corp⁹ sb̃stitit. Et vñ ascẽdit in celũ. q̃ ad
iudiciũ r̃uersur⁹ crediẗ. vbi vẽt꞉ ⁊ fluctib⁹ ĩpauit
vbi deiq꞉ elegit ĩdoctos atꝫ ĩopes piscatores. q̃/
rũ hamis ⁊ rhetib⁹ piscareẗ ĩpatores ⁊ r̃ges gẽ
tiuꝫ. vbi cecos illũiauit. leprosos mũdauit. pa/
raliticos erexit. mortuos suscitauit. Multaq꞉ ⁊
alia q̃ lõge psecq̃ tediosũ eẽt. cũ ex euãge. nõ sint

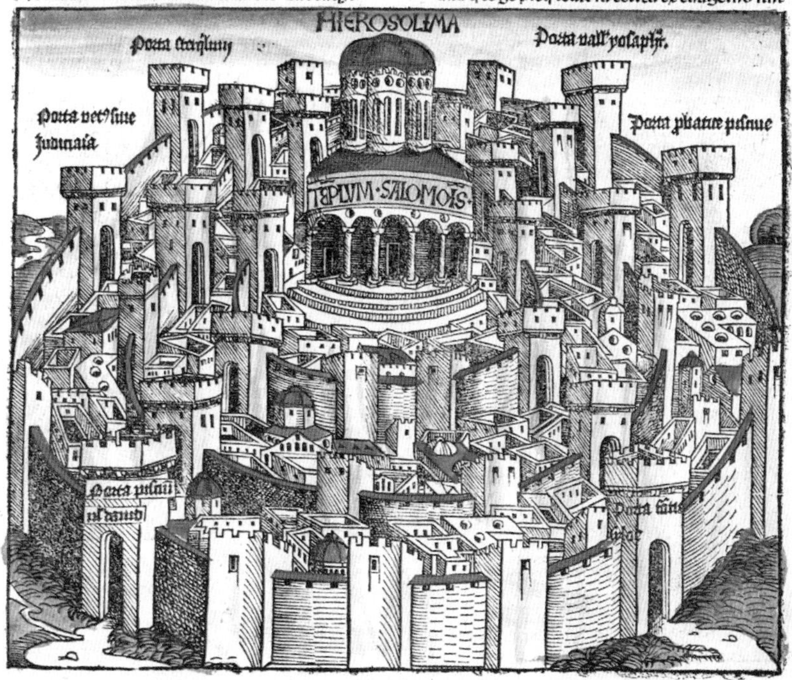

025

Folium XVI recto

바벨탑

바벨탑 4층을 공사하고 있는 모습이다. 층마다 발코니가 있고, 층이 올라갈수록 좁아진다.

인간은 높고 거대한 바벨탑을 쌓아 천국에 닿으려고 했다. 인간의 오만에 격노한 여호와(야훼) 하나님은 하나였던 언어를 여러 개의 언어로 분리했고 사람들을 온 땅으로 흩어 버렸다. 이리하여 바벨탑 공사는 중단되어 버렸다고 한다.

Secunda etas mundi

Isti tres principes Iectan. s. Nembroth ꝛ Suphena cum suis populis formidantes diluuiū iterū posse inundare cōuenerūt in campū sennaar: dicentes adinuicem. Edificemus turrim cuiꝰ altitudo ꝑtingat vsqꝫ ad celuz ꝛc̄. Geñ. xi. Deus autē videns ꝙ non cessarent a stulto suo consilio confudit eoꝝ linguas: ꝛ ita factum est vt per totum mūdum dispergerentur.

Initium regni Nembroth fuit babilon qui post confusionem linguarū ipsas adijt. regno relicto filio suo belo. Augustinus vo dicit eum inde fugatum: ꝛ ꝙ filij Assur regnum illud obtinuerunt vsqꝫ ad annos. 1305.

Cathalogꝰ regum assirioꝝ.

Iste Belus dicitur regnasse in obscuro qꝛ paruū dominiū habuit. Et primꝰ fuit quē error populi deuz putauit. Vñ diuerse gētes diuersimode eum appellant. s. bell baal. baalim beelphegor beelzebub.

Hic oriūtur plura regna. primo scitarū qḋ licet sit vetustissimū. tamen inter principalia regna non cōputatur. Unde ꝓpter illius ruditatem regio illa barbarica ē appellata magna valde. quia meotidis paludibus incipiēs inter danubium ꝛ occeanum septētrionalem vsqꝫ ad germamaniā porrigitur. Et est prima pars europē gothi vngari ꝛ dani sunt de hijs. Secūdum regnū massitagetaꝝ. Terciū sichiomoꝝ de quo varro velut antiquo tempe exorsus peruenit ad athenienses: deinde ad latinos. Quartum egiptioꝝ de quibus in sequenti folio.

Scdm Augu. Inter cetera regna duo sunt clariora assirioꝝ ꝛ romanorum tempibꝰ ꝛ locis ordinata ꝛ distincta. Illud prius in oriente aliud in occidente surrexit. atqꝫ in fine illius initiū huius fuit. Secūdus igitur rex assirioꝝ et primus monarcha fuit Ninus qui libidine dominādi vicinis suis bella intulit. quos ꝓpter bellandi imperitiam cito subegit. Totamqꝫ asiam facile obtinuit. Et sic factus est primus orientalium monarcha. Hic ciuitatē magnā Niniuen. quā assur edificauerat ampliauit. Et ex nomine suo appellauit Niniuen. hic primꝰ fuit inuentor ydolatrie ex eo ꝙ pr̄i suo belo mortuo ymaginem in leuimentuz doloris sui fecit. concedens omnibus reis qui ad eaz cōfugerent securitatē. ꝛ sic adorari cepit. Cuius exemplo ꝛ alij huiusmodi ymagiēs fecerunt mortuis. quas demones intrantes dantes responsa. diuinos obtinuerunt honores. huius tandem ydolum Daniel propheta cum in babiloniam captiuus adductus fuisset cum eius templo subuertit.

026

Folium XIX verso

세 명의 아마존 여전사, 테미스퀴라

1 **세 명의 아마존 여전사**: 각자 무기를 들고 있고 가운데 여인은 경고하는 듯 손가락을 보여 준다. 그러나 얼굴은 여전사로 보이지 않는다.

2 **테미스퀴라**Themiskyra: 북해 가까이에 위치한 아마존 여인들이 살던 상상의 고대 도시이다.
이 삽화에는 성벽과 기독교 성전까지 있는 중세 유럽 도시로 묘사되어 있다.

Amasonia ē regio. ptim in asia. ptim ī europa q̄ albanie ē vicina. Et ab amazonibus ē vocata. Fuerūt aūt amazones gotoꝝ qui exierūt de inferiori scithia europe vt dicit Isido. li. ix. q̄ maritis suis in dolo interfectis viroꝝ suoꝝ arma arripiētes hostes virili animo aggresse. de maritoꝝ suoꝝ nece sumpserūt debitā vltionē. Nā oēm masculū a sene vsq; ad puulū i ore gladij pimerūt. ⁊ femias refuātes ⁊ hostiū spolia deripiētes. deinceps piter sine masculoꝝ ꝯsortio viuere decreuerūt q̄ duas reginas. s. Marthesiā ⁊ Lampedonā maritoꝝ exēplo (cuꝫ sp duo solebāt esse reges) sup se statuerūt: q̄rum vna ꝓcedēs cū exercitu ꝯ hostes dimicabat. altera interim rēpublicāꝫ gubernabat effecte sunt aūt tam fortes breui tempore bellatrices ꝙ magnam parteꝫ asie fere. C. annis dominio suo sbiecerunt. inter ipsas vō nullum penitus masculum viuere vel morari ratōne aliqua pmiserūt. ex finitimis gētibꝰ maritos sobolis gratia elegerunt: ad quos statutis tempibus accedentes prolem conceperunt. Sed tpe completo ad ꝯceptionis officium instituto: maritos a se recedere et alias mansiones querere coegerūt. masculos autē filios vel emactabant vel debito tempe prībus transmittebant: filias vō sibi reseruantes eas ad sagittandum ⁊ venandum informabāt: et ne in sagittarum ictibus mamillarum grossicie impedirētur eis in. vij. vt dr̄ anno mām̄illas dextras exurebāt. ⁊ ideo amasones sunt dicte. i. sine mām̄a vt dicit Isidorus libro. ix. has vnimām̄as antiquitus multi vocauerūt. Quarum feritatem domuit vt dicitur p̄mo hercules: deinde achilles. Sed hoc potius fuit per amicitiam q̄ȝ per vires: sicut in gestis grecorum ⁊ Amasonum continetur. Dicit autem Isidorꝰ ꝙ per alexandrum magnum amasones vsq; ad internitionem penitus sunt delete. Sed historia alexandri hec non dicit. immo dicitur amasonum regina alexandro postulanti tributa per nuncios rescripsisse. de tua prudentia est mirandum ꝙ cum feminis confligere statuisti. quare si fauente nobis fortuna succūbere te cōtingat: merito es cōfusus cum a mulieribus sis deuictus. ꝙ si iratis nobis dijs nos deuiceris parum tibi poterit cedere ad honorem. quia de mulierculis triūphasti. super cuius responso ad ammiratōem ductꝰ rex generosus. dixit: decens fore nō per gladiuꝫ ⁊ furorem mulieres vincere: sed potius ꝑ amorem. propter qd̄ libertatem eis concessit ⁊ ipsas non violentia sed potiꝰ amicicia suo imperio sbiugauit. De eorum regno scriptum est in folio p̄cedenti.

❶

Amasones

❷

027

Folium XX recto

니네베

티그리스 강 부근에 위치한 니네베Nineveh(니느웨, 니나와)는 고대 아시리아의 수도였다. 요나 선지자가 복음을 전하자 니네베는 회개하여 심판을 면할 수 있었다. 하지만 그 후 피정복민을 무자비하게 다루고 온갖 사술과 음행으로 가득 찼기 때문에 나훔과 스바냐 선지자의 경고대로 결국 멸망하여 역사에서 사라지고 말았다. 니네베 유적지는 현재의 이라크 모술 서쪽 약 50킬로미터에 있다.

이 삽화에서 니네베는 성벽으로 둘러싸인 유럽의 중세 도시로 묘사되어 있다.

Nobilitas circa hec tempa fert introducta. Et nota ꝙ pluribus de causis nobilitas īstituta fuit. Prima fuit necessitas. Crescente eñ humano genere: cū homines ad malū proni essent. oportuit ꝓhibere insult⁹ prauoꝝ aduersus bonos. ꝛ ideo eligebat aliqs vir bonus iustior ceteris atq prudentior. q̄ cōitati ꝓsideret: v̄tuosos ꝓmoueret. mediocres defenderet ꝛ malos coerceret. Hinc dictus ē nobilis quasi p̄ aliis in v̄tutibus notabilis. Vn̄ Hiero. Nihil aliud video in nobilitate appetendū. nisi ꝙ nobiles q̄dam necessitate cōstringātur: ne ab antiq̄rū probitate degenerēt. Secūda causa fuit discolia plebiū: q̄ rectū iudiciū ignorabat. licet tñ inter se pacate viuerent. Nam adeo ebetes fuerūt: ꝙ nihil magnipēdere valuerūt. nisi qđ vulgari opinione celebrabat. Vn̄ expediebat pro ipaꝝ pace cōseruanda: vt ex natalibus nobiliū principes haberent. Tercia causa ꝓcessit ex fortitudine aliq̄ singulari. Nōnūq̄ eñ cōmūitates grauate ob incursus hostiles tale edictū sanxerūt vt q̄cūq patriā a talibus liberaret. Jus nobilitatis ꝓ se ꝛ heredibus suis ꝑpetuo obtineret. H̄ mō plures nobilitati legūtur. Quarta causa ex abundantia diuitiaꝝ sumitur. Aliqn̄ eñ populares nimia penuria victualiū attenuati tradiderūt se ꝛ sua alicui diuiti: vt hoc pacto malū inopie temperarēt: et eū deinceps velut nobilem et dn̄m recognoscerēt. Inueniūtur etiā q̄dam nobilitates ꝑ diuinū oraculū institute licet pauce. q̄rum aliq̄ ꝑmanserūt: vt in dauid: aliq̄ cito defecerūt vt saul. ꝛ ieroboam: ꝛ quorūdā alioꝝ. plurime quoq legūtur nobilitates ꝑ violentiā et tyrannidē introducte: q̄rū similiter aliq̄ statim destructe ꝛ penitus delete fuerūt. aliq̄ stabiles permanserūt. Et nota ꝙ ſm veteres historias raro aut nūq̄ in paganismo nobiliū stirpes ꝑpetuate fuerunt ꝓpter supbiam ꝛ tyrannidem. Multe etiā apud xpianos: ꝓpter eandem causam delete sunt. ſm illud Eccī. x. Sedes ducū superboꝝ destruxit dn̄s. ꝛ sedere fecit mites ꝓ eis. Item nota ꝙ nemo vnq̄ nobilitatē odio habuit: q2 ē bonū per se appetibile. sicut virtus aut religio. sed multi sancti eā fugerūt ob grāde ꝑiculū qđ in ea latet: ꝓpter difficultatē maximā ipsi ānexā. Hoc satis ī sancto ꝓpha dauid apparuit. quē ipsemet deus tam peculiariter elegit. Relinq̄tur g̃. ꝙ vix paucissimi ad tātam s̄blimitatē ydonei fuerunt.

Niniuem siue Nibisin triū dieꝝ itinere ciuitatē grādē cōdidit Ninus rex assirioꝝ p̄re eius belo morte sublato (vt ante patuit) ꝛ regni caput constituit. in qua dyademate suscepto duxit totā vitā inquietam. veterē ꝛ quasi auitū gentiū morē noua imperij cupiditate mutauit inferens bella finitimis ꝛ rudis adhuc ad resistendū populos supauit: ꝛ ad libie finē vsq ꝑuenit. Ninus igitur magnitudine quesite dn̄ationis cōtinua possessione firmauit. Domitis igitur ꝓximis accessione viriū fortior ad alios transiret: ꝛ ꝓxima queq victoria instrumentū seq̄ntis esset: totius orientis populos subegit. Postremo illi bellū cū zoroaste rege Bactrianoꝝ fuit. q̄ primus artes magicas inuenisse ꝛ sideꝝ motus diligētissime spectasse (vt plenius de eo patebit) q̄ occiso ꝛ ip̄e decessit relicto impubere Nino ꝛ vxore semiramide. Ad hanc magnā ciuitatem missus fuit Jonas ꝓpha. quē hebrei virū sanctū nomināt. Is cū videret pctōres ciuitatis Niniue dei misericordiā sua ꝓphetia cōsecutores. ne videret falso ꝑdicare ad denūciandū eiusdē ciuitatis interitum ire omnino recusabat ideo a ꝯspectu dei se fugere posse putauit. ꝓpter qđ ī mare demersus a ceto deglutit⁹ ē.

Idolatrie scelus execrandū qđ fuit oīs mali principiū his tempib⁹ initiū sumpsit. Tribus maxime de causis. vt ex veteꝝ monumētis colligere possumus homīes ad ydoloꝝ cultum allecti affectiōe. s. timore adulatione ꝛ artificū diligentia circa sculpturas.

028

Folium XXI recto

소돔과 고모라의 멸망

아브라함의 조카 롯이 살던 소돔은 죄악으로 물든 도시였기 때문에 하나님의 불의 심판을 받게 되는데, 아브라함의 간구로 롯의 가족만은 구원을 받아 불타는 소돔을 탈출할 수 있었다. 하지만 롯의 아내는 천사의 말을 따르지 않고 뒤를 돌아보다가 소금 기둥으로 변하고 말았다.

Saruch filius ragau natus ē āno mūdi. 2905. vixit autē ānis. 230. et mortuus est.

Nachor fi. saruch nat⁹ ē anmūdi. 3035. anni vite ei⁹ .148. ꝛ defunctus.

Thare fi. nachor nat⁹ ē āno mūdi. 3114. ꝛ habuit. iij. filios. vixit aūt. 205. geñit aūt abraham nachor et arā. Arā. 3⁹. fi. thare hūit vnū fi. ꝛ duas fi. sarai vx. abrahe. melcha vx. nachor. loth fili⁹ Arā hūit duos fi. s. moab .i. pr̄ moabitarū amō 2⁹ pr̄ amoitarū

ARam cū genuisset Loth filiū vnicū ꝛ sarai ꝛ melchā filias inter chaldeos mortu⁹ ē ī cītate caldeoꝝ q̄ dr̄ hur Ei⁹ aūt filias frēs sui duxerūt vxores. nachor. s. melcham ꝛ abrahā saray. porro thare dū terrā caldeoꝝ odio hūiſſꝫ ꝓpt ydola q̄ apō eos ī p̄cio hēbāt p̄ ignē adorabāt. et ꝓpter luctū Arā filij sui migrauit cū suis in charā mesopotamie cītatē: vbi ꝛ demū mortu⁹ ē: cū vixisset ānis. cc. v. iā eīn hoīs vita decrescere incipiebat. Et paulatim dies eius fiebāt breuiores vsqꝫ ad generatōz moysi.

028

SOdoma ꝛ Gomorra atqꝫ ciuitates alie ob nepharij pctī vindictā a dn̄o phibent succese. solo loth cuꝫ duab⁹ filiab⁹ ac vxore liberato. cū oīb⁹ aduētantib⁹ cōtumeliā faciebāt. Jō de⁹ vniuersam regionē simul exterminare fecit. Cū eīn abrahā eēt nonagintanouē ānoꝝ accepit legē circūcisiōis recepit etiam repromissionē de ysaac nasciturо. Eodē q̄ꝫ tpe veniētib⁹ sero duob⁹ āgelis v̄sus sodomā. loth phūan⁹ atqꝫ benign⁹ sedēs in forib⁹ ciuitatꝭ ad inuitādū paupes. qb⁹ visis occurrit rogās ꝛ cogēs eos vt declinarēt in domū suaꝫ cū sero esset. Qui ingressi domū ei⁹. oīs pplus sodomorū circūdederūt domū loth dicētes vt pduceret eis illos iuuenes intēdētes abuti eis. loth aūt obtulit eis duas filias suas v̄gines ad vtendū eis ne illis iuuenib⁹ hospitio receptis talē iniuriā facerēt. Qui nolētes audire. s̄ q̄si rūpētes ostiū. s̄ angeli introduxerūt loth in domū. ꝛ illos oēs pcusserūt cecitate. vt ostiū inuenire nō possent. pdixerūtqꝫ angeli sbuersionē sodome fiendā. Et cū nūciasset h̄ loth generꝭ suis cōtēpserūt. demū duxerunt angeli loth vxorē et duas filias ei⁹ de ciuitate. p̄cipiētes vt ī mōtē se saluas facerēt. nec retro aspicerēt. pgētib⁹ aūt cū vxor respexisset retro ꝯ angeloꝝ p̄ceptū ꝛ cītatꝭ curā hr̄e videret v̄sa fuit ī statuā salis. Pluitqꝫ desup sodomā ꝛ gomorrā ꝛ alias cītates ignē ꝛ sulphur deinde sbuerse sunt ꝛ v̄sa ē regio ī lacū salsum ꝛ sterilē q̄ dr̄ mare mortuū. Ascēdētē aūt ī mōtē ꝛ ibi manentē loth. inebriauerūt filie p̄rem suū. ꝛ maior cū eo se ebriose cōmiscēs ꝯcepit ex eo ꝛ pepit moab filiū. Minor idē faciēs ꝯcepit ex eo ꝛ peperit filiū quē vocauit Amon. a qb⁹ amonite ꝛ moabite. hee gētes in valle Syrie habitauerūt.

제3시대

아브라함 및 모세부터
사울 왕까지

029

Folium XXI verso

아브라함과 멜키제덱 왕

아브라함은 카나안 북방 연합군들과의 싸움에서 이기고 돌아와서 살렘 왕 멜키제덱(멜기세덱)에게 전리품의 1/10을 바쳤다. 이 판화에서는 왕관을 쓴 멜키제덱이 성문에서 나와 포도주와 빵을 건네며 아브라함을 맞이하고 있는데, 아브라함은 이미 빵을 손에 쥐고 있다. 그 뒤로는 무장한 그의 병사들이 이 광경을 지켜보고 있다.

인물들의 복장이나 건물들은 모두 중세 유럽풍이다.

Tercia etas mūdi

029

Tercia igitur etas incipit in Abrahe natiuitate ⁊ durat vſqꝫ ad dauid ſm heb. 940. ānis. ſ ſm. lxx. interp̄. dcccc. xli. Ubi etiā patriarchaꝝ nr̄oꝝ q̄ verꝝ deū coluerūt hiſtoria incipit. abrahā itaqꝫ pater multitudinis gentiū ex thare in hur caldeoꝝ naſcit̄. anno mūdi ſm hebre. 2453. ſm. lxx. interp̄tes 3184. Uir prudēs ⁊ rerꝝ diuinaꝝ hūanarūqꝫ eruditiſſim⁹ primus deū cūctarū creatorē ꝑnūcians. ꝓpter qḋ caldei ī eū ſurgētes e caldea migrare coegerūt. Qui abrahā educt⁹ a p̄re ſuo thare de hur caldeoꝝ venerat ī aram. ibiqꝫ habitāti p̄cepit ei dn̄s dicēs. Egredere de terra tua ⁊ de cognatōe tua ⁊ de domo p̄ris tui. ⁊ veni in terrā quā mōſtrauero tibi. ¶ Poſtqꝫ Abrahā rediſſet de occiſione q̄nqꝫ regū aſſirioꝝ q̄ ceperāt Loth. occurrit ei melchiſedech rex ſalē q̄ erat ſacerdos dei ſummi offerēs panē ⁊ vinū. cui Abrahā dedit decimas oīm ſpolioꝝ bn̄dixit abrahe q̄ ſbdiderat ei inimicos. Hūc melchiſedech dicūt hebrei fuiſſe Sem filiū Noe p̄mogenitū ⁊ vixiſſe vſqꝫ ad tp̄a abrahe. tūc apparuit abrahe de⁹ ⁊ ꝓmiſit ei filiū quē m̄ltiplicaret ſicut ſtellas celi.

Saray prima vxor abrahe diu ſterilis tandē gr̄a diuina fecūdata parit yſaac nonagenaria mulier ſctā. Cethura ſcd̄a vxor abrahe ⁊ hūit. vi. filios ſapīa ornatos ⁊ induſtria. hāc duxit abrahā poſt mortem ſare. noīa filioꝝ. zamrā. iectā. medan. madiā. ieſboth ⁊ Sue. ¶ Agar cōcubina abrahe. ¶ Yſmahel mulier ei⁹ egiptia genuit duos filios. Iſte yſmahel fili⁹ abrahe quē pep̄it agar egiptia ancilla ſare. a q̄ yſmabelitaꝝ genus, q̄ poſteā agareni poſtremo ſaraceni dicti ſunt; eiect⁹ ē de domo p̄ris cum m̄re. quia ludebat

030

Folium XXI verso

이삭의 희생

백 살의 아브라함과 아흔 살의 사라는 마침내 하나님이 약속한 대로 아들 이삭을 낳았다. 하지만 몇 년 뒤 하나님은 아브라함에게 산에 올라가 아들을 희생물로 바치라고 했다. 이에 아브라함은 하나님의 명령을 순순히 따랐다. 그가 아들 이삭을 묶고 칼로 죽이려 하자 천사가 나타나 그를 제지했다. 아브라함 뒤에는 희생물로 드릴 양이 준비되어 있었다. 삽화에는 여러 순간들이 동시에 표현되어 있다.

nio. Si bos insignis ex improuiso illis apparet eum certo tempore detinēt τ adorant. Et (vt nōnulli ferūt) per annū illum detinere consueuerūt. Alij per decennium dixere. deinde referētibus prefatis auctoribus statuto die sacerdotes illum in sacro fonte submergerunt. mox alter nec sine publico luctu queritur. Nam donec illum inuenerint instar ysidis merent. Sed non diu queritur. quem cōpertū centū antistites memphim cum puerorum gregibus populoqꝫ. τ omni musicoꝝ genere prosequūtur. qui ad motum τ stationem apis egiptij delubra quibus succedit aut incubat. dant omnia manifestātia de futuris. Prope Memphim decurrit Nilus fluuius egipti ex maioribus totius orbis. Et immensa aquarum mole singulis annis sole existēte in cancro totam egiptum exundat. Et Virgil. ait. Diuersa ruens septē discurrit in ora. vsqꝫ coloratis amnis deuexus ab indis id est nigris ethiopibus. Memphis nūc vrbs saracenorum prestantissima est populosissimaqꝫ bonis pluribꝰ refertissima. Et in castro spacioso potentissimus Soldanus residet. Diuisa ē aūt in duas partes. Quarum vna babilonia noua. Alia chayrum dicitur. In qua olim Pharao rex egipti habitabat. Et ad eaꝫ gloriosa virgo maria cū puero Jesu τ Joseph peruenit. precipue ad ortum balsami q̄ in his finibus celebris habetur. Ad eam etiaꝫ docti viri accesserūt Pithagoras τ Plato τc. vt memphiticos audirēt vates. Piramides quoqꝫ ingentes hec regio habet τ varia memorabilia que diffuse apud plerosqꝫ scribuntur.

IN Nonagesimonono etatis abrahe āno apparuit ei deus τ ꝓmisit ꝙ filius de sara vxore nasceref quē ysaac vocari iussit. Cūqꝫ ysaac q̄nqꝫ τ. xx. esset annoꝝ volēs deus abrahe obedientiā probare: ipm̄ filiū sibi imolari precepit. Qui repente dei iussa adimplere studuit. Et cū ad cedem filij pariter τ ad altare accessisset. deus cognita hoīs obediētia clamauit. abrahā ne extēdas manū in puerū. nūc cognoui ꝙ timeas dominū. Et cōfestim arietē ex iprouiso vepribꝰ inherētē ad sacrificiū ꝓtulit. Cū abrahā obedisset dn̄o in ymolatione filij sui ysaac. facta est ad eū dulcis illa repromissio de christo dicente sibi deo. In semine tuo benedicentur omnes gentes. quia obedisti voci mee.

030

ZOroastes ph̄s vt scribit Isi. Ethi. li. viij. ca. viij. Rex Bractianoꝝ fuit quē Ninus assirioꝝ rex bello interfecit. τ libros exuri mādauit. de isto scribit solinus in li. de memorabilibꝰ mūdi. nascentiū vox prima vagitus est. leticie eīn sensus differtur in. lxij. diem. Itaqꝫ vnū nouimus eodeꝫ die risisse qua erat natus. s. zoroastem. Hic primus magorum extitit de quo Arestotiles ait. ꝙ vicies centum milia versuū ab ipo condita indicijs voluminū eius declarantur. Hanc autem magicam artes post multa secula democritus ampliauit. Claruit aūt zoroastes tempe thare pr̄is Abrahe.

Zoroastes

031

Folium XXI verso

바빌론

고대 도시 바빌론Babylon을 중세 독일 도시처럼 묘사했다. 오른쪽에 흐르는 강은 유프라테스 강인 셈이다. 높은 나선기둥 위 여인의 형상은 바빌론을 통치한 전설상의 여왕 세미라미스Semiramis로 보인다.

Babilonia seu Babilon vrbs preclara in chaldea fuit. τ si Belus Nembrotides i babilonia regnauit annis pluribus. cuius regnū paruo ambitu claudebatur: hanc tamen vrbē omnes greci τ latini historici pariter τ poete ab ipa Semiramide regina cōditam referūt aut ampliatam. De qua Ouidius. altā coctilibus muris cinxisse Semiramis vrbem murū vrbis cocto latere circūdedit harena: pice bitumine interstrato que materia in illis locis passim e terra exestuat. Josephus diligentissimus historiarū scriptor libro ad appionem alexādrinū grāmaticū hos redarguit: inducens Berosi chaldei auctoritatem antiquissimi τ verissimi scriptoris. qui manifestissime ostendit vrbē ampliatam τ exornatam ac muro cinctā fuisse a nabuchodonosor rege longe ante Semiramidem Hec tamen vt valerius refert: dum die quadam circa cultū sui corporis occupata esset: et nunciaretur illi Babilonem defecisse. soluta adhuc altera parte crinū protinus ad eam expugnandam cucurrit. nec prius decorem capillorum redegit in ordinem: q̄ȝ tantam vrbem in suam potestatē restituit. Hec vrbs adeo nobilis fuit: vt chaldeam totam et Mesopotamiā a se Babiloniam dixerat. de qua Lucanus. Cūq̄ȝ superba foret babilon spolianda tropheis. Huiꝰ muri (teste philostrato) in vita appollonij thianei trecentorū τ octuaginta stadiorū circuitū detinebant. Pliniꝰ vo libro historie naturalis sexto. Murorū dixit amplitudinem fuisse sexaginta q̄tuor milia passuum. Crassitudinem quinquaginta cubitorū. Altitudinem vo quater tantū. Itaq̄ȝ fuit menibus ac ortis pensilibus tēplisq̄ȝ et arce maxime admirabilis. Nec hijs contenta Semiramis. ethiopiam quoq̄ȝ suo adiecit imperio. Indis quoq̄ȝ bellū intulit. quo p̄ter illam: τ alexandrū magnū nemo intrauit. Euersio tandem huius babilonice facta a Cyro rege persarū suo loco ma festinabitur.

Jupiter

Jupiter primꝰ etheris τ (vt aiūt) diei filius cui proprium nomē lisania fuit hisdē tēporibus apud archadyā magno in p̄cio habitꝰ est. Cuiꝰ ob v̄tutes id p̄clarissimū iouis nomen adeptus ē. Is lysania ex heber filijs videlicet ierari originē duxit. Ibidēq̄ȝ cū esset ingenij maximi vir. videretq̄ȝ atticos rudes. bestialiq̄ȝ ferme ritu viuentes: ante omnia eisdē cōpositis legibꝰ illos publico instituto viuere docuit. Cunq̄ȝ eos ad humanos mores redegisset monuit eos deos colere. τ aras: templa: sacerdotesq̄ȝ instituit. Et qui feminas ante habebāt cōmunes primusq̄ȝ eos matrimonia celebrare docuit. τ multa alia ostendit eis vtilia. Que cū attici siluestres mirarētur atq̄ȝ cōmendarent: eū existimantes deum Jouem vocauere. regemq̄ȝ suum confestim fecere. Id autem iouis nomē eidē imposuisse dicunt ad similitudinem cōformiū operationum iouis planete. quem astrologi dicunt esse nā calidū τ humidū t̄patūq̄ȝ: modestū τ pacis obseruatorē: ac in p̄iculis post patiam audacē: et alia plura de eo scribūt. Sic huiꝰ hoīs pōderatisq̄ȝ moribꝰ τ v̄tutibꝰ cū ioue p̄uenire dixerit. quē nō terrenū s̄ celestū virū arbitrabant̄. Qđ q̄dē nomē postq̄ȝ ab antiquis planete τ lysanie isti p̄cessū ē etiā mltis alijs cōcessū fuit. s. ioui secūdo celi filio necnō τ ioui tercio cretēsi regi saturni filio. multos em̄ iouis filios τ filias veteres ascribē consueuerūt. Quorū p̄ma minerua. Secūdus apis. Terciꝰ sol. Quarta diana. Quintꝰ mercuriꝰ τ. vij. alios

032

Folium XXI verso

로도스

기원전 4세기에 세운 에게 해의 로도스Rhodos 섬의 항구 도시이다. 왼쪽에 보이는 항구에는 갤리선이 세 척 보이는데 한 척은 항구에 정박해 있고, 두 척은 멀리 바다에 떠 있다. 항구 입구에는 적의 침공으로부터 항구를 방어하는 쇠사슬이 보인다. 시가지는 남부 유럽 특유의 건물들로 이루어 있다.
로도스는 고대 세계의 7대 불가사의 중 하나로 손꼽히는 거대한 콜로수스 상이 있던 곳으로 《뉘른베르크 연대기》에서는 이에 대해 언급하지만 삽화에는 전혀 표시되지 않았다.

Sela filiꝰ Jude cū adhuc esset paruulꝰ. nō dedit eū iu das thamar q̄ fuerat vxor her ⁊ onam: sed remisit eā viduā in domū patris sui. Cū aūt Sela creuisset timuit eū dare ne occideret: sic̄ fratres eiꝰ. Ūn thamar meretricē se caute simulās ⁊ sedēs in biuio cōcepit de iuda ⁊ pepit pha res et zaram. vtꝫ Gen. 38.

Uincēcꝰ in speculo hystoriali. li. 2. ca. 118. Ponit hic hystoriā pulchrā de Assenech: quō erat pulcherrima et honestissima sed elata et supba cōtemnēs om̄em virū: ⁊ quē priꝰ noluit postea sūme desiderauit: scꝫ habere ioseph in virū visa pulchritudine ⁊ sapiā ⁊ modestia sua: sed ipse noluit assentire: nisi priꝰ dimitteret ydola q̄ colebat et con tristata sup hoc: angelo instruente effecta est fidelis.

Rhodos vrbs a qua insula litie Rhodꝰ nomē accepit ante natiuitatē xpi. ⁊ 40. tpe ioseph a Telchinis et a cariatibꝰ a pharoneo Argiuoꝝ rege iaꝫ diu deuictis cōdi ta est. et prima cycladū venētibꝰ ab oriēte in qua vt pom/ ponius refert rose capulū dū vrbis fundamēta foderēt in uentū. a q̄ ciuitas ⁊ insula cognomiata putat̄. Nā rhodos grece latine rosa dicit̄. hec insula nongētoꝝ stadioꝝ ambi tu cōtinet̄. Preter cetera in admiratiōe fuit. Solis collosꝰ rhodi quē fecerat lyndꝰ lisippi discipulꝰ. Qui. lxx. cubito rum altitudis fuit. Qui pꝰ quīquagesimūsextū annū terre motu ꝓstratꝰ. iacēs quoqꝫ miraclo. Atꝫ de septē mirabili bus vnū fuit: hec insula in oriētali ꝓmōtorio sita. Que et portubꝰ ⁊ vijs et menibꝰ olim sic̄ ⁊ nūc ceteras asie vrbes supauit. Multa h̄ ciuitas bella ⁊ a turcis ꝑpessa fuit dam na. Necqꝫ vllo pacto turcis restituisset. nisi milites btō iohā/ ni dicati curā īsule recepissēt Qui nō solū insulā tutati sūt sed ⁊ Cypris alijs finitimis xpianis auxilio esse cepert̄ An no igit̄. M ccc. viij. In ptātem xpianoꝝ puenit Turci vero vicibꝰ q̄tuor dictā oppugnauerēt vrbē. Nouissime anno. M cccclxxx. Machometus ottomānus Turcoꝝ imꝑator ductis in rhodios. c. milibꝰ armatoꝝ. ⁊ sexdecī ingētibꝰ machinis. hāc vēdicare ⁊ rhodioꝝ militū religionē delere ꝓposuit. Tandē post cruentissima ꝓlia. auxilio mgr̄i petri danbuson natione galli Turci cum ignominia sunt repulsi.

Rhodis

033

Folium XXVII recto

파라오와 요셉

요셉이 왼쪽 옥좌에 앉아 있는 파라오 앞에 서서 파라오가 꾼 꿈을 해몽하고 있는데 파라오는 다소 긴장된 표정이다. 요셉 왼쪽 인물은 요셉을 파라오에게 소개한 왕의 신하로 보인다. 요셉 뒤의 여인은 파라오의 왕비이다. 배경과 의상은 고대 이집트가 아니라 중세 유럽풍이다.

Linea christi

Judas anno mundi .3434.

Egiptioꝝ Reges oēs tunc pharaones dicebātur nō hoc ꝓpriū habētes nomē. sed ꝑ dignitate reges tūc vtebant: sic ꝛ apud nos imperatores Augusti appellāt. Habebat ĝ vnusq̄sq; pharao ꝓpriū nomē.

Iste pharao exaltauit Joseph ꝓpter somnioꝝ interpretationē: dās ei ānulū in manu et stolā bissinam et torquē circa collū. faciēs eū circuire ꝑ egiptū: precone ante eū clamāte. vt oēs genuflecterēt ante eū. Uocauitq; nomē eius saluatorē mūdi. Deditq; illi vxorē assenech filiā putifaris sacerdotis eliopoleos ex qua habuit duos filios scilicet manassen et effrayn.

Phares anno mūdi .3445.

Iste pharao ignorabat ioseph. et iussit submergi pueros: sub quo filij Israel fuerunt in magna tribulatione et dura seruitute.

Iste est pharo chenceres qui contradixit ꝑ moysen deo: atq; mari rubro obrutus est.

Iste pharao nonus rex Mefre noluit audire vocez domini vt dimitteret filios israel. quare decem plagis attritꝰ: Postea sūmersus fuit cū suis ī mari rubro.

Joseph desideriorum vir ꝛ patriarcha castissimꝰ in Egipto ex Assenech putifaris sacerdotis vxore duos genuit filios manassen scz et effraim. Hic ab adolescentia cū forma pulcherrimꝰ haberetur atq; animi v̄tute et sapia f̄ris p̄celleret. pr̄ eū pre ceteris amplius diligebat. Ideo alioꝝ cōflauit inuidiā. quā ob ante quītodecimo etatis sue Anno a fratribꝰ in egipto venditꝰ est. Indeq; vite sue triginta annis exactis. coram pharaone stetit. Uxor aūt regis in eū libidine ducta ait dormi mecū: q̄ respondit oīa tradidit mihi dn̄s preter te. Illa aūt simulata egritudine vt exoraret Joseph apprehēso pallio eius Ille relicto pallio in manu eius egressus foras que marito dixit ingressus ē ad me seruꝰ hebreꝰ vt illuderet mihi. et palliū ondit. Credulꝰ ioseph ī carcerē tradidit. Is deinde somnia regis interp̄tans p̄nūciauit septē annos vbertatis futuros. et septē steriles. Rex eū e carceribꝰ liberauit. Egipto preficiens. Joseph igit postq̄ in egipto octoginta annis regnasset cōpletis centū ꝛ decē annis in egipto mortuus est. Ossa vero eius nouissime quādo hebrei egressi sunt ex egipto in chananeam hoc est Judeam reportauerunt. sic enim eos adiurauerat Joseph quando mori debuerat.

Reges Egipti

Pharao Mephres

Pharao amenophis quez quidem menopem putant

Pharao bochoris

Pharao mephres — Joseph somnioꝝ interpres filius iacob — Uxor putifar

034

Folium XXIX recto

욥과 사탄

《구약성서》의 〈욥기〉에 나오는 이야기이다.

사탄은 하나님의 허락을 받고 다양한 수단으로 욥을 시험하는데, 먼저 욥의 재물과 그의 자녀들을 빼앗아 갔고 심지어 욥의 피부는 문둥병으로 문드러지도록 했다. 그럼에도 욥은 결코 하나님에 대한 충절을 조금도 버리지 않았다. 이에 하나님이 그에게 더욱 더 큰 축복을 내렸다.

삽화에서 욥은 모든 것을 잃은 뒤 맨몸을 가릴 수 있을 정도의 천만 걸치고도 두 손으로 기도하는 자세로 묘사되어 있다.

Hoc tempe regnū argiuoꝝ siue grecoꝝ exortū est: sub ynacho primo rege. et durauit p. xiiij. reges vsq ad tpa iudicū isrl' barach ꝛ delbore. Tūc perseꝰ cū seo nō spōte interfecto timēs reliqt argos: ꝛ trāstulit regnū in micenas post q̄ illuc regnauerūt auriteꝰ acreꝰ. His tempibus scđm cōmestorē (q̄ dicit mgr hystorie scolastice) phoroneus filiꝰ ynachi et nyobis primꝰ grecie leges dedit: ac sub iudice causas agi instituit. Et ꝓpterea iuris ciuilis periti dicūt eū locū (quē forū dicimus in q̄ scз iura reddunt) ab eo forū denominari. Soror ipiꝰ ysis in egiptum nauigauit. Et quasdā apices lraꝝ eis dedit de agricultura etiā multa eos docuit. Vn̄ cum yo diceret ysis ab eo dicta est qđ in lingua eoꝝ sonat terra. Et ob h̄ pꝰ mortē in numero deoꝝ in egipto recepta ē. Filiꝰ etiā phoronei q̄ apis dictꝰ ē eodē tpe i egiptū nauigauit quē filiū phoronei vir ysidis fuisse tradūt. ꝛ siliter ab egiptijs deificatꝰ ē.

Ynachus a natiuitate isaac āno sexagesimo apud argos i thessalia primꝰ regnare cepit et regnauit annis. 50. Is post se reliquit ysidem egipti reginam ꝛ phoroneum eius successorem.

ysis

Ysis primo dicta fuit yo filia ynachi: sed in egiptū nauigās ibiq litteras inuenit ꝛ leges edocuit Et ysis appellata est. ꝓpter qđ egiptioꝝ sanctissimū et venerabile numē fuit ob multaꝝ virtutū prestantiā: Et a ioue cōpressa fuit: q̄ ob patris metum impulsa. acceptis quibusdā amicis suis. nauē cōscendit Et ꝓspero vento ex Achaia in egiptū transfretauit. Ibiq cū repisset rudes pplos: illos terrā colere docuit: cultamq: semina ꝯmittere. ꝛ tandē fruges collectas in panē ꝯficere. Ideo eā e celo lapsam crediderunt.

Phoroneus primꝰ in grecia leges instituit. Hic habuit frēm qui menses ꝛ annos docebat obseruare. ꝛ sacella et aras instituit ad colendos deos. ꝓpter qđ a rudi populo inter deos cōnumeratꝰ est: ꝛ ei boues ymolabāt dictusq ē phegeus.

Diluuiū deucaliōis factū i thessalia. ꝛ fetōtis fabulaꝝ incēdiū: ꝛ vocat iō deucaliōis. q2 in eꝰ regno maxie fuit.

Bos i egipto exit đ flumie i festo Serapis ꝛ eleuat i aere et rursum itrat. ꝛ nō cōparet. ꝛ ꝓ deo colit a stulta plebe

Serapis tercius rex argiuoꝝ siue grecoꝝ cū in egiptū nauigio venisset. ꝛ ibi mortuꝰ. factꝰ est a ceca gēte oīm maximus egiptioꝝ deꝰ. Tūc etiam mirabilis supstitio incepit de boue discolore: quē apim vocabāt. eo q viuus coleret. et illo mortuo. demones vitulū similē ibidē ꝓcurabant. ad decipiendum rudē pplm. Inde euenit q filij isrl' similiter delirabant in oreb vtз. Quid em hac stulticia miserabiliꝰ in hoīe rationali.

Argus iste quartꝰ rex argiuoꝝ fuit. ex cuiꝰ nomie illud regnū nomē accepit. Hic post obitum deus haberi cepit. templis et sacrificijs honoratus. Hoc etiam tpe grecia segetes habere cepit delatis aliūde seminibꝰ.

Job vir sctissimus patientie insigne specimē: In Idumee ꝛ arabie finibꝰ: ex zareth prē matreq bosra nascit. Hic erat iustꝰ. rectꝰ. modestus. prudēs. grauis. tpibus prudēter vtēs: Itez q̄q continēs. ac mirūimmodum patiēs. Ex vxore sex filios ꝛ femias tres suscepit. Diues qppe inter omnes sui tpis oriētales: Cuiꝰ possessio septē milia ouium fuit. tria milia cameloꝝ. Quīquagīta iuga boum quingētaq asine ac familia multa nimis. Cuiꝰ animi fortitudinē vt dn̄s certo argumēto cōprobaret: ꝓmisit vt a diabolo temptaret. Qui accepta potestate oēm eius substantiā. filiosq omnes ꝛ filias pdidit: eūq graui vulnē vlcerauit. quibꝰ in omnibꝰ Job labijs suis n̄ peccauit dicēs. dn̄s dedit dn̄s abstulit ꝛc̄ Ad eum deniq cōuersus dominus: Omnia q̄cunq ei a pricipio fuerāt duplicia addidit. Superuixit deīn Job pꝰ flagella quadragīta ꝛ cētum annos. Et vidit filios suos: ac filioꝝ suoꝝ filios vsq ad quartā generationem. ac sic senex ꝛ plenus dieꝝ mortuus est.

035

Folium XXIX verso

불타는 덤불 앞의 모세

모세는 그의 장인 미디안 제사장 예트로(이드로)의 양떼를 치다가 하나님의 산 호렙에 이르렀다. 모세는 불타는 떨기나무가 타지 않고 있는 것이 신기하여 다가갔다. 불꽃 가운데서 나타난 하나님은 그에게 "가까이 오지 마라. 네가 선 곳은 거룩한 땅이니 신을 벗으라."고 하고는 "내가 너를 파라오에게 보내 이집트에서 고통 받는 이스라엘 백성을 데려 나가도록 하겠다."고 했다.

모세를 바라보는 양치기 개가 재미있게 묘사되어 있다.

Moyses verus: et omniū prophetarū summ⁹: historiographoꝝ princeps: vir sane māsuetissimus: sup oīes gentes pplm dei de egipciaca seruitute liberauit. quadraginta annis ipm in heremo rexit. Ipse em dilectus deo ⁊ hominibus cuius memoria in benedictiōe extitit. Cui dn̄s in mōte synay gloriam suam ostendere voluit. Dum vidit ignem ardentem ⁊ non cōburentē Cum enim moyses pasceret oues ietro soceri sui in deserto apparuit ei deus in rubo ardenti q̄ tn̄ nō cōburebat: pcipiēs ei vt in egyptū descenderet. ad liberandū pplm isrł: Iste est Moyses de cuius laude resonant celum ⁊ terra. deum vidit facie ad faciem clare quod de nullo alio preterq̄ de paulo apostolo scriptura testat in hac fragili carne. Ille in circūcisione: Iste in p̄pucio testimoniū de diuina essentia docentes vnum verum deum colendum esse.

035

Iste Aaron moysi frater vir sanctus. ⁊ insigni eloquētia ornat⁹ digne summū sacerdotiū sibi assumpsit ⁊ testamentū eternū sibi ⁊ filijs suis statuit. filiusq̄ ei⁹ Eleazarus in pontificatu succedit. cui primus stolā sacerdotij tradit. Obijt aūt anno vite sue. 123. pontificatus vero sui sexto et trigesimo In arabia monte oreb.

Isti tres scilicet ythamar Nadab Abyu cum Eleazaro: fuerunt filij aaron quorum duo Nadab ⁊ abyu percussi sunt a deo pro eo q̄ ignē alienū obtulerunt in tabernaculo et subito concremati sunt.

036

Folium XXX recto

발람과 나귀

이 삽화는 〈민수기〉 22장 21절 이야기를 묘사하고 있다.
이집트를 탈출하여 광야에서 38년간 떠돌던 이스라엘 백성이 사해 부근 모압 땅에 다다르자, 불안해진 모압의 왕 발락은 신하들에게 예언자 발람을 데려오라고 명했다. 발람으로 하여금 이스라엘 사람들을 저주해 달라고 부탁하기 위함이었다.
왕이 보낸 황금을 받은 발람은 모압 왕에게 가려고 나귀에 올라탔다. 하지만 칼을 든 천사가 가로막고 있는 것을 본 나귀가 꿈쩍하지 않자 발람은 나귀를 지팡이로 때렸다. 그때 하나님은 나귀의 입을 통해 발람에게 말했고, 눈이 떠진 발람은 칼을 든 천사를 보았다. 이에 그는 하나님의 말을 거역하지 않고 모압의 왕 앞에서 이스라엘 백성을 저주하지 않고 오히려 축복했다.

Iste Aminadab primus post moysen fide plena ingressus est mare rubrum alijs trepidātib'. ꝓpter qđ regalē stirpē meruit ꝓcreare. An. mundi. 3644.

Balaam propheta fili' beor: qui habitabat sup flumē terre filiorū amon vir preclar'. ad hunc Balach rex madianitaum legatos fide dignissimos misit: rogātes vt veniret et malediceret israhelitas. Ille aūt cōsulens dn̄m prohibitus est. denuo mittēs. qui eorū volūtati obtemperare volēs sternens asinam cum legatis ad regem ibat. Et dum pergeret angelus domini eidē occurrit. et euaginato gladio stantem ꝙ nec ad dextrā nec ad sinistram deuiari poterat in angustissimo loco. concidit asina sub pedibus sedentis. et cum vehementius latera eius cederent: Dominus aperuit os asine. Et confestim balaam vidit angelum domini qui corripuit prophetam. qui iussu angeli ꝑgens prophetauit dicēs. Orietur stella ex iacob. Et cōsurget virga de israhel. ⁊ percutiet duces moab.

Tempore illo balaam ariolus ꝓphetauit ee occiditur. Balaam

036

Naason anno mūdi. 3688. Josue p' mortē moysi a deo iudex ꝯstitut' fuit sup isrl' vt pplo terrā diuidēt. Missusq3 ad explorādū iericho: Exploratores aūt recepit raab meretrix et occultauit in domo sua. q̄ ei ⁊ domui ⁊ familie sue ꝓmiserāt immunitatē si signū poneret coccineū in fenestra. Et occulte dimisit eos abire ipsiq3 via patefacta p iordanē miraculose trāsierunt antecedentib' leuitis cū archa. Iste iosue filius Naue populū domi̅ viginti septē annis rexit. hic solus cum Caleph ex sexcentis milib' viris. qui ex egipto egressi fuerāt terrā ꝓmissiōis cōsecutus est. Mortu' tandē cētesimo ⁊ decio vite sue Anno i mōte effraim sepelit

Othoniel frater caleph minor liberauit ppl'm de oppressiōe reg' mesopothamie. quē etiā ꝑcussit. Hic habet ꝙ angel' dn̄i apparēs arguēs filios isrl' de trāsgressione legis improperās bn̄ficia eis a dn̄o collata ad fletū eos induxit. q3 plurib' vicib' recesserāt a deo. ꝓpter qđ traditi sunt in ſuitutē pluriū tyrānoꝝ et penitētes liberati sunt ꝑ diuersos iudices. ⁊ post liberationem sepe recidiuauerunt in mala.

Iste Aioth ꝑcussit eglon regē moabitarū et librauit israel. fuit eīm vir fortis et vtraq3 manu vtebatur pro dextera.

Sangar fili' Anath occidit sexcētos ex philistijm vomere volentes intrare territorium eoꝝ. Post hec malū facientes traditi sunt in manus iabin regis chanaan. cuius princeps exercitus erat Syzare. Est autem egressus in bello cum barach ad hoc suadente et associante delbora prophetissa. Cui honor delatus vt iudicaret israel.

037

Folium XXI verso

홍해를 건너간 이스라엘 백성

이스라엘 백성이 갈라진 홍해를 무사히 건너왔지만 이집트 군대는 아직도 쫓아오고 있었다. 이에 모세가 지팡이를 쳐들자 갈라졌던 바다가 이집트 군대를 덮쳐 그들을 완전히 삼켜 버렸다. 이리하여 유대 민족은 이집트를 완전히 벗어나게 되었다.
삽화에서 홍해는 붉은 색으로 표현되어 있다.

038

Folium XXI verso

시나이 산의 모세

이스라엘 백성이 이집트를 떠난 지 세 달 뒤 시나이(시내) 광야에 다다라 장막을 쳤고, 모세는 시나이 산에 올라가 하나님으로부터 십계명이 새겨진 석판을 받았다.

037

Moyses frater aaron ⁊ filiȷ̃ isrl' cũ fuissent in egipto. cccc. xl. ãnis. Que cõputatio accipit a p̃ma promissiõe facta abrahe ĩ mesopotamia. Sicut a deo accepit legẽ dedit filiȷ̃s isrl'. Qui post. x. plagas q̃bus deꝰ egiptũ attriuit, pcesserũt p desertũ v̾sus mare rubꝝ. ⁊ pharaonẽ penituisset pplm dimisisse: angelo eos p̃cedẽte ĩ die ĩ colũna nubis ⁊ nocte ĩ colũna ignis. vñ ⁊ pharao ꝯgregat꜒ exercitibꝰ suis et curribus insecutꝰ ẽ eos vt reduceret ĩ egiptũ. Moyses p̃mꝰ iuxta p̃ceptu dñi agno pascali comesto cũ pplo isrl'. vidẽtesq filiȷ̃ isrl' appropinq̃re egiptios: cepert murmurare ꝯ moysen ꝙ eduxisset eos de egipto. Oranteq moyse ⁊ ex dñi iussiõe extẽdẽte v̾gã sup mare rubrũ. diuise sunt aq̃: factis viȷ̃s ĩ medio mari: p q̃s incedentes libere filiȷ̃ isrl'. pharao p dictas vias cũ suis exercitibꝰ inseq̃bat̃. S egressis oibꝰ de pplo hebreoꝝ moyse extendẽte v̾gã sup mare. reuerse sunt aq̃ vt p̃us sũmersis pharaone cũ suis ĩ mediȷ̃s fluctibus. Cecinerũt g̃ moyses cũ pplo. ⁊ maria sorore eiꝰ cũ mulieribꝰ timpanistris canticũ istud dño. Cantemꝰ dño gloriose ⁊c.

DE Raphidin postea venerũt ad mõtẽ Synai ⁊ ad radices eiꝰ. Ibiq mãdauit dñs eis p moysen vt filiȷ̃ isrl' se sctificarẽt ⁊ lauarẽt vestimẽta sua duobꝰ diebꝰ: ⁊ tercia die ascenderẽt sup mõtẽ. nullusq accederet nec etiã tangeret ip̃m mõtẽ nec iumẽtũ. alioq̃n moreret̃. Quo facto die tercia mons cepit fumigare: ⁊ tonitrua audiri: ⁊ sonitꝰ buccine ⁊ fulgura videri: ⁊ nubes densissima operuit montẽ in q̃ intrauit Moyses ad recipiendũ legẽ. His pactis dedit dñs legẽ pplo suo ĩ mõte synai tercõ mẽse egressiõis de egypto. Que lex diuidit̃ ĩ triplex genꝰ p̃ceptoꝝ. s. moraliũ. iudicialiũ. ⁊ cerimonialiũ. Et moralia q̃dẽ sunt. x. pcepta que hñtur Exo. xx. ca. Moralia q̃dã alia sparsim ĩ dv̾sis loc꜒ pẽthateuci p̃cipue ĩ deutronomio. S reducũt̃ ad decalogũ. ⁊ h̾ sp obligauert̃ ⁊ obligabũt ad obsuãtiã eoꝝ. eẽ oẽs natões. Et p̾ia tria sculpta ĩ vna tabl'a lapidea nos hñt ordinare ad deũ. alia. viȷ̃. ad pxĩm. Judicialia aũt ordĩata erãt ad ꝯsuandũ pacificũ cõuictum poľi adinuicẽ ⁊ bonã ciuilitatẽ. sicuti statuta ciuitatũ. obligabãt soluz illũ pplm vsq ad passionem xp̃i ⁊c.

038

039

Folium XXXI recto

황금송아지

모세는 하나님의 계명을 받으러 시나이 산에 올라가서 40일 동안 내려오지 않았다. 그 사이 불안해진 이스라엘 사람들은 모세의 형 아론에게 우상을 요구했고, 이에 아론은 황금송아지를 만들었다. 시나이 산에서 내려오던 모세는 백성들이 황금송아지를 숭배하고 그 앞에서 춤추며 난잡한 행위를 하는 것을 보고는 격분하여 십계명 석판을 내던졌다.

석판은 깨졌다.

Nitulum conflatilem filij israel Hisdem etiā temporibꝰ: egiptioꝝ more (Qui busiridē adorabāt) sibi fecerūt: Cū eīn Moyses cū dn̄o in mōte moram faceret. Populꝰ ad aaron dixit. vt faceret eis deos q̄s coleret. ⁊ precederēt eos: Quibꝰ hur restitit: sputis ab eis (vt tradit) suffocatꝰ. Aaron timēs ait. Tollite inaures aureas vxorū ⁊ liberoꝝ. Quas cū accepisset: formauit ex eis vitulū cōflatilē opere fusorio: Et dixit pplus: Hij sunt dij tui israel: qui te eduxerūt de terra egipti: fecitq̧ aaron altare. ⁊ in crastinū indixit solennitatē. Mane surgētes obtulerūt hostias: seditq̧ pplus mādūcare ⁊ bibere ⁊ surrexerūt ludere id est adorare. Tūc ait dn̄s ad moysen. descēde. peccauit pplus tuꝰ ydolatrando: dimitte me vt deleā eos. Cui moyses. Queso dn̄e quiescat ira tua: ne dicāt egiptij callide eduxit eos. impotēs eis dare terrā quā ꝓmiserat. Placato dn̄o descedit moyses ferēs secū tabulas lapideas scriptas digito dei: Cui occurrit iosue dicēs: Vlulatus pugne est in castris: Cui moyses: imo vox est cantantiū. Et appropinquās vidit vitulū ⁊ choros et iratꝰ ꝓiecit tabulas: et cōfracte sunt. Et post rep̄hensionē aaron de fabricatiōe vituli. ⁊ eiꝰ excusationem: vitulū cōbussit. ⁊ massaz in puluerē redegit. quē sparsit in aqua dans filijs israel. qui in barbis ydolatrarū apparebat: precipiens leuitis, vt secum acciperent gladios. ⁊ omnēs reos signatos puluere occiderent. Ceciderunt eo die multa milia virorum.

040

Folium XXXI verso

언약궤

언약궤(계약의 궤)는 하나님과 이스라엘 백성 간의 '계약'을 기록한 것이라고 할 수 있는 십계명을 새긴 석판을 보관하던 아카시아 나무로 만든 상자이다. 모두 금으로 장식되어 있으며 운반할 수 있도록 막대기가 달려 있다.

Moyses post tres mēses egressionis. ascendēs in montē synai: vbi quadraginta dieb⁹ et noctib⁹ ieiunans legē dn̄i meruit accipere. Mādauit dn̄s ei q̄ faceret Archaz de lignis sethim. Que sunt imputribilia: Cui⁹ lōgitudo esset duoꝝ cubitoꝝ cū dimidio. Latitudo vero vni⁹ cū dimidio. ⁊ similiter altitudo. Et tota intus ⁊ foris coopta auro mūdissimo. ac supra corona aurea: Et ꝓpiciatoriū aureū siue tabulam aureā eiusdē latitudinis ⁊ lōgitudinis cui⁹ est archa. vt archā tegere sufficeret. Erat aūt sursum erectum eminēs arche sicut coopercula. qd̄ dicebat̄ oraculū: Per vtrūq̄ latus lōgitudis erāt bini circuli aurei totū lignū penetrātes. ⁊ p eos vectes de lignis sethim de aurati mittebant̄. Quib⁹ archa ferrebat̄. nec vnq̄ extrahebant̄: Ex vtraq̄ vero pte oraculi. scȝ in duob⁹ angulis anterioꝛib⁹ positi sunt duo cherubin aurei. vn⁹ alterum respiciebat. versis tamē vultib⁹ in propiciatoriū: duabus q̄ȝ alis expassis. ⁊ mutuo se tangētibus velabant oraculū. alas ex opposito extēdebant. Et hec habebant̄ in sctā sctōrum: In archa aūt posita fuerunt vrna aurea māna hn̄s: Virga Aaron: et due tabule decalogi. Cū ea in plano nō adeo pfecte figurari poterit Imaginatio inspiciētis cetera suppleat.

040 Figura Arche ⁊ ꝓpiciatorij scd̄m Rabi salomonē. Figura Arche scd̄m doctores catholicos.

Simili modo ait dn̄s Moysi. facies mēsam de lignis sethim aureis laminibus cooptaz. hn̄s quattuor pedes: In singlis vero pedib⁹ erat anul⁹ aure⁹: In anulis vero vectes aurati. quib⁹ ferebat̄ mēsa Erat aūt labiū in ea p circuitū sicut in archa: ⁊ labio affixa erat aurea corona alta digitis quattuor: Ita q̄ medietas sup mēsam eminebat. ne supposita caderēt. Altera medietas inferi⁹ ad decorē pēdebat. Et ponebant̄ sup eaz duodecim panes azimi: Seni altrinsecus: Et singulis supponebat̄ patena aurea cū thure. Josephus vero scribit phialas aureas suppositas plenas thure: In diluculo sabathi recētes ⁊ calidi imponebant̄: Qui immoti manebāt in sabathū sequēs. Sublatos vero soli sacerdotes comedebāt: Ideo sacerdotales dicebant̄. vt sacerdotes formarēt coquerēt ponerēt in mēsa ⁊ tollerēt. licet nō obseruarūt: Dicebantur quoq̄ panes ꝓpositiōis. Quia positi erāt coram dn̄o in memoriā sempiternā. xij. tribuū filioꝝ israel.

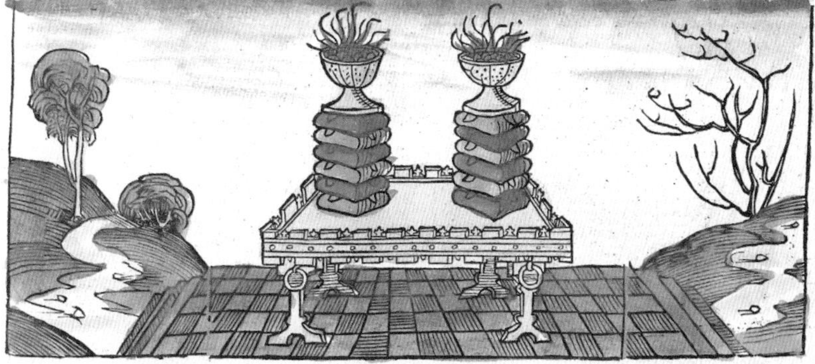

041

Folium XXXII recto

'다른 박사들에 따른' 촛대

일곱 가지로 된 촛대는 유대교 예식에서 중요한 의미를 갖고 있다. 히브리어로 므노라Menorah라고 하는데 '촛대'라는 뜻이다. 이것은 불이 피어오르나 타지 않는 떨기나무에 나타난 하나님의 진리의 빛을 상징한다.

Precepit quoqꝫ dñs fieri Candelabrū ex auro purissimo ductile: Cuius bastile basi infixū erat ferreū sup vestitū calamis aureis geniculatis ad modū canne. Ubi aūt calamoꝝ capita inter se iungebant tanqꝫ duo ciphi erant in moduz nucis. Et ex fundo ciphi ꝑcedebāt flores recurui. quasi lilia. Et in ipo fundo inter ciphū ⁊ lilia erat sperula volubilis. Et ita cū in bastili essent quinqꝫ calami in hūc modū copulati. Quattuoꝛ ibi iūcture erāt. Quarū queqꝫ habebat q̄si ciphos duos iūctos ⁊ sperulas sil' ⁊ lilia: Stipes vero cādelabri q̄ procedebat directe in altū inferius hñs tres pedes. Et sursuz hēbat sex calamos egrediētes de bastili. tres ex vno latere. ⁊ tres ex alio. tēdētes sursuz obliq̄. Quousqꝫ ꝑtingerēt ad altitudinē bastil': In bastili v̄o quattuoꝛ ciphi instar nucis. Quos aliq̄ pomellos dicūt. Ita ꝙ duo ciphi positi vnꝰ cōtra aliū faciebāt pomellū vnū: Rabi salomō scribit istos ciphos fuisse oblōgos. Et sic dispositos vt calamꝰ ꝑ mediuz ciphi trāsiret: Sperulеqꝫ sil' ⁊ lilia. et vt hebrei dicūt pomellꝰ ⁊ flos in candelabro ad decorē posita fuerunt. Erat aūt vt dicit Josephus ex. lxx. ꝑtibus cōpositū. in vna base erectū. Quocūqꝫ vero modo factū fuerit in sūmo. vij. hēbat capita eq̄lia: sup que ponebātur septez lucerne auree: Ita ꝙ vltimꝰ ciphꝰ q̄ erat in sūmitate cuiuslibet calami. erat sedes lucerne. Infusoria etiā septē ex auro erāt. Quibꝰ oleū īfundebat̄ lucernis. Erātqꝫ forpices dicti emūctoria. Qui ex auro erāt ad emungēda vel extinguēda licinia: ⁊ cū quibꝰ amouebatur. illud qđ erat cōbustuz de licinio. et residuū licinij ad incendenduz aptabat̄. Uasa q̄z plena aqua erāt: emūctane facerēt fumū: Om̄e aūt pondꝰ eiꝰ cū vasis suis habuit talentū auri. Hebrei v̄o dicūt centenariū auri: Ne scit̄ ꝑfecte pondꝰ quātūqꝫ magnū auri pondꝰ requirebat̄ ad tantū opus ꝑficiendū. Positū aūt erat ad austruz cōtra mēsam. nō recte quidē sed obliq̄: Prout tamē in plano figurari possunt. deinceps videri potest.

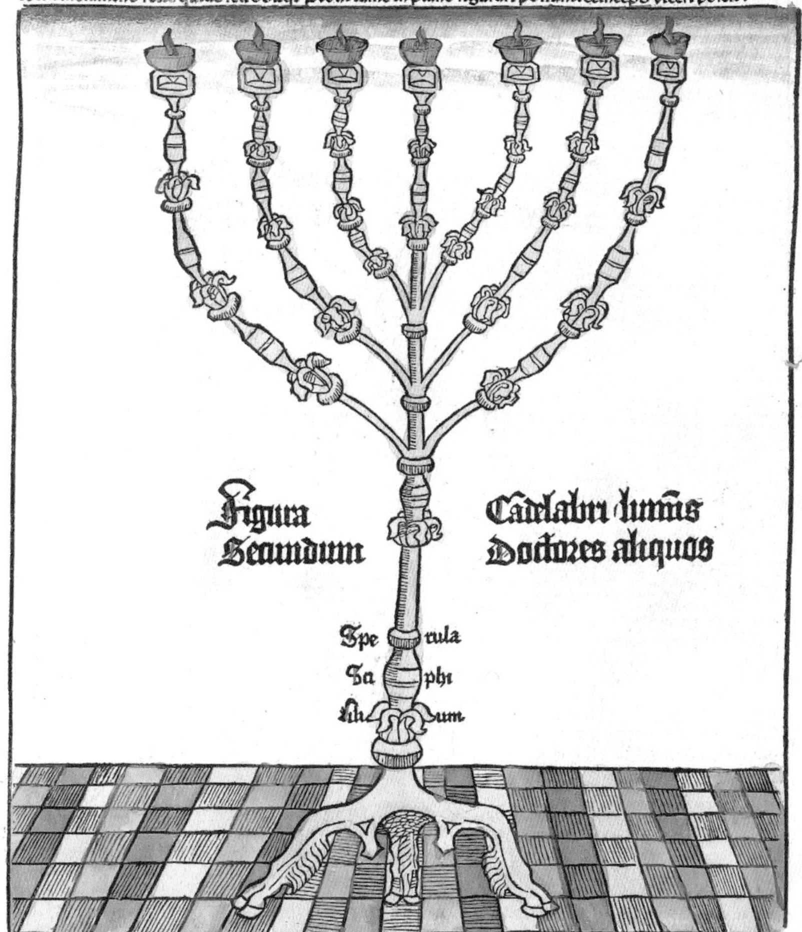

042

Folium XXI verso

랍비 모세에 의한 촛대

이 촛대와 '다른 박사들에 따른' 촛대를 비교하면 세부 장식을 제외하고는 근본적으로 차이가 없다.

논리적으로는 이 삽화가 먼저 소개되는 것이 옳을 것이다.

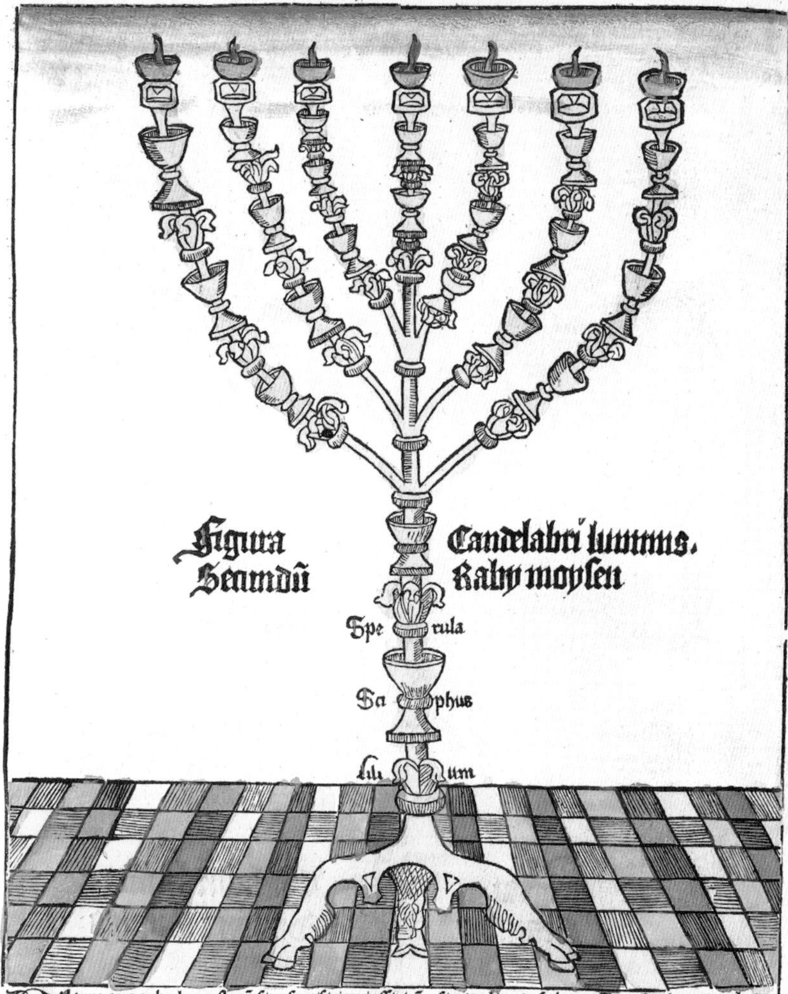

Altare quoqꝫ holocaustorũ siue sacrificiorꝫ iussit dn̄s fieri de lignis sethim. Erat aũt altare quadratum In longitudine ꝛ latitudine. v. cubitorꝫ. Et in altitudine triũ. Eratqꝫ concauũ instar arche sine operimento: Parietes lignei sed operti erãt ere intus ꝛ extra: siue lamīs eneis: vt vri nõ possent: Area eiꝰ siue arula erea erat tanqꝫ fundus arche. sup quē fiebat ignis: Qui p fenestrã que erat in latere orietali imponebatur. In quattuor angulis supioribus erãt extra quattuor recurua cornua. In q̃bus quattuor cathene anulis inserebant. de quibꝰ dependēs craticula erea in modũ rethis facta. vsqꝫ ad mediũ altaris descēdebat sup quã cremãda in odorem dn̄o ponebant. Circa vero angulos inferiores. quattuor erant anuli erei: in q̃bus vectes imponebant de lignis sethim opti ere ad portandũ altare. Positum autem erat altare ante tabernaculum sub diuo.

043

Folium XXXIII recto

제사용 제단

왼쪽 라틴식 제단은 간결하고, 오른쪽 히브리식 제단은 장식이 훨씬 더 많다.
삽화에서 배경을 보면 이 두 종류의 제단은 성전 내부가 아닌 외부용임을 알 수 있다.

044

Folium XXXIII recto

성수대와 제사장

청동으로 만든 성수대로 12개의 청동거울이 꽂혀 있다.
흘러나오는 물로 제사장들은 제사를 위하여 자기 몸과 제물을 씻었다.

043 Altare holocasti scdm latinos — Altare holocasti scdm hebreos

Hstitit qꝫ dn̄s Moysi dicēs: Vt sacerdotiū sctm̄ Aaron fri suo dare deberet. Ordinationeqꝫ de vestimē tis sacerdotalibꝰ fiēdis p̄mittēs: Quattuoꝛ erāt vestes cōmunes oībus sacerdotibꝰ etiā minoꝛibꝰ: femiṅale lineū: tunica de bisso dupla p totū. Balteus latꝰ q̄si digitꝭ quattuoꝛ. cū pulchra varietate. Et thyara de bisso. quā gestarūt in capite. tendēs supius in acutuꝫ. Sup hec quattuoꝛ ꝓpriꝭ vestibꝰ induebaṫ sūmꝰ sacerdos: Pri͂a erat tunica iacinctina. Que stricta erat vt tunicella. In cuiꝰ extremitate inferioꝛi erāt tintinabula ꝛ malogranata intexta. Scdm ornamētuꝫ suphumerale sine manicis. descēdēs vsqꝫ ad renes. adeo vt supcingi posset. cū varietate pulchra: Terciū ratiōale q̄drāgulū duplex. In q̄ erāt duodecī lapides p̄ciosi. Quartū ornamētū erat Baltheꝰ seu cingulū de quīqꝫ coloꝛibꝰ: Quītū erat mitra iacinctina in capite sup bissinaꝫ: Erat aūt sextū lamina aurea ad modū dimidie lune facta: In qua thetragramatō inscriptū: facta deinde ad modū coꝛone. Que ꝓtendebaṫ ab aure ad aurē per frontem.

044

Locutꝰ est iterū dn̄s ad moysen. Facies ꝛ labiu eneuꝫ cū basi sua. vas scꝫ lauatoꝛiū. qd̄ alibi labꝛū ꝛ luter (vt Rabi salomō ponit) vocitaṫ. Qd̄ erat inter tabernaculuꝫ ꝛ altare holocaustoꝝ: In q̄ missa aq̄. lauabāt sacerdotes manus suas ꝛ pedes. vestes sanctas accepturi. vt sacrificarēt: Similiter ingressuri tabernaculū. ꝛ egressuri: vt aarō ꝛ filij eiꝰ fecerūt. poꝛtātes de sanguine hostie īmolate ꝓ pc̄tis populi. Et qn̄ accedebāt ad altare vt in eo offerrēt thimiama: Qd̄ dr̄ factū de speculis mulieꝝ excubantiū ad ingressū tabnaculi: Vel potiꝰ in circuitu labij supremi circūposita specula fuerūt: In quibꝰ sacerdotes videre possent: si facie vel veste maculam abluendam haberent.

Dsecepit quoqꝫ dn̄s Moysi: vt faceret tabernaculū in huc modū. Tabernaculū erat domꝰ deo dicata Quadrata ꝛ oblōga: tribus clausa parietibꝰ: Aquilonari. meridiano. occidētali: Liber patebitītroitus ab oriēte: vt sole oriēte radijs eiꝰ illustrareṫ: modo introitꝰ ecclīaꝝ fit vt plurimū in occidēte. Lōgitudo erat. xxx. cubitoꝝ: Latitudo. x. Altitudo. x. In latere meridiano. erāt tabule de lignis sethī. xx. stātes Quaꝝ vnaqueqꝫ ī lōgitudine habebat cubitos. x. In spissitudīe digitos q̄ttuoꝛ: In latitudīe cubitū ꝛ semissem: Jungebanṫ aūt sibi mutuo: Et erāt inaurate ex vtraqꝫ parte. Supposite vero singl'e duabꝰ basibꝰ argenteis pfoꝛatis. Eodē scemate erat factus paries aquilonaꝛ: Ad occidentē vero erāt. vi. tab ule ꝓ omīa si-

045

Folium XXXIII verso

성막

성막은 하나님이 거주한 장소이다. 모세는 시나이 산에서 하나님으로부터 성막을 세우도록 명을 받았다.

1 성막을 세우는 판이 어떻게 조립되는지 보여 준다.

2 판들이 조립된 모습

3 조립된 성막의 한쪽 입면

046

Folium XXXIII verso

두 가지의 십계명 석판

4 히브리 학자들에 의한 모습(아래)과 다른 학자들에 의한 모습(위)인데, 공통적으로 두 개의 판이 접힐 수 있는 형태이다.

삽화에서는 십계명이 라틴어로 적혀 있다.

miles. In medio aūt tabernaculi mādauit dn̄s fieri p latitudinē velū pulchrū appēsū sup quattuor colum/nis: Qd̄ diuidebat sancta a sanctasctōrū. Habebat aūt quadruplex operimentū: scz de cortinis intextis va/rijs colorib⁹: de sagis cilicinis. de pellibus rubricatis. & de pellibus iacinctinis. Cetera de vectibus anulis. Cortinis & Sagis liber moysi exod⁹ manifestat.

Figura pro tabulis et basibus terre infigendis.

045

❷

Figura vni⁹ lateris tabernaculi quātū ad tabulas et bases quibus infiguntur.

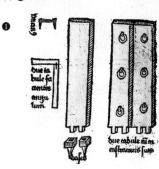

❶

vectis

due tabule facientes angulum

bases

due tabule cū instructuris suis

❸

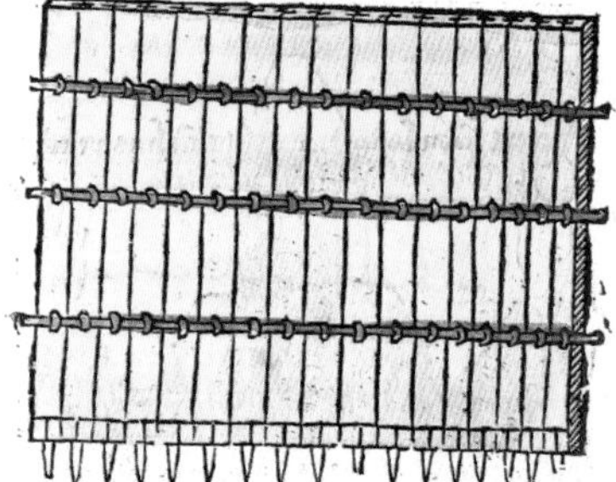

Moyses primo anno tabernaculū dn̄o cōstruxit. Et septem mēsibus op⁹ pficiēs. mēse pmo anni secūdi prima die erexit. Iudei quoqz p Moysen legē sic̄ cū lr̄is hr̄e ceperūt. Iterū dn̄s ad moysen ait. Cū filios israel numerab: dabit q̄sqz pciū p aīa sua: ne sit ī eis plaga dimidiū sicli. iuxta mēsurā sanctuarij. Sicl⁹ viginti obolos hz: Et hec pecunia ad vsus tabernaculi reponebat. Cōpletisqz sermonib⁹ dedit moysi duas tabulas lapideas digito dei scriptas. Ope diuīo nō hūano inscriptas decalogo ex vtraqz pte. Et vt hebrei tradūt in vno latere figurata. simile figurā ī alio opposito dabāt. qd̄ miraclo ascribebāt. Ceteri sculpta iterat lr̄is dicebāt. Preterea catholici doctores & pcipue diuus Augus. tria pcepta in pma tabula testimonij que hoīem ad deū ordināt. In scd̄a septē q̄ ad proximū ordinant scripta ponūt. Rabi tn̄ Salomon et hebrei quīqz in vna & q̄nqz ī alia pcepta distinguunt. Postea vo vt ī figura vituli videt. descendens Moyses & vidēs vitulū & choros irat⁹ proiecit tabulas. Et confracte sunt.

046

Figura tabularū scd̄m doctores aliq̄s

❹

Prima tabula
Ego dn̄s ds tu⁹ Nō hebis deos alienos
Non assumes nomen dei tui in vanum
Memēto ut dī ē sabbi sāfices

Scd̄a tabula
Honora patrē tuū et mrēm
Non occides
Nō mechabis
Nō furtū facies
Nō loq̄ris ḡ proxim tu. fal
Nō ꝯcupisces domū pxī tui
Nō ꝯcupisces vxorē pximi

Figura tabularū scd̄m doctores hebreos

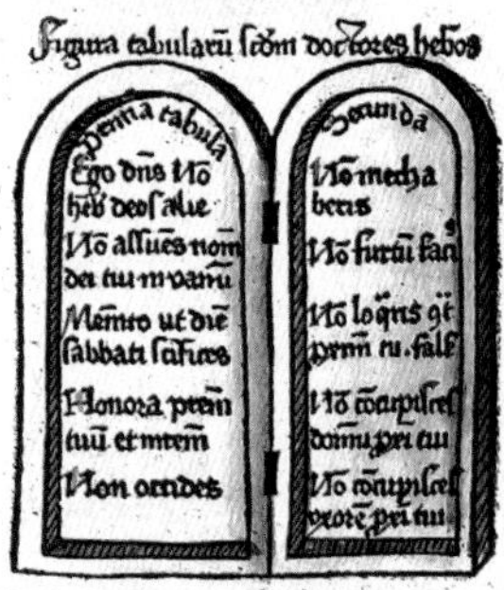

Vt ea vberius clarescant posita est hec figura duarum tabularum.

047

Folium XXXIV verso

티베리아스

갈릴레아(갈릴리) 호수 서안에 위치한 이스라엘 도시이다. 유대 전승에 따르면 《구약성서》의 〈여호수아기〉에 언급된 마을 라카트Rakkat가 기원이 된다고 한다.

갈릴레아를 통치하던 헤롯 안티파스가 기원후 20년에 이곳에 새로운 도시를 세우고 이를 로마 제국의 제2대 황제 티베리우스에게 바쳐 티베리아스Tiberias로 부르게 되었다.

이 삽화에서 티베리아스는 원래 모습과는 달리 중세의 성곽 도시로 묘사되었다.

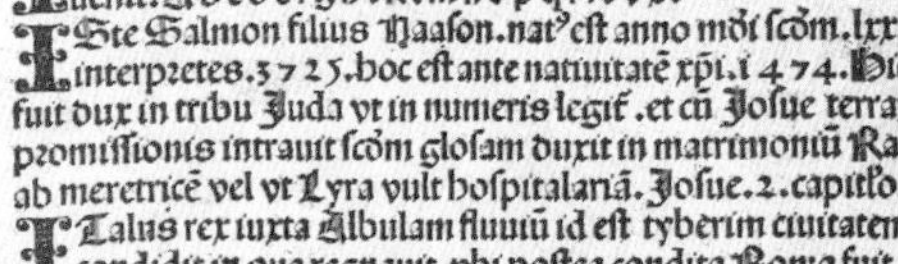

Carmētis

Ista Carmētis fuit filia euandrij. q̄ et litteras latinas inuenit. A b c d e f g h i k l m n o p q r s t v x.

Iste Salmon filius Naason. natꝰ est anno mūdi scdm .lxx. interpretes. 3725. hoc est ante natiuitatē xp̄i. 1474. Hic fuit dux in tribu Juda vt in numeris legit. et cū Josue terraȝ promissionis intrauit scdm glosam duxit in matrimoniū Raab meretricē vel vt Lyra vult hospitalariā. Josue. 2. capitulo.

Italus rex iuxta Albulam fluuiū id est tyberim ciuitatem condidit in qua regnauit. vbi postea condita Roma fuit. a quo tota ytalia nuncupata.

De isto Rechab descēdit stirps valde religiosa q̄ isto tpe fuisse creditur: Hic de yetro cognato Moysi descendit. et conuersus fuit ad Judaismum.

Ytalus Rex

Rechab

Linea christi
Salmon

Hec ciuitas antiquitꝰ Ceneretb alias Cynaroth vocata ad littora maris sita Tyberiadis dicti inter orientem et austrum ad duas leucas a bethulia monte distās vbi Judith holofernem occidit. Deinde ab herode Tetrarcha gallilee instaurata: in honorē Tyberij Cesaris Thiberiadis appellata. nūc Tyberias est vocata in ea xp̄s Mattheū in apostolatū assumpsit. Olim habuit episcopum cui mare galilee subiectū erat. Prope hanc ciuitatē balnea naturaliter calida esse phibēt. Et in ea terminat regio decapoleos a decē ciuitatibus principalibꝰ dicta. In ea regione nō longe a Tyberiade est lacus asphaltides q̄ ppter magnitudinē et aque immobilitatē mortuū mare dicit. Nā neqꝫ ventis mouet resistente turbinibꝰ bitumie: quo aqua stagnatur. Neqꝫ nauigatiōibꝰ patiēs est. Quoniā oīa vita carētia in profundū mergunt. Nec materiā vllā sustinet nisi que alumine illustrat. Asphaltides nihil preter bitumē gignit. Vn̄ et nomē. Nullū corpus aīalium recipit. Thauri cameliqꝫ fluitant. Inde fama nihil in eo mergi: Longitudie excedit centū milia passuū. Latitudine maxima vigintiquinqꝫ implet. minima sex.

Tyberias al's Tyberiadis

047

048

Folium XXXVI recto

다르다니아, 아이네아스, 라오메돈

1 **다르다니아**Darnadia: 트로이아Troia(트로이)를 건설했다고 전해지는 왕이다.

2 **아이네아스**: 인간 안키세스와 베누스 여신 사이에서 태어난 아이네아스Aeneas는 불타는 트로이아를 탈출하여 이탈리아에 도달하여 그곳을 통치했는데, 로마를 건국한 로물루스의 먼 조상이 된다.

3 **라오메돈**: 그리스 신화에 등장하는 트로이아의 왕 라오메돈Laomedon은 헤라클레스에 의해 살해당했다.

049

Folium XXXVI recto

트로이아

4 영어로는 트로이Troy이다. 기원전 12~13세기경 그리스 연합군에 오랫동안 포위되어 결국 패망하고 말았다. 높고 굳건한 성벽, 탑들이 서 있는 중세 유럽 도시처럼 묘사되어 있다. 이 삽화는 다른 도시에도 중복 사용된다.

048

❶ ❷ ❸

Ille Troys in dardania re/gnauit et troyā condidit.

Anchises

Anchises ex dea venē ꝯm erro rez gētiliū ge nuit Eneaz.q̄ in Ytalia reḡ uit vt patuit.

Laomedon

Laomedō rex troye occidit ⁊ Irio na filia eius ca/ pit⁊ ducit̄ i gre ciā ppt̄ q̄ bella guissima secu ta sunt et mala horrendissima

TRoya regio minoris asie in q̄ Ilion fuit ciuitas cantatissima. Nonunq̄z vero p ipa vrbe troya po/nitur. Et ꝯm homerū oim̄ que sub sole ac stellifero celo sunt vrbiū quidē insignissima est troya. Nūc aūt ingens Troya toti⁹ asie columē ita extincta est. vt vix vestigiū aliqđ appareat. qđ Ouidi⁹ inq̄t. Jam seges est vbi troya fuit. Silr̄ virgilius. Camp⁹ vbi troya fuit. Cū ea exusta lapides ⁊ quecunq̄z alia inde ablata sunt. Talis finis humanaꝶ reꝶ. Tros aūt Erichtonij regis filius Anno quadragesimo iudicis aioth iam veteran⁹ dardaniā veniēs Troyā cōdidit. vir armoꝶ pitissim⁹. ampliato regno ex suo noīe regionem q̄ prius dardania dicebat̄ Troyā appellauit. Dardan⁹ eīm fuit ex Joue ⁊ electra filia Athlātis genita. Is ad phrigiā deuenit quā dardaniā nomīauit. Ex quo nat⁹ Erichtoni⁹ ex eo tros qui iusticia⁊ pietate laudabilis fuit: Isq̄z vt memoriā sui noīs faceret Troyā appellari iussit. q̄ duos habuit filios. Ilion Asara. cum q̄z prim⁹ maior natu regnās troyā de suo noīe Iliū noīauit. Ilio laomedō fuit filius ex quo priamus natus est. Is troyā p⁹ suā primā diruptionē reformauit ⁊ exornauit. ac vrbē magnā⁊ āpliora menia ac ppugnacula ex lapidib⁹ marmoreis cū muro altissimo extruxit ⁊ munitissimā reddidit. multitudineq̄z militū eē fec̄. ne p ignorātiā oppmeret̄. vt pri⁹ tpe laomedōtis oppssa fuit. Regiā q̄z edificauit ⁊ iouis statuā: ⁊ arā ꝯsecrauit. Ilio sex portas fecit. q̄rū h̄ sūt noīa. Anthenoidas. Ilia. Scea. Thymbria. Dardanides. Troyana Per mediū ciuitatis fluui⁹ Xant⁹ decurrebat. Simois q̄z fluui⁹ ex Ida troyano mōte scaturiēs iuxta troyā decurrens. q̄ cū mari appropinq̄t xanto cōmiscet̄. Et in paludē coact⁹ iuxta sigeum pmontoriū in mare descendit Priam⁹ āt ex heccuba vxore hos hūit libos. Hectorē p̄io natū. Alexādrū: Deiphebū. Helenū. Troylū: Andromachā. Cassandrā: Polixenā. Pugnatū ē deīn cū troyanis p grecos ānis x. ⁊ mēsib⁹ sex. P̄io Esebon iudic āno. c⁹ causaz dicūt. Cū alexāder q̄ Paris dict⁹ ē in Ida silua cū venatu abijss̄z i somnis Mercuriū ad/

Troya

049

❹

050

Folium XXXIX recto

파리

이 삽화는 세느 강변의 높은 성벽과 망루로 잘 방어된 파리Paris를 묘사하고 있다. 좀 더 정확히 말하자면 세느 강의 중지도인 시테 섬Île de la Cité으로 여겨진다.

《뉘른베르크 연대기》에 따르면 베누스 여신의 가호를 받은 트로이아의 목동 파리스Paris가 파괴된 트로이아를 떠나 새로운 도시를 세우고는 자기 이름을 따서 '파리스'라고 불렀다고 한다. 삽화에서는 높은 기둥 위에 그의 모습이 올려져 있다.

이곳은 원래 켈트족의 일파인 파리시 족의 땅이었으나 기원전 1세기에 로마의 율리우스 카이사르에 의해 정복되었다. 로마 지배 하에서 이곳은 '파리시 족의 루테티아'라는 뜻으로 루테티아 파리시오룸Lutetia Parisiorum, 또는 간단히 루테티아Lutetia라고 불렸다.

Parisius regia et inclita Galliaruȝ vrbs in Senonensi prouincia post Troyanū excidiū habuit inicium. Nam parides cum Enea e troya secedens: vnacꝫ cum francōe hectoris filio in Galliaȝ ꝓficiscens iuxta sequane fluuium consedit et ibi populum constituēs a se parisios nominauit. Franci quidē ab origine Troiani fuerē: Qui deleto Ilio duce priamo magnū pami ex sorore nepote ꝑ pontū euxinū ꝛ Meothidas paludes i scythiā ꝑuenere. Ibicꝫ ciuitatem quā Sicambriam vocauere edificarunt Quo in gentem magnā coaluerūt. Manseruntcꝫ romanis vectigales vt aliȷ scythe vscꝫ ad tempora valētiniani Cesaris. Quo imperante Alani vexare imperiū ceperunt. Eo tpe libertatē in decēnium imperator ꝓmisit vt alanorum ferocitatem cōpesceret. Allecti eo premio sicambri arma sumpserunt. et alanos victos bello deleuere Ideo libertati donati mutato nomīe franci appellati: quod attica lingua. siue feroces. siue nobiles sonat. Itali frācos liberos vocāt. Exacto decennio: cum romani solita tributa repeterēt: franci ob eam libertatem effrenes facti parere recusarunt. Hoc ergo francorum genus cum ex scythia in germaniam venisset: Ibicꝫ diu consedisset germanicum effectam est. Uerum cū cresceret imperiū ita et francia aucta est adeo vt tota gallia ferme et magna germanie pars a montibus pirreneis vscꝫ ad pānonie terminos francia diceretur. Naȝ quicquid francis suberat frācia vocabat᷑. Et in duas partes diuisa fuit. Nā quod est gallie. occidentalis francia dicebatur: quod germanie orientalis. Hec gens sub Carolo magno romanum imperium meruit. Qui afflictam lambartico bello sedem apostolicam cōsolatus est. Sunt multi qui francos eos solummodo esse volunt. Qui circa parisius habitant. Et illis datum imperium esse volunt quos rectius francigenas quis appellauerit. Que vrbs ꝑ tempora a regibus habitata in maximam ꝛ potentissimam euasit ciuitatem. Cui postmodum Carolus cognomēto magnus ob loci cōmoditatem imperiali diademate suscepto romanoruȝ vniuersale Gymnasium condidit. Et a dyonisio Ariopagita episcopo ab aplis eo vna cum Rustico et Eleuterio dyacono predicationis gratia directo sacrum xp̄i euangelium suscepit. Et ibi coronā martiriȷ sustinuit. Ornat᷑ hec ciuitas clarissima reliquiȷs bathildis regine: et Auree virginis aliorucꝫ plurimorum martyrum.

Parisius

051

Folium XXXIX verso

마인츠

마인츠Mainz는 기원전 1세기에 로마군이 라인 강과 마인 강이 합류하는 곳에 세운 요새 모곤티아쿰Mogontiacum이 기원이 된다. 라틴어 지명 마군치아Maguncia와 독일어 지명 마인츠Mainz는 바로 여기에서 유래한다.

로마 제국 멸망 후 중세에 마인츠는 대주교좌 도시로 발전했다. 삽화에서는 웅장한 마인츠 대성당이 도시의 분위기를 지배한다. 그런가 하면 라인 강이 세차게 흐르는데 소년 사공이 손님 세 명을 배에 태우고 노를 저어 강을 건너고 있다.

Maguncia Metropolitana vrbs Germanie: Eam a maguntio quodã Troyano amicum et nomen tempore troyane cladis habuisse Carinus in cronicis tradit. Hec inter belgas Germãie ciuitas est. et rheni rippas attingit. Famã ei⁹ clare auxit Drusus nero germanicus. cum bellum aduersus germanoꝝ trãs rhenum ciuitates gessit: Et ex fractura equo super crus eius collapso. xxx. die qua id acciderat mortuus est: Corpus ei⁹ a Nerone fratre q̃ nuncio valitudinis euocat⁹ raptim accurrerat. Romam deuectum: et in C. Julij tumulo recõditũ. de mole drusi circa rhenum tacitus et alij mentionem faciunt. Hoc manifestant Magũtie drusi latium et alie antiquitates. Quidam a paulino pompeyo Romanorum legionũ in germania duce sub Nerone imperatore perfectam dicunt Huius ciuitatis archiepiscopus ad Imperatorem romanum eligendũ prestat suffragia: Habet hec vrbs virum sanctissimũ Albanum martyrem. ¶ Prope hanc ciuitatem Franckfordia nobile emporium est: in quo superi cum inferis germani cõueniunt bis singulis annis. Ibiq̃ imperator elegitur ex veteri consuetudine. Eã autem plabitur. haud ignobilis amnis quem moganum vocant. Ptholomeus hunc fluuium obrigma appellat. Qui superiores germanos ab inferioribus eundem diuidere affirmat. Neq̃ alius fluuius est qui eam diuisionem apertius q̃ moganus efficere possit. Et hodie quidẽ inferiores germani vsq̃ ad Maguntiam procedunt. Abinde superiores vocantur. ¶ Moganus vero ex montibus bohemie vicinis ortus de regione Moguntie in rhenũ exonerat. Ob quã rem non defuerunt qui Moguntiam a mogano fluuio dici crederent. Edes autem amplissime more romanorũ Moguntie: et basilice ornatissime cum arce episcopali. et plura memorie digna in ea visuntur. Et aliqua propter bella deuastata.

Maguncia

052

Folium XL verso

카르타고

기원전 814년 전설의 디도 여왕에 의해 창건된 카르타고 Carthago는 지중해의 해상강대국으로 발전했지만, 새로운 강자로 등장한 로마와 3차에 걸친 포에니 전쟁을 치르면서 기원전 149년에 완전히 멸망하고 말았다.

그 후 율리우스 카이사르와 아우구스투스 때 재건되기 시작하여 로마 제국의 속주 아프리카에서 가장 중요한 도시로 발전했으며, 한때 기독교의 중심지가 되기도 했다. 하지만 439년에 반달족에 의해 점령당했고 533년에는 비잔틴 제국에 의해 탈환되었으나, 698년에 아랍 이슬람세력에 의해 파괴되고 말았다.

삽화에서는 고대 카르타고의 중심이던 비스라 언덕의 성채가 묘사되어 있고, 평지 왼쪽에 보이는 돔은 로마의 신전인 듯하며 오른쪽의 기독교 성전에는 이슬람의 첨탑도 보인다. 이런 여러 종류의 건축물들은 카르타고를 스쳐간 역동의 역사를 말해 주는 듯하다.

Linea pontificū

Zaraya

Meyraioth

Amarias

Achitob

Isti quattuor in linea pontificum: nō fuerūt summi sacerdotes. sed Sadoch de eis descendit: quē salomō constituit summū in pontificatum: reiecto priꝰ abyathar de sacerdotio qui fuit vltimus de linea ythamar.

Iepte illegittimꝰ princeps latrocinātiū. factꝰ est dux exercitꝰ a galaaytidis vt pugnaret contra āmonitas. ⁊ missis priꝰ nūcijs Jepte ad regē Amon: ratione ostēdens iniuste eos vsurpare velle terras eis a dn̄o cōcessas. cū nollet eū audire facto voto de offerendo qd̄ ei primo occurreret de domo reuertēti cū victoria accessit cōtra āmonitas et debellauit eos. Cui reuertenti occurrēs filia virgo cū tympano: vt votū seruaret ymolauit eā. stultꝰ in vouēdo. impiꝰ in implēdo. Iudicauit aūt Jepte israel. vi. ānis iudex septimꝰ. post quē iudicauit. viij. Abessan de bethleem annis. vij. habēs. xxx. filios ⁊ totidē filias. Post quē iudicauit. ix. Abyalon zabulonites annis decē. Judicauit post illum Abdon. viij. annis hn̄s xl. filios Judex decimus.

Carthago vrbs fuit celeberrima i affrica a Cartha oppido (teste Seruio) nomen assumpsit. Et apud grecos. ΚΑΡΧΗΔΩΝ .scribit. Cōstructa primū a didone beli regis tyriorū filia: annis septuagīta tribꝰ anteq̄ʒ roma ipsa cōstrueret vt dixit Justinꝰ libro. xviij. Que priꝰ a bouis corio Byrsa dicta fuit. qz ꝓ illa edificāda tantū loci dido emerat a rege hiarba. q̄ntum corio thauri tegi posset. dicēte virgilio libro Eneid. primo. Mercatiq; solū facti de noīe byrsam: Thaurino. q̄ntum posset circūdare tergo. Coriū eīn illud in tenuissimos filos secari fecit. quo loco multū circūdedit vocātes illū locū lingua phenicia byrsam. i. coriū: que postea mutato vocabulo Carthago dicta est. Cicero quoq; de natura deorum libro secūdo. Postq̄ʒ tres hercules declarauit. Quartꝰ inq̄t filiꝰ Jouis et Asteries sororis latone qui Carthaginē filiā genuit a qua Byrsa quā dido cōdidit Carthago vocata est. Hec eadē teste Plinio libro. xv. naturalis hystorie centū viginti annis romanis emula fuit. Pluries eīn destructa: Pluries instaurata. Fuit aūt hec inclita ciuitas vetustate originis magnitudine ⁊ claritate ante omnes affrice ⁊ hyspanie, punicarum vrbes memorāda. Primo autē excidio Scipio iunior magni Scipionis nepos in tercio bello punico cōsul factꝰ sex cōtinuis diebꝰ ac noctibꝰ illā oppugnauit et vltra desperationē tandē ciues in deditionē traxit, petētes vt q̄s belli clades reliquos fecerat viuere saltē liceret. Eo i bello mulierū viginti q̄nq; milia: virorū vero trigīta trucidata fuisse referūt: Hasdrubal aūt eorū rex vltro transfugiēs eiꝰ vxorē. se suosq; filios in mediū iecit incēdium. quod sexdecim cōtinuis diebꝰ arsit. Et miserū (vt Liuiꝰ ait) etiā victoribꝰ p̄buit spectaculū. ⁊ tūc Carthago sexcētesimooctauo ab eiꝰ cōditiōe anno omni murali lapide deleta fuit. Uerū postq̄ʒ euersa fuit vigesimoscd̄o anno lelio cecilio motello. ⁊ T. Q. flāmineo cōsulibꝰ repari iussa est. qua repata Romani ciues eo missi deducti sunt. Sed vt idē liuiꝰ inq̄t intra breue tp̄s Ethna vltra solitū flammeos ignes euomēs calidis cineribꝰ exusta est. tecta destruxit. Cuiꝰ subleuande calamitatis causa Senatꝰ Ro. decē annis ei vectigalia remisit. Multas etiā ꝑ tpa Bethorū calamitates ꝑtulit. Tandē in Maurorū manꝰ deueniēs regū sedes. ⁊ regia nūc vsq; habita est. Que et vernacla lingua Tunicū appellata est.

Carthago

053

Folium XLI recto

사울 왕

사울Saul은 기원전 11세기, 예언자 사무엘에 의해 이스라엘의 초대왕으로 추대되었다. 이 삽화에서 그는 다른 인물들에 비해 크고 또한 전신으로 묘사되어 있는데 사실 그는 키가 크고 미남이었다고 전해진다. 그는 재위 기간 중 블레셋인과의 전쟁에서 공을 세운 다윗을 시기하다가 길보아Gilboa산에서 블레셋인들과의 전투에서 세 아들을 잃었고 적의 포로가 되지 않으려고 자신의 칼로 자결했다. 그가 죽은 후 다윗이 왕이 되었다.

054

Folium XLI recto

오뒤세우스와 키르케

10년 동안 지속된 트로이아 전쟁이 끝난 뒤에 오뒤세우스Odysseus(울리세스)와 그의 부하들은 고향으로 돌아가지 못하고 지중해를 방랑하며 모험을 하게 된다. 한 번은 인육을 먹는 거인 라이스트리고네스족의 공격으로 12척의 배 중 11척이 침몰하고 오뒤세우스의 배만 간신히 빠져 나와 마녀 키르케Kirke가 사는 섬에 다다랐다. 키르케는 오뒤세우스 부하들에게 맛있는 음식과 음료를 대접한 뒤 요술지팡이로 쳤다. 그러자 부하들은 짐승으로 변했다. 이 소식을 접한 오뒤세우스는 헤르메스로부터 키르케를 물리치는 방법을 전해 듣고 부하들을 구해낸다.

삽화에서 키르케는 식탁에 앉아 음식과 음료를 마련하고 그녀의 시녀가 이를 부하들에게 전하는데, 부하들은 이미 동물로 변했다. 이 광경을 오뒤세우스가 선상에서 지켜보고 있다.

Sine iudice
Linea Judicum

Yepte

Abesan

Abyalon

Abdon

Primus rex israel Saul

053

Saul primus iudeorū rex. Cis de tribu beniamin filiꝰ duodecimo sacerdotij Samuelis anno a domino in regē electꝰ. Regnauit cū ipo Samuele annis. 26. Hic a principio vir bonꝰ. deinde mādata dei cōtemnēs ex rege tyrānꝰ et oppressor suorū subditorū euasit. Tandē post multas dauid regi psecutiōes illatas cū cōtra palestinos in mōte Gelboe Syrie, puicie pugnaret ab eisdē fusus & supatꝰ suis oībus pene pstratis. postremo & ipe grauiter vulneratꝰ in euaginatū gladiū irruens mortuꝰ est. Hoc vidēs eiꝰ armiger seipm interfecit.

Dauid se presentāte sauli Jonathas filiꝰ ibi psens maximā amiciciā cū dauid cōtraxit ita vt omibus vestimētis suis faceret eū indui. ascēdentibꝰ autē Saule et dauid cū pplo in hirlm cū victoria & choris puellarū cū musicis cantātibꝰ in obuiā eorū. Saul pcussit mille. et dauid decē milia. contristatꝰ est ex inuidia: timens ne regnum deueniret ad eū. & quadā die psallentē corā eo in cythara: Saul lancea qsiuit eū trāsfigere Postea aūt fecit eum tribunū sup gentes armorū. Promisitq; saul dauid dare sibi vxorē filiā suā Michol: si ei afferret centū ppucia philistinorū: scz eos occidēdo. intēdens ex hoc mortē dauid inferendā a philisteis. q assentiēs attulit ducēta ppucia: occidēs illos in bello iusto: qr inimici erāt populi israel. Jonathas aūt valde diligēs dauid vbis suis reōciliauit eū pri suo sauli: quē qrebat occidere. Et cū i bello habito ꝯ philisteos: Dauid fecisset plagā magnā in philisteos: Saul iterū qsiuit hasta sua cōfigere dauid cytharizantē corā eo: Sz dd declinauit ictū: Fugientēq; ad domū cū saul misisset satellites ad capiēdū eū & occidēdū Michol vxor sua nūciauit ei: & emisit eū p fenestrā. Cūq; nūciatū fuisset sauli q esset i aioth cū Samuele misit apparitores vt caperēt Dauid plres & varios tribꝰ vicibꝰ. q cū veniebāt inueniētes pphantes cū samuele & dauid. et ipi cū eis pphabant laudātes deū. demū ipe saul accessit: qui etiam simul cum illis prophetauit nudus se expolians.

IN iudicatu illorū triū scz Abesson Abyalon: et abdon: tpa qeta fuerūt & ideo nil notabile actū est tūc in israel. Sz nota q istū Abyalo. lxx. nō hnt nec etiā tps sine iudice suprapositū. & ista tpa assignat Josue q nō hz tps spāliter distinctū. scđm hebraicam veritatem. & ita concorda suppotationes annorum hm quelibet alioquin errabis.

Narrat Augꝰ. et Boetiꝰ in de philozophico cōsolatu li. iiij. Metro. iij. Q Ulixes rediēs de bello troyano decēnio errauit in mari. Nā cū in extremo Italie Syciliā vsus cū vnica naui fortūe grā ad insulā in q magna Circes dña pulcherrima q filia Solis dicebatur habitauit applicuit & itrauit. Ista p icantatiōes & carmina miscuit quedā pocula: p q oēs bibētes trāsmutauit sicut voluit a nā hūana i bestias. Vn̄ stati socijs vlixis porrexit de potatiōe sua. vn̄ & aliū mutauit in aprū aliū in leonē. aliū in ceruū. Ulixi vo dederat mercuriꝰ (q fuꝰ & archadie deꝰ dicit) vnū florē cuiꝰ virtꝰ fuit cōtra tales incātatōes resistere. Vnde nihil passus. magam insequit et eam ad reparatione sociorū euaginato gladio coegit. Hūc vlixbonam in hispania Solinus cōdidisse scribit. Et ab ipo vlixe: vlixbonā nomen accepisse. De eius erroribus penolopeq; vxoris casibꝰ homerus. xxiiij. libros diuinos carmie scripsit. Quos odyssee volumen appellauit.

054

055

Folium XLII recto

나폴리

나폴리Napoli는 이탈리아 반도 남쪽 서해안 쿠마에 살던 그리스인들이 기원전 8세기경에 창건했다. 옛 이름은 '새로운 도시'라는 뜻의 네아폴리스Neapolis이다. 나폴리라는 도시명은 바로 여기에서 유래한다. 지중해의 부유한 항구 도시였던 나폴리는 기원전 290년에 세력을 남쪽으로 넓히던 로마에 흡수되고 말았다.

삽화에 묘사된 나폴리는 실제 모습과 매우 다르다.

Neapolis

Neapolis vrbs vetusta atq̃ ꝑclara Campanie: olim parthenope dicta. Cuiꝰ originē Titꝰ liuiꝰ i octauo refert in cumaīs his verbis. Palepolis fuit haud ꝓcul. vbi nūc Neapolis ē duabꝰ vrbibꝰ idem pplus habitabat cumis erāt oriūdi. palepolimq̃ quā tenerēt greci dicit infra liuiꝰ a publio plautio cōsule captā fuisse. ꝛ infra Iā publiꝰ inter palepolim neapolimq̃ loco opportune capto diremerat hostibus societatē aurelij mutui. Quidā tñ scribūt eā regiā ciuitatē a dyomede rege in littoribꝰ maris cōditā fuisse. Que postq̃ romanis se sbiecit: eisdē alijsq̃ principibꝰ ꝛ dñis fidē semꝑ seruauit. Liuiꝰ q̃ dicit Neapolim auxilio nolanoꝝ romanis deditā fuisse. Vsi vero sūt semꝑ postea Neapolitani erga romanos ꝛ alios dños cōstātissima fide. Primū romana republica canensi clade consternata cū ad hierionē iam hyeme impendente cōsisteret bellū neapolitani legati romā venerūt ab his q̃draginta pathere auree magni pōderis in curiam delate. q̃s quidē senatꝰ cōtra morē suū accepit. ꝛ neapolitanis grās egit. Cūq̃ hanibal Neapoli summope potiri q̃sierit: Neapolitani in romanoꝝ ptibꝰ ꝑstiterūt. floruit aūt semꝑ postmodū neapolitana vrbs romana re sub cōsulibꝰ. ꝛ pariter sub ꝑncipibꝰ integra adeo vt apud eā graues viri animoꝝ a curis laxamētum quererēt. Et discoli lasciuie diuersoriū. Suetoniꝰ de nerone reuersus e grecia neapolim. q in ea primū artē musicā ꝓtulerat. albis equis introijt disiecta pte muri. Sed ꝛ viros videmꝰ lr̃is celebratos. Virgiliū diu. Titū liuiū aliq̃n. ꝛ horaciū Neapoli moratos fuisse. Et Seruiꝰ asserit virgiliū scripsisse Georgica neapoli quā parthenopē appellauit: Franciscꝰ q̃ petrarcha prestanti vir ingenio. a Roberto rege neapolitano gallicana oriūdo ꝓgenie rogatꝰ Neapolim bis se cōtulit. Sed a trecētis annis citra regia dignitate insignita. Habet nūc neapolitana basilicas. menia ꝛ arces ꝛ publicas ꝛ priuatas edes suꝑbas. ꝛ ceteris italie maioribꝰ cōparādas. In q̃s preclarūq̃ virginis clare mōsteriū. qd̄ a sancta Arragonie regina Roberti regis incliti vxore edificatū. facile oīa italie mōsteria antecellit. Eiq̃ ꝓximū esse videt̄ sancti Martini extra vrbis menia Cartusiēse cenobiū edificij magnificētia pulcherrimū. Cōstat tñ arcē vnā. Castellū nouū appellatū mari immunētē Alphōsi regis laude ꝛ memoria dignū opꝰ. Ceteris q̄ ī italia nūc extāt veteribꝰ siue nouis opibꝰ monumētis ꝛ structuris pferendū eē. Si turriū eiꝰ murorūq̃ altitudinē ꝛ crassitudinē ꝛ pulchritudinem. siue aularū cubiliūq̃ ꝛ singularū eiꝰ parciū amplitudinē ꝛ ornamēta peritꝰ eiusmodi reruꝫ existimet. Vesuuiꝰ q̃ mons cāpanie. ab omī alio mōte solutꝰ: Neapoli ad q̃ttuor milia passuū ꝓximꝰ: Vinetis oliuetis ꝛ quibusdā fructiferis arboribꝰ refertꝰ. Sꝫ ꝑceteris vini vbertate admirabil̄. qd̄ iam grecū vocāt. Eructauit q̄nq̃ cineres ꝛ incēdia in formā pumicearū arenarū. Ita vt ex illis campi vsq̃ ad arboꝝ cacumīa intumuerint. Et tꝑibus Traiani imꝑatoris plinius scd̄us ex Messanensi classe cui ꝑerat ad visendū hoc spectaculum propius accederet ab incendio absorptus est.

Tercia etas mundi

Venecia ciuitas nostro euo cantatissima: emporiũ nobile ytalie. terra mariqꝫ potentissima. Quã quidam ab Eneto seu veneto Troyano iniciũ habuisse dicũt. Troya eñ euersa anthenor cũ in intimum sinum adriatici maris classe vectꝰ aduenit. Erat cũ eo multitudo Enetũ: qui seditiõe (vt Titus liuius memorat) ex paflagonia pulsi. in quã habitarẽt querebãt sedem qui veneti appellati. Prouĩcia hinc venetia appellata. Longitudo huiꝰ hystriam. Ac deinde quicquid est agri in padum flumẽ. Latitudo vero hic padum flumẽ. inde alpes (qui ytaliã a germania dirimũt) amplexa est. Regioni nomẽ diu vt venecia appellaretur annos supra mille quĩgentos mãsit. Bello ipsam ⁊ qui erãt vicini Cisalpini galli. ⁊ qui venerunt in ytaliã germani sepenumero infestarũt ac populati sunt. Olim vero seuissimꝰ Athila rex hunoꝝ fuit. Is cum magno exercitu veniẽs oppida expugnauit multa vi capta succendit. quedã funditus diruit. Tum isto rege Padua capta ⁊ succensa. Aquilegia ⁊ altinũ euerse. Primates nomĩs veneti vt pestem hanc fugerẽt sese ac quos haberẽt liberos. cõiuges. fortunas in proximas insulas contulerũt. Et veneciarũ ciuitatẽ ꝓ regione appellarũt. Aquilegienses igiť gradũ Cõcordienses cõdidere crapulas. Altinates sicut vrbẽ suã in sex portas diuisam habebãt. Sex qꝫ in stagnoꝝ insulas opida cõdiderũt. Torcellũ. maiorbum burianũ. amoriacũ Constãciacũ et aimanũ patauinorũ pars Riuũ altũ. et postea dorsuz durũ. Monte silicenses adeustã methamaucũ. Albiolam palestriolã. Et fossaz Elodiam. Venetos quoqꝫ troyana stirpe ortos esse auctor est Cato. Primi eiꝰ vrbis magistratꝰ tribuni fuerũt. verũ ciuitas libero iure et ad imperandũ nata. cõtinuo rei maritime studio pollere cepit. breuiqꝫ eiꝰ opes intantũ vt mari terraqꝫ finitimis terrori essent. Procedente tpe eoꝝ imperium ad ortũ ꝓpagari ceptũ. multaqꝫ in dalmatico sinu. Epiro et vniuersa grecia quas prouĩcias pene omnes breui tempore sue ditionis fecere. Et in ora pontici maris non pauca gessere. moxqꝫ ad Tanaym vsqꝫ veneta arma promota sunt. rursus et in Syria per se nõ pauca. multa quoqꝫ sociali bello ab his gesta referuntur. Nota sunt Friderici imperatoris tempora que nauali prelio ad apostolice sedis obsequiũ retraxere. Creuit autem ab ipso conditiõis inicio veneta ciuitas cum a potentioribus ditioribusqꝫ olim regionis venete. fuit a pricipio habitata. Porro ducalis sedes primũ ĩ Eraclea. deinde in methamauco. Postremo in riuoaltum consensu omnium translata est. ꝙ tutus esse locus hostili a manu. ⁊ condendam ad ciuitatem maximam omnium cõmodissimus videretur. Que autem mediterranea prouincia fuerat. Ea ciuitatibus euersis

mutauit nomen. Nec deinde venecia: Sed pars nomen lombardie accepit. Pars marchia taruisana. Pars fori iulij patria. pars hystria appellata est. Insulis vero quod regionis fuerat antiquũ nomen mansit. et cuȝ plures essent Venecie appellate sunt. Et nũc ciuitatis vnius nomen sortite sunt. Ea igitur in intimo adriatici maris sinu sita. Ad annum salutis quĩquagesimũsextum supra quãdringentenum condita fuit. quo anno Attila rex hunorum aquilegiam diruit Narses iustiniani imperatoris dux aduersus Gothos ecclesias sancti Theodori et Geminiani in venecijs edificauit. deinde pataui scd̃a transmigratione in stagnum veneciarum confugientes. Riuum altum implerunt. Et oliuolense castrum vbi nunc castellanum est episcopiuȝ condidere. et sancti martini et sancti Iohãnis in bragula ecclesias construxerunt. Variasq; basilicas celeberrimas. Ciues postea edificarunt ad octingentesimum et vigesimumseptimum salutis annum Iustiniani ducis venetorum anno scd̃o beati Marci corpus ex asia est delatum. Anno sequenti cum frater eius Iohãnes in ducatu suffectus esset. Ecclesia sancti Marci edificata in celebriori vrbis loco. vbi preciosissima et pene inextimabilia recondita sunt dona. Augebantur enim indies venetorum opes mirabili incremento. Nam ad annum quartum de duodecies centeno veneti francis bello sociati vrbis Constantinopolitane dominio sũt potiti. Postea pons riuoalti subliceus est constructus. Ut autem pauca e multis narremus. Situȝ vrbis potius mirari q̃ȝ digne laudare possumus. Urbem e medijs vndis surgentem adeo humanarum rerum exundantem mari contiguam vt omnes omniũ generum merces excipit. Cum interea illuc oportunia flumĩa accedant. quibus fruges et alia vite necessaria e mediterraneis locis asportant. Hinc illud fieri dictu mirabile vt in qua vrbe ferme nihil gignitur in ea omniũ copia exuberet. Taceo domorum amplitudinem Turres p̃celsas. sacratissimarum edium ornamenta. Et e medijs vndis tecta surgentia vix ipsis qui non viderũt credenda. Que poetarum quispiam non absurde dixerit. manibus fabricata ciclopum. Quid naualia adducaȝ et in naualibus immensam innumerosamq; classem: quid conscriptorum patrum numerum ordinem moruȝ sanctimoniam: cum eorum optimates iam ferme anno millesimo imperent. ac benignos omnibus et liberos sinus aperiant. Ideo cõcludere libet de tali felici ciuitate optimis auspicijs nata. Ante igitur salsos fluctus formica marinos Ebibet: et totũ testudo circuet orbem: Q̃ venetum ruet imperiũ sanctusq; senat⁹.

056

Folium XLIII-XLIV recto

베네치아

바다의 도시 베네치아Venezia의 기원은 5세기에 전란을 피해 육지에서 건너온 피난민들이 조각섬들 위에 세운 부락이다. 베네치아는 십자군 전쟁 때부터 크게 발전했고 14세기에는 북부 이탈리아, 지중해 동남부의 섬들, 그리스, 소아시아까지 세력을 확장했으며, 15세기에는 동부지중해를 완전히 장악하는 광대한 해상 공화국을 건설했다. 이러한 베네치아의 심장부가 바로 산마르코 광장이다.
이 삽화에는 산마르코 광장에 세워진 종탑과 산마르코 대성당과 베네치아 공화국 최고 통치자 도제Doge의 궁전이자 정청政廳이던 팔랏쪼 두칼레Palazzo Ducale(도제의 궁전)의 옛 모습이 뚜렷이 보인다. 바다에는 베네치아의 명물 곤돌라도 보인다.

057

Folium XLIV verso

파도바

베네치아 서쪽 약 40킬로미터에 위치한 파도바Padova는 예로부터 교역과 교통의 요지이다. 전설에 따르면 기원전 12세기에 트로이아의 왕자 안테노르가 파도바를 창건했다고 한다. 그 뒤 기원전 3세기에 로마화가 된 이후 파도바는 북부 이탈리아에서 가장 중요한 도시로 발전했다.
파도바에서 가장 중요한 랜드마크는 성 안토니오에게 바쳐진 성당, 일명 '일 산토'Il Santo인데, 성인이 1231년에 죽은 다음해에 착공, 1310년에 완공되었다. 한편 파도바 대학은 1220년에 설립된 이래로 이탈리아뿐 아니라 유럽 여러 나라의 유학생을 이 도시로 끌어들였다. 그런데 《뉘른베르크 연대기》의 저자 셰델이 파도바에서 유학했는데도 이 삽화에서 묘사된 파도바는 실제 모습과 많이 다르다.

Padua

Patauina vrbs ytalice vetustissima celeb
rimaqꝫ. quā anthenorē Troya ꝓfugū
cōdidisse virgiliꝰ testat̃: hic tamē ille vr
bem patauii sedesqꝫ locauit. Et titꝰ liuius decus
patauinorū idem seriose narrat. Anthenor eñ
ꝑ medios achiuos illiricos penetrauit sinꝰ. ꝛ re
gna liburnoꝝ: ad intimū adriatici pelagꝰ accessit. Expulsis euganeis q̄ ea loca tenuerāt vrbē cō
didit Patauiū. Cicero aūt in philippicꝭ patauí
nos romanis fuisse amicissimos dicit. qui rempublicā difficilimis tpibus armis ꝛ pecunia iu
uerūt. Fuit aūt postea Padua ꝑfelicissima stāte
R. p. tpa romanoꝝ colonia nō eo modo deducta
quo cetere deducebāt deducti novis pplis in co
loniā: sed datū est paduanis ius latij in designā
dis rome magistratibꝰ ferēdi suffragij ius habe
rent. Nullā aūt edificioꝝ pulchritudine ꝑsertim
publicoꝝ in ytalia sibi silem eē tenemꝰ. Sūt eñ
noua q̄cūqꝫ in ea nūc extāt vel publica vl' ꝑuata
qm̄ Attila rex hunoꝝ ferro igniqꝫ immunitaꝫ reli
qt: Instaurata a Narsete eunucho ꝛ rauennatibꝰ
lōgobardi deiñ incēsaꝫ deuastarūt. Aucta vō est
mirabili incremēto ꝑ karoli magni ꝛ filioꝝ nepo
tumqꝫ impij tpa. quousqꝫ friderici primi tpibus
Ecelinus tirānoꝝ oīm crudelissimꝰ eā sibi subē-
git: ꝛ innumeras cedes ac ꝓscriptiōes ciuiū pegit. Charrariēses deiñ sub capitaneatꝰ titulo re
rum in patauio potiti sunt qui eā vrbē paulo plꝰ
minꝰ centū ꝑ varias successiones possessaꝫ opu-
lentiorē ornatiorēqꝫ reddiderūt. Nā gentis nobilis Charrarie opa maiori ex pte excitata orna
taqꝫ fuerūt menia. q̄bus triplici circuitu ꝛ muro
patauiū cōmunit̃. Et licet ꝑ eam Timauꝰ fuerit
delapsus. multis tamē varijsqꝫ fossis magno ꝛ in
genti ope manufactis aque circū vrbē ꝛ ꝑ diuer
sa agri loca ornamēto vrbi cōmodoqꝫ ab eisdeꝫ
Charrariēsibꝰ sūt ꝑducte. et arx in vrbe munitis
sima ꝛ pallaciū facile ī ytalia ꝑmariū. Et varia
eoꝝ opa. Heinricꝰ q̄rtꝰ impator germanicꝰ Ca-
thedralē patauij ecc̄iam q̄ extat edificauit. Pre-
toriūqꝫ q̄ nullū in orbe pulchriꝰ. qd̄ postea casu
crematū: speciosiꝰ veneti ꝯstruxerūt. Et ossa Ti
ti liuij in cōspicuo loco collocarūt. Est in ea insi
gnis cui in ytalia rarissime sūt siles bti Antonij
basilica. Est ꝛ in ea Iustine v̄ginis templuꝫ qd̄
ꝑuat. S. luce euāgeliste ꝛ ꝓsdocimi ꝛc̄. corpa cū
diue Iustine reliquijs qd̄ iouis tēpluꝫ fuisse as-
serit̃. nūc mōsteriū āplissimū ordini diui benedi
cti dicatū. In ipa q̄ꝫ gymnasiū hr̄ oīm italie cele
berrimū. vbi sūt edes āplissime studētiū q̄bꝰ sūt
opes tenuiores deputate. Uiros q̄ꝫ ꝑter Titū li
uiuꝫ genuit hec vrbs doctrina clarissimos. Pau
luꝫ iuris ꝯsultū. Petrū d' Apono cōciliatorē su-
mū ꝛ mathematicū ꝛ phisicū. Cuiꝰ ꝑclarissima
scripta ad cōmunē hoīm vtilitatē maxio ī hono
re sūt hita. Albertū ordis heremitaꝝ theologuꝫ
et declamatorē celebrimū. Stellā. flactū ꝛ volu-
siū ꝛ cōplrimos ī oī arte excellētes. A mari sur-
suꝫ hꝫ nauigatiōꝫ fluuio brinta q̄ secꝰ eā fluit. A
lucia fusina sexto miliario fossa manu facta pa-
duam compendio nauigatur.

058

Folium XLV verso

피사

에트루리아(현재의 토스카나 지방)의 도시 피사Pisa는 기원전 180년경에 로마의 지배하에 들어갔다. 그 뒤 피사는 10세기와 11세기에 걸쳐 지중해의 해상 공화국 중의 하나로 부상하기 시작했고, 12세기에는 지중해 서쪽의 해상권을 장악하면서 더욱 강대한 해상 공화국을 건설했고, 스페인, 북아프리카와 교역하면서 황금기를 누렸으며, 십자군 전쟁을 지원했다. 이 시대에 피사는 대성당 옆에 종탑과 세례당을 세우는 등, 문화의 근간을 이루는 기초를 다지며 크게 번성했다. 하지만 1284년에 강력한 라이벌 해상 공화국 제노바와의 전쟁에서 패하는 바람에 역사의 뒷전으로 밀리기 시작했다.

이 삽화에선 중복 사용된 것이기 때문에 기울어진 종탑이나 대성당, 세례당 등, 이 도시를 상징하는 건축물은 전혀 보이지 않는다. 피사는 그림과는 달리 완전 평지에 세워진 도시이다.

Pisarum Ethrurie insignis ciuitas his temporibus (ut Strabo refert) a grecis ex pisa Archadie ciuitate venientibꝰ initium sumpsit. Nam seruius sic inquit. Quidaꝫ ex ea et Elide ciuitatibus venerunt. et pisas in ytalia condiderunt. quas sic ex pristina ciuitate vocauere. Eam enim vrbem vetustam et gestarum rerum gloria claram ab Alpheis originem habuisse Virgiliꝰ dicit quom ait. Hos parere iubent Alphee ab origine pise. vrbs ethrusca solo. Et plinius. pisas inter auxerim et arnum amnes a pelope et territanis greca gente ortas asserit. Justinus vero dicit. pisas in liguribus grecos auctores habere. Et lucanus in primo. hic tyrrhena vado frangentes equora pise. Hec igitur ciuitas q̄uis infelix nunc sit habita vtpote que florentino populo grauissimis subiaceat pressuris. olim tamen potentissima fuit. florentibus autem romanorum rebus nullum habuisse potentatum inuenimus. Postq̄ꝫ vero maritime vrbes ethrusce. hinc luna inde populania delete fuerunt. quiescentibus per Karoli magni filiorum tempora ytalie rebus eam quā postea habuit potentiam assumere cepit. Quibus temporibus et deinceps multos prestātissimos habuit maritimo bello viros: quorum virtute et prestantia mirūmmoduꝫ aucta fuit. Quo factū est vt inter ethruscas vrbes. et belli gloria diuitijs atqꝫ potentia principatum obtinere promeruerit. Et multas insulas atqꝫ ipsam quasi hierusalem suo dominio subegerit. Sed ab annis septuaginta postq̄ꝫ ea ciuitas florentinis subiecta fuit infrequens populo opibusqꝫ exinanita penitus est reddita. Pise tercio eugenio pontifice romano ornate fuerunt. Ea enim nunc superbissimis edificijs et pontibus super Arnum fluuium positis exornata plurimum est. Habet inter cetera hec ciuitas Templum diue virgini dicatum. et claustrum toto orbe celeberrimū qđ campus sanctus nuncupatur. Atqꝫ Turrim caponariam miro ordine confectam. Que omnia videri et mirari incredibile videtur. Genuit hec ciuitas inter ceteros Raynerium et Bartholomeum Theologos et Jurispontificij doctissimos ordinis predicatorum. Atqꝫ Huguitioneꝫ grāmaticum. et alios multos.

Pisa

059

Folium XLVI recto

잉글란드 지방

화면 왼쪽 상단부에 보이는 라틴어 표기 '앙글리에 프로빈치아'Anglie Provincia는 '잉글란드England 지방'을 뜻한다. 즉, 하나의 도시가 아니라 잉글란드 지방 전체를 한 화면에 표현했다. 왼쪽에 보이는 강은 템즈 강임에 틀림없다. 이 강 좌우에는 성벽으로 둘러싸인 크고 작은 도시들이 있는데 가파른 바위산 위에도 성채가 서 있다. 그런데 어디에도 십자가나 기독교 성전으로 보이는 건축물은 보이지 않는다.

Anglia insula quā veteres Albion a q̄busdā albis mōtibꝰ q̄ ad eā nauigātibꝰ priꝰ apparēt vocauere tum Brittāniā a bruto Siluij postumi latinoꝝ regꝭ filio albionā insulā quā gigātes incolebāt supatā ab ip̄o brittāniā appellauit. Et h̄ brittānia maior ad mīoris brittānie differētias gallias ꝯtingētis dicebat̄. Nūc a q̄daz anglo potētissimo rege anglia in hodiernū diē appellata est. Hec eī triangl̄aris ē inter septētrionē ⁊ occidētē sita. q̄ ab oī ꝯtinēte habet̄ diuisa. Naz a germania q̄ s̄b septētriōe est incipit. Et iuxta galliā ⁊ hyspaniā versus occidētē ꝑtendit̄. Et id̄ solinꝰ dixit. Finis erat orbis ora gallici littoris. nisi brittā-nia insula nomē pene orbis alteriꝰ meteret̄. Vn̄ virgiliꝰ. Et penitꝰ toto diuisos orbe brittānos. Brutꝰ aūt cū in brittāniā seu angliā māsionē sibi delegisset e vestigio secꝰ Ramessis fluuij ripas Trinōatem ꝯdidit vr-bem munitissimā. Et q̄dez oībus copijs feracissimā ad veterꝭ Troye memoriā recēsendā. Brutū hūc tres ge-nuisse filios ferūt. s. Locrinū Albanetū ⁊ Cambrē. Qui p̄rio insulā inter se diuidētes. Locrino natu maiori media insula p̱s obuenit. Que ab ip̄o lochria postea fuit cognoīata. Et ī ea adhuc lundinū ciuitas extare dr̄ Urbs mercatoribꝰ ⁊ negociatoribꝰ maxīe celebrata. In q̄ adhuc anglie reges p̄rīcipesq̄ȝ ac senatꝰ ppl̄i cum mercatoribꝰ cōuenire vt pl̄rimū tradūt. Albaneto v̄o eiꝰ filio q̄rta insula p̱s obuenit. q̄ ab eo albania fuit di-cta. Et h̄ scocia nūc nūcupat̄. Est eī eiꝰ insula in q̄ est anglia scocia sup̄ma p̱s in aq̄lonez versa flumibꝰ haud magnis ⁊ mōte q̄daz ab anglia discreta. Cambri vero tercio filio cambria q̄ nūc Thyle dr̄ insula inter septē-trionalē plagā ⁊ occidētalē. q̄ vltima fuerat ex cognitꝭ a romanis. in q̄ estiuo solsticio sole de cancri sidere faci-ente trāsitū nox nulla. bruniali solsticio ꝑinde dies nullꝰ. Huiꝰ insule maxīa p̱s fructifera ē. Abūdat pecore Auro ⁊ argēto ferroq̄ȝ. Efferūturq̄ȝ ex ea pelles ⁊ mācipia. Et canes ad venādū aptissimi. Multꝭ insulis nec ignobilibꝰ circūdat̄. q̄ꝝ hibernia eī ꝑximat magnitudīe: paruo a brittānis disiūcta freto. Et īsule p̱ue Or-chades appellate. Gregoriꝰ btīssimꝰ pōtifex hꝰ noīs scōs eo missis Augustino mileto ⁊ iohāne mōchis cū aliȷ̄s ꝓbatissime vite viris. P̄rimū angliā ad fidē ꝯuertit. Et in ea deīn ml̄ti reges claruere miracl̄is. Circui-tu brittāniā patere triginta octo milia passus septuagīta quīq̄ȝ milias pythias ⁊ ysidorus tradūt. in q̄ spacō magna ⁊ multa flumina. preterea metalloꝝ larga variaq̄ȝ copia. Eorum hystorias Beda optime describit.

제4시대

다윗 왕부터
예루살렘의 파괴까지

060

Folium XLVI verso – XLVII recto

다윗 왕 계보

하프를 연주하면서 한 발자국 나서 있는 다윗 왕 바로 아래는 그의 아들 솔로몬 왕이다.
왼쪽 가지의 인물들은 다윗 왕이 헤브론에서 낳은 자식들이고, 오른쪽 가지의 인물들은 예루살렘에서 낳은 자식들이다.
솔로몬 왕 왼쪽은 시바 여왕. 솔로몬 왕에게 보석을 선물하는 듯하다.

061

Folium XLVII recto

압네르의 죽음

다윗의 선왕 사울 왕의 아들 이스보셋과 전투에서 동생을 잃은 다윗 휘하의 장군 요압은 복수심에 불탔다. 그는 이스보셋을 배반하고 다윗에게 망명하러 온 적장 압네르(아브넬)를 맞는 척하면서 그의 옆구리를 찔러 죽였다.

Quarta etas mundi incipit a principio dauid: et durat vsqz ad trasmigrationem babilonis. Et habet scdm hebreos annos. 484. Sed scdm septuaginta interpretes habz. 485. annos. Qui dauid primus regnauit de tribu Juda apud hebreos annis. xlvij. in Ebron super tribum iuda: et xxxiij. super totum israel. Inchoatur autem quarta Etas in dauid. non qz primus regum: sed qz primus regum de tribu iuda. qm ei fuit facta expressa pmissio de xpo nasciturо de tribu iuda. Gesta aūt eius patent per totum scdm librū regum &c. Vn dauid audita morte saulis luxit cū suis et ieiunauit. instituitqz carmē lugubre. qz rex israel primus ante eum et dominus eius.

Dauid prophetarum omnium princeps Isai de tribu iuda filius. primus hebreorum rex anno a natiuitate abrahe nongētesimo quadragesimoprimo hebreis regnare cepit. Et regnauit (omibus cōputatis in hierusalē & in Ebron) annis. 40. Vir quidez ab infancia pulcherrimus ruffusqz ac decora facie. ingenti fortitudine sed animo maiori. Qui preter philisteū gigantem virū fortissimum quem ante regni susceptionē funda interemerat: etiam in certaminibus (suscepto imperio) que p subiectis regni suscipiebat. primus ad pericula semper properabat. Ipse regno adepto primū hierosolimā obsidens tandez cepit: expulsis inde chananeis et iebuseis Inde omnes palestinos et hostes omni ex parte cōtriuit. Tandem cum predictum tempus regnasset plenus dierum bonorumqz operum obdormiuit in domino cum vixisset. 70. annis. Sepeliuitqz eum Salomon filius eius in hierusalem decenter.

Filij dauid in Ebron quattuor

6us Hicita 5us Saphatias 4us Adonias 3us Absolon 2us Cheliab Primus amon

Salomō (anno mūdi. 4165) Dauid regis ex Bersabea filius. scdm hebreorum rex. adhuc viuēte patre hebreis regnare cepit. et regnauit annis. 40. hūc natum pater confestim Nathan pphete viro doctissimo atqz sanctissimo educandum nutriendumqz dedit. factus adolescens suas ob virtutes domino iubente reliquis suis fratribus abiectis dauid in regnuz pfecit. Is hostes debellans pacem vndiqz obtinuit. deinde templum illud toto orbe celeberrimū extruxit. Tādem cum quattuor et nonaginta annis vixisset valde longeuus mortuus est. Cunctis regibus felicitate excedens. Et sepultus est in hierusalem.

Regina Saba audita fama salomonis: venit a finibus terre audire sapientiam eius. et de omnibus que interrogauit ei satisfecit: Videns ordinem domus et familie: et audiens sapientiaz eius multū laudauit eum. Dederuntqz alter alteri magna munera. Fecitqz Salomon thronum eburneum ad quem sex gradibus ascendebatur quare et omnes vndiqz terrarum desiderabant videre eius faciez. Et quia prophetissa fuit Sibylla dicebatur. quia pphetauit de ligno sancte crucis. et de excidio iudeorum. Fuit enī cultrix vnius veri dei.

Saba

Linea Christi

Dauid secūdus rex Israel
Anno mūdi. 4085.

Salomon Rex

Dauid ex cōsilio domini ascendit cū suis in Ebron: ibiq̄ȝ in adolescētia sua in regē electus vnctusq̄ȝ per Samuelē solū sup tribū iuda. Et hysboseth fili⁹ saulis opante abner auūculo ei⁹: fact⁹ est rex sup alias .xi. trib⁹ israel: q̄ regnauit duob⁹ annis. Cōgregatis aūt exercitu dauid sub Joab principe exercit⁹ ei⁹ et abner principe exercit⁹ hysboseth ex cōmuni assensu .xij. ex vna pte. et .xij. ex alia luctauerūt adinuicē: et alter alterȝ occidit vno ictu Fugiētibusq̄ȝ his q̄ erāt cū abner. asael german⁹ Joab persequēs abner nolēsq̄ȝ ad p̄ces ei⁹ omittere psecutionē: Demū fuit pcussus asael ab abner in inguine auersa hasta. et mortu⁹ est. Longa igitur cōcertatiōe facta inter domū Saul ⁊ domū dauid. Dauid pficiens ⁊ semp seipō robustior. Dom⁹ aūt Saulis decrescēs quottidie. Nati sūt aūt dauid in Ebron p̄mogenit⁹ āmon: scd̄us cheliab Tercius absalon. Quart⁹ adonias. et alij de plurib⁹ vxorib⁹. Abner aūt q̄ regebat domū hysboseth redargut⁹ ab eo. q2 cognouerat cōcubinā saul. indignat⁹ cōtra eū accessit ad dauid ⁊ pmisit ei populū totū isrl̄ reducere ad subiectionē ei⁹. Quod cū tractare disponeret reducta vxore dauid. s. michol ad eū Joab pditorie occidit ipm abner in vltionē fratris sui azahel: quod dauid displicuit: ⁊ fecit eū honorabiliter sepeliri associās cadauer cū suis. lugēs ⁊ ieiunās p morte illi⁹.

Isti tres prophetabant tpe dauid Nathan vero fuit filius fratris dauid. et adoptiuus ysay.

Gad Nathan Aseph

Hic dauid quasi stupor quidā in hūano genere relucet in q̄ nūq̄ȝ hec siml̄ cōuenerūt. tanta sublimitas ⁊ hūilitas tanta. tāta strēnuitas ac tanta mititas: tam grandis seculariū cura. Tam pura ⁊ deuota spiritualiuȝ cōtemplatio. tot homīes pimere. totq̄ȝ lacrimas effundere. In tanta cadere pctā. et talē agere penitētiaȝ Natiq̄ȝ sunt ei filij in hierusalem. Salma Sabab Nathā Salomon ex Bersabea vxore vrie. et alij nouem absq̄ȝ filijs cōcubinarum. Hic deniq̄ȝ regno in pace adepto contra legē Moysi (qua precipit nō dinumerandū esse populū) precepit Joab principi milicie sue vt dinumeraret vniuersum populum. Et censu habito. inuenit millemilia et centuȝ milia virorum educentium gladium. et de tribu iuda solum quadringenta et septuaginta milia bellatorum. Displicuit autem deo quod populum decēsuisset. et percussit israel pestilentie plaga. ex qua ad septuaginta milia de omni israel cecidisse referuntur.

062

Folium XLVII verso

솔로몬 왕의 재판

한 아기를 두고 두 여인이 서로 자기 자식이라고 주장하자 솔로몬 왕은 병사에게 칼로 아기를 반으로 나누어 두 여인에게 주라고 했다. 이에 한 여인은 동의했고 다른 여인은 아기를 아예 상대방에게 주라고 애원했다. 이에 솔로몬은 아기를 포기한 여인이 진짜 어머니라고 판결을 내렸다.

이 삽화에서는 아기의 죽은 모습과 살아 있는 모습이 동시에 묘사되어 있는데 죽은 아기를 가리키는 무릎 꿇은 여인이 가짜 어머니이다.

Salomon ascendit in Gabaon vt immolaret in excelso vbi erat tabernaculum et altare eneū Moysi et obtulit mille hostias in holocaustum. Et apparuit ei dominus in nocte per somnium dicens vt peteret quod vellet ab eo. Is postulauit sapientiam ad regendum populum suum. Placuit sermo coram domino et ait. Cuȝ non petieras diuitias gloriam et mortem inimicorum seu longam vitam exauditus es. Dedi tibi cor sapiēs ꝙ nullus ante similis tui fuerit. Primūq; iudicium in quo ostensa est sapientia eius fuit de duabus meretricibus habentibus filios. Quorum vno a matre nocte oppresso contendebāt de supstite cuius esset. Et data sententia per Salomonem ꝙ diuideretur in duas partes: rogauitq; mater vera ꝙ totus viuus daretur potius alteri mulieri. Et ex hoc iudicauit Salomō esse illā verā matrē sibiq; dari iussit.

Judicium Salomonis

Templum domini toto orbe celeberrimum Salomon rex anno quarto regni sui edificare cepit. q fuit. cccc lxxx. egressionis israel de egipto. A natiuitate abrahe nongentesimus octuagesimusquartus Et in octauo anno compleuit. Fuit autem edificatum in hierusalem in monte moria vbi abrahaȝ voluit filium immolare. et Jacob vidit in somnis scalam de celo ad terram. Id autem templum ex lapide albo totum constructum fuit. Cuius fabrica multa arte confecta est videlicet de lapidibus politis mira arte compositis. Eius longitudo cubitorum sexaginta fuit. Latitudo viginti. Et altitudo centum viginti. Et cuȝ hac dispositione ꝙ a pauimēto iuxta terram vsq; ad primum tabulatum erat altitudo. xxx. cubitoꝝ. Et a primo tabulato seu solario vsq; ad scōm erat altitudo. xxx. cubitorum. Et ab isto scdo solario vsq; ad tercium quod erat tectum templi erat altitudo sexaginta cubitorum. Habebat ergo duo solaria inter pauimentum et tectū Et in quolibet solario et in tecto erat ab extra in circuitu deambulatorium. Istud dicitur in euangelio pinaculum: super quod xp̄s a dyabolo tentatus fuit. Et erāt ibi cancelli ante ne inde caderent ambulantes. Et diuidebatur in duas partes scȝ in sancta ad quē locum primo erat ingressus in templum ex parte orientis. xl. cubitorum. Et sanctasanctorum. xx. Eratq; in medio inter sancta et sanctasanctorū paries factus tabulis cedrinis. Et postea lamīs aureis cooptus altus. xx. cubitis. Ante quem velum appensum tenue pulcherrime intextum. quod scissum est a summo vsq; deorsum tempore passionis. Intra sancta sanctorum erat archa domini facta a moyse. In archa erant tabule decalogi. Solum semel intrabat summus sacerdos in anno in sanctasanctorum in festo propitiationis cum magna solennitate. In sancta autem circa velum intrabant sepe soli sacerdotes in certis sacrificijs ad accendēdas lucernas. Et ibi ex pte meridionali erat candelabrū aureū qd fecerat Moyses cum septem lucernis. Et ex pte Aquilonari mēsa ꝓpositionis. In medio aūt erat altare aureum factū a Moyse. sed addidit Salomō. x. alia candelabra eiusdē scematis sed maioris quātitatis. quinq; ad dextrā. ⁊ quinq; ad sinistrā. Et similiter. x. mēsas aureas maiores. Et in medio altare thimiamatis.

063

Folium XLVIII recto

솔로몬 성전

이 삽화에 묘사된 솔로몬 성전은 성경의 기록에서 추측할 수 있는 것과 일치하지 않는다. 예로, 성경에는 솔로몬 성전이 사각형이고 길이와 폭이 명시되어 있지만 삽화가는 육각형 건축물로 묘사했다. 성전은 탑과 망루가 있는 성벽으로 둘러싸여 있고 주변은 언덕과 산으로 이루어져 있다. 성전의 중정에는 사제로 보이는 사람들이 있다. 일곱 명은 성전 주변을 거닐고 있고, 한 사람은 무릎을 꿇고 있는데 그 앞에 펼쳐진 것은 기도할 때 쓰는 카펫으로 보인다.

Linea pontificū

Sadoch filius achitob

Sadoch summus sacerdos in principio regni Salomonis sedere cepit. Hic fuit in nūero pontificum octauus.

Achimaas filius sadoch

Achimaas nonꝰ summus hebreorū sacerdos clarus fuit. ⁊ maxima in veneratiōe apud iudeos habitus est.

Achias ꝓpheta

Achias silonites ꝓpha ꝓdixit hieroboā q̄ esset regturꝰ sup. x. tribꝰ isrl'. Iste Hieroboā decē scissuras palliȷ̄ ab Achia ꝓpha accipiēs ⁊ in egiptū fugiēs. mortuo Salomōe a decē tribubꝰ electꝰ ī regez Vitulos aureos cōflatiles in dan ⁊ neptalī posuit ydolatra pessimꝰ effectus. peccare fecit isrl' pplm ad ydolatriā īducēdo. Vn̄ totiꝰ ppl'i isrl' destructio secuta ē.

Semeias ꝓpha compescuit Roboā ne pugnaret cōtra Hieroboā. ⁊ scripsit eoꝝ regū gesta. Iste etiaz ꝓphauit qn̄ Sesac rex egipti diuersa mala fecit ī terra iuda anno scʒ quinto roboam.

Semeias

Nadab hieroboā regis filiꝰ scd̄s israhelitaꝝ rex incepit regnare scd̄o anno Aza regis Iude et fecit malū sicut pater eiꝰ. Et ꝑcussit euz baassa ⁊ regnauit ꝓ eo scd̄m ꝓphetiā Achie ꝓphe.

Abdo propheta

Abdo ꝓpha hic ꝓphauit cōtra vitulos aureos ⁊ manꝰ hieroboā aruit. dū reuerteret ī hierosolimā ī via a leone īterfectꝰ ē.

Iste Baasa de tribu Isachar terciꝰ israhelitaꝝ rex fecit malū corā dn̄o ambulādo in oībus pctīs hieroboā nec audiuit Hieu ꝓphetaz ad eū missuz ſ; occidit eū ⁊ ip̄e a chreōe pep̄tꝰ

Hela baase regis filius q̄rtꝰ regū isrl' Illū interfecit eiꝰ seruus Zambri cū omni domo p̄ris sui vsq; mingentem ad parietem scd̄m prophete dictum.

Linea regū israel

064

Folium XLVIII verso

페루지아

이탈리아 중부 움브리아 지방의 수도 페루지아Perugia는 에트루리아를 구성하던 12개의 연방 도시 국가들 중의 하나였다. 이 도시들은 대부분 높은 지대에 세워졌다. 로마가 건국되기 이전에 융성했던 에트루리아는 초기 로마 문화 형성에 지대한 영향을 끼쳤다.

이 삽화는 시리아의 수도 다마스쿠스를 묘사하는 데에도 사용되었다.

Perusia

Perusia vetustissima ac nobilis Ethrurie ciuitas olim primaria. sed nūc tercia int ethruscas ciuitates nomiata: quā Justinus ab acheis conditā fuisse dicit. et ante romā conditaꝫ iniciuꝫ sumpsit: q̃uis alij Troyanum quendā principē noīe perusiū eiꝰ cōditorē affirmant: et ex suo noīe perusiū siue perusiā nomiauit. Est aūt hec sola inter oīs italie vrbes felicitatem nacta penitꝰ inauditā. Q₂ eandē pene statum et reꝝ condictionē quā ante conditaꝫ vrbem Romā: et postmoduꝫ roma sub regibꝰ cōsulibꝰ et impatoribꝰ ꝛ tyrānis habuit nūc retinet. Passa est tñ varias sed tolerādas agitatiōes. Quaꝫ romani post mortē alexandri magni. L. posthumij consulis virtute in deditiōeꝫ acceperūt. At liuius scribit libro decimo. Nec in Ethruria pax erat. Naꝫ ꝛ perusinis auctoribꝰ post deductuꝫ a consule exercitum rebellatum fuerat: Fabius q̃tuor milia quingentos perusinoꝝ occidit. Et si vero per infaustissimi triūuiratus tempora. L. Antoniū M. Antonij fratrē Octauianꝰ cesar i Perusia obsedit. famemq̧ raro alias similē auditam Antonij exercitus in ea clausus. ꝛ perusinus populus sustinuere. Et capta vrbs dirutaq̧ est. Eam tamen breui instauratam factꝰ Monarcha menibꝰ portisq̧ nunc extantibꝰ cōmuniuit Idem octauianus augustus. Quā a suo cognomine perusiam augustaꝫ (sicut littere cubitales portis incise ostendūt) voluit appellari. Eiꝰ diruptionis causam ponit Liuius libro. c xxv. Est itaq̧ perusia omni ex parte montuosa. Cuius loci conditio ea est: vt nec quicq̄ munitius: nec certe ameniꝰ inueniri possit. Nā preruptis vndiq̧ rupibus aucta: ita inexpugnabilis est: vt nullis quasi egeat defensionibus. Et licet plurime apud perusinos olim extiterint intestine seditiones: et tyranni aliq̄n eos oppresserint. nūc tamen libera est. Et optimis eruditissimisq̧ viris et legibus instituta. In ea sunt templa pmagnifica ornatissima. religiosoꝝ mōsteria: excelsa ciuiū pallacia. Amplissima pauperū hospitalia gymnasiū celeberrimū. forū cū insigni fonte amplum. Et porticꝰ ꝛ viridaria optime arboribus cōsita. Eius ager olei vini. croci: et suauissimoꝝ omnifariam fructuū feracissimꝰ. Baldꝰ in ea claruit. qui cum Bartolo scisso ferratensi Iuriū ciuilis et pontificij obtinuit principatum. Similiter angelus et petrus germani. Sed et Cynus consultissimus ante eos perusinꝰ extitit. Et nostra tempestate Matheolus perusinus medicus famosissimus e Perusio originem duxit. Qui padue in gymnasio in primis docendo et dicendo floruit.

065

Folium L recto

예리코 성

예리코Jericho(여리고) 성은 성벽이 굳건한 난공불락의 성이었다. 이스라엘이 '하나님의 궤'를 들고 여리고 성을 일곱 바퀴 돌고 나팔을 불었을 때, 여리고 성벽들이 무너졌다고 성경은 기록하고 있다.

066

Folium L recto

엘리야의 승천

회오리바람이 휘몰아치는 가운데 선지자 엘리야가 불 마차를 타고 하늘로 올라간다. 마차는 바퀴가 4개이고 마차를 끄는 두 마리의 말은 구름 속으로 들어가고 있다. 엘리야는 자신의 망토를 붙잡고 있는 후계자 엘리샤(엘리사)를 바라보고 있다.

In Iericho olim regalis ciuitas et famosa. nu͂c in parua͂ villa͂ redacta. In loco pulcherrimo atq͂ in valle iordanis sita. Vix octo habe͂s domos. et o͂ia monimenta sacro͂ locorum in ea ferme penitus sunt deleta. legitur dominu͂ multa fecisse in hiericho. Cuius eius murus miraculose destruxit Iosue reedificanti maledictione͂ dedit. De hac hiericho fuit Raab meretrix. Et in ea in domo Zachei xp͂s hospitio fuit receptus. Ex hac ciuitate Helizeu͂ pp͂ham deludentes ab vrsis deuorati. Et ppe eam dn͂s cecu͂ illuminauit rc. Fuit au͂t prope ha͂c ciuitate͂ olim opobalsami ortus de cuius amenitate scribit Iustinus abbreuiator trogi pompey. Est na͂q͂ vallis que co͂tinuis mo͂tibus velut muro quoda͂ ad instar horto͂ clauditur. spaciu͂ loci ducenta milia iugera nomine hiericho dicitur. In ea silua est et vbertate et amenitate insignis. Siquide͂ palmento et opobalsamo distinguitur. Et arbores opobalsami formam similem piceis arboribus habent nisi q͂ sunt humiles magis. et in vinearum more excolluntur. Quippe cu͂ toto orbe regionis eius ardentissimus sol sit ibi tepida aeris naturalis quedam ac perpetua opacitas inest.

Hiericho

065 

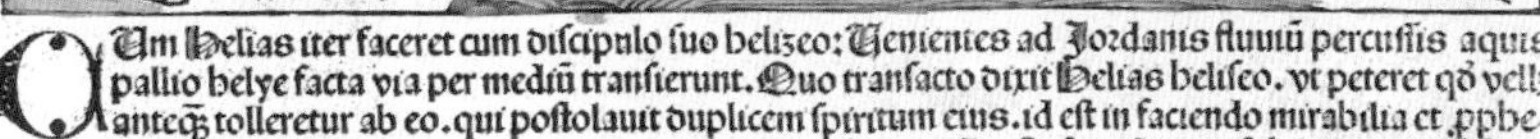

Cum Helias iter faceret cum discipulo suo helizeo: Venientes ad Iordanis fluuiu͂ percussis aquis pallio helye facta via per mediu͂ transierunt. Quo transacto dixit Helias heliseo. vt peteret qd͂ vellet antequa͂ tolleretur ab eo. qui postolauit duplicem spiritum eius. id est in faciendo mirabilia et pphetando. Responditq͂ ei se hoc recepturu͂ si eum videret cu͂ tolleretur ab eo. Sermociocina͂tibus au͂t sil' apparuit currus igneus cu͂ equis igneis in que͂ helias asce͂dens assumptus est in celu͂ id e͂ in paradisum terrestre͂. Vbi viuus pmanet cum Enoch vsq͂ ad tpa antixp͂i. co͂tra que͂ desce͂det ad predicandu͂. Helizeo au͂t vide͂te et clamante pater mi pater mi currus isrl' et auriga eius rc. accepitq͂ palliu͂ helie. qd͂ ei ceciderat. et reuertens ad Iordane͂ tange͂do ipo pallio scd͂a vice aquas diuise sunt. Venie͂s au͂t ad habitandum in hiericho. Ibiq͂ ad p͂ces habitatorum loci sanauit aquas pessimas illius loci misso in eis vase nouo fictili cum sale in eo: et exinde cu͂ asce͂deret bethel: deridentibus eu͂ pueris et dicentibus. Ascende calue maledixit eos post qd͂ duo vrsi de salto egressi lacerauerunt. xlij. ex illis pueris. Hic autem helias thesbites maximus pphetarum sui temporis p hoc tp͂s ab hominibus est ablatus. Cuius fine͂ nemo cognouit. hic multis miraculis quo aduixit claruit. Atq͂ sicut ignis arde͂s totus erat. Ita et verba eius q͂si facula ardeba͂t. Tande͂ a dn͂o (vt dictu͂ est heliseo vidente) per turbinem in celum vectus est Relicto in eius loco heliseo propheta.

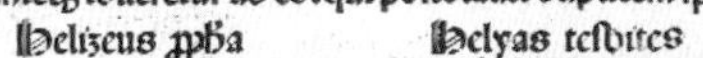

Helizeus pp͂ha Helyas tesbites

066 

067

Folium LIII recto

엘리사 선지자를 찾아온 나아만

시리아의 사령관 나아만은 이스라엘 출신 여자 종의 말을 듣고 자신의 문둥병을 고치기 위해 사마리아에 있던 엘리사 선지자를 찾아왔다. 그는 요단 강에 일곱 번 몸을 씻으라는 엘리사 선지자의 다소 엉뚱한 처방에 분노했지만 결국 순종하여 병이 나았다.

Iste Jonas (Anno mūdi. 4306.) cū septē esset annorū a Joiade pontifice rex constitutꝰ est. Fecitq̃ bonū cūctis diebꝰ Joiade. Post eiꝰ vero mortē delinitus blandicijs magnatorū: Cor eiꝰ depravatū est in interitū suū. Iste ioas lapidari iussit zachariā filiū ioiade summi pōtificis: inter templū ⁊ altare qđ erat i atrio Anno regni sui penultimo.

Aremulus ille regnavit annis. xix. tempe Joas regis iude. qui posuit presidiū albanorum inter montes vbi nunc est roma. Ex eo iulius et auētinꝰ filij superstites sunt.

Amasias ille (Anno mūdi. 4346.) pꝰ bona inicia malū habuit finē: qđ cōmune satis vsq̃ hodie in potestatibꝰ appet. Multos nāq̃ officiū destruxit etiā notabiliter ꝓbatos. cuius exempla hic sunt plurima. Hic etiam deos seyr adoravit.

Iste auentinus siluius. xxxvij. annis regnavit et ab hoc mons auentinus qui nunc est pars vrbis vbi sepultus est accepit nomen.

Procbas filꝰ auētini regnavit ānis. xxiij. cuius laudes virgiliꝰ hoc versu extollit. Proximꝰ ille procbas troyane glīa gentis. Hic duos pꝰ se reliqt filios videlicz. Amuliū ⁊ Numitorem patrem Rhee romuli et rhemi matris.

Regnū iude post mortē Amasie fuit. xiij. annis sine rege: qđ subtiliter oportet accipe ex collatiōe annorū regū isrl' et iuda. quia Amasias cepit āno scđo Joas regis isrl'. et osias filꝰ amasie cepit Anno. 27. Jeroboā regis isrl' qđ tps extēdit se ad. 41. annos. a qbus subtrahe annos amasie: ⁊ sic remanēt. 13. quibꝰ Osias paruulꝰ erat: nec adhuc ad regnū aptꝰ. hoc aūt. xx. et iste alie hystorie nō habēt. sed alibi h' supplet et scđm hoc oportet concordare eas. alioquin errabis quo ad supputationem annorum.

Naaman princeps militie regis Syrie factꝰ leprosus: accessit cū lrīs recōmendatorijs ad rege isrl' vt curaret a lepra. Cū aūt advenisset ad domū heliseu Jussit eum vt lavaret se septies in Jordane ⁊ mūdaret. Qđ ⁊ si priꝰ indignās nō acqesceret: demū ad suasionē seruorū ꝓgens ad iordanē: ⁊ lauās se: mūdatus est a lepra. q̃ revertēs ad heliseū: cū multa ei obtulisset: nihil voluit accipe. Sed Giezi discipulꝰ helisei occulte accessit ad naamā postq̃ recesserat. ⁊ petijt ex pte helisei quedā ab eo: portās ea ad domū suā. Quod scelꝰ detexit helisꝰ: ⁊ ꝓpter hoc lepra pcussus est Giezi ⁊ semē eius vsq̃ in sempiternum.

Iste Amulꝰ fratrē suū Numitorē de regno eiecit. ⁊ Lausū filiū eiꝰ interfecit et rheam eiusdē filiā ad subtrahendā spem ꝓlis sub specie honoris veste perpetuā virginitatē dicavit. sed cū septē regnasset annis Rhea gemios peperit filios. s. Remū ⁊ romulū. ⁊ postea amulꝰ a Romulo ⁊ remo cū adolevissent occisus est. ⁊ Numitor restitutꝰ fuit in regnum quia fuit auus eorum.

67

Hic est Heliseꝰ ꝓpheta q̃ pallio helie iordanē divisit. cū sale aquam dulcoravit. xlij. pueris sibi illudētibus maledixit qs vrsi devoraverūt. tribꝰ regibꝰ aquā dedit sufficiētē exercitui toti. Oleū vidue multiplicavit. filiū sunamitis resuscitavit. colloqntidas emēdavit. Panes ordeaceos ꝑplo augmentavit. Naamā mūdavit. Giezi cū ꝓgenie sua leprosū fecit. exercitū syrie cecavit. samariā a fame ⁊ obsidiōe liberavit ꝓphetavit. Asabel regem syrie ⁊ hieu regem super israel constituit: regi ioas tres victorias de Syris ꝓmisit. mortuūq̃ suscitavit.

Numitor iste restitutꝰ in regnū. statī pꝰ occasus fuit a romulo.

068

Folium LV verso

풀무불 속의 세 유대 젊은이

《구약성서》〈다니엘서〉 3장 19~26절의 이야기이다.
바빌론의 네부카드네자르Nebuchadnezzar(느부갓네살) 왕은 자신의 모습을 금으로 조각한 거대한 조각상을 사람들이 숭배하도록 했다. 이를 거부한 다니엘의 유대인 친구 세 명 사드락, 메삭, 아벳느고는 풀무불 속에 던져졌으나 기적같이 살아남았다.
삽화에서 세 젊은이는 마치 소년성가대 단원처럼 묘사되어 있는데, 이는 불 속에서도 하나님을 찬양했음을 의미한다.

Sophonias ꝓpha nonus duodecim ꝓphetarum Chusi nobilissimi inter hebreos viri fili⁹: ꝓphetauit destructionē hierusalem et reedificationē.

Iste Urias ꝓpha occisus est a rege ieconia.

Prophate minores

Baruch

Abacuck ꝓpha in numero duodecim ꝓphetarum decim⁹ ꝓphie spiritu plenus: apud iudeā in precio fuit: ꝓphauit cōtra Nabuchodonosor ⁊ babilonē hic etiā danieli prandiū attulit dum in lacu leonuz esset apud babilonem.

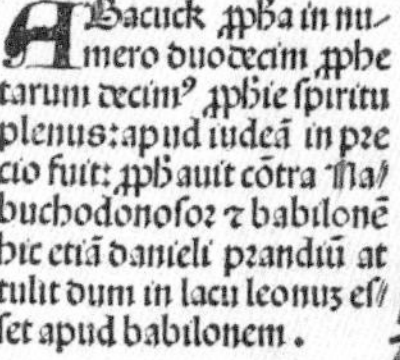

Abacuck

Baruch hieremie prophete notarius propheticum librum edidit: in quo cōsolationem de reditu a captiuitate prenunciat.

Iste hieremias ꝓpha sctissimus ⁊ ab ipo matris vtero scificat⁹ ex sacerdotib⁹ nat⁹ incepit ꝓphare adhuc puer. xiij annoꝝ tpe regis Josie contra hierusalē ⁊ tēplū ꝓphizauit autē annis. xl. preter hos qb⁹ ꝓphauit in egipto. Ibidez post mltas iniurias sibi illatas apō Taphnas ab eodez pplo lapidibus obrut⁹ occubuit. Eocq; i loco sepult⁹. ⁊ qz serpētes fugauerat post mortē eum venerati sunt.

Olda ꝓphetissa

Istum Sarayam interfecit Nabuchodonosor in reblata cum alijs consiliatoribus sedechie.

Olda ꝓphissa fuit vxor Sellū summi sacerdotis claruit ac ꝓphauit Josie regi et presertim hierosolimoꝝ euersionē ac populi ipius captiuitatem.

Omnes isti sex cū Joachim rege adhuc pueri in babilonē ducti sunt captiui. Nabuchodonosor statuā aureā. lx. cubitoꝝ altitudine in campo statuit ⁊ cōuocauit oēs principes regionū ad dedicationē statue. ⁊ preco clamabat. Adorate statuā q nō adorauerit eadē hora mittet in fornacē ignis ardentis. Et adorauerūt oēs preter socios danielis: ⁊ accusati sunt ad regē ⁊ succensa est fornax septuplū: ⁊ missi sunt vincti cū vestib⁹ in mediū fornacis. Uiros autē illos q miserāt eos interfecit flama ignis. Angel⁹ aūt induxit quasi ventū roris flantē refrigerantē eos. Tūc illi tres vno ore benedicebant deum.

Josedech pontifex fili⁹ Azarie egressus est quādo transtulit dominus iudam et hierusalem per manus Nabuchodonosor. Et ductus est cum alijs captiuus in babilonē; dicunt aliqui istum fuisse Esdrā scribam et sacerdotem aut forsan ipsius fratrem.

069

Folium LVI recto

로마의 건국 전설 인물

1 **레아 실비아**
2 **로물루스**
3 **레무스**

전설에 따르면 왕녀 레아 실비아Rhea Silvia와 군신 마르스Mars 사이에서 태어난 쌍둥이 형제 로물루스Romulus와 레무스Remus는 테베레 강가에 버려졌는데 이를 발견한 암 늑대가 이 쌍둥이 형제를 키웠다고 한다. 성장한 로물루스는 동생 레무스를 제거하고 기원전 753년에 테베레 강이 굽어 보이는 팔라티노 언덕에 로마를 건국했다.

Rhea que et Ilia dicebat Numitoris vltimi latinorum regis filia hac tēpestate adhuc virgūcula: patre eius vi regno priuato: ab amulio patruo vestalibus virginibus addita ad ꝑpetuam virginitatē cōpulsa est. Que cum in pleniorem deuenisset etatē stimulis acta venereis in amplexus incogniti viri. Et vt alij referunt in martis coniunctionē deuenit. Et pregnans effecta. Romulum ⁊ Remum eodē partu enixa est. Quos dum peperisset iussu regis Amulij viua defossa est. Qua mortua etiam geminos in tiberim deijci iussit. Verū nequeuntibus ministris ad ripam fluminis propter aquarum multitudinē deuenire: illos in ripa posuere. Et sic Amulij imperio abiectus in profluentē Romulus cum Remo fratre non potuit extingui. Et tiberinum amnem repressit: ⁊ relictis catulis lupa vagitum secuta: vbera admouit infantibus. matrēq; sese gessit. Sic repertos apud arborem faustulus regis pastor tulit in casam atq; educauit sustētatosq; fere inter greges pecorum agresta vita nutriuit. Marcios pueros fuisse: siue ꝙ in luco martis enixi sunt. siue ꝙ a lupo que in tutela martis est nutriti. Adulti inter pastores de virtute quottidiana certamina et vires ⁊ pernicitatē auxere. Cum autem adoleuissent non parua pastorum ⁊ latronū manu collecta Amulium patruum regē interfecerunt. et numitorē auum in regnum restituerunt. Is tamen sequēti anno extinctus. Sic latinorum seu Albanorū regum defecere nomina. vbi sub vno ⁊ viginti regibus sexcētis ⁊ viginti tribus annis regnatū est.

Remus Rhee vestalis virginis ex incognito patre filius: Romuli frater hoc anno vna cum fratre suo ⁊ auo suo Numitore in regno latinorum restituto. deinde interfecto vrbē vbi nunc Roma est cōstituerunt ac condiderunt. Et cū gemini erant: vter auspicaretur ⁊ regeret: adhibuere piacula. Rem⁹ montem Auentinum: Romulus palatinum occupauit. Prior ille sex vultures: hic postea sed duodecim vidit sic victor. augurio vrbem excitat plenus spei bellatricem fore. ita illi assuete sanguini ⁊ prede aues pollicebantur ad tutelam noue vrbis sufficere vallū videbat. c⁹ dū irridet angustias Rem⁹: idq; īcrepat. saltu dubiū an iussu frīs occisus est. Prima certe victima fuit. munitionē vrbis noue sanguine suo consecrauit. ferunt eum a fabio Romuli duce cultro pastorali occisum Et in eodem loco vbi futuri muri vestigiū transgressus est sepultus fuit.

Romanorum regni principium

Romulus primus Romanorum rex vigesimoquarto supra trecētesimū regni dauid anno: etatisq; sue primo ⁊ vicesimo numitore perempto: regnoq; latinorū in confuso posito pastorum non parua manu collecta vna cum fratre Remo iam dicto statim vrbem paruam in solo nequaq; munito conditam ⁊ a se Romam nominatam primum regnare incepit teste Eusebio regnauit annis. 38. Romulus autem licet sub dubio partu natus: eius tamen indolis (vt plutarcus ait) nequaq; seruilis erat: sed quandā regiam magnitudinē ac ꝓbitatē pre se ferebat. Eminebat in eo natura facilis ⁊ ad consilium ciuilem probitatem aptissimum ingenium: quapropter euenit ad magnum dignitatis culmen. Post romam autem conditam primum eos quibus etatis vigor inerat in militares legiones distribuit. Ceteram vero multitudinem populum appellauit Centum deinde Senatores creans eos patres dixit: ac ex eis genitos patricios Prius enim incole deerant: et cum in proximo erat lucus: hunc Asilū fecit et statim mira vis hominum latini tuscīq; pastores quidam et transmarini phriges ꝙ sub Enea archades qui sub Euandro duce influxerant: ita populum romanum ipse fecit. Matrimonia vero a finitimis petita quia non impetrabantur manu capta sunt simulatis quippe ludis equestribus: virgines que ad spectaculum venerant prede fuere. Et hec statim causa bellorum. Auctis tamē breui viribus hūc rex sapientissimus statum reipublice imposuit: vti iuuenta diuisa per tribus in equis et in armis ad subdita bella excubaret cōsilium reipublice penes sen⁹ esset his ita ordinatis cum contionem haberet ante vrbem apud Capree paludem e conspectu ablatus est.

070

Folium LVI verso

로마 왕정 시대 제2~5대 왕과 아크라가스의 참주

1 **제2 대 왕 누마 폼필리우스**(재위 715~673 B.C.)
2 **제3 대 왕 툴루스 호스틸리우스**(재위 673~641 B.C.)
3 **제4 대 왕 안쿠스 마르티우스**(재위 641~616 B.C.)
4 **제5 대 왕 타르퀴니우스 프리스쿠스**(재위 615~579 B.C.)
5 **팔라리스**(재위 570~554 B.C.): 시칠리아 아크라가스 Akragas(현재의 아그리젠토Agrigento)의 참주

로마 왕정 시대의 왕은 로물루스 이후 제4대 왕까지는 라틴계와 사비니계였다. 로마는 보잘것없는 도시 국가에 불과했지만 제5대 왕에 에트루리아계가 선출되면서 당시 선진국이던 에트루리아의 문물이 로마에 유입되기 시작했다.
당시 시칠리아를 비롯하여 이탈리아 남부는 그리스인들이 세운 식민 도시 국가들이 발전하고 있었다.

Quarta etas mundi

1

Numa pompiliꝰ

Numa pompiliꝰ scđs Romanoꝝ rex. septimo ⁊. xx. regni Ezechie āno pꝰ Romulum regnare cepit. Et regnauit annis. 41. Quem curribus sabinis agentem vltro petiuere ob inclitam viri religionem. Ille sacra ⁊ cerimonias omnemq̧ cultum deorum immortalium docuit. Ille pontifices. Augures ceterosq̧ p sacerdotia. Annū quoq̧ in duodecim menses: fastos dies nephastosq̧ descripsit. Hec omnia quasi monitu dee egerie: quo magis barbari acciperent. Eo deniq̧ ferocem populum redegit vt qđ vi ⁊ iniuria occupauerat impiuz religione atq̧ iusticia gubernaret. Obijt deniq̧ octogenarius leui morbo.

Tullus hostilius

2

Tullus hostilius tercius Romanorum rex: trigesimo nono regni manasse anno post numam pompilium regē a Romanis rex suffectus. Regnauit annis. 31. Cui in honorem virtutis regnum vltro datum. Huius cunabula (vt Eutropius scribit) tugurium agreste cepit. ⁊ postea adolescētia in pascendis pecoribus occupata fuit. Validior deinde factus Romanū rexit populū Et primus quidam Romanorum regum fastibus ⁊ purpura vti cepit. Ac vrbez adiecto celio monte ampliauit. Post longam deniq̧ pacem in albanos bella tulit deuictos in vrbem admisit: ⁊ eorum vrbem preter templa euertit. Tandem cum magna gloria belli regnasset cum tota domo ictu fulminis conflagratus est.

Anchꝰ Marciꝰ

3

Anchus marcius Nume regis ex filia Nepos. quartꝰ Romanoꝝ rex. q̄rto Iosie regni anno post Tullum hostilium regnum accipiēs. Regnauit annis. 25. Hic nulli superiorum regum belli pacisq̧ artibus ac gloria vmq̄ inferior fuit. Et menia muro amplexus est. Auētinum ianiculumq̧ montes vrbi addidit ⁊ pontem primus Tiberi adiecit: hostiamq̧ in ipso maris fluminisq̧ confinio Coloniam posuit. presagiens animo futurum: vt totius mundi opes et cōmeatus illo veluti maritimo vrbis hospitio reciperentur. tandem morbo correptus vitam cum morte mutauit.

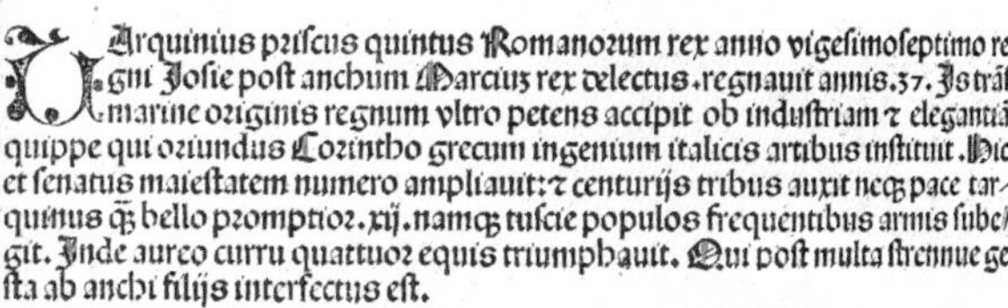

Tarquinius priscus quintus Romanorum rex anno vigesimoseptimo regni Iosie post anchum Marcium rex delectus. regnauit annis. 37. Is trāsmarine originis regnum vltro petens accipit ob industriam ⁊ elegantiā quippe qui oriundus Corintho grecum ingenium italicis artibus instituit. Hic et senatus maiestatem numero ampliauit: ⁊ centurijs tribus auxit neq̧ pace tarquinius q̄z bello promptior. xij. namq̧ tuscie populos frequentibus armis subegit. Inde aureo curru quattuor equis triumphauit. Qui post multa strennue gesta ab anchi filijs interfectus est.

Tarquiniꝰ priscꝰ

4

Per ea adhuc tempora reges Hastas pro dyademate habebant quas greci sceptra dixere. Nam et ab origine rerum p̄ dijs immortalibus veteres hastas coluere. ob cuius religionis memoriā adhuc deoꝝ simlacris haste addūtur.

Phaleris Agrigentinus tyrannus ⁊ orator hac tempestate floruit cui quidam perillus eris ingeniosus artifex ⁊ ei amicissimus ex athenis agrigentum ad euz venit: cognita hominis seuicia vt eidē placeret ex ere taurum artificiosum fabricauit. Et in eius latere ianuā posuit vt reus in eo inclusus subiectis ignibus torquet̄, vt sonus vocis hominis bouis mugitꝰ videret̄: quo accepto illum includi iussit. Et primꝰ artificij sui prebuit expimentum vt Ouidiꝰ dicit. Nec enim lex equior vlla est: q̄z necis artifices arte perire sua hec ipse phaleris Atheniēsibus de se pro illo conquestis rescripsit. Extant enī huius phaleris adhuc celebres ⁊ graues epistole.

5

Phaleris

Sibilla erithea

Sibylla Erithrea omnium aliaruz clarior in babilonia orta tempore illo vixit: monachali veste induta: velo nigro in capite: manu gestans gladium nudum non multum antiqua. mediocriter facie turbata. habens sub pedibus circulum aureum ornatum stellis ad similitudinem celi dicit sic. In vltima etate humiliabitur deus: humanabitur proles diuina vnietur: hūanitati diuinitas. iacebit in feno agnus: et puellari officio educabitur.

binas habētes ex marmore portas eo in murorum ambitu eccl'ia sancti Andree de pallara concluditur. Ceteras partes alto circundatas muro vinea implet. Celius mons a celio iubēnio duce (qui Romulo auxilio venit contra latinum) nomē assumpsit. ⁊ fuit vrbi additus quo tpe Tullus hostilius albaꝫ euertit. ⁊ postea ibi habitauit: ⁊ curiā fecit que hostilia appellata est. In eo mōte Vespasianꝰ templū diui claudij edificauit fuerūt in eo phauni veneris ⁊ cupidinis. aliorūqꝫ deorum edes Are ⁊ templa. Et macellū magnū. Antruꝫ ciclopis lupanaria. cohortes quinqꝫ vigilū: castra pegrina ⁊ armentariū. Medio in eiꝰ dorso bine aqueductus supbissimi opis cōspiciunt. Nūc eccījs xpianis mōs est ornatꝰ in ea parte ad palatinū montē vergēs monasteriū est bti Gregorij in paternis edibꝰ ab eo edificatū. Inde sanctoꝝ Johānis ⁊ pauli eccia. Estqꝫ in eo hospitale saluatoris: ⁊ eccia sancte Marie in dñica. Alteraqꝫ eccia scti Steffani rotunda de ipo mōte celio cognomē hñs: Ea in fauni ede priꝰ fundata fuit. Simpliciꝰ papa eam exornauit. Cernit nūc integra ad eiꝰ mōtis sinistrā sctoꝝ quattuor coronatoꝝ eccia. Sctiqꝫ erasmi mōsteriū. Proximū noui opis in mōte celio est xenodochiū lateranēse. In extremo eiusdē mōtis iā est basilica lateranēsis sic cognomīata: qꝛ in lateranēsiū nobilissime gētis edibꝰ extructa fuit. Hec venerabilis eccia capita Apostoloꝝ seruat ceteraqꝫ sctimonia: ediūqꝫ supbissima structura toto orbe celeberrima a Constātino data btō Siluestro cōstātiniana basilica appellata. Ea sic Romanoꝝ pōtificū primaria est sedes. sic ab eis plurimū olim habitata fuit. Nūc vero pallacia quibꝰ circūdata fuit basilica maiori ex pte corruerāt. Visit quoqꝫ in celio mōte porta maior neuia dicta ⁊ amphiteatrū semidirutū: qđ statilij thauri maiores nr̄i appellauere. Et alia basilica sctē crucis ī bierusalē ab Helena cōstātini matre cōstructa. Eo loco vbi templa erāt veneris ⁊ cupidinis cōiunctūqꝫ est mōsteriū qđ Cartusiēsibꝰ nūc incolit. Exquilini mōtis oīm maximꝰ varro longā posuit expositionē ab excubijs regis Tullij dictꝰ. Exquilie eñ mōtes duo habiti. Celebrior pars a foro Trayani ⁊ turribꝰ quas comitū ⁊ militie appellāt incipiēs p montē cui caballo nūc nomē est: ⁊ ad termas vsqꝫ diocletianas ꝓtendit Et in portā exqlinam q̄ iam scti Laurētij noīat desinit. Altera ps collis via intersecat que patricij vicꝰ dicitur. Et sup hac pte eccia est celeberrima sctē Marie maioris dirimit a celio mōte p viā que porta Neuia vsqꝫ ad amphiteatrū qđ collosseū vocamꝰ reducit. Fuerūt in exquilijs edificia qꝫplurima ⁊ admirāda. Et pri

071

mo a turri militiarū ascēdendo cernunt ruine termaꝝ Constātini: ⁊ ingē. es seminudoꝝ senū marmoree statue. Abinde pene cōtiguo loco cōspiciunt Caballi marmorei ingētes cū viris seminudis lora tenētibꝰ miro artificio cōpacti quoꝝ vnꝰ opus praxitelis. Alter phidie latinis lr̄is inscribit. Inde nō longe sunt diodecianī terme edificiū pulcherrimū ⁊ admirādum: ⁊ alie terme claroꝝ viroꝝ. Fuit in eodē colle maccellū ⁊ ibi cōspicit eccl̄ia scti Viti cui cōtiguꝰ est arcꝰ triūphalis galieni. multeqꝫ eccl̄ie in eo extant ⁊ alia innumerabilia. Viminalis collis a Joue vimineo cuiꝰ ibi are sunt. Etsi plura ī eo fuerūt edificia: nil tn̄ certū reperitur qꝫ tres speciosissimas ī illo totiꝰ vrbis domos fuisse. M. Crassi. Q. Catulli. C. aquilij eq̄tis romanī. Fuerīt in illo scd̄m aliquos Salustiani horti quoꝝ reliquias obstupēdas designāt. a porta viminali in collinam ⁊ ad Sanctā vsqꝫ Susannā extēdi putāt. Quirinalis collis a quirini phano edez fortune p̄mogenie habuit. Varro aūt ob paruitatē colles ⁊ nō mōtes appellat. Hos duos colles scribit liuiꝰ Seruiū regē addidisse cū amplificāde vrbi animū adiecisset. inibiqꝫ vt loco dignitas fieret habitasse. Aggeris fossa ⁊ muro circūdedisse vrbē. Claudit roma ab oriēte aggere tarquini inter prima op̄a mirabilia. Nā cū muris equit q̄ maxīe patebat aditu plano. estqꝫ is tumulꝰ quē nūc sctē marie in pp̄lo supeminētē ad pincianī vsqꝫ pallacij fundamīta p̄tendi videmꝰ. Campꝰ marciꝰ sic describit a liuio agger tarquinoꝝ q̄ inter vrbē ⁊ tyberi fuit campū marciū dixerūt: cū eo t̄pe vrbs ad capitoliū aut parū citra finiret. Et virginea aq̄ p̄ q̄rinalis colli cauernas campum olim marciū q̄ nūc triuij regio dicit illabit. hec sola aqua ex exteris iā romā ingredit. Habuit campꝰ marciꝰ edificia olim admirāda. quoꝝ p̄uule ruine adhuc restāt. Et adhuc eccl̄ia cōspicit q̄ sctē Marie in ecuria vocitatur. Erat ⁊ templuz Jsidis: cōspicit adhuc colūna rerum gestarū elaborata. Juxta hanc q̄nqꝫ Comitia fiebāt. Fuerūt ⁊ in vrbe duodecim terme: ⁊ aqueductꝰ mirabiles. Hi sunt arcꝰ altissimi sbleuati. Arcus qꝫ triūphales fuisse qꝫ pl'rimos ⁊ legimꝰ ⁊ cōspicimꝰ quosdā tamē dirutos. quosdā ruinis cooptos. q̄sdam nouis edificiolis ab aspectu hoīm semotos. Cernūt qꝫ diuersoꝝ edificioꝝ spectande insignesqꝫ ruine ideo cum his Rome descriptionem relinquimus.

Oblectat me roma tuas spectare ruinas. Ex cuius lapsu gl'ia prisca patet. Sed tuꝰ hic pp̄lus muris defossa vetustis. Calcis in obsequium marmora dura coquit. Impia tercentum si sic gens egerit annos. Nullum hic indicium nobilitatis erit.

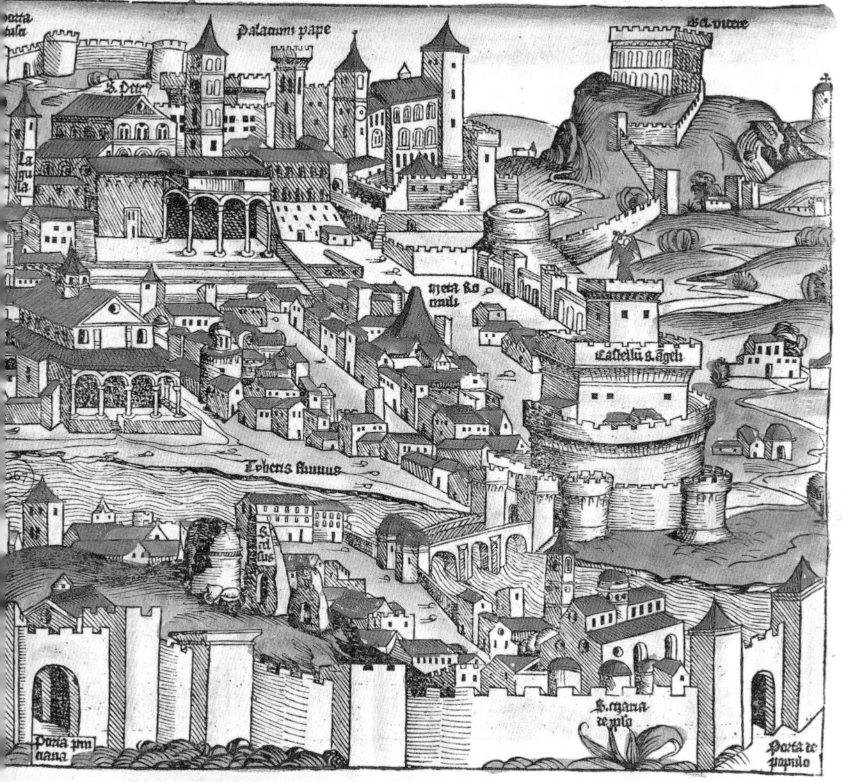

071

Folium LVII verso–LVIII recto

로마

기원전 753년 팔라티노 언덕 위에 창건된 로마Roma는 조그만 부락에 불과했지만 공화정 시대와 제정 시대를 거치면서 인구 100만이 넘는 대도시로 발전했다.
이 삽화에서는 방위가 무시되어 있지만, 로마의 주요 랜드마크들은 나름대로 알아볼 수 있을 정도로 묘사되어 있다. 왼쪽 페이지에는 콜로세움이 반쪽 보이고, 판테온과 마르쿠스 아우렐리우스 황제 기념원주가 보인다. 오른쪽 페이지에는 강 건너편에 콘스탄티누스 황제가 세웠던 베드로 대성당, 강 오른쪽에는 하드리아누스 황제의 영묘였던 천사의 성과 다리가 보인다.

072

Folium LVIII verso

제노바

지중해에서 가장 중요한 항구 중 하나인 제노바Genova의 역사는 까마득한 옛날 그리스인과 페니키아인들이 지중해를 누비며 교역하던 시대로 거슬러 올라간다. 제노바는 12세기부터 한동안 베네치아, 피사, 아말피와 함께 지중해 일대를 주름잡는 해양 공화국으로 크게 번영했다.
이 삽화는 제노바의 지형을 비교적 충실하게 묘사했고, 제노바가 바다의 도시임을 표현하기 위해 높은 등대와 노 젓고 항구로 들어오는 선박을 묘사했다.

Genua ligurum domina ꝛ regina. quã etiam Januam dicimus ytalie vrbs celebris clarissimaqꝫ in ligustici maris littore a quodam Genuo saturni regis filio conditam ꝛ cognominatam dicunt. Alij vt paulus perusinus hystoricus a genuino phetontis socio ob nauseam maris in littore relicto cũ parte nauium custode qui iunctus accolis loci siluestribꝰ hominibus oppidum condidit: et genuã ex suo nomine nuncupauit. Alij quoqꝫ a Jano ytalorum rege et post troyanam cladem ampliatã vbi Jani bifrontis ydolum primo coli ceptum est cuiꝰ sigilli inscriptio sic haberi dicit. Griffus vt has angit: sic hos ianua frangit. Quidam tamẽ ante belli punici tempora nullam eius vrbis mentionẽ haberi dicunt. Liuius autẽ eius incremẽtum habuisse dicit Lucretio prorogatum imperium vt genuam oppidum a magone peno destructum exedificaret. Postqꝫ tempora liguribꝰ genuensibusqꝫ amicicioribus vsi fuerunt. quibꝰ quiuis magne copie variaqꝫ bello vsui futura mitterentur maxime oportuna fuisse videtur genua loci natura tunc etiam portuosa. Eam Karolus magnus imperator pipinusqꝫ filius rex ytalie ꝛ successores franci reges per annos circiter cẽtuꝫ summa cum iusticia ꝛ humanitate sicuti et ceteras ytalie vrbes gubernarũt ducibus illi administrande qui comites appellarentur prefectis. Hec plane ciuitas totiꝰ ligustici sinꝰ emporiũ est. Que a q̃drigentis annis citra (cum ante haud magnum oppidum fuerit) maximum habuit incrementuꝫ. Unde et ingentes nacta vires ꝛ portu edibusqꝫ superbissimis ac reliquis in omĩ genere ornamentis nunc vsqꝫ preter venetias ceteras ytalie maritimas vrbes superat. Queqꝫ et naualis belli peritia adeo excelluit: vt ãnos multos maris imperio potiretur ꝛ piratarum abstulerit latrocinia. Post karolum vero magnum et filios plurimam ciuium sustinuit tyrannidem. Propter quod et peregrinos dominos sibi superinducere aliquando necesse habuit que ciuilibꝰ agitata discordijs memoria nostra imperiũ maris amisit eius enim creberrimas mutationes ꝛ oriens simul et occidens admiratur que sic auxilio et consilio destituta imperium eius longe lateqꝫ diffussum pene exhaustum est. Peraꝫ enim vrbem Constantinopoli oppositam. mitilenam insulam. Famagustam vrbem totius Ciprie insule columen. Chium insulam: aliasqꝫ grecanicasqꝫ vrbes plurimas a thurcis: alijsqꝫ gentibꝰ ablatas deperdidit vel tributarias fecit. Capha etiam eius coloniã in thaurico Cheroneso non procul a bosphoro cymerico amisit. Ornat autem hec ciuitas Genua maxime cineribus pcursoris domini. Et cathino quodam Smaragdino impreciabili quem tradunt illum fuisse in q̃ dominus iesus xpus agnum paschalem in cena domini cum apostolis suis comedit.

073

Folium LXI recto

마르세유

프랑스 제2의 도시이자 지중해에서 가장 큰 항구 도시인 마르세유Marseille의 옛 이름은 마실리아Massilia이다. 기원전 600년에 그리스의 이오니아 사람들이 와서 세운 식민지이다. 마실리아는 기원전 5~6세기에는 강력한 카르타고를 누르고 지중해 북서지역의 강자로 군림했다.
이 삽화는 항구 도시인 마실리아의 실제 모습과는 많이 다르다. 사실 이 삽화는 독일 도시 트리어, 이탈리아 도시 파도바를 설명하는 데에도 사용되었다.

Massilia

Massilia transalpine gallie ciuitas primo anno regni Sedechie a Phocensibus aduentu ꝓfugis cō/
dita fuit. Temporibus enim Tarquini regis ex asia phocensiū iuuent⁹ hostio tyberis inuecta ami-
ciciam cum romanis iunxit. Inde in vltimos gallie sinus nauibus profecta: Massiliam inter ligures ⁊ feras gentes gallorum cōdiderūt: magnasq̧ res (siue dum armis se aduersus gallicā feritatē tuent: siue dum vltro lacessunt a quib⁹ fuerant ante lacessiti) gesserunt. Nāq̧ phocenses ex ignauitate ac macie terre
coacti studiosius mare q̄ terras exercuerunt: piscando. mercādo. plerunq̧ etiam latrocinio maris (que illis
temporib⁹ gloria habebat) vitam tollerabāt. Itaq̧ in vltima oceani ora ꝓcedere ausi: in sinū gallicū hostio
Rhodani amnis deuenere. Cui⁹ loci amenitate capti reuersi domū referentes q̄ viderāt. plures solicitauere
duces classis Furius et Peranus fuere. Condita igitur Massilia est ꝓpe hostia rhodani amnis in remoto sinu veluti in angulo maris: hec olim clarissima ciuitas in loco petroso sita: magnitudinis eximio extitit. Hu
ic port⁹ subiacet pulcherrim⁹ qui arcē pugnatissimā loco edito habet: in qua quidē olim appolinis delphi-
ci pulcherrimū templū structū erat. Sed ligures incrementis vrbis inuidētes eos assidue bellis fatigabant
Qui pericula ꝓpulsando intantū enituerūt: vt victis hostib⁹ multas colonias cōstituerūt. Ab his igit̄ galli
et vsum vite cultioris: deposita ⁊ māsuefacta barbaria: et agroꝝ cult⁹ ⁊ vrbes menib⁹ cingere didicert. Tūc
et legib⁹ nō armis viuere. tūc ⁊ vitē putare: tūc oliuā serere cōsueuerūt. Adeoq̧ reb⁹ ⁊ homib⁹ imposit⁹ est
nitor: vt nō grecia in galliā emigrasse: sed gallia in greciā videret̄. Ad quā plane vrbē complurimi ex nobi/
lioribus romanis ꝓ acquirēdis doctrinis transmittebant̄: nam eoꝝ victus frugalis ⁊ modestus semꝑ fuerat. Cūq̧ varios sortita fuisset vel dn̄os vel tyrānos: pro vt se tp̄a offerebāt. nūq̧ tamē aut legē aut ab alie-
nigenis suspēdia pertulit. preterq̧ a cathelanis. Huic Lazarus quē dn̄s a mortuis suscitauit prim⁹ ab apo
stolis destinat⁹ fuit episcopus. Cui⁹ quidē reliquie nūcusq̧ magno in honore apud eam habite sunt. Fertur
quoq̧ et beate Marie magdalene ipsius lazari sororis corpus ibidem quiescere. Apud hanc clarissimi flo-
ruere viri. Saluianus ⁊ Muse⁹ presbiteri in diuinis nō mediocriter instructi atq̧. Gennadius similiter pre
sbiter greca latinaq̧ lingua eruditissimus. qui de viris illustribus more diui hieronimi librū edidit: ⁊ cor-
uinus orator: victorinus rhetor et alij complurimi.

074

Folium LXII recto

볼로냐

볼로냐Bologna는 원래 에트루리아 사람들이 기원전 500년경에 세운 도시였으나 기원전 4세기에 켈트족의 일파인 보이족이 이곳을 점령하여 그들의 수도로 삼았고, 기원전 196년에는 로마가 아펜니노 산맥을 넘어와 이곳을 점령했다. 그 이후로 완전히 로마화되어 중심가에는 지금도 로마의 격자형 도로망의 흔적을 볼 수 있다. 옛 이름은 보노니아Bononia이다. 중세에 유럽에서 인구가 가장 많은 도시 중 하나였던 볼로냐는 세계 최초의 대학이 설립된 도시이기도 하다.

삽화는 내륙 도시 볼로냐를 마치 항구 도시처럼 묘사했다.

Bononia vrbs vetusta Romanoruz Colonia primum ab etruscis felsina deinde a bois gallorum populis gentili sermone boionia nuncupata. Etruscorum enim prius vltra appenninum primaria et postea boiorum caput fuit. deinde Bononia dicta. Eam liuius dicit Coloniam a romanis deductam: agrumqz euz fuisse captum de bois gallis: qui ager prius fuerat etruscorum. Expulsis etruscis romani triū milium virorum in eam deduxere. quorum auxilio aucta et amplificata fuit ita vt per tempora Augusti et aliquot imperatorum trium opulentissimarum ciuitatum ytalie supero mari adiacentium vna fuit. Suetonius autez dicit octauianum bononiensibus q in anthoniorum cliētela antiquitus fuerant gratiam fecisse coniurādi cum tota ytalia pro partibus suis. Ideoqz neronem imperatorem orasse latine pro bononiēsibus scribit ad consulem et ad senatū. Ad annū salutis quadragesimum supra octingentesimuz Sergij pontificis romani os porci prius appellati temporibus quum lotharius tunc imperator ludouicum filium romam cuz copijs mitteret bononienses illum multis incōmodis damnisqz affecerunt. Quam ob rem ille cōuerso qui iaz preterierat exercitu vltionis moduz excessit. Or post agri vastationem factamqz in insontibus p vicos villasqz repertis cedem. obsessam vrbem captamqz reddidit immunitam. Deinde anno domini. M.cc.lxxi. tam potens fuit vt liberam mari adriatico aduersus venetos nauigationez prohiberet tribusqz annis bello contenderit. q sedato inter bononienses orta dissensio. que ciuitatem plurimum attriuit. vt ad manus romane ecclesie deuenire opus fuit. Et per magistratum ecclesie romane circundataz muro quē nūc habet ac diu postea opibus amplificataz cōstat Postea bononia crassa et pinguis (cum frumentum vina et alia queqz ad victum necessaria habundanter producat) dicta est. Excellentissimuz omnium disciplinarum gymnasium a temporibus thedosij vsqz ad nostra tempora summa cū gloria in ea et pmāsit ac floruit. Est enim mater musarum appellata. q ibi canonum ciuilium liberalium artium sacrarumqz litteraz disciplinē tradanť. Ex ea viri sanctitate doctrinaqz cōplurimi emersere. Sed q maxīe prestitit diuus petronius vrbis episcopus qui vitas patrum cōposuit. Genuit hec vrbs Guidonē archidiaconum. Johannē andree. et iohannem calderinū celeberrimos iure consultos q monumenta laude digna post se reliquerunt.

Bononia

075

Folium LXII verso

크세르크세스

바빌론의 철학자로 체스를 발명했다고 전해진다. 삽화는 체스 판을 들고 있는 크세르크세스Xerxes의 모습을 묘사했다.

076

Folium LXII verso

비잔티움

보스포로스 해협 요충지에 위치한 비잔티움은 전설에 따르면 기원전 667년에 메가라Megara(아테네 근교 도시 국가)에서 온 비자스Byzas가 세웠다. 지명 비잔티움Byzantium은 바로 여기에서 유래한다.
이 도시는 기원전 5세기 초까지 페르시아 제국 지배하에 있다가 기원전 478년에 그리스 연합군에 의해 함락당한 후 기원전 357년에 자치를 회복했고, 그 후 로마의 영토가 되었다. 로마 제국 콘스탄티누스 황제가 기원후 330년에 로마 제국의 수도를 이곳으로 천도함에 따라 도시명은 콘스탄티노폴리스로 바뀌었다. 현재의 이스탄불이다.

075

Reges Babilonie

Merodach

Xerses phus

Iste Merodach fuit primus rex babilonie qui a Monarchia assyriorum recedens. non obediuit Assaradon similiter nec rex medorũ. Et ob hoc regnum Assyriorum defecit regesq̃ Babilonie ceperunt esse potentes. Iste etiã misit munera Ezechie.

Ludus scacorũ reperitur ab Xerse philizopho pro correctõne Euilmerodach tyranni. qui sapientes et magistros suos occidere consueuerat: quo solatio retract⁹ fuit a tyrãnide ad emẽdatiõẽ.

Nabuchodonosor iste rex babilonie victoriosissimus fuit. eo q̃ esset virga furoris dñi: vt puniret pctã pplor. obtinuit regnũ assyrior qd destructũ erat a Medis. Et fact⁹ est monarcha q̃ postea cũ feris habitãs septẽ mẽsib⁹. pce Danielis ĩ pristinã nabuchodonosor formã septẽ ãnis penitẽs ẽ restitut⁹. Cui res geste magni cognomẽ dedere. mlta cũ finitimas bella cõfecit: et q̃z maxie cũ egiptijs. ad extremũ iudeã deuicit. Et syriam durissimo sibi subiugauit iugo. Joachim interfecit. ꝛ successorẽ cũ vasis dñi in babilonẽ trãstulit. ꝛ Sedechiã patruũ suũ loco suo suffecit. Porro dũ vixisset annis quadraginta defunctus est in babilone. relicto eius filio Nabuchodonosor regni successore.

Bisantiũ vrbs tracie maritima a grecis sic noiata. Lacedemonij cõdidere eã pmo. qb⁹ appollinẽ ꝯsulẽtib⁹ vbi nã sedes q̃rerẽt mãdasse oraclm memorie: pditũ est vt cõtra cecos habitationẽ locarẽt. Cecos aũt megarẽses appellauit Calcedonis cõditores. Qui cũ pri⁹ in traciã nauigassent: situq̃z vbi postea bizantiũ edificatũ est ꝯspexissent. Omissa tã locupleta ripa tenuiorẽ regionẽ ĩ asia elegissent: vt Strabo refert. At aũt Justin⁹ ꝛ Eusebi⁹ ponunt hec ciuitas Anno añ aduẽtũ xpi. 663. In grecia ex opposito calcedonẽs agri loco quidẽ optimo ꝛ munitissimo a pausania spartanoꝝ rege pri⁹ ꝯditiõis sue initiũ habuit. Et cũ pua admodũ eẽt: Postea a Cõstãtino magno impatore q̃ eã adauxit ꝛ exornauit Cõstãtinopolis dicta. de qua latissime circa sua tpa describent laude digna.

Nabuchodonosor

Bisantium

076

077

Folium LXIII recto

유대 왕 시드기야의 체포

시드기야(제데키아) 왕 통치 9년이 되던 해 바빌론 왕 느부갓네살은 예루살렘 성을 포위했다. 포위가 오랫동안 계속되자 성에 식량이 떨어져 백성들은 굶어죽게 되었다. 마침내 성벽이 뚫렸다. 유대 왕은 야음을 틈타 도주했지만 바빌론 군대가 그를 여리고의 들판에서 사로잡아 느부갓네살 왕에게 끌고 갔다. 느부갓네살 왕은 시드기야의 눈을 뽑고는 사슬로 묶어 바빌론으로 끌고 갔다.

삽화에서 보이는 배경은 황량한 구릉지이다.

Constituit Nabuchodonosor regem hierusalem patruum Joachim mathaniam: vt seruiret ei sub tributo interposito religione iurisiurãdi: et mutato nomine vocauit eum Sedechiam. Vicesimũprimum etatis annum agebat Sedechias cum regnare cepisset. Et. xi. annis regnauit in hierusalem: Fecitq; malum coram domino. Erat eñ superbus cogitans vt adhereret regi egiptiorum: nec iusiurãdũ regi babilonie seruauit. Decipiebant eum pseudoprophete dicentes: in proximo babilonios vincendos ab egiptijs. Hieremias vero ei suasit vt spem in deo et non in hoĩe poneret. Cum aũt nono sui regni anno sub ordinantibus egiptijs tributum caldeis promissum denegare: et in libertatem se vendicare tentauit. Et iusiurandum transgressus. Quam obrem Nabuchodonosor ira percitus cum ingenti exercitu ad eum venit et diu obsedit et tandem fame coactum eum ad deditionem compulisset. Et aperta est ciuitas circa mediam noctem: fugit autem Sedechias cum omni domo sua nocte ad viam deserti: persecuti sunt eum principes diluculo: et comprehenderunt. Et vinctum traxerunt eum ad regem Babilonie in reblata. Is dicens eum ingratum fuisse percepti ab eo imperij: et deierasse in deum. Oculos eius effodit et cathenis vinxit eum vt adducerent in babilonem. Et cum eo Josedech: et eius vniuersam familiam trucidari mandauit. innumeros quoq; ciuitatis hierosolime traxit in seruos ad babiloniam: ac totam vrbem vna cum templo euerti et incendi precepit. Sed et assyriorum regnũ a medis destructum obtinuit: Ideo babiloniorum regnũ factuz est oĩm monarcha. Hic fuit exitus regni hebreorum et caldeorum regni principium. Caldea autem Asie regio arabie cõterminia longe plana sed fontiũ q̃z maxime indigua. In qua Babilon maxima ciuitas regni caput erat. Medorum quoq; regnum defecit. Cum vltimo astyages octauus ꝛ vltimus rex medorũ. 38. annis regnasset temporibus Sedechie.

Hierosolimorum excidium

Hierosolima nobilissima ꝛ vetustissima ciuitas p varia tpa pluries vastata fuit. Primo a babiloniorum rege. Dum nabuchodonosor caldeorum rex tpe Sedechie cũ ingenti exercitu in iudeam venit ibiq; magnis cladibus eiꝰ ciuitates affecit. Ac etiam ipsam hierosolimam obsedit. Deinde pfectꝰ contra Pharaonem regem egipti quo fugato: Nabuzardon sui exercitus principem ad obsidendaz hierosolimam rursus mittit. Ibiq; decẽ ꝛ octo mensibꝰ statione firmata iudei se ꝛ vrbez caldeis ignominiose tradiderunt. Qui rege interfecto muros ꝛ turres euerterũt. templa incenderũt. eiusq; vasa sustulerũt. Et p. lxx annos templi solitudo pmansit. A cyro rege persarũ laxata est captiuitas. Extructum est templum sub Dario rege psarum ꝛ medorum. Scdo ab Asobeo egiptiorum rege. Que eñ passa est iudea a medis egiptijs macedonibusq; non enumero. Tercio ab Anthiocho epiphane crudelissimo oĩm tyranno facta est euersio. Hic hierosolimam ciuitatẽ sanctã menelao prodente vi cepit. et sanctũ locum spoliauit misitq; homines impios qui compellerent iudeos carnes porcinas comedere. et a patrijs legibus se transferri: et non templuz domini: sed iouis olimpi cognominare ꝛ ydolum venerari. Quarto a pompeyo is iudeam vicit omne cuz hierosolima: ꝛ tributarios fecit. Et vt strabo habet. Pompeiꝰ eam cepit: obseruato ieiunij die: duz ab omni opere iudei abstinerent impleta fossa ꝛ admotis scalis. iussitq; menia omnia conuelli. Post hos quinto Gabinius Scaurꝰ Varus vrbibus iudee ꝛ precipue hierosolime insultauere: ꝛ herodes magnus ꝛ sosius captam: oppidum seruauere. Sexto ad extremum funditus euertitur ãno scdo imperij vespasiani die octaua mensis septembris: a Tito eius filio vrbs capta et templum subuersum. Quã cũ cepisset cõplanatis menibus: fossas etiã impleri iussit. Vrbẽ aũt illã quã vicisse victores gentium romani tam clarum opus esse dixerunt: vt Titus: tunc exercitus: post imperij gubernator in ipso ingressu menia vrbis admirans: tantam

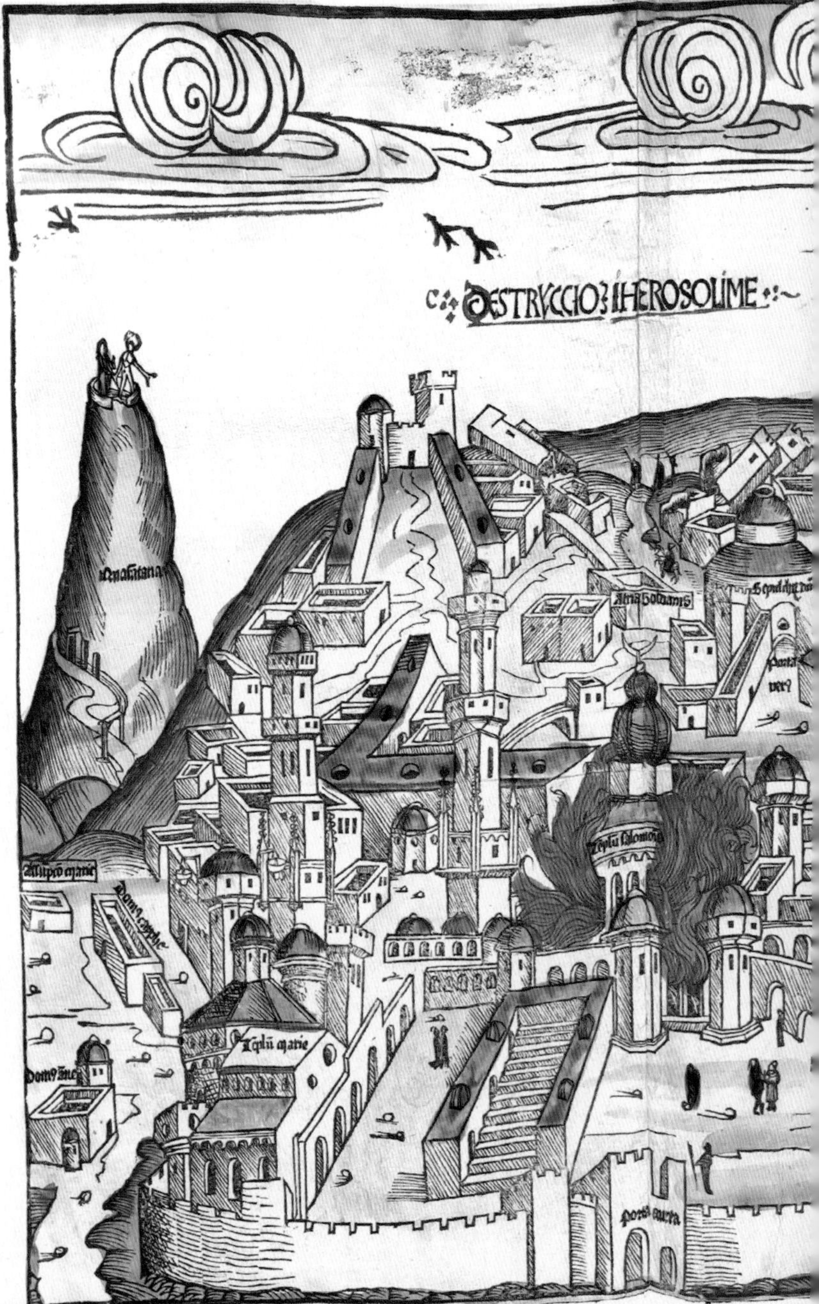
DESTRVCCIO IHEROSOLIME

Caluarie
Domꝰ herod
Domꝰ pilati
Domꝰ s. āne

078

Folium LXIV recto

예루살렘의 파괴

예루살렘은 기원전 601년에 신바빌로니아의 왕 네부카드네자르(느부갓네살) 2세에 의해 함락당한 이래 모두 5번 파괴되었다고《뉘른베르크 연대기》는 말하고 있다.

이 삽화는 예루살렘이 정확히 언제 파괴된 것인지는 말하고 있지 않다.

예수 그리스도 시대와 가장 가까운 예루살렘 파괴는 기원후 70년에 있었다. 로마 제국의 베스파시아누스 황제의 아들 티투스 장군은 유대 반란을 진압하면서 예루살렘을 불도저 밀듯 완전히 파괴했다.

제5시대

예수 그리스도의 탄생 직전까지

079

Folium LXV recto

로마 왕정 시대 제6~7대 왕

1 **제6대 왕 세르비우스 툴리우스**Servius Tullius(재위 579~534 B.C.)

2 **제7대 왕 타르퀴니우스 수페르부스**Tarquinius Superbus(재위 534~509 B.C.)

로마 왕정 시대(753~509 B.C.)의 일곱 왕 중에서 마지막 세 왕은 에트루리아계였다. 이 시대에 로마는 크게 발전하지만 제7대 왕은 폭정을 하는 바람에 로마에서 쫓겨나게 된다.

080

Folium LXV recto

바빌론의 파괴

3 *"인류역사상 최초의 대도시 바빌론은 인간의 손으로 세워졌다고 믿기 힘들 정도로 위대한 도시였다. 하지만 그것 또한 인간의 손으로 파괴되었다. 파괴의 장본인은 페르시아의 초기 왕 다리우스와 퀴루스(키루스)였다."*

삽화는 바빌론이라기보다 지진으로 기독교 성전이 무너지고 있는 뉘른베르크의 모습이다.

079

Linea reguz Babilonie

Linea reguz Romanorum

Iste Nabuchodonosor filius Nabuchodonosor magni fuit tercius caldeorum rex. 18. captiuitatis anno patri in regnuz succedens regnauit annis. 10. Uir quidem prestantissimi animi et ingentis potentie qui paternis regalibus multa superaddidit multaq; magnalia peregit.

Iste Euilmerodach frater Nabuchodonosor p̄cedentis quartus caldeorum rex magni Nabuchodonosor regis fili⁹. anno. 28. captiuitatis iudaice fratre predicto sine liberis defuncto regnum suscipiens regnauit annis. 18. Soluit Joachim de carcere ⁊ magnificauit eum. genuit autem tres filios.

Seruius tullius sextus romanorum rex nono iudaice captiuitatis anno regnum suscipiens. regnauit annis. 34. Quis matre serua creatum. nec obscuritas inhibuit quin gubernacl'a vrbis inuasit. Nā eximiam indolem vxor Tarquinij Tanaquil liberaliter educarat et eius industria regnum adeptus. primus censum in vrbe instituit. Et tres colles. s. quirinalem: viminalē ⁊ exquilias vrbi adiecit eamq; augere fossisq; ac muro circumdedit: tandez a Tarquinio superbo genero suo filie sue impulsu occisus est.

Tarquinus prisci Tarquinij regis filius ⁊ Tullij seruij gener. Cui superbo facto cognomē indiderunt. Anno quarto ⁊ quadragesimo iudaice captiuitatis mortuo socero suo rege romanoruz rex factus regnauit annis. 35. Hic regnum auitū qd' a Seruio tenebatur rapere maluit q̄ȝ expectare: qui suscepto regno mox p̄mores ciuitatis quos rebus soceri seruij fauisse putabat vna cum Tarquinio sororis sue filio interfici iussit. et pleraq; per tyrannidem gessit: tamdiu superbiam regis populus romanus perpessus est donec aberat libido: hanc ex liberis eius importunitatem tolerare non potuit. Quorum cum alter ornatissime femine lucrecie stuprum intulisset: matrona dedecus ferro expiauit. Imperium tamē regibus abrogatum. tandem eis regno expulsus a porsenna interfectus est.

Balthasar en ilmerodach regis fili⁹ caldeoȝ rex post patrē regnare cepit. Et regnauit annis. 17. Cui⁹ regni anno p̄mo Daniel p̄pheta quartā visionē vidit. Is demū capt⁹ est: ⁊ ciuitas a Cyro persarū rege aduersus fortissime dimicante tradita est ⁊ fundit⁹ euersa: ⁊ adeo vt nullū tante vrbis remāserit vestigiuz Sed eam que modo stat Cambyses cyri filius alio in loco condidit.

Babilon illa magna capit' ⁊ aufferi' ei⁹ ptās. Hec p̄ma ⁊ maxia ciuitas toti⁹ orbis dr: ⁊ q̄ eā hūano ope extrui vel hūanis virib⁹ destrui potuisse pene incredibile videbat'. Que destructio facta ē p Dariuz ⁊ Cyrū p̄mos reges mōrchie persarum.

Babilon

080

081

Folium LXV verso

루크레티아

루크레티아Lucretia는 로마 왕정 마지막 왕 타르퀴니우스 수페르부스가 통치하던 시대, 왕자로부터 겁탈당하자 칼로 자결했다. 그녀의 죽음이 기폭제가 되어 반 왕정 쿠데타가 발생했다. 이에 왕정은 무너지고 왕이 없는 정치 체제인 공화정이 기원전 509년에 시작되었다.

Linea pontificū

Elizaphat

Circa hec tpa vt dicit Orosiꝰ Nox ad magnā partem diei tendi visa est: et saxea grando scilicet veri lapides descenderunt de nubibus.

Hic incipiunt ebdomode Danielis scdm Bedaz de qbꝰ inter doctores est grādis altercatō.

Templo domini in modū castri sexto regno Darij anno perfecto Joachim pontifex cum sacerdotibus cum tubis ꝛ ornatu soleni laudauerit deū.

Templuz Salomonis perficitur anno . vii. darii regis persarum.

Ioiade vel Judas

Iste Elizaphat hebreorū summus pōtifex successit Joachim patri in pontificatu. vt dicit Eusebius. sedit annis. 32. Vir tanto honore dignus ꝗ sua prudentia ab Artaxerse persarum rege absolutonem a vectigalibus et tributis pro ministris templi obtinuit. potestatem quoqꝫ amouendi iudices.

Eliachim anno mundi. 4759.

Iudas quartus summus sacerdos tpe Mardochei. Cui ex Susis persarum vrbe misit epistolas de obseruatione dierū phurym. Constat eū hūc multe doctrine ꝛ sanctitatis fuisse virū: multis tamē seditionibus agitatum.

Johānes filius Jude

Iohānes iude pontificis filius quītus hebreorum pontifex. habuit fratrem qui dicebat iesus qui aspirabat ad pontificatū confidēs de familiaritate vagosi prefecti trans flumē. Cū autē sup hoc altricaretur cū iesu in templo adeo incitauit fratrē vt eum occideret. Ideo vagosius omnia ornamēta templi sustulit. Azor Anno mdi. 4809.

De isto Sadoch (Anno mdi. 4859.) etiā nihil habet nisi ꝙ ponit Mattheꝰ primo cū ceteris in generatione christi.

Iste Hieremias vltimo ꝓphetauit i egipto. Cū eqꝫ peccata popoli increpasset lapidatꝰ est ab eis apud taphnas. Et eo loco lapidibus fuit obrutꝰ sepultus vbi olim pharao rex habitauerat.

Hieremias

Ezechiel propheta hic post multa gloriosa gesta cuz quosdam redargueret exacerbati ipm equis distraxerunt per crepidines saxorum atqꝫ excerebrauerūt. Et in sepulchro Sem filij Noe ꝛ arphaxat eiꝰ filio sepultꝰ.

Ezechiel

Zacharias et Aggeus anno scdo Darij increpauerunt populum propter negligentiam eorum et edificandum domū domini. et solicitabant Zorobabel vt loquaretur super hoc regi. et annuit rex: et accensuz est cor populi vt edificarent templū. Tandez post multa bona opera cōpleto templo. Et ipe obijt Et iuxta aggeum prophetam sepultus fuit.

Zacharias

Lucrecia

Lucrecia matrona romana omnium romanarū mulierum pudicissima formaqꝫ ꝛ elegantia clarissima coniunx collatini a sexto Tarquinio tarquinij superbi filio per vim stuprata semetipam interfecit. Tarqnio igit expulso romani reges defecere. Cum ibidem regnatum fuisset sub regibus septem annis. 240.

082

Folium LXVI recto

에스겔 선지자가 환상 속에서 본 성전

기원전 573년경 이스라엘 백성이 바빌론에서 포로생활을 하고 있을 때 하나님은 선지자 에스겔을 통해 환상 속에서 장차 예루살렘에 세울 성전의 모습을 보여 주었다.
왼쪽 삽화는 성전 터의 기본 개념도로 크기가 다른 세 개의 정사각형이 겹친 간단한 도형으로 이루어져 있고, 내부·중간·외부의 성벽과 이에 따라 조성되는 여러 공간들을 표현했다. 오른쪽 삽화는 왼쪽의 기본 개념도를 좀 더 세밀하게 그렸는데, 세 개의 문은 동쪽·남쪽·북쪽에 위치하고 주 출입문은 동쪽을 향한다. 그림에서 아래쪽이 '동쪽'oriens으로 표기되어 있다.

083

Folium LXVI recto

에스겔 선지자가 환상 속에서 본 성전

동쪽 성벽 출입문 부분의 평면도(왼쪽)와 입면도(오른쪽)인데, 입면도를 보면 양쪽에 높은 탑이 있는 중세 유럽의 성문처럼 묘사되어 있다.

De edificatione templi

Gloriosa ac magnifica illustres viri de templo eiusq; fundamento ac edificatione scriptitant: pcipue diuinꝰ ppheta Ezechiel in vicesimo quinto anno trāsmigrationis. Qui est annꝰ tricesimustercius regni Nabuchodonosor in exordio anni decima die. Cū manꝰ dñi facto est sup eum: adductus est a spiritu in terrā isrl' sup montē excelsum. Ubi ostēdit ei edificationē ciuitatis ⁊ templi. Et cū hec visio obscurissima sit nec aperta legentibꝰ de ciuitate mirabili in monte cū templo edificata sibi in spiritu ostēsa. Quāobrem p pauca de forma templi p figuras subiungere placuit. Quāq; certi doctores solum de spirituali edificio scilicet xpo ac ecclesia intelligant: Uictor tamē de materiali edificatione manifestauit: quod veteres hebrei ezechieli in visione imaginaria ostensum fuisse aiūt. Et in iam prescripta reedificatiōe post reditum de babilonia p Zorobabel et Neemiaz fuisse impletum. Licz ceteri aduersa ponāt: moderniores tamē hebrei p Messiam regnaturum cum magna potentia id futurū expectant. Figuras igitur templi per picturam talis edificij cum pauca scriptura videamus.

Prima figura edificij templi ostēsa ezechieli sup mōtem

082 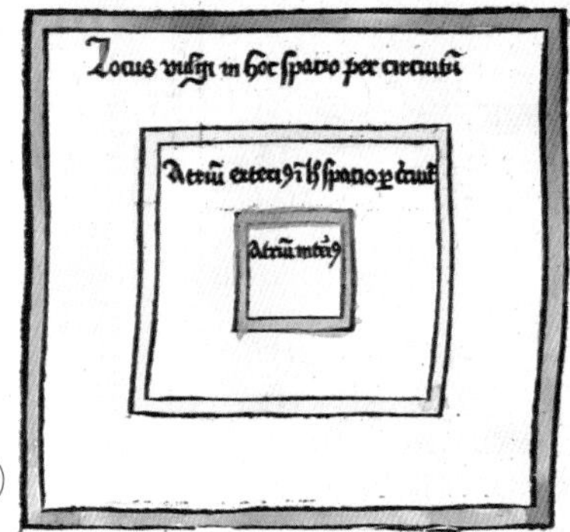

Secūda figura ad facilius capiendū

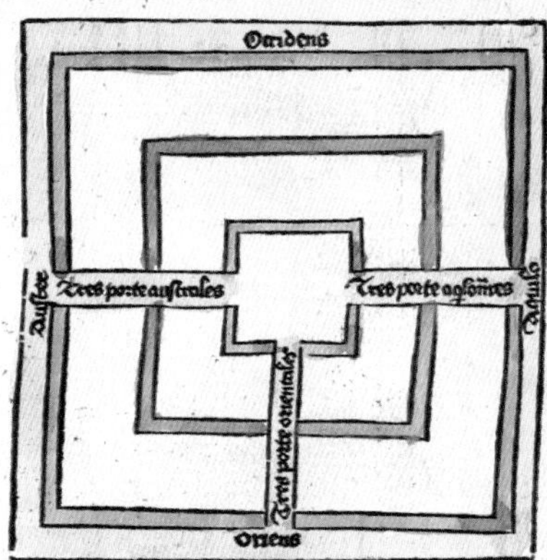

Sequentes due figure ornatū porte repsentāt

083 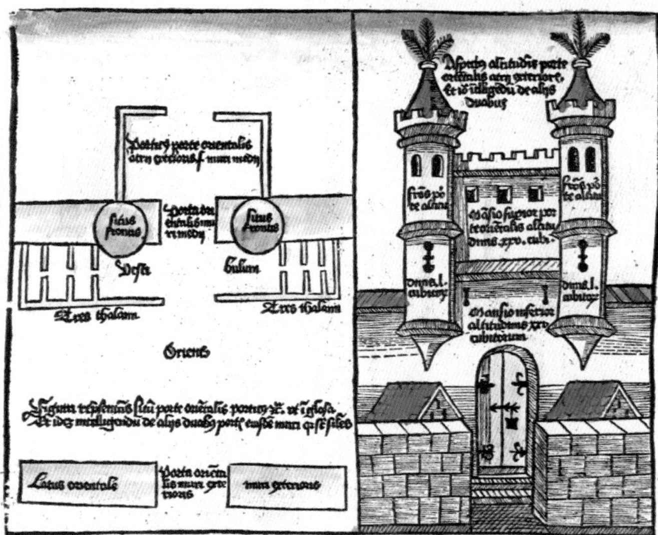

084

Folium LXVI verso

에스겔 선지자가 환상 속에서 본 성전

1 성전과 그 주변 부속 건물의 평면도 일부분

2 성전의 동쪽 정면도와 북쪽 부속 건물 입면도. 독일에서 흔히 볼 수 있는 중세 고딕식 건물 형태로 묘사했다.

Quinta etas mundi

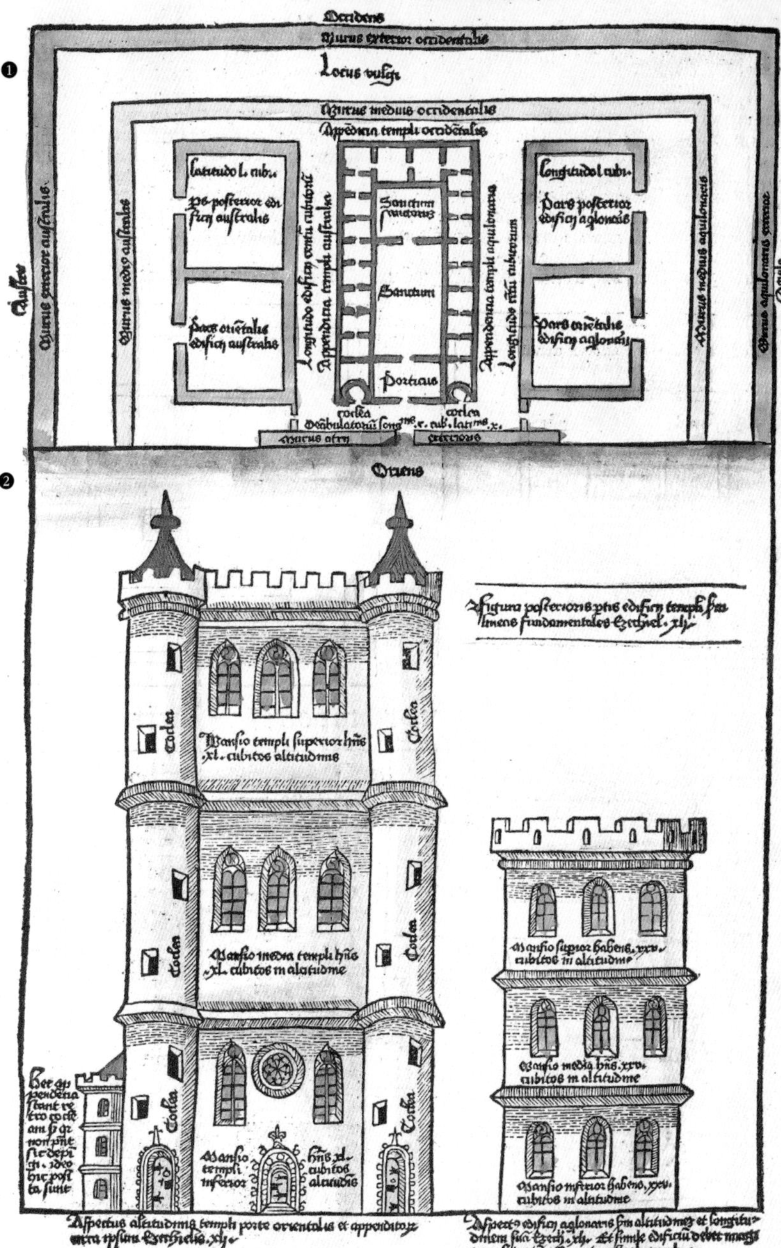

Aspectus altitudinis templi porte orientalis et appenditorum iuxta ipsum Ezechielis. xli.

Aspectus edificii aquilonaris secundum altitudinem et longitudinem suam Ezech. xlii. Et simile edificium debet imaginari situatum esse in parte australi templi.

085

Folium LXVII verso

에스겔 성전의 배치도

배치도에서 방위는 아래가 동(E), 위가 서(W), 오른쪽이 북(N), 왼쪽이 남(S)이다.
배치도의 윗부분, 즉 서쪽 벽은 막혀 있다. 이 벽 아래에 쓰인 라틴어 문구를 보면 외벽의 길이는 50칼라모스라고 표기되어 있다. 칼라모스는 '갈대'라는 뜻으로 히브리 갈대 길이는 약 11피트(약 3.3미터)로 추정한다. 따라서 약 160미터이다.
배치도 가운데에 보이는 곡선은 성소에서 솟아나와 중앙 부분의 제단을 휘감고 통과하여 동쪽으로 흐르는 물을 묘사한다.

Quinta etas mūdi

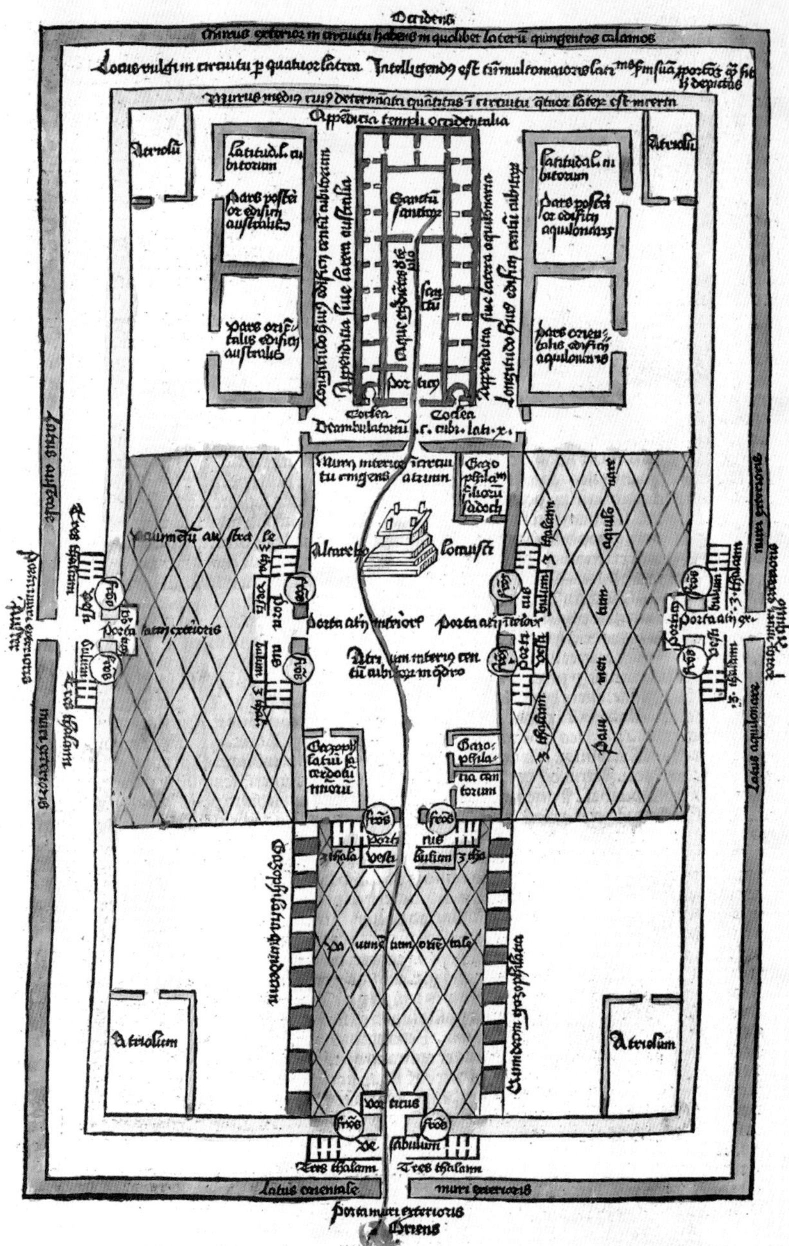

086

Folium LXIX recto

유디트

아시리아의 장군 홀로페르네스의 목을 자른 유디트Judith의 모습이다. 성경에서 묘사된 것과는 달리 홀로페르네스의 목을 칼 끝에 꽂았는데 그녀의 표정은 평온하게 보인다. 또 머리에 쓴 것이 너무 커서 그녀의 내적인 환호가 드러나지 않는다. 하지만 극적인 효과를 주기 위해 빨간색으로 피를 강조했다.

Edras

Monarchia Regum persarum

Darius

Esdras vir sanctus atq; doctissimus velut alter Moyses in pplo venerādus habitus est. Hic primū de babilone cū ceteris venit: sed iterū paterna solicitudine motus rediit vt plures lucrifaceret: et secum adduceret. tpe aūt isto legem ceterosq; libros sanctos repauit. quos combusserant caldei: felix testamentū orbi relinquens. nouos et faciliores apices inuenit: que in spiritusctō feliciter peracta. venit iterum hierusalē cū multitudie magna regalibus p̄uilegiis: vt doceret pplm. Obiit in senectute veneranda sepultus ibidem.

Neemias

Iste Darius fuit cōsobrinus Astyagis q̄ dedit ei regnum. Ambo aūt victi sunt a Cyro qui fuit rex p̄mus persarū: et trāstulit monarchiam ad persas. Babilonē vicit. Balthasar interfecit. Danielem magnificauit. Israel remisit in iudeā vt templū reedificaret. victus tamen benigne Cyrus p̄uidit. Astyagi regnū hircaniorum et dario medorum concessit.

Cyrus

Neemias fuit pincerna Artarxersis regis persarum missus ab eo vt instauraret murū hierusalē edificauit eā in angustia tpis. Hic fuit vir benignissimus ac deuotōne p̄cipuus: qui cum opus dn̄i explesset miraculose ignē scm̄ repierunt et murū dedicauerunt. Rediēs ad regē iterū reuersus est hierusalē et mortuus est. ibiq; sepultus iuxta murū quē edificauit.

Cambises

Mardocheus

Cambises filius Cyri scd̄us persarū rex sexagesimo captiuitatis anno regnum accipiens regnauit annis. 8. qui ab Esdra artarxerses: vel assuerus nominatur in libro iudith: Nabuchodonosor a patre vocatur. Hic interdixit ne hierl'm et templū reedificaret. Is eīn imperiū suscipiēs militari gloria atq; iusticia cū quadā crudelitate mixta in suos deseuiens patrem superauit. Ethiopes subegit: et multas p̄uincias suo adiecit imperio: pleraq; tn̄ bella p holofernē gessit postea in egiptum accedēs cuius cūctos vastauit fines. et ibidem Babilonē condidit aliā. De Cambise valerius in sexto refert: q͛ iudicis male iudicantis pellem detrahi fecisset selle iudiciarie vbi filiū suum iudicem cōstituerat apponi precepit.

Smerdis

Iste Mardocheus vir sanctus clarus habetur in toto regno persarum: tempore sue exaltationis fuit 295. annorum scd̄m computationem latinorum.

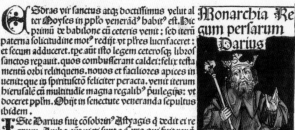

Smerdis tercius persarum rex octauo et sexagesimo iudaice captiuitatis anno: Cambise in syria mortuo sine liberis: regnum regnauit mensibus septem: patizetes quē Cambises rebus suis p̄fecerat fratrem suum nomine et facie simillimum regem declarauit. et priorem occiderat. p̄pter quā fraudē darius histaspis filius confestim coniuratione facta: alterum Smerdim et eius fratrem Patizetē trucidauit. Et ipse post triduum persarum rex constitutus est.

Judith holofernes

Holofernes princeps militie Nabuch. Cambisis multas terras domino suo subiugauit. et tandem venit ad bethuliam: et ibi a Judith muliere interficitur in cubiculo papilionis sui et omnis eius exercitus fugatur. Fuit autem Judith vidua mulier p̄stātissimi animi et incredibilis aspectus et postq; holofernem p̄cipem obtruncasset. tanto in precio habita est apud iudeos vt cūctis diebus vite sue omnibus iudeis preferretur: et triūphali laude p̄petuisq; preconiis celebraretur. Et cum centum et quinq; annos complesset moriens apud virum in betulio cum ingenti luctu et pompa sepelitur.

Babilonia noua cōditur a Cābise i egipto.

087

Folium LXX recto

마르쿠스 쿠르티우스

기원전 362년에 로마에서 지진이 있은 다음 포룸(포로 로마노)의 땅이 깊게 갈라졌다. 로마 시민들은 이를 메우려 했지만 어떤 시도도 불가능했다. 신관은 로마가 가장 귀히 여기는 것을 지하의 신에게 제물로 바쳐야 한다고 했다. 이에 젊은 귀족 마르쿠스 쿠르티우스Marcus Curtius는 로마가 가장 귀히 여기는 것은 용기와 무기라고 하면서 완전 무장한 채로 말을 타고 땅이 갈라진 틈으로 뛰어들었다. 그러자 갈라진 땅은 그를 삼킨 다음 본래 모습대로 돌아왔다고 한다.

이 삽화는 크기에 비해 제목 글씨가 이례적으로 크다.

Marcus Curciꝰ

Aracus

Aracus Astrologus et poeta clarissimus cum eudoxo vt ait Augustinus vniuersum se numerum stellarum comprehēdisse et scripsisse iactauit. quos (inquit augꝰ) illa contēnit auctoritas que dicit ad abraham. Aspice stellas ⁊ numera eas si potes. geneß. xv. Quomodo eīm dinumerari possunt cum non omnes possunt videri. Cū astrologie nō ignarꝰ esset. De astrologia librū scripsit elegantissimū dicēte Cicerone li. primo de oratore. Cōstat inter doctos homines ignarum astrologie ornatissimis atq; optimis versibus. Aracum de celo stellisq; dixiste et conscripsisse.

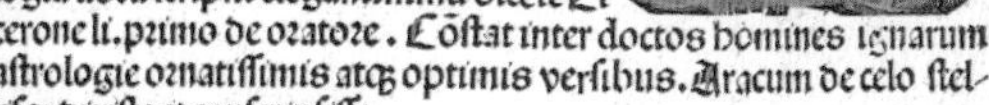

Os inferni in medio vrbis vasto hyatu horribiliter apparuit ⁊ vi ut homīs sepulturā interpretantibꝰ auruspicibꝰ expetebat. Rome eīm (vt Liuiꝰ ait) siue interemptu seu alia aliqua vi forū ferme spe cu vasto collapsum in immensam se aperuit altitudinē. quā voraginē nullo videbaẛ posse oppleri materia. Cum Marcus curcius eques romanꝰ bello egregius eo audito. templa deorū que foro illi imminebāt intuens. Equo maxime ornato insidēs zelo patrie armatus se in hyatū misit. q̄ mortuo statī hyatꝰ obturatꝰ est.

Esopus

Esopus adelphus poeta fabulator clarissimus. claruit tpe Cyri regis psarum. Fuit autē grecus de ciuitate Attica: vir ingeniosus ⁊ prudens. qui cōfinxit fabulas elegantes quas romulꝰ postmodū de greco trāstulit in latinū. ⁊ filio suo Libertino direxit. In quibus docet quid obseruare debēt homīes. Et vt vitam hominū ostendat ⁊ mores: inducit aues. arbores. bestiasq; loquentes ꝓ ꝓbanda vita cuiuslibet fabula. quas qui diligēter inspexerit inueniet ioca. loca apposita que et risu misceẛ ⁊ ingenium acuant. Hic pmo anno Cyri regis psarum fertur fuisse pemptus. Nouissime eas fabulas omnes vna cū ipius Esopi vita Rinutiꝰ quidaz eruditꝰ vir: ad Antoniū tituli sancti Crisogoni cardinalem latinas accuratissime fecit.

Decem virorum rome electio

Duodecimo Artaxersis regni āno. ccc. ⁊ altero ab vrbe cōdita. C. meneuio ⁊. P. sextillo capitolino cōsulibus. Romanis placuit qđ consulare impium cessaret: et eius loco decem viri deligerenẛ: ꝑ quos sine ꝓuocatione omnis regereẛ ciuitas. leta eius ingratus tpa (vt Liuiꝰ ait) nimium luxuriare incipiēs. citius eius res lapsa est. Quia post annū exacti sunt ob facinora Appij claudij.

Leges duodecim tabularū

Romani cum hucusq; legem non haberent magnaq; inter tribunos et consules de legislatore orta est disceptatio. terciodecimo regni Artaxersis anno legatos athenas miserunt. Qui non solū ab atheniensibus Solonis leges obtinerent. verūetiam ex alijs grecie ciuitatibus mores institutaue romani perferrent. Ac sic ab eisdem legibus traditis scilicet decem tabularum. Romani postea duas addiderunt. vnde et postmodum illa decem tabularum famosissima emanauit lex vt habeẛ. ff. de ori. iu. l. ij. et dis. vij. c. ij. Ordinataq; erat in. xij. tabulis tota iusticia.

Tribuni et ediles Rome creati

Quartam seditionem bonorum cupido excitauit. vt plebei quoq; magistratus crearenẛ. Fabius ambustus duarum pater: Alteram sulpitio patricij sanguinis dederat. alteram plebeio. Tribuni igitur plebis sextodecimo regni Artaxersis anno rome creati sunt. Quod quidem tribunatus officium et si magistratus dignitatem non haberet. maximi tamen momenti in republica fuit.

Ueturia romana

Ueturia Coriolani patricij romani mater ꝑ hoc tempus iam senex laudabili opere annos suos in viriditatem traxit ꝑpetuam: quia filium suū qui infensissime vrbem obsidebat: quem legatorum maiestas ⁊ pontificum reuerentia nequiuerant ipa ab ira retraxerat durissima: ⁊ eius ꝓpositum vertit in bonū. Nam relinquens obsidionem ciuitatē liberam dimisit. Ob cuiꝰ mulieris beneficiū: ne ciuitas ingratitudine argueret ex Senatusconsulto ad ꝑpetuam rei memoriā eo in loco quo hec veturia filij iram moliuit templū ⁊ ara fortune constructa sunt insup cum nullꝰ vsq; in id tps vel modicꝰ a viris mulieribꝰ pstareẛ honor sancitū est vt mulieribus homīes semp assurgerent ⁊ in via eis cederēt qđ nuncusq; apđ nobiles seruatur. Et q̄ eis liceret vti auro ⁊ purpurea veste aureisq; fibulis ⁊ armillis nec inmerito cum suis precibus steterit romana libertas.

088

Folium LXX verso

페르시아의 왕

1 **다리우스**Darius **1세**(재위 522~486 B.C.): 제4대 왕으로 당시 페르시아는 전성기를 구가했다. 그의 통치는 유대인 유수 70년째에 시작되었다.

2 **크세르크세스**Xerexes **1세**(재위 486~465 B.C.): 다리우스 왕의 아들. 제5대 왕으로 그가 통치하던 기간 중 페르시아의 영토는 최대로 확장되었다. 유대인 유수 104년째 되던 해 제위에 오른 그는 이스라엘 백성들을 온건히 대했지만 아버지의 무자비함을 따랐다.

3 **아르타바누스**Artabanus(재위 465~464 B.C.): 왕실 근위대장이던 그는 크세르크세스 1세를 암살하고 실권을 잡았으나 7개월 후에 살해당했다.

4 **아르타크세르크세스**Artaxerxes(재위 464~424 B.C.): 크세르크세스 1세의 셋째 아들로 아르타바누스와 그의 아들을 살해하고 제위에 올라 40년간 통치했다. 그는 멋진 남자였다고 전해지는데, 팔이 무릎에 닿을 정도로 길었다고 한다.

Monarchia Regum persarū
Dariꝰ histapsis

Darius histapsis filius quartus persarum rex anno septuagesimo captiuitatis: persis regnare cepit. Is cum alijs sex nobilibus Smerdim ⁊ patizetem magum eiꝰ fratrem trucidauit. Conuenerunt de regno persarum. Cuius equꝰ sequenti die in ortu solis hynnitū ante regiam prius emitteret ille persaruz rex haberet. Darius Oebaris stabularij sui solercia effecit: vt ante omēs hynnitū equꝰ eiꝰ primo daret: quo facto: euestigio rex creatꝰ est. Regno suscepto Atosam cambysis filiam duxit vxorem. Ex qua pter xersem etiā alios genuit filios. Dedit potestatem zorobabel vt iudeos in hierusalem reducere posset et vasa reddi iussit: ⁊ p edificatione templi viginti argenti talēta p singulos annos iudeis darent. Ideo templum edificarūt. Verū anteq̄ e vita discederet egiptus ab eo defecit.

Xerses

Xerses darij ex Atosa filius quintus persarū rex: Centesimoquarto iudaice captiuitatis anno: psis regnare cepit. Et regnauit annis. 20. Is voluntatis pn̄e colendi deum israel: heres apparuit. Iudeis liberaliter vtens. Esdre sacerdoti amicissimꝰ crudelitatꝭ ⁊ seuicie paterne successor. Recepta egipto que a patre defecerat cū vniuerse asie potiretur: innumerabili exercitu grecie bellū intulit. Athenas incendit: et infinitas strages dedit. Tandē leonide Spartanoꝝ ducis solercia duobꝰ acceptis vulneribꝰ fugiēs: qui priꝰ mare nauibꝰ strauerat: in piscatoria scapha vix trepidꝰ aufugit. Et nō multa post ab Artabano eiꝰ prefecto spe regni potiundi interfectus est.

Artabanꝰ

Artabanus sextus persarum rex psis regnare incipiens: regnauit mensibus septem. Qui p anno computantur: hic xerse rege trucidato: cum essent ei duo filij nomīe Darius ⁊ Artaxerses: Iuniorē in maioris necem solicitauit: Affirmans illū pprium obtruncasse patrē. Vagabusus aūt huius sceleris consciꝰ: Artaxerse filio rem postea pdidit omnē. Is cōuocans omnes armatos: numerū militū recensurus: vbi Artabanꝰ inter eos astitisset: Artaxerses se breuiorē simulat habere loricam q̄ deceret: iubens secuz cōmutare. Quo nudato euestigio cū septez filijs eū transfodi iussit: atq̄ ita Artaxerses egregiꝰ iuuenis cedē patris: necemq̄ fratris ⁊ seipm ab insidijs vindicauit.

Artaxerses

Artaxerses septimus psarum rex regnauit annis. 40. Hic omniū hominum pulcherrimꝰ fuit: sed tanta ei erat brachiorū longitudo vt genua contingeret: et pterea longimanus dictꝰ est. Qui tributa persis pmus instituit. eo q̄ maximā impensaz auri atq̄ argenti in edificijs constituisset: vbi tributa et que exigebat recondere posset ad bene rei administrate monimentuz Et cum pacis auctor ⁊ conseruator haberetur: Idcirco ab omnibꝰ amari promeruit. Esdras quoq̄ sacerdos et dei pheta clarissimus elegantis memorie eius imperium insigne reddidit. Neemias quoq̄ eius ⁊ Darij pincerna fuit.

Democritus philozophꝰ

Democritus abderites philozophus p hoc tps floruit: is primo quosdam magos caldeos audiēs: adhuc puer theologiam ac Astrologiam optime didicit: deinde vt Geometriam perciperet in persidem ⁊ ad mare prexit: postq̄ etiam ad cognoscendas res diuinas in Caldeam athenasq̄ se trāstulit: vbi a nullo cognitus ipe Socratē cognouit. Tandē doctissimus in patriam reuersus: patrios agros ⁊ innumerabiles opes reipublice sue cōcessit. Satius dicens eum pauptate studiorum libertate letari: q̄ opum seruili cura vexari. Nam in hortulo suo iuxta vrbis muros ad contemplandas rerum naturas se contraxit: vbi ⁊ nature secreta subtilꝰ rimari posset (sicut Cicero in quinto tuscul. questionū refert) Oculos sibijpsi effodit vt vegetiores cogitationes haberet. Aut ne videret bene esse ciuibus malis: vixit annos. c. et. 9. Ex eius sententijs hanc optimā habemus. Conuenientius est vt parcitatem in tuo serues q̄ luxum in alieno: parcitas em̄ necessitatis remedium est.

Heraclitus

Heraclitus philozophus asianus cognomento Scotinus hoc tempe in precio fuit. Cuꝰ libri adeo obscuri fuere vt a philozophis vix intelligeretur. vnde et pter eorum obscuritatem heraclitus dictus fuit tenebrosus. Qui cuz in vltimo vite a discipulis quereretur: vt notabile quid in medium pferret. Nihil respondit: sed digitum voluēs significabat omnia inferiora in cōtinuo motu esse. Hic (vt Macrobius refert) dixit animam esse scintillam stellaris essentie.

089

Folium LXXI recto

화가 제욱시스와 파라시오스

기원전 5세기 그리스의 유명한 화가 제욱시스Zeuxis는 라이벌 화가 파라시오스Parrhasios와 경합을 벌이게 되었다. 제욱시스는 새가 달려들 정도로 포도를 진짜처럼 그렸다. 이에 파라시오스는 제욱시스에게 커튼을 열어 달라고 하자 제욱시스는 커튼을 열어젖히려 했다. 그런데 그것은 파라시오스가 그린 커튼 그림이었다. 승리자는 파라시오스였다.

Themistocles

Themistocles atheniēsis phus: ⁊ naualis belli clarissimus ac sapientissimus dux his tpibus: tam sciētia quā rei militaris gloria inclit⁹ et clar⁹ habit⁹ est. Cui⁹ consilio parta est victoria in maritimo prelio: supato xerse ab atheniēsib⁹: Cū adhuc puerul⁹ esset: natura prudens: eximia semp cogitabat. Cū a disciplinis pcipiendis animū laxare licebat: nō ludis aut inercie sed cōponendis oratiōib⁹ sese dedit. Gloriecꝫ cupiditate incensus cupiens sibi vrbis principatum vendicare. Cum eum quidam consuleret de filia: an eam daret pauperi sed ornato: aut locupleti probato vxorem. Malo inquit virum pecunia: qꝫ pecuniam viro indigentem.

Aristides

Aristidem phum atheniensem virum vticꝫ disertissimum per hec tpa floruisse Cicero in tercio de officijs tradit. Erat autem tum omnis virtutis tum iusticie in his que ad cōem referunt vtilitatem: ex quibus iusti nomē assecutus est: huic plato tantū tribuit vt p̄ ceteris clarissimis qui athenis claruerunt eū solum laude dignum censuerit. ferunt hunc ita inopem mortuum fuisse: vt suo sūptu efferri ad tumulum nequiuerit.

Anaxagoras

Anaxagoras phus etiam hac etate in Clazomeno asie oppido inclitus fuit. Qui cum diues admodum esset studēdi desiderio ductus: patrimoniū omne suis concessit: ⁊ in longinquas partes secessit. Post multa vero tempa reuersus cum suas possessiones desertas vidisset ait. Non essem ego salu⁹ nisi iste perijssent. Cuidā dicēti. Nōne tibi patrie cura vlla est: respondit. mihi patrie cura est: et summa quidē atqꝫ ita dicens: digitū celum versus extendit. Interrogat⁹ ad qd factus fuisset. Ad contēplandum inquit solem ⁊ lunam ⁊ celū. Hic audita morte filij illi qui nūciauerat ait: nihil noui nūcias. Ego em̄ ex me natuz sciebā esse mortalem. Cumqꝫ annis. 72. vixisset ab atheniēsibus in carcere positus: e poto veneno interijt quia solem lapidem ignitum dicebat: quē illi pro deo colebant.

Empedocles

Empedocles phus Atheniēsis his tempibus laudat: qui adeo canendi pericia edoctus erat. Qꝫ cum hospitē eius iuuenis quidā furibund⁹ inuaderet eo qꝫ patrem ei⁹ accusatione damnasset: ita dulciter canendi modum inflexisse dicitur: vt iuuenis iracundiā temperarit. Hui⁹ autē hec fuit sentētia. Tria sunt (inquit) in tota rerum varietate scꝫ affluentie mobilis contempt⁹: future felicitati appetitus: ⁊ mentis illustratio. Quoꝝ primo nihil honestius: scdo nihil efficacius Tercio nihil de amborum adeptione compendiosa efficacius. Descripsitqꝫ deuz Deus est spera cuius centrum est vbiqꝫ ⁊ circūferentia nusqꝫ. Arbitratus denicꝫ animas immortales se incendijs dedit.

Sapho poetissa

Sapho lesbia ex Mitilena vrbe oriunda altera poētrix. hac etiā temp estate inclita fuit: honestis ⁊ claris parentibus orta: Adeo generose fuit mētis vt etate florens ⁊ forma: non contenta solum litteras iungere plurimas sed ampliori feruore animi ingeniqꝫ suasa viuacitate conscenso studio vigili p abrupta parnasi vertice celso se felici ausu musis non renuentibus immiscuit: quid multa eo studio deuenit vt vsqꝫ in hodiernum clarissimum suum carmem testimonio veterum lucens sit. modulos lyricos exprimere non dubitauit. Et ꝓpterea illi erecta fuit statua enea: ⁊ suo dicata nomini. Et ipsa inter poetas celebres numerata. Ei⁹ tamen opera maiorum negligentia amissa sunt.

Zeusis heracleotes maximus pictor ⁊ ipe etate hac (vt Eusebius habet) inclitus fuit. Qui plinio teste lib. 35. naturalis historie: peniculū ad magnam gloriam perduxit. Opescꝫ tantas acquisiuit vt instituerit donare opera sua: eo qꝫ nullo precio satis digno pmutari posse diceret. Pinxit autem vt idem Plinius ait. puerum vuas ferentē ad quas aduolarēt aues: processit iratus operi: ⁊ dixit. vuas melius pinxi qꝫ puerū Nam et si hunc consūmassez aues ipse timuissent. Idem etiam scdm Quintilianum vmbrarum inuentor perhibetur. ¶ Parrasius quocꝫ hac etate summus pictor cum predicto Zeuside in certamen descēdit. Et cum zeusis detulisset vuas tanto decore pictas vt aues aduolarent. ipe lintheum auibus pictum detulisse traditur. Ita veritatem representantis vt zeusis alitum iudicium efflagitaret. Sed tandē remoto lintheo et ostensa pictura atqꝫ errore intellecto palmam ingenuo pudore concesserit parraso: quoniam ipe aues fefellisset.

Zeusis heracleotes et Parrasius pictores

089

090

Folium LXXII recto

밀라노

로마는 기원전 222년에 켈트족이 살던 북부 이탈리아 평원의 부락을 정복하고 이를 메디올라눔Mediolanum이라고 명명했다. 밀라노Milano라는 도시명은 여기에서 유래한다.
밀라노는 로마 제국 말기에 황제가 거주하던 도시였다. 로마 제국 멸망 후 밀라노는 13세기 후반부터 15세기 후반까지 비스콘티 가문에 이어 스포르짜 가문 통치하에서 크게 번영했다.
밀라노의 두오모(대성당)는 비스콘티 가문이 통치하던 1385~1386년에 착공되었고 완공까지는 몇 백 년이 걸렸다. 삽화에는 공사 중인 두오모의 모습이 전혀 묘사되어 있지 않다. 또 삽화와는 달리 밀라노는 평지에 세운 도시이다.
이 삽화는 티베리아스의 삽화(그림 047)와 중복되었다.

Mediolanum

Mediolanū ciuitas potētissima apud insubres totiꝰ Cisalpine gallie metropol' ⁊ vrbiū ceteraꝝ Mater Originē habuit: quā Liuiꝰ patauinꝰ ⁊ Trogꝰ pompeyꝰ narrāt a gallis qui duce Brēno in ytaliam ascēderāt populiqꝫ loca incolētes in quibꝰ est edificata Insubres appellabāt impante assuero persarū rege a gallis senonēsibꝰ nō cōdita vt multi astruere: sed aucta ⁊ instaurata fuit. Eā tn̄ Josue hebreoꝝ iudicis tpe aliq̄ p̄mo conditā fuisse dicūt. Et tpibus troyanoꝝ clarissimā fuisse. Cū Sicambri germanie ppl'i a sicambria pami sorore dicti tpe Sampsonis occupatis germanie puincijs Mediolanū versus hostili anio aciez dirigētes Juliū insubrū regē obuiū habuerūt. Cū quo pace cōfecta federa pcussere vt vnꝰ populꝰ ⁊ vnū efficeret regnū: fuit tamē vsqꝫ ad Brennū ducē haud ciuitas mag̃. Eiꝰ aduentū mirūimmoduz aucta ⁊ instaurata. Cū antea Subria ⁊ Mesopia ⁊c̄. dicta fuerit. Mediolanū qd̄ mltoꝝ animū circūdata appellata ē. Scribit Liuiꝰ exercitū romanū tūc p̄mū vltra paduz fuisse ductū: ⁊ gallos insubres aliquot p̄lijs supatos in deditiōz tūc primū venisse qd̄ quidē ad annos rome vrbis cōdite. cccc lx. fuisse videt. Claudius marcellꝰ deinde boios ⁊ insubres gallos subegit ⁊ triūphauit. Post quē triumphū vrbs Mediolanē p annos ferme quīgētos pacatissima altera roma cognomīata: adeo florēs fuit. vt illā p̄ncipes romani (quo ad poccupatiōes licuit) inhabitauerunt. Nerua trayanꝰ Adrianꝰ maximianꝰ philippꝰ ⁊c̄. Emporiū certe totiꝰ longobardie fuit: ⁊ agrū vniuersuz in oī bonitate feracissimū habet. Eam herculeꝰ maximianꝰ menibꝰ ornauit: murū scd̄m adiecit ⁊ vrbē ampliauit. Et ex suo noīe herculeā appellauit: in honorē herculis phanum struxit: qd̄ nūc diuo laurētio extat dedicatū. Post tā diuturnā felicitatē primas habuit molestias beato Ambrosio adhuc supstite Arrianis infestantibꝰ. Paulo post attila ytaliā ingressus Mediolanū diruit: Instaurataqꝫ parū quieuit: a longobardis ea vrbs maxīs molestijs agitata est. Illis a karolo magno domitis p annos sexagita ⁊ trecētos floruit: quousqꝫ Fridericꝰ barbarusso impator eā solo equit. Deinde Mediolanēses a parmēsibꝰ ⁊ placētinis adiuti: tanto patriā reedificauerūt anioꝝ ardore: vt intra trienniū. ditior. potētior frequētiorqꝫ solito facta videret. Inde mirabile habuit incremētuz Mediolanū cū phisico nāli situ suo ab incedijs caumatū ⁊ frigoꝝ rigoribꝰ eq̄liter abesse Alexāder q̄ntꝰ noīe summꝰ pontifex scribit ⁊ ꝑpterea locum totiꝰ orbis tempatissimū aeremqꝫ serenissimū ⁊ aquarū in puteis ⁊ fontibꝰ salubritatē obtinere. Quā tamē lacꝰ pulcherrimi decē ⁊ septē: ⁊ sexagita q̄tuor flumīa terre supficiē irrigātia in illiꝰ agro repiant. Porro ciuitas hec quātū temploꝝ magnitudīe: regaliū domoꝝ amplitudīe: clarissimoꝝ ediū nobilitate: ⁊ vicoꝝ pbitate: necnō ⁊ oīm artiū bonitate floruerit vtraqꝫ etate floreat: tū potētissimoꝝ dn̄oꝝ ducali maiestati obsequētiū: tū vtriusqꝫ sexꝰ cōtuberniū religiosoꝝ inhabitantiū. Ac caterua huiꝰ vrbis equestris ordinis virorū ac doctoꝝ necnō ⁊ armoꝝ ⁊ pannoꝝ ⁊ oīmfariā vestimētoꝝ fabrica ⁊ mercatura declarant. Dicit p̄scriptus pōtifex Barnabā pauli cōdiscipulū p̄mū fuisse mediolanē eccīe epm̄. Cui paulo post successerit Beatus Ambrosiꝰ doctor eccīe celeberrimꝰ. A q̄ sctūs Aureliꝰ augustinꝰ doctor ⁊ ip̄e excellētissimꝰ in ip̄o Mediolano ad fidem xp̄i conuersus est: duces postremo castrū supbissimū in ea ⁊ hospitale celeberrimum cum templo beate Marie virgini dicatū edificauerūt. Ac alijs q̄qꝫ plurimis exornarūt.

091

Folium LXXVI recto

해와 달

"알렉산드로스 대왕이 태어날 무렵, 로마인들은 무시무시한 천재이변을 보고 놀랐다. 어떤 사람은 태양과 달이 서로 싸우고 바위에서 피가 땀처럼 솟는 것을 봤다. 낮에 많은 달이 하늘에 나타났다. 구름에서 돌이 떨어지고, 돌과 섞인 우박이 7일 동안 넓은 지역에 쏟아졌다."

이 삽화는 뒤러가 볼게무트 공방의 견습생으로 있을 때 그렸을 가능성이 있다.

Demas phus

Demas philozophus atheniensis ale-xandri tempe claruit. Hic dum alexā-der obtinere vellet ꝛ obsideret Athe-nas restitit: psuadens athenien̄. vt non trade-rent ei ciuitatem. Tandē alexandro ciuitate ob-tenta demas ei adhesit alexandro exhibēs se familiarē. Verū athenīesibus alexandro sacri-ficare volētibus: dixit. videte ne dum celū cu-stoditis terram āmittatis: huius dematis di-ctum fuit. Amico mutuā me erogante pecuni-am: ipm et pecuniam perdam.

Quitus curcius

Quintus Curcius phus increpauit ale-xandrum eo ꝙ sibi optabat adhiberi diuinos honores. d. Si deus es lar-gire nobis beneficia immortalitatis ꝛ nō auf-feras. Si homo semp id cogita alijs postposit.

In diebus quibus Alexander natus est: diris prodigijs romani territi fuerͭ. Nam sol visus est pugnasse cum luna. Saxa sanguinē sudauerunt: in die plu-res lune apparuerunt in celo. Nox vsqꝫ ad plurimam diei partem tendi visa est tunc et saxa de nubibus cecidere. et ꝑ septem dies grando lapideis immixtis ꝛ te-starum fragmentis terram latissime verberauit.

Olimpias Mater alexandri occiditur: que mortem sine omni pauore muliebri imperterrita suscepit.

Philippus rex macedonū

Olimpias mr̄ alexandri

Nectabanus magus pater alexandri

Non fit psecutio de isto Philippo et regno suo in sacra scriptura. de regibus vero Egi-pti ꝛ Syrie fit psecutio: quia iudeis quādoqꝫ in-festi quandoqꝫ fauora-biles fuerͭ reges ipi᷒ qꝺ ideo euenit. quia reges isti pene semp pugnabant cuꝫ egip-tijs israel autē in me-dio eorum iugiter af-fligebatur quocūqꝫ se verteret. Et ptolo-meus grauiter eos afflixit ideo dispsi sunt in nationib᷒.

Reges Egipti

Ptolome᷒ lagi ꝗ ꝛ sother

Ptolome᷒ philadelph᷒

Iste Ptolomeus lagi filius primus post alexandrum magnum egiptiorꝫ rex regnauit annis. 40. Hic cuiusdam Gregarij militis nomine lagi filius fuit. egiptum. affricam ac magnam arabie partem tāqꝫ amplum successoribus suis reliquit splendorē vt ab eo subsequētes egiptij reges ptolomei dicti sint.

Ptolomeus philadelphus scd̄us egipti rex regnauit annis. 38. Hic cuꝫ ptolomei lagi minimus filius esset pater ante mortē regno cessit. quorꝫ pietatis exemplo amorem populi iuueni conciliauit. Hic quippe cum omnium scientiarum doctissimus esset: et stratonem phm preceptorem habuis-set bibliotecam toto orbe terrarum nominatissimam construxit. Que ad primū alexandrinum cum romanis bellum pdurauit. Hic famulantes in egipto iudeos a seruitutis vinculo resol-uit vsqꝫ ad centuꝫ viginti milia. Et eos in hierosolimā remisit: et vasa votiua Eleazaro pontifici ꝑ diuinis scripturis habēdis quas in eadem Bibliotheca collocauit. Huic beronica mater ꝛ asinoa vxor ex qua susce-pit euergetez ꝛ beronicam filiam: quā antiocho Seleuci filio vxorem dedit.

092

Folium LXXVI verso

로마 공화정 초기 집정관
(기원전 4세기~기원전 283)

1 **푸리우스 카밀루스**Furius Camillus & **퀸투스 킨킨나투스**Quintius Cincinnatus
2 **루티우스 게미키우스**Lucius Gemicius & **퀸투스 세르빌리우스**Quintus Servilius
3 **가이우스 술피키우스**Gaius Sulpicius & **마리우스 발레리우스**Marius Valerius
4 **만리우스 토르콰투스**Manlius Torquatus & **데키우스**Decius
5 **파브리키우스**Fabricius & **파피리우스**Papirius
6 **클라우디우스 마르쿠스**Claudius Marcus & **발레리우스 플라쿠스**Valerius Flaccus
7 **파비우스 막시무스**Fabius Maximus & **퀸투스 데키우스**Quintus Decius
8 **푸블리우스 루피누스**Publius Ruffinus & **마르쿠스 덴타투스**Marcus Dentatus
9 **돌라벨라**Dolabella & **도미티우스**Domitius

로마 공화정의 최고통치자인 집정관은 두 명씩 선출되어 권력을 서로 감시하도록 했다. 삽화에 묘사된 집정관들은 중세 복장이며 서로 논의하거나 논쟁하는 자세이다. 단 도미티우스는 다른 집정관 돌라벨라의 말을 경청하는 자세이다.

Iste Camillus furius expugnauit veientos qui p decem annos valde romanos attriuerāt. Tempe vero fabij senones galli ad vrbē venerūt: ꝛ victos romanos vndecimo miliario a roma: cū brenno rege suo romā venerūt: ꝛ fere romanum nomē deleuerūt. vrbē occupauerūt: neqꝫ defendi quicqꝫ nisi capitoli potuit. Quod cū diu etiā romani fame laborarēt a Camillo qui in vicina ciuitate exulabat. Gallis supuentū est: grauissimeqꝫ victi sunt. Postea tn̄ accepto auro mille librarū ne capitoliū obsiderent recesserūt: sed secut⁹ eos camill⁹: ita cecidit vt ꝛ aurū qđ bis datuz fuerat. ꝛ oīa militaria signa reuocaret. honor ei post Romulū scđus delat⁹ est.

Quinti⁹ cincinat⁹ inuent⁹ in rure ꝛ ab aratro assūmpt⁹ dictator creat⁹ est: qui vrbē oppressam ab hostib⁹ liberauit et prenestam accepit.

Tempe illoꝝ cōsulū grauissima pestilētia vniuersaz romā p bienniuz afflixit, p qua depellāda pōtifices ludos scenicos instituerūt: et sic, p depellāda peste corpoꝝ accessit morb⁹ animarū.

Tempe illoꝝ duoꝝ cōsulū romane matrone multos veneno pemerūt et p ancillā quandā, pdite coacte sunt libere venena q̄ coxerāt: quib⁹ haustis cōsumpte sunt: fueruntqꝫ. ccc lxx. damnate pscie facinoris.

Anno ab vrbe cōdita. ccc lxxxviij. Iste gayus gallos iterum in bella ruentes vicit.

Iste marc⁹ cū. 60. milib⁹ romanis pugnauit cōtra gallos quos in fugam cōuertit ꝛ grauiter trucidauit.

Sub istis cōsulib⁹ Publio Cornelio ꝛ Marco curio finitū est samniticū belluz qđ p. xlix. annos durauit cū mlta clade romanoꝝ: nec vll⁹ fuit hostis intra ytaliā qui romanā virtutē magis fatigauerit.

Isti cōsules duo contra latinos pugnantes. decius murena cōsul occisus fuit et Manli⁹ torquatus triūphauit. Cui⁹ fili⁹ cū cōtra impium cōsulum contra hostes pugnasset ꝛ quāuis victor: tamē ꝓpter inobedientiam virgis cesis et capite punitus fuit.

Sub Dolobella et Domicio cōsulibus lucani brucij samnites cū etruscis ꝛ Senonib⁹ gallis bellū cum romanis inierunt in quo septē tribuni militum sunt occisi ꝛ decem ꝛ octo milia romanorū, pstrati. Sed cuz romam tenderēt a Ceno cornelio Dolobella consule deleti sunt.

Fabricius vir digne memorie nulla industria suasu pirrhi regis a romana vrbe diuelli potuit. oblatā eñ sibi a rege imperij partem repudiauit. Ideo pirrhus ait. Hic difficilius a virtute qꝫ sol a cursu suo auerti po test. Quis ergo miretur his moribus virtute militum victorem populū romanū fuisse.

Iste Papirius cum adhuc puer astute matri respondit vt celaret secretum consulatus: vrgente eñ matre vt reuelaret archanum senatus quod audiuerat cum patre admissus. ait quod quesitum erat. An expediret magis vt vnus vir duas haberet vxores. vel vna duos viros. Confluentibus die tercia matronaꝝ cetu impudenti: puer senatui rem narrat: et laudatus est puer. Et edictū est vt decetero nullus puer admitteretur in senatus consiliū nisi ille. Cum aūt vir esset factus in virum bellicosissimum euasit

093

Folium LXXXII verso

로마의 역병, 무너진 콜로수스

1 *"로마가 건국된 지 480년이 지난 2년 동안 로마에 끔찍한 역병이 퍼졌다. 사람들은 얼마나 많은 사람들이 죽었냐가 아니라 얼마나 많은 사람이 살아남았냐라고 물었다."*

2 *"고대 세계의 7대 불가사의 중 첫 번째로 손꼽던 로도스 섬의 거대한 태양신 조각상인 콜로수스Colossus가 무너져 내렸다."*

Quinta etas mundi

❶ Anno ab vrbe condita.cccc lxxx. Sanguis e terra et lac e celo manare visum est in specie pluuie. pestilẽtia grauis in vrbe biennio fuit: quã sibillini libri dixerunt celesti ira impositã: nõ inquerebat numer⁹ eorũ qui perissent; sed ipsorum qui fuerunt superstites.

Colossus ingens solis simulacrum a clare lydo statuario fabricatum apud rhodum insulam terremotu corruit. Erat quippe (vt plinius refert) statua admirãda altitudinis cubitorum.70.turribus equipperãda. Et e septem miraculis mõdi maximum fuisse testantur.

Strato lampsacenus phus Archesilai filius vir eloquẽtissimus. Et in speculatione phisica pre ceteris diligentissime speculatus. Unde et phisicus ẽ appellatus: fuit ptolomei philadelphi preceptor a quo talentis octuaginta donatus ẽ. Scripsit de regno: de iusticia ⁊ de diis. Aiunt eum fuisse tam tenuez vt sine sensu moreretur. Silphon quoqz phus suo tempore omnibus bonis amissis solus nudus euadens ait. Omnia mea bona mecum porto: pectore enim gestabat.

Strato phus

❷ Colossus.

Crates atheniẽsis academie⁹ philozophus filius antigenis. palemonis auditor illiusqz successor scole: q̃ adeo se viuẽtes amarunt: vt eadez semp studia sint cõsecuti: et mortui eodem sepulchro sepulti: q̃s antagoras in hanc sententiam versibus exornauit. Hoc tumulo Cratem et polemonẽ cõditos fatere qui transis o hospes viros consensu animorũ precipuos: quoz diuino ex ore doctrina manauit sacra viteqz mundicies sapiẽtie adiuncta.

Crates phus

Panetius

Panetius phus claruit tpe Scipiõis rome c⁹ et p̃ceptor fuit. Qui stoice secte phus extitit: Quẽ cicero in libro officiorũ imitatus est. cuius hec est sententia. Uitam hominum qui etatem in medio reruz agũt ac sibi suisqz vsibus esse volũt ad cauenda picula ex impuiso assidua ⁊ ppe quotidiana: oportet anio esse pmpto semper et intento.

Silphon phus

Silphon megarensis phus his tempibus floruit hunc et imitatione atqz sapientia tantũ alios precessisse dicunt vt parũ abfuerit: quin omnis gratia in illum intenta in Megaram transisse diceretur. Cicero vero libro de fato dicit illum fuisse hominem acutum maximeqz suis temporibus approbatũ. Qui cum capta aliquando esset eius patria: et omnib⁹ ei⁹ bonis amissis solus nudus euadẽs interrogaret. An omnia perdidisset: Respondit omnia mea bona mecũ porto: pectore enim illa: non in scapulis se gestare dicebat.

Possidonius

Possidonius phus stoicus panecii discipul⁹ claruit tempe scipionis hic fuit astrolog⁹ magnus teste augustino.

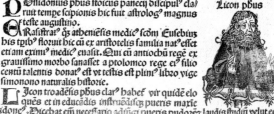

Erasistrat⁹ qz atheniẽsis medic⁹ scdm Eusebiuz his tpib⁹ floruit hic cũ ex aristotelis familia nat⁹ esset etiam eximi⁹ medic⁹ euasit. Qui cũ antiochũ regẽ ex grauissimo morbo sanasset a ptolomeo rege ei⁹ filio centũ talentis donat⁹ est vt testis est plini⁹ libro vigesimonono naturalis historie.

Licon phus

Licon troadẽsis phus clar⁹ habet vir quidẽ eloquẽs et in educãdis instruẽdisqz pueris maxie idone⁹. Dicebat eñ necessario adiũgi pueris pudorẽ ⁊ laudis studiũ velut equis calcar. Fuit hic dũ vixit habitu mũdissim⁹ ⁊ vestiũ incredibili mũdicie atqz nitore: Et cũ ẽet corpe fortissim⁹ pile ludo se exercuit. Tenuit aũt scole pncipatũ ãnis.44. Tandẽ fessus podagre morbo anno vite sue.74. interiit. ¶ Timon appolloniates phus etiã suis tpib⁹ floruit hic duz iuuenis esset mltis obscenitatibus se immersit: postea fact⁹ vir (licet egen⁹) repudiatis viciis in calcedoniã iuit: ibiqz philozophiã ⁊ oratoriã artem didicit atqz exercuit. Scripsit aũt diuersa poemata Tragedias Comedias ⁊ Satiras.

094

Folium LXXXVI recto

로마 공화정 집정관
(기원전 1세기)

1 **루키우스 술라**Lucius Sulla
2 **마르쿠스 아이밀리우스**Marcus Aemilius & **퀸투스 카툴루스**Quintus Catullus
3 **마르쿠스 키케로**Marcus T. Cicero & **그나이우스 안토니우스**Gnaeus Antonius
4 **그나이우스 폼페이우스**Gnaeus Pompeius
5 **율리우스 카이사르**Julius Caesar & **루키우스 비블루스**Lucius Biblus

3차에 걸친 포에니 전쟁을 치르고 나서 지중해의 최강자로 떠오른 로마는 평민당과 귀족당의 대립으로 대혼란에 빠졌다. 혼란한 사태를 평정한 귀족당 대표 술라는 독재관이 된 후 2년 만에 정계를 떠났다. 그 후 마르쿠스 아이밀리우스와 퀸투스 카툴루스가 집정관이 되었다. 술라의 심복이던 폼페이우스가 아이밀리우스를 몰아낸 후에는 키케로와 그나이우스 안토니우스가 집정관으로 선출되었다. 그 후에는 폼페이우스가 집정관으로 선출되었으며 이어서 폼페이우스와 손을 잡은 율리우스 카이사르는 루키우스 비블루스와 집정관에 선출된 후 비블루스를 몰아냈다. 그 후 율리우스 카이사르는 폼페이우스, 크라수스와 함께 제1차 삼두정치를 시작했지만 크라수스가 죽은 후 율리우스 카이사르는 폼페이우스를 제거하고 로마의 최강자가 된다.

Silla patricius roman⁹ cũ plurima ĩ iugurthino bello edidisset facinora. Imꝑatoris gloriã a senatu reportauit. qui statim cõtra mithridatẽ missus in achaia ꝛ asia vicit. Hic ex antiqua atq; ꝑclara scipionũ familia ortus: oẽm vitã ab adolescẽtia quibuscũq; flagicijs inqnatã vsq; ad questurã duxit: quã sub mario cõtra iugurtã adept⁹ est. In q quidẽ officio vitã penit⁹ cõmutauit. Nã cathenas iugurthe manib⁹ iecit: mithridatẽ cõpescuit: socialis belli luct⁹ repressit: cynne dñationẽ fregit: ꝛ mariũ ꝓscriptũ ꝛ exulẽ esse coegit. Erat aũt lr̃is grecis latinisq; optie eruditus: facũdus: acer: astutus: glorie cupidus: multaꝝ rerũ ꝛ maxime pecunie largitor: aĩo grandis: ita dubitari potuit: fortior an felicior foret dictator factus. ita rempu. repressit vt nemo illo inuito: nec bona: nec patriã: nec vitã ipsam retinere posset. Sub priuata tandẽ vita puteolos se cõtulit morbo intestinali mortẽ obijt. Quo mortuo duo funestissima bella italicũ qd̃ sociale dicebat: ꝛ ciuile syllanũ finẽ habuerũt: que ambo ꝓtracta sunt ꝑ decẽ annos. Cõsumpserũt aũt vltra centũ quinqginta milia hominũ: viros consulares. xxiij. Senatores fere. ccc. Absq; his qui in tota italia passim deleti sunt.

Cum silla rempublicã cõposuisset sub his cõsulib⁹ bella noua exarserũt: vnũ in hispania: aliud in pamphilia ꝛ sicilia: terciũ ĩ macedonia: quartũ in dalmacia. Nã sertori⁹ qui partiũ marianarũ fuerat ad bellum cõmouit hispanias. Missi sunt cõtra eũ duces Quint⁹: Cecili⁹: Metellus fili⁹ eius. Et in populi ro. ditionẽ redacti sunt. Ad macedoniã missus est Appius Claudi⁹ deinde Cn. Scriboni⁹ Curio. Is dardanos vicit ꝛ vsq; ad danubiũ penetrauit: ita vno tpe multi simul triũphi fuerũt.

Bellũ seruile primũ inter inicia vrbis herdonio duce sabino in ipa vrbe tentatũ est: sed hic tumultus magis fuit q̃ bellũ. Mox impio ꝑ diuersa terrarũ occupato. quis crederet siciliã multo cruenti⁹ seruili q̃ punico bello esse vastatã: terrã frugũ ferax: ꝛ quodãmodo suburbana ꝓuincia late fundis ciuiũ latinoꝝ tenebat. Tandẽ ꝑpenna impatore de eis supplicium sumptum est: fuitq; de seruis ouatione contentus ne dignitatem triumphi seruili inscriptione violaret.

Anno sexcentesimo vrbis condite. lxxxix. L. Sergius catilina tpib⁹ hoꝝ consulũ nobilissimi generis vir sed ingenij prauissimi ad delendã patriã cõiurauit: cũ quibusdã claris quidẽ: sed audacib⁹ viris a cicerone vrbe expulsus est. Socij eius deꝓhẽsi in carcere strãgulati sunt. Ab antonio altero cõsule catilina ipe vict⁹ ꝑlio est ꝛ interfect⁹. Deinde anno sequẽti Junio sillano ꝛ L. murena cõsulib⁹ metellus de creta triũphauit.

Pompeius maxim⁹ romanoꝝ impator maxio in precio apud romanos habitus est: qui deuictis magna celeritate pyratis iterato contra vigintiduos reges oriẽtis impator designatus est: qui mitridatẽ ĩ armenia minore nocturno ꝑlio vicit. Tigrani deinde regi bellũ intulit: deinde albanis ꝛ regẽ eoꝝ herodẽ prudẽter ꝛ hiberie regem vicit. Mox itureos ꝛ arabes. Inde ad iudeã trãsgressus est hierosolimã caput gẽtis obsedit: non solũ natura loci verũ etiã ingenti muro fossaq; maxie munitam vix tercio mense expugnauit. M. iudeoꝝ occisis ceteris in fidẽ acceptis: muros ciuitatis euerti imperauit: hircanũ sacerdotio restituit: aristobolũ captiuũ romã duxit: his gestis in asiam se recepit: reuersus deniq; romaꝫ cum ingenti gloria triumphauit Junio sillano ꝛ L. murena cõsulibus.

Gaius iulius cesar qui postea impauit anno vrbis condite. 698. cuꝫ L. bibulo cõsul factus decreta est ei Gallia trãsalpina ꝛ cisalpina ꝛ comata. Addidit ꝛ senatus illiricũ cũ legionib⁹ denis. Cũ quib⁹ ꝑ decẽ annos bellans grauissima ꝑlia cõfecit. Primo vicit heluetios ꝛ vsq; ad oceanũ britãnicũ ꝓcessit. Deinde Ariouistũ regẽ cui auxiliabãt Arudes Marcomones Tribeti Vangiones Sueui ꝛc. fugere cõpulit. Post hec gentẽ belgarũ ꝛ alios qui vno noĩe germani vocant. Deinde facto ponte rhenum transgressus. Domuit aũt annis. ix. fere oẽm galliã: que inter alpes ꝛ flumen rhodanũ: rhenũ ꝛ oceanum est: ꝛ circuitus patet: hinc bellũ successit ciuile execrandũ. Cesar enĩ e gallia rediens victor aliũ consulatũ petijt: contradictũ est a marcello: a bibulo: a pompeio: a catone: iussusq; vt dimissis exercitib⁹ ad vrbẽ rediret: ꝛ pompei⁹ cũ impio missus est ꝓpter quã iniuriã potius cõmune ꝛ plusq; bellũ exortũ est.

Florentia nobilissima ⁊ inclita ac primaria vrbiuz ethrurie. Eius origo refert in sillanoꝝ militum (quibus is ager a silla assignatus fuit) aduentū. Et quia primas illi sedes ad arnifluenta ceperūt fluentiam inde primo dictam volunt. Et quidem plinius apud quem primuz eius loci mentio facta est fluentinos dicit: ꝑfluenti arno appositos. Ueuerunt vero hi milites ad annuz condite vrbis rome sexcentesimū ⁊ septimū supra sexagesimū. vnde iniciū habuisse videt florentia ante christi dei nostri aduētum annos circiter octogintatres. Condita igit fuit florentia ex fesulanis ad ripas arni fluuij: ⁊ prisci homines fluentiā vocauere. Que cū auspicijs fundata felicib⁹ vicinas p circuitū ciuitates excellere: mirisq̧ modis imperiū ꝓpagare cepisset Florentia longe melius q̄ȝ fluētia dicta est. Multis ea ciuitas p Gothorum tempora incomodis agitata est. Totila enim eam immunitā ⁊ desolatā fecerit. Quā karolus magn⁹ instaurare fecit: maioreq̧ ambitu menibus circūdedit. Et dignissimis priuilegijs ⁊ magistratibus decorauit. Itaq̧ florentia acceptis vi ⁊ in se populariter traductis fesulanis ad annū salutis quartū ⁊ vigesimū supra millesimū plurimū opibus ⁊ gloria est aucta. Quo item anno Heinricus primus impator ecclesiam sancti Miniatis ad muros florentie edificauit. Ex eo fere tpe p priores artiū ⁊ vexilliferos iusticie sicut nūc fit gubernari cepit. Preterea in vrbe p̄ter reliqua ornamenta incredibilia basilica insignis ⁊ stupendo opis fornice est ornata: gloriosęq̧ virgini dicata. Et quarto abinde anno pallaciū item supbissimū quod inhabitant priores edificari cepit. Quinto postmodū anno sc3. 1071. ꝑductū est pomeriū: ⁊ menibus vrbs est ampliata: ⁊ ripis fluminis vltra sacros diui Laurentij edes ꝑpetuo ambitu deducta. Turris vero marmorea inter ceteras orbis campanarias speciosa ad annū inde primū ⁊ tricesimū excitata. Ibi p̄cursoris index maxima in veneratione habet; ob cuius honorē edes p̄clarissima in celebriori vrbis loco

095

dicata habet: quā baptisteriū dicunt. Cuius value ex solido ere existunt: vbi noui ⁊ veteris testamenti historie inenarrabili ope sculpte habent. Florentia cū omni italie ciuitatū flos nuncupet: etiā ꝑter pulchritudinē ⁊ ciuiū vrbanitatē: viros quoq; in omni genere virtutis ꝑstantiores habuit. Duobusq; poetis ornata fuit. Dante Aldegerio ⁊ Francisco petrarcha. Quoꝝ hic patre florentino sed exule apud aretiū nat⁹ ⁊ arquade inter colles euganeos mortuus ac sepultus est. Ille florentinis parentib⁹ florētie natus. obijt Rauenne patria exul. Paulopost iotum habuit pictorē celeberrimū apelli equipandū. Habuit quoq; accursiū iurisconsultoꝝ principē: qui ius ciuile egregie interꝑtatus est. Reddidit ⁊ medicū Tadeū omnium clarissimū. Ornataq; fuit cosimo mediceo quē opum affluentia humanitate ⁊ liberalitate supantem ciues europe celebrem reddūt. Cumulantq; eius felicitatē filij sui ⁊ nepotes qui florentie vrbi plurima addiderunt ornamenta. Monasteriū ꝑcipue celebre sancti marci in quo pulcherrime extructiones ⁊ bibliotheca q̄ alias supat oēs: eius viri summi magnificentiā ostendūt. Et priuate eius edes in via lata extructe romanoꝝ opibus compande. Florentissime aūt vrbis originē gestasq; res abunde complexus est Leonardus aretin⁹. Secus florentinā fesula vrbs vetusta ⁊ multoꝝ scriptis ꝑsertim Salustij ⁊ Liuij celebrata interijt vel vt sup̄ in florentiā populū opesq; mutauit. Ex cui⁹ montib⁹ qui ad orientē vergūt Munio torrēs orit florentina abluēs menia: florentinā vrbem diuidit arnos amnis pontibus in ea quatuor magni opis iunctus. Vallem arni supiorē qua nullā habet: nūc ager florentinus: vini optimi feraciorē quātū ꝓfluēti arno apposita planicies ambit fuisse palustrē aiunt. Cōmendanda est multis in rebus florentinoꝝ ꝓuidentia: tum maxie qd̄ eligēdis cancellarijs que oratoriā spectāt: ⁊ q̄ vocāt humanitatis studia pitos acceptāt: vt Leonardū ⁊ carolū aretinos Poggiū: ⁊ añ eos colluciū q̄ scribēdi dictādiq; artē disertissime tradiderūt.

095

Folium LXXXV verso – LXXXVI recto

피렌체

르네상스의 발상지인 피렌체Firenze의 옛 이름은 플로렌티아Florentia이다. 이 삽화에서는 Florencia로 표기되어 있다. 피렌체의 기원에 대해서는 확실한 기록이 없지만, 《뉘른베르크 연대기》에 따르면, 로마 공화정 시대의 독재관 술라(138~78 B.C.) 휘하의 퇴역병들이 기원전 83년 아르노 강변에 세운 식민 도시로 거슬러 올라간다고 한다.

이 삽화에는 15세기 후반 피렌체의 모습이 비교적 정확하게 묘사되어 있는데 시가지의 중심에는 르네상스 최초의 건축으로 손꼽히는 브루넬레스키가 설계한 대성당의 돔이 뚜렷하게 보인다.

Folium XC verso – XCI recto

쾰른

라인 강변의 도시 쾰른의 기원은 기원전 38년 로마군이 세운 군단기지로 거슬러 올라간다. 기원후 1세기 초 아우구스투스의 의붓아들이자 뛰어난 장군이었던 게르마니쿠스는 이곳에 주둔하면서 강 건너편의 게르만 족과 대치했는데, 그의 딸 아그리피나는 바로 이곳에서 태어났다. 그녀는 나중에 클라우디우스 황제의 황후가 되어 서기 50년에 이곳을 식민 도시로 격상하도록 하여, 이곳은 '아그리피나의 식민 도시'라는 뜻으로 콜로니아 아그리피넨시스Colonia Agrippinensis라고 불리게 되었는데 쾰른Köln이란 지명은 바로 '콜로니아'에서 유래한다. 한편 프랑스에서는 이곳을 콜로뉴Cologne라고 하고 영어에서는 이 표기를 따른다. 한편 쾰른 대성당은 13세기에 착공되어 완공되기까지 600년 이상이 걸렸다. 삽화 오른쪽에는 공사 중인 대성당이 묘사되어 있다.

AGrippa colonia q̄ ad sinistri rhenū latꝰ sita est. locꝰ ⁊ situ ⁊ flumīe clarꝰ ⁊ pplo. quā alij scribunt Agrippinā dictā q̄ nūc Colonia dicit. Ea inferioris germanie vbioꝝ vrbs ad citerioris rheni ripas sita. Temporibꝰ enee troiani a q̊dā troiano colono noīe (vt sicardꝰ cremonēsis hʒ) iniciū sūpsit: s̄ postmodū Claudii imperatoris iussu qui agrippine maritꝰ fuit. ⁊ vbiorū pplis a sueuis fugatꝭ instaurata extitit. ⁊ ab agrippina vxore ex eoꝝ ꝓgenia ducta appellata. quā vrbē sic cōditā vbii ppli habitare ceperunt. Veriores tñ historici oēs asserunt qꝫ. M. agrippa colonie illiꝰ auctor fuit. Qui licet multa domi multa foris preclara cōstruxit: illam tñ ex oībꝰ dignā cēsuit. cui suū nomē imponeret. Edificator ac bellator egregiꝰ dignusqꝫ habitꝰ. quē augustꝰ sibi generū ex toto orbe deligeret: nō q̄liscūqꝫ filie: sed dilecte: sed vnice: sed auguste. Is vrbē in emulatione Treueris opulentissimā ordinauit: vt seditiones gallie cōprimere posset Hildericus aūt rex frācoꝝ lōge posteā ex agrippina fautores Egidii romani eiecit: francis impositis ex francoꝝ incolatu Coloniā appellauit quāqꝫ nōnulli coloniam romanoꝝ esse dixerūt.

Que ciuitas cū romanoꝝ socia esset: fatali igne ꝯsumpta est: in q̄ capitoliū ⁊ edificia ⁊ ritꝰ romanoꝝ instar fuere ⁊ adhuc nōnulla extant: habet enī capitoliū ad effigiē romani nisi qꝫ ꝑ senatū illic pacis ⁊ belli consilia agitante: hic famosi iuuenes ac puelle nocturnas laudes deo cōcinunt eterna cōcordia. Ibi rotarū ⁊ armoꝝ strepitꝰ ac gemitꝰ captiuorū. hic quies ⁊ gaudiū ac iocantiū voces. deniqꝫ illic bellū illuc pacificus triūphator ingredit᷑. Videt᷑ ibi templū vrbe media pulcherrimū quāuis inexpletū qđ haud immerito sūmū vocāt. Magoꝝ ibi regū corpa ab ortu vsqꝫ ad occasum tribus saltibus transuecta Quos ad ethereū quondā regē ad presepia vagientē cū muneribꝰ veneratos legimus. hec libera ac insignis vrbs metropolis est. Cuius archiepiscopꝰ romanū eligit impatorē. In ea multi scīa ⁊ scītitate claruere viri: quoꝝ de numero seuerinꝰ ipsius vrbis epus. Et albertus magnus cuiꝰ corpus apud predicatores obseruat᷑. Ibi 50. ex thebeoꝝ legione cursū sui agonis cōpleuerūt. Vrsula qꝫ cū vndeci virginū milibꝰ ⁊ alij nōnulli in ea martiriū ꝓmeruerūt. Mirū aūt est quāta ibi ciuilitas que vrbis spēs: que viroꝝ

grauitas que mūdicie matronarū. Peruetustuz gētis colonie ritū esse vulgo psuasuz presertī femineo Franciscus petracha scribit. Qui hoc insigne spectaculū vidit. In vigilia Johānis baptiste cū sol ad occidētē vergit. Ōis ripa preclaro ꝛ ingenti mulierū agmine tegit: ꝛ incredibilis sine offensione cōcursus erit: vicissimqꝫ alacres pars herbis odoriferꝫ intinctis reductisqꝫ post cubitū manicis candidas in gurgite man⁹ ꝛ brachia lauant. Et tradūt oēm totius anni calamitatē eminentē fluuiali illius diei ablutione purgari. ꝛ deinceps letiora succedere. Itaqꝫ lustrationē esse annuam in exhausto semp studio cultū colendūqꝫ. O nimiū felices rheni accole: quoꝝ ille miserias purgat germanie superioris nec hister nec albis italicoꝝ nec padus vnqꝫ valuit purgare nec tyberis pigriora sūt hec flumina. Prope coloniā aquēsis vrbs Aquisgrani dicta karoli magni sedes. ꝛ in tēplo marmoreo verendū barbaris gentib⁹ illi⁹ principis sepulchrū. is statuit vt successores sui primā inde coronā. Et pma inde imperij auspicia capescerēt: qꝫ hodieqꝫ seruat: seruabit qꝫdiu romani frena imperij theutonica manus aget.

L. pomponius

L. pōponi⁹ historic⁹ ꝛ orator atellenaꝝ scptor p h tēp⁹ (eusebio teste) clar⁹ fuit. q̄ geographie libellū edidit. in q̄ vrbiū distantias ꝛ loca queqꝫ mensurat.

Leoneus

Leone⁹ grāmaticus doctissim⁹ Gn. pōpei libert⁹. Is iussu dn̄i sui pōpei cōmētaria ī medicina q̄ pōpei⁹ deuicto metridate ī suis scrinijs cōpererat: ī nr̄m trāstulit sermonē. metridates eī medicine curiosus ab oībus sbiectꝫ suis singula medicialia exq̄rēs cōmētationū boꝝ ꝛ exēplaria ī archanis suis reliq̄rat.

M. agrippa

Agrippa gener octauiani edificator egregi⁹ rome q̄ multa cōstruxit ī edilitate sua adiecta vgínea aq̄ ceterisqꝫ corriuatꝫ atqꝫ emēdatꝫ lac⁹ septigētos fecit: idqꝫ fuit qd̄ octauianu augustū pplo romāo vinū peteti sbiratū rn̄disse scribit suetoni⁹ tot aq̄s ītroduxit agrippa gener me⁹ ꝛ vinū q̄ritꝫ. colonieqꝫ nomē ꝛ dignitatē dedit.

Augusta vindelicoꝝ inclita ⁊ ſuperioꝛis germanie vrbs vetuſta. Cuius originē aliqui quā vetuſtiſ ſimā oſtendere cupientes ſicuti ceteri moꝛtaliū. Gentem ſueuoꝝ a Japhet deſcendentē: eam primo inhabitaſſe ꝓnunciā ſcribunt. Ibiqꝫ eam condidiſſe vbi habūndantia aquarū: ſalubꝛis aer ⁊ alia opoꝛtunia de facili haberi poſſent. Uenientes enim ſueui ad retiam locū aptum conſiderātes: ⁊ ad tuendū natura munitū ob concurſum duoꝝ rapidiſſimoꝝ fluuioꝝ vinde ⁊ lici. hanc vrbem primo edificauerunt. Eamqꝫ vindelicā a vinda ⁊ lico appellabant. Ea enim regio poſtea vſqꝫ ad alpes vindelica dicebaẜ. Uni uerſaqꝫ montana pars in orientē ⁊ auſtrū vergens a rhetis vindeliciſqꝫ teneẜ vt Strabo ponit. Eam autē moꝛe vetuſto vallo ac foſſa cinxerunt amazones poſtq̄ꝫ europam inuaſerūt ſueuos ſub marſepia inſuetis armis ⁊ ſecuribus p̄acutis ex hac vrbe cedere vſqꝫ ad alpes coegerunt ⁊ deſolatā reliquerunt. Cū hec ante cladē troie pacta ſint. Eam ciuitatē ante troiam fuiſſe opinanẜ. Et tempoꝛibꝰ exitus filioꝝ iſrahel de egy pto ante romā quingentos ⁊ quinquaginta annos conditā aſſerunt. Quā quidē a troianis oꝛtam dicunt Eligentes aūt ſibi deam Zizam quā cererē fuiſſe opinanẜ. A qua hec vrbs zizaria dicta. Cuius templum vſqꝫ ad tp̄a romanoꝝ inuiolatū ꝑmanſit. Id vetuſtate collapſuꝫ nomē collis ſeruauit. Qui ab incolis Ey ſenberg hodie vocitaẜ. Per vindelicos deinde ac rethos floꝛentiſſima cū muris ac ꝓpugnaculis facta. A romanis plurima bella ꝑpeſſa eſt. Cū libertatem ſemꝑ optaret: ſe a romanis vindelici alienarūt. Ideo di uus Octauianus Auguſtus Titū Enniū p̄toꝛē cum legione marcia: ac alijs ducibus in eos miſit. In qua Auar bogudis regis filius adoleſcens in armis apud grecos ⁊ latinos peritus. Et Uarro tribunꝰ mili tum claruerūt. Hi ciuitatem in fine eſtatis multitudine romanoꝝ obſeſſam varijs affecerunt incommodis. In ea oppugnatione Auar grecus occiditur. Et in vico criechiſaueron vbi ſepultus fuit tale epigramma reperitur. His nomen terris bogudis dat regia pꝛoles. Grecus auar pecudis de ſueuis moꝛe littatus. Pe rijt ⁊ pretoꝛ cum legione marcia vt pauci ſupereſſent in ea clade qui rem geſtam recitarent. Locoqꝫ cedis nomen dedit perdita legio in media nunc ciuitate perleich dicta. Ideo ſcribitur. Indicat hic collis ro manam nomine cladem. Marcia quo legio tota ſimul perit. Uarro quem verrem nomunant anne

097

transmisso in paludibus se occultans lacui vernensee nomen dedit. Is postea consul sicilie infeliciter obijt. Et vt Suetonius refert q Octauianus Augustus omnes graues ignominias cladesqz duas omnino nec alibi qz in germania accepit. lolianam atqz varrianam. varrianā pene exitiabilē tribus legionibus cū duce legatisqz ꝛ auxilijs cōmunibus cesis. Deinde augustus p Tiberiū Neronē (Cum Drusus frater eius renales regiones aggressus est) post varrianā cladē effluxo triennio vindelicos deuicit atqz vrbem eoꝝ imunitam reddit. Et vt verba strabonis libro quarto affirmāt. Tribus romanoꝝ milib' cesar augustus missis vrbem Augustam habitandā tradidit. quo in loco varro castra iam habuerat. Claudius Drusus tamen eā postea instaurauit. Muris ac turribus ampliauit. Cūqz auspicijs Augusti victa ꝛ aucta erat in honorē augusti Octauiani Augustam appellauere. De his bellis Oratius in odis mentionē facit. Uidere rethi bella sub alpibus drusum gerentē vindelici. Quibus mos vnde ductus p omne tempus amazonia securi dextras obarment ꝛc. Cum aūt Sueui qui potentia ꝛ hominū frequentia reliquos antecellūt. hanc vrbez p tutissimo elegerūt. Deinde in romano imperio stabilis ac fidelis pmansit magnū incrementum habuit ac multa prisce vetustatis monimenta in ea relicta sunt. Anno aūt salutis quarto ꝛ quinquagesimo sup nōgentesimū ꝛ vltra vngari germaniā ꝛ sueuiam vastantes Augustam obsiderūt: varijsqz cladibus noricos rhetos ac sueuos afflixerunt. Otto primus impator aduersus eos pluribus diebus decertauit. Eosqz tandem ad internitionē prope Augustā delent. Tres quoqz in eo prelio eoꝝ regulos captos a militib' suis ad eū pductos cum ob clementiā seruare conaret. Sueui (eo nolente) suspendio necarunt. Cecidit in eo bello Diopoldus comes frater sancti Udalrici ꝛ Regniboldus fili' sororis sue. Deinde diuus Udalricus episcopus vrbem illustriorē fecit. ꝛ eccl'iam sancte Affre instaurauit. Que olim ab Attila ꝛ nūc ab hunis lesionem sensit. Et eccl'iam sancti Johannis ꝛ sancti Stephani cōstruxit. Ornatqz hec impialis ciuitas publicis ꝛ priuatis edificijs pulcherrimis. Et psertim basilica epali ampla beate Marie virgini dicata. Et cenobij sancti Udalrici ordinis diui Benedicti in quo corpus eiusdē sancti epi ꝛ Simperti ac beate Affre martyris ac plurimoꝝ sanctoꝝ pcipuo honore obseruant; qui auguste varijs ob tormētis martiriū pmeruerūt

097

Folium XCI verso – XCII recto

아우크스부르크

남부 독일에 위치한 아우크스부르크Augsburg의 옛 도시명 아우구스타Augusta는 로마 제국 초대 황제 아우구스투스의 이름에서 따온 것이다. 이 도시는 기원전 15년에 아우구스투스의 의붓아들 드루수스와 티베리우스가 세운 병영도시 아우구스타 빈델리코룸Augusta Vindelicorum이 기원이 된다. 독일에서 가장 오래된 도시 중 하나로 꼽히는 이 도시는 15~16세기에 금융 도시로 크게 번영했다.

098

Folium XCII verso

삼두정치

《뉘른베르크 연대기》에 따르면 율리우스 카이사르가 기원전 44년 3월 15에 암살당한 후 동쪽에서 세 개의 태양이 떠오르더니 나중에는 하나가 되었는데, 이것은 제2차 삼두정치가 로마를 다스리게 될 징조이거나 성부·성자·성령 삼위일체의 세상이 곧 올 것임을 암시했다고 한다. 로마의 제2차 삼두정치는 옥타비아누스, 마르쿠스 안토니우스, 레피두스가 이끌게 된다.

그 당시 이집트의 알렉산드리아에 있던 4만 권의 도서를 소장한 세계에서 가장 유명한 도서관이 화재로 파괴되었다.

099

Tres soles post mortē Julij Cesaris sequēti die exorti sunt ⁊ apparuerūt in oriēte: qui paulatim in vnū corp⁹ solare redacti sunt ⁊ in eundē orbē couenerūt: significātes dominiū Lucij antonij ⁊ .M. antonij atq̧ Augusti in vnā monarchiā reducendū: vel potius q̄ noticia trini ⁊ vni⁹ dei toti orbi futura iminebat. Bos quoq̧ aranti in suburbano rome locut⁹ est: dicens frustra se vrgeri quia in breui magis homines defuturos esse q̄ frumenta.

Bibliotheca toto vrbe terrarū noīatissima .40. miliū libroꝝ in egypto cōburit᷑. Ibi accurata diligentia in colligēdis libris p̄ veteres laudat᷑. Nā aristoteles ⁊ bibliothecā ⁊ scolā Theophrasto reliquit. Et primus fuit (vt Strabo arbitrat᷑) qui libros cōgregauit: ⁊ egypti reges bibliothece ordinē docuit. Deinde Theophrastus neleo tradidit. Neleus scepsim detulit ad hoīes imperitos: qui libros inclusos ac negligētes cōpositos tenebant. Ptholome⁹ quoq̧ philadelph⁹ maximū numerū libroꝝ collegit. Et vt Seneca tradidit .xl. milia librorū alexandrie arserunt pulcherrimū regie opulentie monimentū: sicut ⁊ Liui⁹ qui elegantie cureq̧ regum egregiū id opus ait fuisse. Non fuit elegantia illud aut cura: sed studiosa luxuria: imo nec studiosa quidē q̄n nō in studiū sed in spectaculū cōparauerant: sicut plerisq̧ ignaris etiam seruiliū litterarū libri non studiorum instrumenta sed cenationū instrumenta sunt.

Salustius

M. Varro

Uirgilius Maro

Salustius romanus historicus ac philosoph⁹ Ciceronis emulus rome claruit. Is fuit nobilitate veritatis insignis historicus quippe qui de bello catilinario: necnō ⁊ de bello iugurthino libros edidit celebres: ac nōnullas scripsit epistolas.

M. Uarro vico atice ⁊ narbonensi prouincia natus rome in precio plurimū fuit eruditissimus quidē ⁊ acutissimi ingenij vir: atq̧ in omni seculari eruditione peritus: qui annū agens .35. grecas lr̄as cum summo studio didicit: hic vir doctissim⁹ vndecūq̧ qui tam multa scripsit: quā multa vix quēq̧ legere credam⁹: hic quoq̧ teste Isidero innumerabiles edidit libros inter quos .415. antiquitatum precipui: quos in res diuinas humanasq̧ diuisit. Edidit insup ⁊ librū de lingua latina: ⁊ librū moralē: de quo snīam ponimus hanc. Amici diuitū palee sunt circa grana. Uis (inquit) experiri amicū: calamitosus fias. Scripsit ⁊ librum de deorum cultu. vixit annis .90.

Uirgilius maro poetarū princeps natione mantuanus parentib⁹ modicis fuit ⁊ p̄cipue patre marone. Natus est Cn. pompeio magno: ⁊ .M. licinio crasso primū cōsul. idnū octobriū die in pago qui andes dicit᷑: qui est a mantua non procul. Mater eius maia se enixam laureū ramū somniauit: haud dubiam spem prosperis geniture. Initiū etatis cremone egit: sumpta virili toga mediolanū: inde paulopost neapolim transijt: vbi cum lr̄is ⁊ grecis ⁊ latinis vehementissimā operam dedisset: tandē omni cura omniq̧ studio indulsit medicine ⁊ mathematicis. Quibus rebus cum ante alios eruditior peritiorq̧ esset: se in vrbē contulit: vbi ab augusto acceptus fuit: ⁊ illū pollioni cōmēdauit. Corpore ⁊ statura fuit grandi: aquilino colore: facie rusticana: valitudine varia. Nāq̧ plerūq̧ ab stomacho ⁊ faucibus ac dolore capitis laborabat. Quecūq̧ ab augusto petijt repulsam habuit nunq̄. Parentibus quot annis aurum ad abundantem alitum mittebat: quos iam grandis amisit. Multa scripsit priapeiam culicem moretum deinde buccolicā postea georgicā in honore mecenatis nouissime eneidē. Obijt deniq̧ brundusij anno etatis sue .52. Cuius ossa in via puteolana neapolim trāslata intra lapidem sepulta sunt: vbi inscriptū est. Mantua me genuit: calabri rapuere: tenet nunc parthenope: cecini pascua rura duces.

Horacius Flaccus

Horacius poeta laudatissimus: patria venusinus: patre libertino nat⁹: fuit statura breuis: rome liberalibus litteris eruditus: deinde athenis doctissimus euasit: familiaritatem .M. bruti qui cesarem occidit adeptus: factus ab illo tribunus militum contra .M. antoniū ⁊ augustum cum victus fuisset brutus ex clade aufugit. Cui postea augustus mecenatis gratia pepcit. Liberatus ad poetica se conuertit. Scripsitq̧ odas poetriā ⁊ ep̄las. Et cū optimis studijs innumerabiles diuicias cumulasset. tandem rome moriens augustum instituit heredem. Obijt sed etatis sue anno apud mecenatem sepultus.

099

Folium XCIII verso

티부르의 시빌라와 아우구스투스

무릎을 꿇고 있는 로마 제국의 초대황제 아우구스투스 앞에서 티부르의 시빌라Sibylla(여자 예언자)가 하늘에서 광채에 휩싸인 성모 마리아와 아기예수의 환상을 보고 구세주가 탄생할 것이라고 예언했다고 한다. 예수는 아우구스투스가 통치하던 시대에 태어났다.

티부르Tibur는 로마 동쪽에 있는 도시 티볼리Tivoli의 옛 이름이다.

Sibilla tiburtina vates pcipua: cui' ppriũ nomẽ al bunea fuit: in italia floruit ꝛ multa pdixit. ꝛ q̃ ti burre ciuitati iuxta amnis ripas vt dea colebat̃: io tibur ana dicta fuit: ĩ gurgite ipsi⁹ fluminis cui⁹ simulacrũ tenẽs ĩ manu librũ inuẽtũ fuit: hãc august⁹ octauian⁹ (cũ rõani ei diuinos honores exhiberẽt) ꝯsuluit. Que p⁹ triũ dierũ ieiuniũ rñdit ea q̃ diu⁹ augustin⁹ refert: iudicii signũ tell⁹ sudore madescet. E celo rex adueniet p secula futur⁹. Et sũt. 27. versus q̃rũ vltim⁹ est. Decidet e celo ignisq̧ ꝛ sul phuris amnis: quoꝝ capitaliũ lr̃e teste eodẽ: hũc sensum reddũt: ihs xp̃s dei fili⁹ saluator. Quib⁹ dict̃ illico (vidẽ te augusto) celũ apertũ est: ꝛ nimi⁹ splẽdor irruit super eũ Viditq̧ in celo pulcherrimã virginẽ stantẽ in altari pue rulũ baiulãtẽ: q̃ visa repẽte ꝛ vocẽ audiuit dicẽtẽ: hec ara filii dei est: atq̧ ita august⁹ in thalamo suo existẽs: h̃ au diẽs ꝛ vidẽs in terrã pcidit ꝛ deũ adorauit. Quãobrem august⁹ deũ se appellari oĩno recusauit: q̃ ĩ loco postea ad rei mẽoriã templũ sub titulo scẽ marie v̾ginis in ara celi edificatũ fuit: quẽ locũ ordo btĩ Frãcisci excolendũ nunc possidet. Alii describũt eã nõ senem cũ veste rubea: ꝛ pel le hircina in humeris cũ capillis dispersis in manu h̃ scri ptũ tenentẽ. Nascet̃ xp̃s in bethleẽ: annũciabit̃ in naza reth regnãte thauro pacifico fundatore quietis. O felix illa mater cui⁹ vbera illũ lactabunt.

Prodigia in ntĩuitate xp̃i visa. olei fons (vt eutropi⁹ ꝛ alii testant̃) Rome e taberna meritoria in trãstiberi na regione ex terra p totã effluxit die: denuncians christi gratiã omnib⁹ gentib⁹ datam: quo etiã die aure⁹ circulus circa solẽ apparuit: romuli quoq̧ statua ꝛ templũ pacis corruere.

Ouidius naso poeta

Publ. ouidi⁹ naso sulmonẽsis clarissim⁹ poeta hac tẽpestate rome claruit: ꝛ mul ta cõscripsit: hic ex sulmone brucioꝝ oppido ortũ habuit: vt ipse testat̃: sulmo mihi patria est gelidis vberrim⁹ vndis: miliaq̧ nouies distat ab vrbe decẽ. Is apõ athenas pmo poeticã: deinde philosophicã disciplinã optĩe didicit: veniẽsq̧ romã apud augustũ cesarẽ ꝛ vita ꝛ carmine plurimũ valuit. Sed multoꝝ post dierũ curri cula anno etatis sue q̃nq̃gesimo ab eodẽ augusto in pontũ insulã apud sarmatas re legat⁹ est: de hoc in libro de ponto ait. Naso mun⁹ prudẽs artẽ dum tradit amãdi. do ctrine triste preciũ magister habet. Cui⁹ quippe mores ea erant facultate qua ꝛ car mina. Tandẽ anno. 5. imperii Tiberii cesaris: etatis vo sue. 54. obiit.

Tit⁹ liui⁹ historic⁹

Tit⁹ liui⁹ patauin⁹ magn⁹ ꝛ historicoꝝ tam grecoꝝ q̃z la tinoꝝ priceps. anno. 16. añ xp̃i aduẽtũ rome claruit. Et Hieronym⁹ diu⁹ ex verbis plinii de eo scribit. Ad titũ liuiũ lacteo fonte manantẽ de vltimis hispanie galliarũq̧ finib⁹ quosdã venisse nobiles legim⁹ vt quos ad cõtem platiõnẽ sui roma nõ traxerat: vni⁹ hoĩs fama pduxit. habuit illa etas inauditũ oĩb⁹ seculis celeberrimũq̧ miraculũ: vt vrbẽ tantã ingressi: aliud extra vrbẽ q̃rerent: hic ab augusto honorib⁹ ꝛ diuiciis honorat⁹ fuit diligẽtissim⁹ historiarũ indagator: cen tum ꝛ decẽ historiarũ libros ꝯscripsit. Cui⁹ operũ maximã partẽ (tpoꝝ malignitate) amisim⁹. Vixit annis. 80. ꝛ q̃rto imperii tiberii cesaris anno patauii obiit: ꝛ ibidẽ sepult⁹. Cui⁹ sepulchrũ adhuc ĩ diue v̾ginis Iustine vestibulo extat his titulis ador natũ. Ti. liui⁹. Ti. fi. q̃rte legiõis: Aliis cõcordialis patauii sibi ꝛ suis oĩb⁹. Ei⁹ ossa cũ postea inuẽta fuissent veneti qui pretoriũ ipsi⁹ vrbis cõcrematũ instaurauerunt in cõspicuo ipsi⁹ fastigio collocauerunt.

Valeri⁹ maxim⁹

Valeri⁹ maxim⁹ roman⁹ phus ꝛ orator luculentissim⁹. Anno. 15. añ xp̃i aduẽtũ rome clar⁹ fuit: ac augusto cesari charissim⁹ habit⁹: q̃ inter cetera libros nouem s̾mone lucutẽtissimo cõposuit scʒ de dict̃ factisq̧ mẽorabilib⁹ viroꝝ: q̃ apõ romãos ꝛ grecos habebãt̃ illustres: addẽs etiã ex ppriis nõnulla ad virtutũ cõmẽdationẽ vicioꝝq̧ detestationẽ pertinẽtia Ex q̃b⁹ hãc mẽorabilẽ excerpim⁹ sñiam. Lento em̃ g̃du ad vindictã sui diuina pcedit ira, tarditatẽq̧ supplicii grauita te cõpensat.

Solinus

Solinũ q̃z historicũ ꝛ oratorẽ grauissimũ tempestate istac ex libris ipsius floruisse conijcim⁹. cũ ꝛ ipse col lectaneoꝝ librum optimũ edidit. ꝛ ad augustũ cesarẽ rome obtulit. In quo similit̃ terrã pingit ac vrbiũ distantias ꝛ loca multa mensurat. Eũq̧ librũ collectaneũ id est de mirabilibus mundi appellauit.

100

Folium XCIV verso

헤롯 왕의 생일 식탁

1 삽화에서 등장인물들은 오른쪽부터 헤롯 왕, 왕비 헤로디아스, 그녀의 딸 살로메이고, 식탁 한가운데 접시 위에는 세례자 요한의 잘려진 머리가 올려져 있다. 화면의 왼쪽에 있는 사람들은 식탁 주변에서 시중드는 사람들인데 그중 작은 체구의 인물은 세례자 요한의 목을 자른 형리이다. 그와 반대쪽에 있는 헤롯 왕은 다소 불편하고 놀란 듯한 표정이다.
왕비 헤로디아스는 헤롯의 동생 필립과 이혼한 적이 있다. 그녀가 헤롯과 결혼하는 것은 유대율법에 어긋나기 때문에 세례자 요한은 이를 반대했다. 이에 헤롯은 세례자 요한을 투옥했다. 어떻게 해서든 세례자 요한을 죽이려고 작심한 왕비는 첫 번째 결혼에서 난 딸 살로메를 헤롯 앞에서 춤추게 했다. 이에 매혹된 헤롯은 그녀가 원하는 것은 무엇이든 들어주겠다고 약속했다. 그녀가 원한 것은 다름 아닌 세례자 요한의 목이었다.

101

Folium XCIV verso

마리아의 일생 세 장면

2 **마리아의 탄생**: 침대에 있는 어머니 안나에게 두 여인이 시중들고 있고, 침대 옆에는 아기 마리아의 요람이 있다.

3 **마리아의 결혼**: 요셉과 마리아의 결혼을 사제가 주재하고 있다.

4 **수태고지**: 가브리엘 천사가 마리아에게 구세주를 낳을 것이라고 알린다.

Linea cristi Joseph.

JOhānes baptista xp̄i ih̄u precursor ex sctīssimis parētib⁹ Zacharia τ Elizabeth nat⁹. vir ab ipso matris sue vtero sctīficat⁹. τ inter mulierū natos (dn̄o testāte) nō surrexit maior isto: q̄ppe ꝓpha τ plus q̄ꝫ ꝓpheta fuit cū xp̄m redēptorē digito mōstrauit dicēs. Ecce agnus dei τc. Js trāsactis infantie annis lꝫ tenellus τ parētib⁹ antiq̄s vnicus ob amorē celestis patrie heremū petijt. Post hec cū trigesimū vite sue annū attigisset duodecimo imperij Tiberij cesaris anno ꝓcurāte pōtio pilato iudeā factū est verbū dn̄i sup eū in deserto. Et venit ī oēm iordanis regionē: predicās baptismū pn̄ie. eā ob rem multis ad eū cōcurrētibus singulis quibuscūqꝫ interrogātibus: cōueniētia dabat respōsa. Demū ab herode antipa pauloante predicationē xp̄i captus carceri mācipat⁹. Arguebat enī ipsuꝫ dicēs. Nō licet tibi habere vxorē fr̄is tui. Et illa instigāte p annuꝫ pedore carceris τ maxīa inedia eū macerari fecit: post annū adueniente die natalis herodis cōuocauit cūctos gallilee pricipes τ nobiliores ad cōuiuiū: q̄bus epulātib⁹ herodiadis filia vocib⁹ gestiuit ac saltauit: τ sūme placuit regi: q̄ iurādo pollicit⁹ est dare q̄ōcūqꝫ postulasset: a matre p̄monita: petijt caput Johannis in disco. Rex cōtristatus ꝓpter iusiurandū misso spiculatore decolari eum fecit.

Decollatio sancti Johānis baptiste precursoris dn̄i.

100 ❶

Natiuitas bte vgi marie 101 ❷

Desponsatio vgis marie. ❸

Annunciatio dominica. ❹

제6 시대

예수 그리스도의 탄생부터 '현재'까지

102

Folium XCV recto

마리아의 어머니 안나 계보

안나Anna는 세 번 결혼했다. 계보도의 상단에 보이는 안나는 두 손 모아 기도하는 모습이다. 안나의 왼쪽이 첫 번째 남편 요아힘, 오른쪽에는 두 번째와 세 번째 남편 클레오파스와 살로메이다. 첫 남편에서 나온 줄기는 이전 삽화(제5시대 마지막 삽화)의 마리아로 연결된다.

두 번째 남편에서 나온 줄기는 마리아(동명이인)와 남편 알페우스, 여기서 나온 짧은 줄기는 요셉 유스투스, 긴 줄기는 세 명의 아들 시몬, 유다, 야고보(소)로 연결된다.

세 번째 남편에서 나온 줄기는 마리아(동명이인)와 제데베, 여기서 나온 줄기는 요한(〈요한복음〉 저자)과 야고보(대)로 연결된다.

맨 아래 오른쪽과 왼쪽 구석에 있는 두 사람은 각각 헤롯 대왕과 왕비 마리암네이다.

Sexta seculi etas nato dño nr̃o ihesu xp̃o inchoata est. In principio q̃dragesimi secũdi anni imperij Augusti cesaris: p̃mo ⁊ trigesimo regni herodis alienigene. ac tercio anno centesime nonagesime tercie olimpiadis. Ab vrbe cõdita. 759. A captiuitate iudeoꝝ. 545. A dauid regno 1029. A natiuitate abrahe. 2015. A diluuio noe: 2957. Ab adam. 5199. A cõceptione iohãnis baptiste mẽse sexto. Durabitq; p temp' totũ qð gr̃e appellat. Et ptracta est a xp̃i ihesu bñdicta natiuitate vsq; in temp' p̃ñs p annos mille q̃drĩgẽtos nonagintaduos. Habebitq; decursuz vsq; ad tp̃a antixp̃i: aut ad cõsũmationẽ seculi: que nulla generationũ aut tpoꝝ serie certa: sed veluti decrepita toti' mũdi morte erit finiẽda: hãc etatẽ vt scriptũ est quidã ab incarnatiõe xp̃i incipiũt: quidã a baptismo xp̃i, ppter vim regeneratiuã aquis datam iam circũcisione terminata. Alij aũt a passione: quia iam aperta est paradisi porta: ⁊ inchoata est septima quiescentiũ. Et ex hac sexta etate originẽ ac fundamẽtũ: christianũ imperium ⁊ summum pontificiũ cum laude habuerunt.

Mariannes regina hebreoꝝ filia aristoboli ab herode viro suo ob inuidiã occidit. Nã vt ioseph' ait tãte tamq; inuise pulchritudis clara fuit: vt nõ solũ eo tp̃e formositate femĩas anteire crederet ß celesti arbitraret imago. Tãdẽ a matre ⁊ sorore herodi accusat q; effigiẽ suã ad octauianũ trãsmisisset: vt i sui desideriũ puocaret q̃ cũ crederet herodes; capitali sñiã eã occidi iussit.

Non defuit princeps ex iudeis vsq; ad hũc diem: quo primum acceperunt hunc herodem alienigenã. Tempus quippe erat vt veniret ille cui repromissum erat: quod nouo pmissuz est testamẽto: vt ipse esset expectatio gẽtiũ. Cessauit g̃ ac merito eoꝝ vnctio: hoc est imperiũ: q: ex danielis sñia sanct' sctoꝝ venerat.

103

Folium XCV verso

예수 생애의 네 장면

1 **탄생**(천지창조 後 7200년): 마리아와 요셉이 누워 있는 아기 예수를 경배하는 모습으로 지켜보고 있다. 아기 예수는 광채에 휩싸여 있다.

2 **박사들과 토론**(천지창조 後 7211년, 그리스도 탄생 後 12년): 소년 예수가 박사들과 토론하고 있다.

3 **세례**(천지창조 後 7229년, 그리스도 탄생 後 30년): 세례자 요한으로부터 요르단 강에서 세례를 받고 있다.

4 **십자가**(천지창조 後 7233년, 그리스도 탄생 後 34년): 십자가 왼쪽은 마리아, 오른쪽은 제자 요한이다. 십자가 아래의 해골은 죽음을 상징한다.

Jhesus xp̄us dei filiꝰ saluator ⁊ redēptor noster. Imperij Augusti cesaris qui tūc orbi imperitabat anno q̄dragesimosecūdo. Cirino tūc preside: vniuerso orbe pacato i bethleem iude nascit^r quē Maria virgo angelo annūciāte ex spūsancto cōcepit ⁊ pepit ad abolendā humani generis labē pter primoꝝ inobediētiā cōtractā. Qui nascēdo viuēdo moriēdo resuscitando ⁊ in celū ascēdēdo vt deū se ostēderet multa ⁊ inaudita miracula fecit. Quoꝝ primū est qd tam mirabilit natus sit. Et angeli in celo cantauerunt Gloria in excelsis deo. ac pastoribus gaudiū magnū angeli euangelizauerūt dicētes natū esse mūdi saluatorē. Deinde octaua die delatꝰ fuit in templū circūcisionis grā: ⁊ ibesus appellatꝰ. Postea tredecima die magi ad eū adorandū tribꝰ muneribꝰ in syriā prexerūt: stella duce. Hūc deinde puerulū die q̄dragesimo mater in tēplū detulit. quē symon vir iustus in vlnis suscipiēs saluatorē pfitēdo ait. Nunc dimittis seruū tuū dn̄e in pace ⁊c. Inde post quietē Joseph ab angelo admonitꝰ vt eū cū matre in egyptū trāsferret cū futurū esset vt Herodes pueros occideret. Ibi vsqz ad obitū herodis cōmoratus. Inde in ciuitate nazareth habitare cepit: pter quod nazarenus appellatꝰ fuit. Cetera ex familiarissima euāgelij historia patet.

Jhꝰ xꝰ nasci ā mūdi 1200

❶

ā mūdi 1211. ā x̄. 12.

❷

Procuratores Judee

Archelaus

Componius

Marcus

Annius

Valerius

Pontius pilatus

Archelaꝰ magni herodis filiꝰ pr̄e sublato regnit annis. 9. Ipsuz augustꝰ ob pr̄is amorē cuz ceteris fratribꝰ mario spꝫ honore psecutꝰ fuit. Tandē accusatꝰ ab augusto apud viennā allobrogū ciuitatē relegatꝰ fuit. ⁊ fines eiꝰ in puīciā redacti sunt.

Christus ih̄s agēs duodecimū annū cū parētibꝰ ad diē festū celebrādum hierosolimā de more petijt. Ibiqz i tēplo duz inter sacre legis doctores nexus ambiguos solueret nō deꝰ: ſ admirāde indolis puer ab eis creditꝰ est: parētes vō inde abeuntes cū pueꝝ subseq nō viderēt solicitudine pleni ad tēplū redeunt: eūqz inter sacre legis doctores sciscitātē īuenerunt. a q̄bus bene monitꝰ in patriā cuz eisdē reuersus est. ⁊ subditus fuit illis.

ā mūdi 1229. ā x̄. 30.

❸

Componiꝰ q̄ cirini collega fuit ab augusto: pꝰ archelauz mittit^r pcurator.

Marcus cōponio romam reuerso successit. sub quo salome soror herodis defuncta fuit.

Anniꝰ ruffus successit marco. ſb q̄ moritur augustꝰ dn̄o. 15. annum agente.

Dominꝰ ih̄s cuz. 30. annoꝝ etatis esset ad apiendaz vite eterne ianuaz. i iordanis alueo se a iohe baptizari voluit: statimqz vox e celo intonuit. Hic est filiꝰ meꝰ ⁊c. ipm audite. ⁊ spiritꝰ sanctꝰ in modū columbe sup euz mansit. deinde i desertuz ductꝰ. 40. diebꝰ ⁊ noctibꝰ ieiunauit: ⁊ postea esurijt. Inde q̄z supatis diaboli tētatiōibꝰ. Cum postea in templum venisset de eo vēdentes ⁊ ementes eiecit ⁊c.

ā mūdi 1233. ā x̄. 34.

❹

Valeriꝰ romanꝰ ex illustri graccoꝝ familia natꝰ āno p̄mo impij Tiberij cesaris ab eo pcurator pꝰ anniū ruffū i iudeā mittit^r: q̄ magrātu suscepto p̄mꝰ apō iudeos pōtificatū vēdere cepit. ⁊ pfuit annis. 9.

Pilatꝰ natione gallꝰ ex lugduno vrbe natꝰ vir callidꝰ ⁊ facinorosus. Anno 13. impij Tiberij ce. valerio gracco pdicto abrogato. iudee pcurator a cesare designatus: pfuit ānis. 10. Is suo ingenio iudeoꝝ vesaniā suppssit: ⁊ postmodū eoꝝ suggestione ih̄m cruci affixit. deinde sibi timens de eiꝰ doctrina morteqz admonere tiberiuz curauit: q̄ eū in deos referedū cēsuit: senatꝰ vetuit qꝛ nō ad se priꝰ ſ ad tiberiuz scpsisset: inde pter iudeoꝝ accusatiōes ab officio amotꝰ: apō lugdunū ortꝰ sue ciuitatē ppetuo exilio i opprobriū gētis sue relegatus fuit: ⁊ malo fine perijt.

104

Folium XCVI recto

티베리우스, 안나스와 카야파스

1 로마 제국의 티베리우스 황제Tiberius(재위 14~37): 예수 그리스도는 그가 통치할 때 십자가형을 당했다.

2 로마 제국이 임명한 유데아(유대)의 대제관 안나스Annas와 후계자 카야파스Caiaphas: 게세마니 동산에서 체포된 예수는 전임 대제관 안나스에 의해 먼저 심문받았고 이어서 신임 대제관 카야파스에게 넘겨진 다음 마지막으로 총독 폰티우스 필라투스Pontius Pilatus(본디오 빌라도)에게 넘겨졌다.

1 

Tiberi⁹ claudi⁹ nero terci⁹ romanoꝝ imperatoꝛ imꝑauit annis. 23. ⁊ aliquot dieb⁹. hic liuie augusti vxoris fili⁹: ⁊ ipsi⁹ octauiani preuign⁹ ⁊ gener: nec nō ⁊ heres fuit: de gente patricia claudia: inter cognomina ⁊ neronis assumpsit. Infantiā puericiāqꝫ habuit luxuriosaꝫ ⁊ exercitatā. nouē nat⁹ annos: defunctum patrē ꝓ rostris laudauit: virili toga sūpta: agrippinā marco agrippa genitā duxit vxorē: sublato ex eo filio druso: quāqꝫ bene cōueniētē: rursusqꝫ grauidā dimittere ac iuliā augusti filiā cōfestim coact⁹ est ducere: nō sine magno languore aī. Drusum frēm in germania amisit. Data fuit sibi ptās tribunicia in qnquēniū delegatus pacande germanie stat⁹. Cū aīaduerteret varrianā cladē temeritate ⁊ negligētia ducis accidisse: nihil nō de cōsilii sniā egit. A germania in vrbē post biēniū regressus triūphū quē distulerat egit. Principatū diu recusauit. tandē qsi coact⁹ ⁊ querēs miserā ⁊ onerosam iungi sibi seruitutē recepit imperiū. Postea corripuit cōsulares exercitib⁹ ꝓpositos ꝙ nō de reb⁹ gestis senatui scriberēt. Presidib⁹ onerādas tributo ꝓuincias suadētib⁹ rescripsit. Boni pastoris esse tōdere pec⁹: nō deglutire. Externas cerimonias egyptios iudaicosqꝫ rit⁹ ꝯpescuit. Expulit ⁊ mathematicos. In pmis tuēde pacis a latrocinijs seditionūqꝫ licētia curā habuit. Biennio ꝯtinuo post adeptū imperiū: pedē porta nō extulit sequēti tpe preterqꝫ in propinq oppida nusqꝫ abfuit: deinde orbat⁹ vtroqꝫ filio quoꝝ germanic⁹ in syria: drusus rome obierat: secessiꝫ cāpanie petit. Ceteꝝ secreti licentiā nact⁹: ⁊ qsi ciuitatis oculis remot⁹: cūcta simul vicia male diu dissimulata tandē ꝓfudit: ideo in castris ꝓpter nimiā vini auiditatē ꝓ Tiberio biberi⁹ ꝓ Claudio caldi⁹: ꝓ nerone mero vocabaꝰ: pecunie parc⁹ ac tenax: neqꝫ opa vlla magnifica fecit: neqꝫ spectacula oīno edidit: filioꝝ neqꝫ naturalē drusum neqꝫ adoptiuū germanicū patria charitate dilexit. Corpore fuit amplo atqꝫ robusto statura q̄ iustā excederet: lat⁹ ab humeris ⁊ pectore ceterisqꝫ mēbris vsqꝫ imos pedes eqlis ⁊ cōgruēs: colore erat candido: capillo penes occipiciū summissiore: vt ceruicē etiā obtegeret: qd gētile in illo videbaꝰ: facie honesta cū pregrādib⁹ oculis: incedebat ceruice rigida: plerūqꝫ tacitus: valitudine ꝓsperrima vsus est. artes liberales studiosissime coluit. Cōposuit ⁊ carmē lyricū: fecit ⁊ greca poemata. Et cū annis vigintitribus varie imperasset: neqꝫ inter malos oīno: neqꝫ inter bonos numerari posset: tandem in villa lucullana obiit: octauo ⁊ septuagesimo etatis anno. Sunt qui putant venenū ei a Caio datum lentum atqꝫ tabificū Et morte eius letatus est populus.

2 

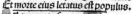

Cum valerius romanus a tiberio imperatore ꝓcurator in iudeam missus fuit. Is suscepto magistratu primus apud iudeos pontificatū vendere cepit. Et quoad prefuit multos pōtifices successiue posuit ⁊ amouit. Et primo quidem amanū a sacerdotio amouens: hismaelis fabi cuiusdā filiū pontificem designauit: sed ⁊ hunc nō multo post abijciēs. Eleazarū anne pōtificis filiū sacerdotio surrogauit. post annū vero hunc ab officio remouēs. Simoni cuidaꝫ camithi filio ministeriū pontificatus tribuit. Sed nō amplius ⁊ ipse quā vnius anni spacio est perfunctus pontificatu. Quo ammoto tandem Caypham pontificem maximū constituit. Uirum arrogantē ⁊ aliene felicitatis inuidū. Hos aūt duos pōtifices euangelista cōmemorat Captus eñ ihesus in ortu. Cōtinuo per satellites ad annam primum ductus est: quia socer cayphe Et annas misit eum ad cayphā Et ꝙ se parem deo adiuratus responderat: blasphemauit inquit cayphas. ⁊ quo atrocius christi dictum videreꝰ: statim conscidit vestimenta sua: ⁊ vt eos ad xpi condēnationē impelleret subclamauit. Reus est mortis. Cui⁹ suasione (vt sacra euāgelii habet historia) Christus dn̄s noster morti traditus est.

Passus est christus ihs anno mūdi. 5230. Tiberii anno. 18. duob⁹ geminis cōsulib⁹ mense primo: q̄ nisan ab hebreis. a nobis aprilis nūcupaꝰ. Inuidia eñ sacerdotū ꝓcurāte a discipulo ei⁹ iuda venditus: deinde captus ⁊ accusat⁹ fuit: presidis iussu delusus: virgis cesus ac flagellat⁹. ⁊ spuēēs in faciē ei⁹ colaphis eū ceciderūt: ac corona spinea coronaꝰ sputis deturpaꝰ. Ac deniqꝫ cruci affigiꝰ: ⁊ transeūtes amaris eū impetunt verbis: vbi cū spōte sua voce magna clamās spm̄ emisisset: tremuit oīs terra: sol obscurat⁹ fuit ⁊ velū templi scissum. Cuius mortui pectus: cū lōginus miles qui parū videbat lācea pforasset: sanguis cū aqua mixtus exiuit. Unde eccl'ie vniuersalis salutis sacramenta sumpsere principia. Postmodū de cruce depositus: sepultureqꝫ tradit⁹. Post die tercia veluti alter ionas de ventre ceti: sic ipse de ventre terre superata morte surrexit. ⁊ suis preordinatis sepe apparuit. Et e medio eoꝝ cernentib⁹ ipsis in celū ascēdit. Nec ab re hierosolymis mortē subiit: cū is loc⁹ sacrificiis dicatus erat ⁊ ī medio terre habitabilis situs. Extra portas vo vrbis: nō sub tecto: vt ⁊ pplo illi: ⁊ gētibus cōmune sacrificiū sui corpis habereꝰ.

105

Folium XCVI verso

헤롯 안디바, 유대의 세 교파

1 **헤롯 안디바 왕**: 헤롯 대왕의 둘째 아들로 세례자 요한을 참수시킨 장본인. 체포된 예수를 본 빌라도는 예수가 갈릴리 출신이라는 것을 알고 갈릴리의 통치자인 헤롯 안디바Herodes Antipas(헤로데스 안티파스)에게 보낸다. 헤롯의 병사들은 예수를 조롱하고, 자주색 옷을 입혀 희롱했다. 헤롯은 예수를 빌라도에게 다시 돌려보낸다.

유대의 세 교파

2 **바리새 파**: 율법을 고수하는 교파로 예수는 그들이 규칙에 너무 빠져 신과 이웃을 사랑하는 일을 소홀히 한다고 비판했다. 대다수 바리새인들은 사제들의 회유를 받아 예수의 처형을 지지했다.

3 **사두개 파**: 사제직을 독점하고 유대의 최고 정치기구인 산헤드린을 장악한 귀족이었다. 그들은 내세도, 천사도 믿지 않았다. 예수는 제자들에게 바리새인과 사두개인의 가르침을 경계하라고 말했다

4 **에세네 파**: 황야에서 금욕적인 생활을 하며 선과 악의 최종 대결을 기다렸던 교파로 이들 대다수는 결혼을 하지 않고 소박하게 살아가면서 신의 '남은 의인'이라고 자처했다.

Herodes antipas

1

Herodes antipas magni herodis filiꝰ post archelaū ꝑdictū fratrē galilee ꝓfectꝰ factꝰ: regnauit annis. 24. Nam archelao e regno pulso: iudeoꝝ regnū in quatuor tetrarchias. i. ꝑtes diuisum est. Et huic gallilea obuenit que est quarta regni pars: hic impijssimꝰ atqꝫ crudelissimꝰ fuit. quia ī ciues suos siccariꝰ. in nobiles latro. in socios populator. in domesticos ꝓdo habebatᷣ. quippe plebis interemptor erat: filioꝝ occisor: extraneoꝝ homicida: ꝓprioꝝ paricida vniuersa nempe ꝓphanauit: qꝛ sacerdotiū iudeoꝝ oīno sustulit. oēm legē ⁊ ordinē cōfudit. Nā cū philippi fratris sui vxorē cōtra legē duxisset. A diuo Iohāne baptista cūmonetᷣ illā dimittere. Quā obrem cū illū ob id occidere vellet: timuit plebem (quia sicut euāgelista ait) ab oībꝰ veluti verus ꝓpheta habebatᷣ: sed illū cōphendens posuit in carcerē in castello macherūta. ⁊ pauloante mortem xpi: caput ei amputare fecit. Hic etiā ihesum a pilato sibi missum in irlm suscipiēs: illusum tandē ad eundē remisit. eo ꝙ interrogatꝰ (vt Lucas scribit) respōdere noluisset. Tandē a Caio cesare romā citatus. atqꝫ a caio cū vxore herodiade honorifice suscepti fuissent. supuenit nuncius agrippe a quo intellexit magnā copiam armoꝝ esse in suis ciuitatibꝰ ⁊ de multis conuictus. apud Lugdunū galliarū vrbē relegatus miserabiliter vitā finiuit. Vxori aūt sue qꝛ soror erat agrippe quē Gaiꝰ maxime diligebat dedit libertatē redeundi vt haberet terrā suā. Ipsa vo comitata virū in exiliū ait se non dimissurū eū in aduersis cui cōicauerat in ꝓsperis. Et postea Gaiꝰ galileā herodi agrippe dedit. qui deinde tres tetrarchias habuit.

Pharisei

2

Erant in iudea tres secte iudeoꝝ a cōi reliquoꝝ vita ⁊ opinione distantes.

Phariseoꝝ secta seu religio que tꝑibus ptolomei philadelphi surrexerat ⁊ hac tempestate ob sanctitatis ostētationē in irlm maximo in ꝑcio (vt ex euāgelij historia elicere possumꝰ) apud iudeos habita est. Qui ideo pharisei dicebātur quia a ceteris habitu cōuersationeqꝫ diuisi erāt. Cultu enī austeriore ⁊ victu parcissimo vtebanᷣ. Statutisqꝫ suis mosaicas traditiones determinātes: pictacia chartarū in fronte. ⁊ in sinistro brachio de cathalogo inscripta. que philateria dicebanᷣ in legis memoriā gerebant. Fimbrias quippe amplas spinis alligatas quibꝰ incedēdo pungerenᷣ deferebāt. vt memores mandatoꝝ dei fierent. hij vniuersa deo deputabant ⁊ marmene idest fato: ꝓpositis suis ⁊ maioribꝰ natu nūqꝫ cōtrariū rñdebāt: iudiciū dei futurū dicentes: aīam oēm incorruptā esse ⁊ mortuoꝝ resurrectionē sperabāt ⁊ ꝑdicabāt. hi nāqꝫ xpo dño nostro plurimum aduersabanᷣ ⁊ mortis eius conscij fuerunt.

Saducei

3

Saduceoꝝ alia superat secta in iudea: sed nō eiusdē religionis ⁊ ꝑcij cū phariseis marmenem negant. deū inspectorē oīm dicētes. In arbitrio hoīm situm esse. vt bonū maluē gerāt. hi saducei corpoꝝ resurrectionē ⁊ angelos eē negabāt. Ac aīas cū corporibꝰ interire putabāt. Solos quiqꝫ libros moysi recipiebant. Et qꝛ seueri nimis erāt: nec etiā inter se sociales. Ob quā seueritatē saduceos id est iustos se nominabant.

Essei

4

Esseoꝝ quoqꝫ alia ibidem vigebat secta atqꝫ religio qui vere in omnibꝰ monasticā agebāt vitam: nuptias fastidientes: nō quia cōiugia ⁊ hoīm successionē perimēda censerent. sed cauendā intemꝑantiā feminarū: nullā earū fidē viro seruare putantes. Verū inter se mutuo amore iūctissimi. Quin ⁊ diuiciarū cōtēptores ⁊ ꝑmixtis facultatibꝰ veluti inter frēs vnū esse p̄rimoniū oīm ordinarūt vngēta nō curātes: squalorē decus putabāt. dūmodo ī veste candida semꝑ essent. designatos aūt cōium rerū ꝓcuratores habebāt. Nulla eis certa ciuitas sed in singulis domicilia habebant Nec vestitū siue calceos mutant: nisi aut oīno cōscissis prioribꝰ aut lōgi tꝑis vsu cōsūptis. Precipue circa deū religiosi sūt. Ante solis ortū nihil ꝓfani loquentes solē vt oriatᷣ orantes. post vsqꝫ ad quītā horā oꝑantes. Rursus in vnū cōgregātᷣ lintheis ꝑcincti: corpꝰ abluūt aqs frigidis: ī cenaculū veniūt. neqꝫ gustare quēqꝫ fas est nisi priꝰ deo celebretᷣ orō: post finē quoqꝫ prādij vota repetūt. Hi qppe hospitalitatē sūmo studio exhibebāt. Et apud eos edendi ⁊ potādi modꝰ saturitate definitᷣ. Tumultꝰ aut clamor in eorum hospicijs nusqꝫ audiebatᷣ. Sed sūmū siletiū seruabāt: iuramētū habebāt ꝓ piurio. Secte sue neminē adhibētes: nisi sub anni ꝓbatione receptū. cōpellebanᷣ qꝫ iurare ꝙ deo fidē hoībꝰ iusticiā: ⁊ ꝑncipibꝰ obediētiā seruarēt. Et si cōtingeret ipsos aliqñ ꝑesse: nūqꝫ abuterenᷣ viribꝰ ꝑtātis ad iniuriā subditoꝝ. Ad eoꝝ aūt iudiciū nō minꝰ qꝫ centū ꝑsone ꝯueniebāt. quoꝝ decreta postea imobilia erāt. Sabbatū adeo illibatū seruabāt: vt nec cibū illo die pararet. nec ignē accēderēt: nec aliqd vas transportarēt: aut quasi aluū purgarent. Ceteris aūt diebus cum dolabro in terrā fodientes demissa circūquaqꝫ veste se contegebant: quādo aluū purgabāt ne radio solari iniuriā facere viderenᷣ: purgatoqꝫ aluo terrā egestam sup foueam reducebāt: hos essenos seu esseos herodes antipas dū vixit honorauit. nec inhonestꝰ ꝑmo de eis ī scꝑturis habetᷣ. hoc de ꝑhis iudeoꝝ

Folium XCVII recto

예수 시대의 여러 인물들

1 **베로니카**: 전해 오는 말에 따르면, 십자가를 지고 골고다 언덕을 오르는 예수에게 베로니카Veronica가 땀을 닦도록 천을 바쳤는데, 그 천에 예수의 얼굴이 그대로 배었다고 한다. 그녀는 이 천으로 티베리우스 황제의 병을 기적적으로 낫게 했다고 한다.

2 **크세나르쿠스**: 크세나르쿠스Xenarchus는 그리스 철학자로 알렉산드리아, 아테네를 거쳐 로마에서 가르쳤다. 로마에서는 아우구스투스의 후원을 받았으며, 티베리우스 재위 시에 사망했다.

3 **유대인 필로**: 로마가 지배하던 이집트의 알렉산드리아에서 살았던 유대인 철학자 유대인 필로Philo이다. 그리스 철학과 유대교 경전 토라의 조화로 융합을 시도했다.

4 **아그리피나**: 로마 제국의 초대황제 아우구스투스의 딸 율리아Julia와 아우구스투스의 오른팔 마르쿠스 아그리파 사이에서 태어난 딸 아그리피나Agrippina로 티베리우스 황제를 이은 칼리굴라 황제의 어머니이다.

5 **헤롯 아그리파**: 헤롯 왕조의 첫 번째 왕 헤롯 대왕의 손자이자 두 번째 왕 헤롯 안티파스의 조카이다. 어린 나이에 로마에 보내져 티베리우스 황제의 황궁에서 살면서 칼리굴라, 클라우디우스 등 황족과 끈끈한 유대관계를 쌓았다. 그 후 칼리굴라의 도움으로 헤롯 안티파스를 몰아내고 41년에 왕좌에 올라 44년 급사할 때까지 유대 왕국을 통치했다. 사도 야고보를 처형하고 또 베드로를 투옥한 장본인이다.

Ueronica

1

VEronica mulier hierosolimitana xp̄i discipula matrona quidē sctītate ꝛ pudiciciа insignita: his tp̄ib⁹ a tiberio cesare p volusianū necessariū suū virum strenuū e hierosolima cum sudario xp̄i romam accersit. Detinebat̄ quippe idez cesar: vt quidā scribūt: magno infirmitatis morbo: q̄ cū primū mulierē sanctam suscepisset ꝛ xp̄i imaginē cōtigisset ab oī infirmitate curat⁹ est. Ob qd̄ miratuluz ip̄a veronica ab ipso cesare magno in p̄cio deinde habita est. Ibidez em̄ vsq₃ ad mortē cū petro ꝛ paulo ap̄lis atq₃ clemēte pōtifice eccl'iaz dei ɔstituēs pseuerauit. Hec ip̄a est quā dn̄s a sanguīs fluxu fatigatā (vt sacra euāgelij h₃ historia) vestimēti ei⁹ fimbriā tangēdo sanauerat. A quo etiā passionis ei⁹ tp̄e eadem imagine vultu s sui in signū amoris donata fuit. Ipsa aūt imago pāniculo sic impressa clemēti pōtifici ꝛ successorib⁹ ei⁹ ab eadē ex testamēto declarata. Nūc vsq₃ ibidez in beati petri tēplo a xp̄i fidelibus maxia cū religione inuisit̄. Quā ꝛ multi p tp̄a exquisitis celebrauere laudib⁹. inter quas illa singularis habet̄ que incipit. Salue sancta facies nr̄i redēptoris. In qua nitet species diuini splēdoris. Impressa panniculo niuei candoris. Dataq₃ veronice ob signū amoris ꝛc̄.

Xenarchus ph̄s

2

XEnarchus ph̄s peripatheticus vir mēorabilis. quē Strabo admodū iuuenis audiuerat. Tiberij tp̄ibus apud seleuciā cilicie vrbem diē obijt. Hunc vero nō diu domi māsisse dicūt: sed aut alexandrie aut athenis romeq₃ docendi causa elect⁹ vsq₃ ad senectutē: magno i honore semp habitus fuit: dehinc augusti cesaris amicitia vsus est: Sed pauloante hec tp̄a an̄q₃ mortē obiret visū amisit.

Philo iudeus

3

PHilo iudeus natione alexādrin⁹ vir quidē disertissim⁹ p hec tp̄a i p̄cio multo fuit: ꝛ multa elegāter grauiterq₃ cōscripsit. qui sua doctrina eloquentiaq₃ appionis grāmatici temeritatē ɔ̄ iudeos ab alexandrinis missus cōpescuit. Quāobrez m̄lti eloquētiā ei⁹ admirātes dixerūt. aut philo platonē seq̄t̄ aut plato philonē. hic romā deniq₃ veniēs cū petro ap̄lo ɔuersationē habere cepit. a quo de fide optime edoct⁹: multa de laudib⁹ xp̄iane religionis postea scripsit: q̄ (vt diuus testat̄ hieronym⁹) inter eccl'iasticos cōputant̄ codices ꝛ quāmaxie in q̄nq₃ moysi libros p̄claros edidit cōmētarios: sunt ꝛ alia eius cōplurima scripta.

Agrippina germanici cōiunx

4

AGrippina marci agrippe ex iulia octauiani cesaris filia genita fuit. Gaij caligule imp̄atoris mater: q̄ inter mulieres p̄claras computat̄. hoc tp̄e a Tiberio multi iniurijs vexata: mortē sibip̄si a cibo abstinēdo impetrauit. hec adhuc admodū adolescētula germanico sue etatis insigni iuueni ꝛ plurimū reipublice oportuno ac tiberij cesaris augusti filio adoptiuo nupta fuit: satis ob hoc fulgida. hec ex eo viro suo cū tres enixa fuisset mares: ex q̄bus vn⁹ Caius calligula fuit: qui postmoduz romanis p̄fuit. ꝛ totidē eque femellas: ex quib⁹ agrippīa neronis mater extitit. Cū ope tiberij p̄ris vt ,p compto habitū est veneno sublatū virū suū egreferret. ꝛ femineo ritu plāgore plurimo viri sui necem defleret. in tiberij odiuz incidit. adeo vt ab eodē eā brachio tenēte ꝛ obiurgationib⁹ plurimis infestaret̄. Sed egregia mulier indignū rata qd̄ i se agebat̄ a cesare: morte fastidia stomachi p̄ncipis effugere disposuit. q̄ cū aliter satis cōmode nō daret̄: fame generoso aīo accersire statuit. ꝛ ɔfestim a quocuq₃ cibo abstinere cepit. qd̄ cū relatū esset tiberio ignarus quo ieiuniū tenderet: ne tam breui spacio sese suis subtraheret iniurijs: nil ,pficiētib⁹ minis aut verberib⁹ vt cibū capet: eo vsq₃ deductū est vt cibū gutturi eiusdem violēter inpingi faceret: vt hoc mō alimēta nolenti p̄staret. At agrippina quātomagis exacerbebat̄ iniurijs: tāto acrioris p̄positi ꝛ incepti perseuerans: scelesti principis insolentiā moriēs supauit. qua quidē morte ꝛ si plurimū glorie sibi apud suos quesiuerit agrippina: tiberio tn̄ longe amplius ignominie reliquit.

Agrippa magnus

5

AGrippa magn⁹ aristoboli regl filī⁹ patri i regnū succedēs: regnauit ān̄is septē iudeis. hic fuit nā bon⁹ ꝛ ciuitatē ir'lm ɔprijs sumptib⁹ plurimū exornauit. fili⁹ aūt aristoboli quē pater herodes interfecerat ad tiberiū venit. illo aūt nō suscipiēte accusationē: resīdēs rome ad aliq̄rū potētiū noticias ambiebat. maximis aūt colebat officijs germanici filiū Gaiū: cū adhuc esset p̄uat⁹. Qui cū futurū eū aliq̄n p̄dixisset impatorē: apud tiberiū accusatus fuit. is statim cōcludi iussit agrippā qui sub grādi erūna vsq₃ ad mortē tiberij in carcere p sex menses tenebat̄. Sed eo defuncto gaius eū a vinculis soluit: ꝛ tetrarchiā philippi ei tradidit iam em̄ iste decesserat ꝛ regem appellauit. ꝛ ,p cathena ferrea quā gerebat in carcere aureā ei condonauit. Cūq₃ e roma prexisset ir'lm: templū visitans: hostias celebrauit. Ibiq₃ cathenā aureā quā ei caius dederat suspendit. vt maximū casum eius ex hoc ppetuo indicaret. inde theatrū romano more ɔstruxit ꝛ amphiteatrū: ꝛ alia plurima monimēta. Demū in cesariā descēdēs cū se deū appellari ,pmisisset ab angelo p̄cussus: ꝛ tumēte corpe: ait q̄ mō dicebar de⁹ nūc mortl nexib⁹ ɔstringor: q̄bus dictis anno etatis sue. 57. expirauit. Relinquēs agrippā filiū decimūseptimū annū habētem heredē ꝛ tres filias beronicē: mariā ꝛ drusillā. Habuit quoq₃ frēm noīe herodē calcidis regē: qui propter tenerā filij etatem in regno prefuit.

Ratisbona insignis ⁊ memorie digna vrbs ac libera ad ripas danubij sita: a Tiberio Nerone cōdita: anno quo xp̄s ihesus pro salute generis humani passus est. Baioarie olim metropolis hanc regionē antiquitus norici tenuere. Cuiꝰ adhuc portio trans danubiū sita noricū appellant. Noricis autem baioarios successisse. Et cum reperiā vetustissimos codices hanc baioariam appellant: quaz moderni bauariā dicunt. ⁊ a bois baioaricum nomen descendisse p̄suasum est. Cui Strabo vires adhibet romani baios galloꝝ gentes e finibus iecerunt. Inde migrantes circūiacētes histro loco cuiz thauristis habitarūt. Constat igit̄ eos in pannonia consedisse: ⁊ inde facile in noricū continuā regionē migrasse. Quāq̄z oliz deserta vt Strabo tradit nunc cultissima est. magnas ⁊ ambitiosas ciuitates habēs ⁊ oppida nobilissima. Ratisbona vero ornatu ceteras excellit. Pōtificales vrbes in ea quinq̄z sunt: quaruz nunc metropolis est Salczburga vocata ex flumine cui adiacet. veteres iuuauiā vocauere. Ratisbonēsis aūt ep̄atꝰ oliz clarissimꝰ fuit: cui ⁊ tota bohemia s̄biecta erat. hec vrbs septē noībꝰ insignita fuit. quibꝰ in suis iuribꝰ ⁊ libertatibꝰ claruit. Primo a sui cōditore Tiberina vel Tiburina dicebat̄. Tiberius eñi liuie augusti vxoris filius: ⁊ ipsiꝰ augusti preuignus: quē cū augustus in filiū adoptasset: mox magno exercitu cōperato cōtra noricos ⁊ vindelicos misit: qui eos ī prelio sup̄auit ⁊ hanc vrbē apud noricos edificauit. Secūdo vrbs quadrata lōgo t̄pe dicta. cū ad quadratā figurā ⁊ quadrati̇s lapidibꝰ magnis muro circūdata fuit vti in reliquijs veteꝝ muroꝝ retro sanctū paulū cerni pōt. Tercio hyatospolis vel hiaspol̄ ob ruditatē p̄pl̄i agrestis: qui ore hiante vt rurales finitimi faciūt verba hyantia p̄ferebāt. vel ab hyantiū aq̄rū p̄pe ciuitatē cōfluxu. cū danubiꝰ naba ⁊ ymber ⁊c̄. fluuij in latere aquilonari cōfluūt. Quarto germeinsheim a populo germanie qui eā frequētare solebant: vel a germanico qui ciuitati p̄fuit. Quinto reginopolis ob frequētes cōuētiones principū ⁊ regū vt hodie aree turres ac excelsa edificia magnatoꝝ oñdūt. Sexto imbripolis a fluuio: cū ymber fluuiꝰ septētrionē versus ī danubiū fluit. ⁊ vernacula lingua hoc nomē regenspurg adhuc seruat. cū in tali cōfluxu olim ciuitas incepta fuit. Septio ratisbona dicit̄. cuiz rates ob mercimonia ⁊ t̄pe karoli magni ad bella ibi cōfluebāt: ⁊ tāq̄z firmiter sita ⁊ edificijs roborata: hodie ratisbona appellat̄ Danubiꝰ aūt

107

fluuius germanie ꝑmaximus. qui ⁊ hister dict⁹
vt Solinus habet germanicis iugis orit: mon
te effusus qui rauracos gallie aspectat. Sexagi
ta amnes in se recipit ferme oēs nauigabiles:
hanc vrbem insignē preterfluit. Et firmissimo
ponte lapideo plurimoꝝ artiū ciuitatē cū subur
bio iūgit. De quo scribit. Pons fieri cepit dñi
dum annus incepit. Mille centenis decē semiqꝫ
denis. Karolus magn⁹ christianissim⁹ impator
cū armis baioariā sibi subiecit: ⁊ taxilo baioarie dux desiderij regis longobardoꝝ gener: quē
prius deuicit stimulis vxoris concitat⁹ hunis si
bi ꝯfinibus sollicitatis bellū in karolū mouet.
Is sua celeritate pacē cōfecit obsidib⁹ ante rece
ptis. vrbē ratisbonā tūc q̄drata dictā aggressus
cōuersus in eos q̄ eā occupabāt a fide nr̄a alienos. Et eaꝫ vi cepit coegitqꝫ vt xp̄i fidē integre
reciperēt. In eo bello magna cedes hoīm ante
ratisbonā edita. Et magna multitudo infideliū
ac hunoꝝ absūpta de suis q̄ꝫ aliq̄s amisit: qui in
basilica sctī petri extra muros vrbis sepulti sūt.
Ab eo tpe hec inclita vrbs magnū incrementuꝫ
accepit. Basilica q̄ꝫ decorat episcopali sūmo: in
honore tandē sctī petri dicata: pri⁹ ob fraternita
tē canonicoꝝ ratisbonensiū ⁊ remēsiū eccl'ia sctī
remigij appellata. Opus preclarissimū in vrbe
nondū cōpletū. Et cenobio sctī Emmerāmi ordinis sctī bn̄dicti amplissimo: mōasteriaqꝫ dn̄a
rū plura hꝫ: precipue superi⁹ monasteriū virginis gl'iose. Inferius in q̄ diuus Erhardus ep̄s
quiescit. Plures ī ciuitate domus cōsecratas ec
clesias hn̄t: ⁊ ꝓprias sacerdotes. Arnolfus aūt
impator q̄ hūc locū pre ceteris imperii locis sū/
me dilexit. mur] ampliauit ⁊ monasteriū sancti
emerāmi inclusit ⁊ plurimū adornauit. A cede
em̄ northmānoꝝ rediēs baioariā ossa sancti dio/
nysii ariopagite in fine sue etatis cenobio tradi
dit cū libro euāgelioꝝ ornatissimo ac lr̄is aureis
ꝑscripto: ⁊ demū apud eos sepult⁹. Ornat ⁊ h̄
ciuitas glorioso martyre sctō Emmerāmo ep̄o:
⁊ sctō wolfgango eius loci vndecimo ep̄o: q̄ mi
ra apd̄ eos gessit: monasteriūqꝫ sctī pauli ꝯstru/
xit. Albertus q̄ꝫ magn⁹ oīm doctrinarū peritissi
mus apud eos ep̄atū rexit. Ideo de his patro-
nis per ratisbonēses scribit.

Gaude ratisbona super excellentia dona
Concludis duo bis in te gratissima nobis
Corpora sanctoꝝ sacer est dionysius hoꝝ
In numero primus emerāmus laude nec imus
wolfgang⁹ erhardus neuter medicamīe tard⁹
Quatuor istoꝝ precib us necnō alioꝝ
Hic cōtentoꝝ ducamur ad astra poloꝝ

107

Folium XCVII verso –XCVIII recto

레겐스부르크

레겐 강이 도나우 강과 합류하는 지점에 위치한 레겐스부르크Regensburg는 기원후 90년경 로마군이 도나우 강 국경을 지키기 위해 세운 요새가 그 기원이 되며, 옛 이름은 라티스보나Ratisbona이다.
삽화에서 레겐스부르크는 중세의 돌다리와 미완성된 대성당이 보이는 굳건한 중세의 성벽 도시로 묘사되어 있다. 레겐스부르크는 12세기에 도나우에 돌다리가 세워짐으로써 북부 게르만 도시들과 남부의 베네치아를 연결하는 교역의 요충지가 되었으며, 13세기에는 시내 중심에 프랑스풍 고딕 양식의 베드로 대성당이 세워졌다.

108

Folium XCVIII verso –XCIX recto

빈

빈Wien의 라틴 및 이탈리아식 표기는 비엔나Vienna이다. 이 도시는 기원전 15년 로마군이 도나우 강변에 세운 병영 도시 빈도보나가 기원이 된다. 삽화에서 도시명이 '판노니아의 비엔나'Vienna Pannonie라고 표기한 것은 이 지역이 로마 제국의 속주 판노니아Pannonia이기 때문이다.
삽화에서는 고딕 양식의 성 슈테판 대성당의 첨탑이 잘 묘사되어 있지만 도나우 강은 유럽에서 가장 긴 강인데도 깊어 보이지 않고 오리가 떠다니는 개울처럼 보인다.

Folium XCIX verso – C recto

뉘른베르크

라틴어 명칭은 누렘베르가Nuremberga이다.

이 삽화는《뉘른베르크 연대기》의 삽화 중에서 가장 크고 가장 중요하지만 본문에는 뉘른베르크Nürnberg에 대한 설명은 전혀 없다. 그것은 뉘른베르크 사람들이 이미 자기들의 도시에 대해 잘 알고 있었기 때문에 따로 설명할 필요가 없었던 것으로 보인다.

다만 성 로렌츠 성당과 성 세발두스 성당은 표시되어 있다. 언덕 정상에는 뉘른베르크 성이 확실히 보이고, 오른쪽 하단 페그니츠 강변에 울만 슈트로머Ulmann Stromer의 제지공장이 보인다. 슈트로머는 독일 최초의 제지생산업자인데《뉘른베르크 연대기》의 인쇄용 종이는 바로 여기서 공급한 것이다.

Vienna pānonie nūc austrie vrbs precla
rissima ad danubiū sita. Is fluuius ba
uariā: austriā: vngariā secās: p rasciam
atqȝ bulgariā cū sexaginta nauigalib⁹ i euxinū
descēdit. Multasqȝ ⁊ memorabiles alluit vrbes
Inter quas nulla ditior: nulla populosior: nul/
la vetustior est qȝ Vienna australium ciuitatū re
gionisqȝ caput. Hec olim flauianū (vt in vetust[is]
ducū priuilegijs habet) appellata. A flauio prefecto qui huic regiōi prefuit: ac vrbē inchoauit
aut ab imperatore flauio ad danubiū pfecto vt
aras ob romani impij metas collocaret. Et ibi
cōdita vrbs ex aris vocabulū sortita sit. Cūqȝ
flauianū theotonici flabien pnunciēt: nō est ab
re longo tpis tractu: prima vocabuli sillaba re-
mota (vt plerūqȝ fieri cōperim⁹) bien remansisse
Indeqȝ dicta Vienna. Quāqȝ aliq a paruo flumine qd inter suburbia fluit noīe vienna dictū
putāt. Vienna aūt vrbs magnifica ambitu mu/
roꝝ cīgit duoꝝ miliū passuū: ſ habet suburbia
maxima ⁊ ambitiosa: fossa ⁊ vallo cincta. vrbs
aūt fossatū magnū habet; indeqȝ aggerē preal-
tum: menia deinde spissa ⁊ sublimia frequētesqȝ
turres: ⁊ ppugnacula ad bellū prompta. Edes
ciuium ample ⁊ ornate: structura solida ⁊ firma
alte domoꝝ facies magnificeqȝ visunt. Vnū id
dedecori est qꝫ tecta plerūqȝ ligna contegūt pau
ca lateres. Cetera edificia muro lapideo consi-
stunt. picte domus: ⁊ interi⁹ ⁊ exterius splendēt
Ingressus cuiusqȝ domū in edes te pricipis ve
nisse putabis. Nobiliū prelatoꝝqȝ dom⁹ libere
sunt. Sanctis celū tenentib⁹ ipsiqȝ maximo deo
templa dicata ⁊ ampla ⁊ splendida secto lapide
cōstructa plucida: ⁊ colūnarū ordinib⁹ admirā/
da. Sanctoꝝ plurime ⁊ preciose reliquie. Argē
to auro ⁊ gēmis vestite. temploꝝ ingens orna/
tus. Ciuitas in episcopatu Patauiēsi est: maior
filia matre Quatuor ordines mēdicātes Scoti
⁊ canonici regulares sancti augustini admodū
diuites habiti. Moniales qȝ sacre ⁊ sancte virgi
nes. Ibi qȝ monasteriū est ad sanctum hierony
mū nuncupatū: in quo meretrices cōuerse repe
riunt: que die ac nocte hymnos lingua theoto-
nica decantant; quarū si qua redire ad peccatum

cōprehensa fuerit in danubiū precipitat̄. Sed agunt ibi pudicā sanctāqꝫ vitā. Rarus de his smo malꝰ audit̄. Scola q̄ꝫ hic ē liberaliū artiū ac theologie ⁊ iuris pōtificij. Noua tn̄ ⁊ ab vrbano sexto papa ꝯcessa: magnꝰ studētiū numerus eo cōfluit ex vngarie ⁊ alemanie partibꝰ superioribus ciuitatis ppl's quīnq̄ginta miliū cōmunicātiū credit̄. Cōsulatus octo ⁊ decē viroꝝ eligit̄ tum iudex qui iuri reddēdo preest deinde magister ciuiū qui curā ciuitat̄ gerit: magistratus alij nulli sunt nisi qui vini exigunt vectigal ad illos oīa referunt̄ quoꝝ potestas annua est Incredibile videri pōt quot p dies singulos in ciuitatē victualia ingerunt̄ ouoꝝ ⁊ cancrorum mlt̄e quadrige adueniūt. Pistus panis carnes pisces volatilia sine numero afferunt̄: vbi aduesperascit nihil venale ex his inuenies. vindemia his ad quadraginta dies ꝑtendit̄. Nullo nō die trecenti currus onusti vino his terqꝫ inferunt̄. Ducentos ⁊ mille equos indies ad opꝰ vindemiarū exercent. Incredibile dictu est quāta vis inducat̄ vini quod vel Vienne bibit̄ vel ad extraneos per danubiū contra cursum aque magno labore mittit̄. Celle vinarie adeo ꝑfunde ac spaciose sunt: vt sub terra nō minus quā supra terrā edificioꝝ apud Viennam esse ferat̄ Plateaꝝ soliū: stratū lapide duro vt neqꝫ plaustroꝝ rotis facile conterat̄. In domibus multa ⁊ munda suppellex. Equoꝝ iumentoꝝ ⁊ oīs generis capacia stabula vbiqꝫ fornices aule late verum his estuaria sunt loco tricliniorū que ab his stube vocant̄: nam hyemis asperitatem hoc domitant modo. Fenestre vndiqꝫ vitree ꝑlucet: ⁊ hostia plerūqꝫ ferrea. In his plurime aues cantant: rare apud eos familie vetuste: aduene aut inquilini fere omnes nouissimis diebus hec vrbs Vienna primaria Imperatoris Friderici tercij dum inimicitias maximas cum Mathia vngarorum rege gereret: multa eius bella in se concitauit: qui damna multa Viennēsibus ⁊ incōmoda imperatori intulit: ⁊ tandē ciuitatem ei abstulit: quam post mortem Mathie Fridericus tercius iam veteranus per filiū Maximilianū regem in suam potestatem iterato redegit.

NVREMBERGA
S. Laurencius.
S. Sebaldus.

110

Folium CI verso

예수 그리스도와 12제자

예수 그리스도를 중심으로 둘러앉은 12제자들은 각자 하나의 배너와 연계되어 있는데, 배너에는 〈사도신경〉 구절이 적혀 있다.

화면의 각 모서리에는 4대 복음서 저자를 상징하는 형상이 보인다. 즉, 마태(마태오)는 천사의 모습, 마가(마르코)는 사자, 누가(루카)는 황소, 요한은 독수리이다.

Data est michi potestas in celo et in terra:
Saluator:
S. petrus
S. iohannes
maria virgine
S. thomas
Andreas
S. iacobus maior
S. iacobus minor
Bartholome?
S. mattheus
S. symon
S. mathias
S. iudas
Credo in spiritum
sanctum:
Sanctam ecclesiam catholicam
peccatorum:
Lucas

III

Folium CII recto

성모 마리아와 예수의 제자들

성령을 상징하는 비둘기 아래에 앉아 있는 성모 마리아를 제자들이 공경하는 자세로 바라보고 있다. 마리아는 성경을 펼치고 제자들에게 신성한 메시지를 전하는 듯하다.

Spiritussancti missio

Summus deus ac parēs oīm: vt nouis cultoribus nouā legē daret doctorē iusticie misit e celo. Is vt premissū est cruci affixus vltro spm̄ posuit. Sed qm̄ predixerat se tercia die ab inferis resurrecturū: metuētes ne a discipulis surrepto corpore vniuersi resurrexisse eū crederēt: detraxerunt eū cruci: ꝛ cōclusum in monumēto firmiter militari custodia circūdederūt. Verū tercio die ante lucē: terremotu facto: repente patefactū est sepulchrū. Et custodes attoniti obstupefecerat pauor. integer e sepulchro ac viuus egressus in gallileā ꝓfectus est discipulis ꝯgregatis: scripture sancte lr̄as id est ꝓphārū archana patefecit: que anteq̄ paterent perspici nullo modo poterāt: q2 ipsū passioneq̄ eius annūciabāt. Ordīato vo discipl'is suis euāgelio: ac noīs sui predicatione circūfudit se repente nubes: eūq̄ in celum sustulit q̄dragesimo post passionē die. ¶Post beatā eīn ꝛ gloriosam resurrectionē quo verū dei templum iudaica impietate resolutū: diuina in triduo potētia suscitauit. Quadragenarius sanctoꝝ dieꝝ numerus expletus: mora corporalis p̄ntie extēdit: ut fides resurrectionis documentis necessarijs muniret. Apl'i itaq̄ ꝛ discipuli oēs post ascēsionē dn̄i (sicut Lucas ī actibus aploꝝ meminit) a mōte oliueti regressi statim venerūt hierosolymā: ꝛ ascenderūt in cenaculū vbi manebāt in ořone ꝛ humanitate pseuerātes cum mulieribus ꝛ maria matre ihu ꝛ frīb9 eius meditātes in lege dn̄i: ac mādatoꝝ eius die ac nocte: donec induerentur v̄tute ex alto. In his aūt diebus q̄ inter resurrectionē dn̄i ꝛ ascēsionē fluxerūt mot9 dire mortis aufert. Et nō solū aīe: sed etiā carnis īmortalitas declarat. In his per insufflationē dn̄i infundit apl'is oībus sp̄ussanctus: ꝛ btō apl'o petro supra ceteros post regni claues ouilis dn̄ici cura mandat: Per omne deniq̄ hoc tēpus ꝓuidētia dei curauit: atq̄ suoꝝ ꝛ oculis insinuauit ꝛ cordibus: vt dn̄s ihs vere agnosceret resuscitatus: qui vere erat natus ꝛ passus ꝛ mortuus. Ab illo aūt die quo dn̄s super oēm celoꝝ altitudinē ascendit: decimus dies occurrebat qui ab eiusdē resurrectione q̄nquagesimus: vt sacra testat historia. Cū discipuli pariter essent: acceperunt munera sp̄us sancti ꝓmissa que poscebant. Et factus est repente de celo sonus: ꝛ repleuit totam domum vbi sedebant ꝛ apparuerunt illis dispartite lingue tāq̄ ignis: ꝛ repleti sunt oēs spiritusancto: ꝛ ceperunt loqui varijs linguis. Sicut eīn hebreo quondā populo ab egyptijs liberato: quinquagesimo die post īmolationē agni lex data est in monte syna. Ita post passionē qua verus dei agnus occisus est: q̄nquagesimo a resurrectionis eius die in apl'os plebēq̄ credentiū sp̄ussanctus elapsus est: vt facile diligens xp̄ianus agnoscat inicia veteris testamenti euāgelicis ministrasse principijs: ꝛ ab eodem sp̄u conditū fedus a quo primū fuerat institutū. His aūt muneribus imbuti apl'i oīa que de xp̄o p ꝓphetas scripta fuerāt ꝑtinus intellexerūt: Cōmuniq̄ decreto simbolū edentes: nr̄e fidei fundamēta iecere. Et petrus quidē aploꝝ princeps iuxta hieremie ꝓphetiā ꝛ isaie atq̄ psalmiste dixit. Credo in vnū deum patrē oīpotentē creatorē celi ꝛ terre. Andreas in abacuck verbo subdidit. Et in ihm̄ xp̄m filiū eius vnicū dn̄m nr̄m. Cui ꝛ Johannes adiecit. Qui conceptus est de sp̄usancto natus ex maria v̄gine. vt isaias predixerat. Ecce v̄go ꝯcipiet ꝛ pariet filiū. Jacobus vero ꝛ Isaie ꝓphetiā affirmās dixit. Passus sub pontio pilato crucifixus mortuus ꝛ sepultus. Thomas deinde Osee ꝓphetiā contestās ait. Descendit ad inferos: tercia die resurrexit a mortuis. Posta Jacob9 maior ꝓtulit. Ascendit ad celos sedet ad dexterā dei patris oīpotētis. Philippus q̄s mox adiciens inquit Inde venturus est iudicare viuos ꝛ mortuos. Bartholome9 postmodū cecinit dicens. Credo in sp̄msanctū. Cui Matheus subiecit Sanctā eccl'iā catholicā. Symon vo ꝛ Judas atq̄ Mathias deniq̄ reliquū ꝑfecerūt dicētes. Sanctoꝝ coīonē. Carnis resurrectionē. Et vitā eternam Amen. Symboloq̄ ꝑfecto apl'i multa ꝯstituere de oī eccl'ia: inde diuino cultu intenti Jacobū frēm dn̄i hierosolymoꝝ pōtificē cōstituerūt virū a ntītate sanctissimū: q̄ missā simplici ritu celebrare cepit dicēdo pater nr̄ ꝛc. Hac q̄ppe rōne xp̄iana respublica viroꝝ scʒ ꝛ mulierū crescere multū cepit. Propter qđ petrus apl's bonis institutis eccl'iā ꝯfirmaturus septē diaconos delegit videlʒ Stephanū: philippū: ꝓcorū: nicanorē: tymonē: parmenā ꝛ nicolaū anthiocenū aduenā. Illi q̄ ad veros xp̄i ministros ptinebāt pagere ceperūt. Totū postremo orbē p ꝓuincias inter se partiti sunt. Et thomas quidē parthos: medos: persas: hircanos: bactrianos ꝛ interna gentiū indoꝝ sortit9 est. Mathe9 macedoniā ꝛ ethiopiā. Bartholome9 licaoniā ꝛ citeriorē indiā. Andreas achaiā ꝛ scithiā. Johānes post mortē virginis marie asiā. Petro aūt pontus gallacia bithinia capadocia italia ꝛ tandē roma obtigit. Jacob9 maior hispaniā: Judas mesopotamiā. Symon zelotes egyptū: Philippus gallias ꝛc. accepit: de q̄bus apl'is mox narrabim9. Discipuli itaq̄ p ꝓuincias dispsi fundamenta eccl'ie vbiq̄ posuerūt: faciētes ꝛ ipsi ī noīe magistri dei magna ꝛ pene incredibilia miracula: q̄ descendens instruxerat eos virtute ac ptāte quā posset noue annūciationis ratio fundari ꝛ cōfirmari.

112

Folium CII verso

마리아의 승천

1 예수의 제자들이 지켜보는 가운데 마리아는 침대에서 이미 왕권을 상징하는 홀을 들고 있다. 마리아의 왼쪽 붉은 망토는 요한, 녹색 망토는 안드레, 그 사이에 보이는 수염 있는 사람은 베드로로 짐작한다. 침대 오른쪽 바닥에 앉은 제자는 성경을 읽고 있다.

2 천국에서 성부로부터 왕관을 받는 마리아. 위에는 성령을 상징하는 날개를 편 비둘기가 보인다.

113

Folium CII verso

로마의 첫 번째 교황

3 로마의 첫 번째 교황 베드로. 천지창조 후 7233년, 그리스도 탄생 후 34년이라고 표기되어 있다.

Gloriosissima sempq3 virgo maria dei genitrix intemerata: post ascensionē dñi ihesu: cōuersationē ad humane vite exemplū (luca in actibus aplo͞r testāte) generaliter cum aplis habuit: q̊usq3 repleti fuerunt grā spūssancti. Post missiōe vo spūssancti τ aplo͞r dispsionē vt diuus Hieronym⁹ refert. Gabriel archāgelus tāq3 celestis paranymphus eā virginē sanctā τ corpe τ mēte intactā custodiuit: atq3 iohānes euāgelista cui eā de cruce fili⁹ cōmiserat: virgo vginē seruauit officiosissime vsq3 in finē vite sue: τ tāq3 adoptiu⁹ fili⁹ administrauit. Habitatio aūt ei⁹ vsq3 ad mortē pre nimio amore i loco illo fuit vbi oīa in q̄bus passus fuerat loca inuisere posset: vt suis ɔsolaref aspectibus. τ in mōte syon cella vbi morabaf τ Johānes missā celebrauit oñdif: quia (vt diuus hieronym⁹ scribit) impatiēs amor hoc inter cetera precipuū h3 vt quē desiderat: semp inuenire se credat. Nec mirū si christ⁹ est ab oībus amādus: multo ardenti⁹ ab ea cui⁹ et dñs τ fili⁹ erat. Multis eqdē afficiebaf dolorib⁹ τ amoris ardorib⁹ estuauerat post filij ad celos ascensum: diu3 secū tacite cuncta reuoluerat: q̄ audierat viderat τ cognouerat Tādē cū oī plena esset grā: oīq3 vtute illustrata. Anno a ntītate filij ei⁹ ihesu xp̄i q̄dragesimonono etatis vo sue. 65. abdormiuit in pace: vberrimeq3 claritatis eterne grām possidere meruit: quā ab eius filio christo ihesu plenissime accepit. Ad eius aūt exeqas deo sic volēte (vt doctores sancti scribūt) oēs affuere apli. Et dñs ipse nr̄ ihesus christus cū tota celo͞r curia: quātū fas est credere: eidē tot⁹ festiuus occurrit: τ cū gaudio eā in aīa τ corpe in celum assumpsit. Secūq3 ī throno collocauit. Vixit aūt post mortē filij. 16. annis: cū antea. 47. etatis haberet annos. Nulli aūt dubium in eius gloriosa assumptione τ coronatione oēm illā celestem irl'm tunc exultasse ineffabili leticia: tunc iocundatā esse inestimabili charitate cū oī gratulatione iubilasse: nec mirū q2 honor matern⁹ ei⁹ est. qui est natus ex ea quē oīs celo͞r ordo veneraf τ adorat: sup se eleuatū cū p̄re in sede maiestatis dñi. Ad throni igif celsitudinē intemerata mater τ vgo ꝓcessit: atq3 in regni solio sublimata: p⁹ xp̄m gl'iosa resedit.

Petrus papa primus: aplo͞r princeps: natione galileus ex bethsaide vico: iohānis filius andree apli frater: primus sedit annis septē post ascensionē dñi i episcopali sede apud antiochiā vrbē fuit aūt petrus ille quē his verbis xp̄s allocutus est. Beatus es symon bariona: q2 caro τ sanguis nō reuelauit tibi: sed pater meus qui est ī celis. Et tu es petrus τ sup hanc petrā edificabo ecc'iam meā. Ac tibi dabo claues regni celestis: ptātemq3 ligādi τ soluendi. Is vo oīm diligentissimus vbi asiaticas ecc'ias satis confirmasset: cōfutatis eo͞r opinionibus qui circūcisionē approbabāt post predicationē dispersionis de circūcisione in ponto: galacia: cappadocia: asia: bithinia. ab herodis carcere liberatus: in Italiā venit τ rome primā cathedrā tenere cepit secundo Claudij anno. Cum ea vrbs totius mundi caput esset: etiā pōtificali sedi cōuenientē esse cernebat. Sedit aūt in ea annis. xxv. τ mensibus septem. Petrus itaq3 romā tunc venit τ qd hanc sedē pōtificali dignitati cōuenientē cernebat. τ huc ꝓfectū intellexerat symonē magū samaritanum quendā: qui prestigijs suis eo erroris iā deduxerat populū romanum: vt deus crederef. Rome eñ iam titulum adeptus erat inter duos pontes positū ac latinis lr̄is sic scriptū symoni deo sancto. Hic dum i samaria esset tamdiu se credere i christū simulauit: quoad baptismū a philippo vno ex septē diaconib⁹ acciperet: quo q̄dē postea in malā partē vtens: multa͞r heresum fundamenta iecit cū Selene impudica muliere: quā sceleris sociā habuit: ꝓuocare petrū miraculis morte pueri homo nepharius ausus est: quē eius carmina p̄mo mouere visa sunt: verū cū postea nihilominus puer iaceret: in nomīe ihesu petro iubente surrexit. hāc obrē indignatus symon vidente populo se volaturū ex capitolino monte in auentinū pollicef. Cum iam volaret rogatu petri ad celū manum tendentis ac rogantis deum: ne deludi magicis artibus tantum populū fineret symon decidit τ crus infregit. Cuius dolore nō multo post aricie mortuus est: Hinc symoniaci heretici originē habent: qui donum spūssancti emere τ vēdere ɔsueuere τc. Primus postea Petrus quadragesimale ieiuniū instituit. Duas q3 ep'las q̄ canonice nomīanf scripsit Verū quia pluribus intentus esse non poterat: cum orationi τ predicationi vacaret duos episcopos ordinauit Linum sez τ Cletum: qui sacerdotale ministeriū populo romano τ alijs exhiberent.

Assumptio marie dei genitricis 112

❶

Coronatio Gloriose virginis Marie In celis:

ā ūdi. 1233. ā x. 34. 113

❸

Folium CIII recto

예수 그리스도 시대 이후 율리오-클라우디우스 왕조의 로마 제국 황제

1 **칼리굴라** 황제(재위 37~41): 아우구스투스, 티베리우스를 이은 로마 제국 제3대 황제. 초기에는 원로원, 군대, 시민들의 환영을 받았으나 곧 국가재정을 탕진했고, 정서불안정으로 인하여 포악하고 괴기한 행동을 하다가 근위대에 의해 암살당했다.

2 **클라우디우스** 황제(재위 41~54): 칼리굴라의 삼촌. 신체적 결함으로 황실에서 따돌림받다가 칼리굴라가 암살당한 뒤 근위대에 의해 황제로 옹립되었다. 황제가 된 뒤에는 뛰어난 국정수행능력을 발휘했다. 하지만 조카이자 네 번째 황후가 된 아그리피나에 의해 독살당했다고 전해진다.

3 **네로** 황제(재위 54~68): 아그리피나의 아들로 16세에 황제자리에 올랐다. 집권 초기 5년 동안은 국정을 잘 수행하고 로마에 문화적 분위기를 조성했으나, 64년에 일어난 로마 대화재 사건 이후 반대파의 음모를 완전히 뿌리 뽑지 못하고 실각했으며 자살로 생을 마감했다. 기록말살형을 받은 그는 폭군으로 알려져 왔지만 그에 대한 평가는 바뀌고 있다.

Linea Imperatorum

Caius Calligula

CAius cognomẽto caligula: filiꝰ drusi augusti cesaris priuigni ꝛ tiberij nepos q̃rtus romanoꝝ impator. mortuo em̃ tiberio a castrensi loco du cto impiũ occupat. caligule cognomẽ traxit: q2 manipulario habitu inter milites educabatur: siue vt alij ferũt cum eius iuuentum extitit deferendi caligas margaritis insignitas. mãsit ĩ liuie auguste ꝓauie sue cõtubernio quã defunctã pretextatꝰ ꝓ rostris laudauit. inde vicesimo etatꝭ anno accitꝰ capreas a tiberio vno atq3 eodẽ die togã sumpsit. Naturã tñ seuã atq3 ꝓbrosaꝫ inhibe re poterat. cõsulatꝰ q̃tuor gessit. opa sub tiberio semipfecta teplũ augusti thea truq3 põpeij absoluit. inchoauit aqueductum tiburti. multas tñ vrbes in suo noĩe edificauit ꝛ presertim apud thraciã calipolim vrbẽ insignẽ. Statura fuit eminenti pallido colore: corpe enormi: gracilitate maxĩa ceruicꝭ ꝛ cruriũ ꝛ ocu lis ꝛ tpibꝰ cõcauis: frõte lata ꝛ torua. capillo raro ac circa verticẽ nullo. Vul tũ vero natura horridũ ac tetrũ etiã ex industria efferebat. valitudo ei neq3 cor poris neq3 animi ꝯstitit. vestitu calciatuq3 ꝛ cetero habitu neq3 patrio neq3 ci uili: ac ne virili quidẽ vsus est. sepe depictas gẽmatasq3 indutꝰ penulas: ĩma nissima facta augebat atrocitate verboꝝ. ideo hõ oĩm scelestissimꝰ iudicatꝰ. nil em̃ vel domi vel foris strẽnue gessit. Auaricia oĩa expilauit: tãte libidinis fuit vt etiã sororibꝰ stuprũ intulerit: tante crudelitatis ut sepius exclamasse dicaꝫ vtinã ppłs romanꝰ vnã ceruicẽ haberet. ita aũt virgilij ꝛ liuij glĩe inuidit: vt paululũ abfuerit: qn eoꝝ scripta ꝛ imagines ex oĩbus bibliotecis amoueret senecã arenã sine calce dicebat. Preterea agrippã regẽ iudee facit: herodẽ lug dunũ relegat. Postremo a suis tãdẽ necaꝫ impij ãno tercio mẽse decio cũ vixis set annis. xxix. Cadauer clã ĩ ortos lamianos asportatũ: pꝰ crematũ ꝛ sepultũ

Claudius

CLaudiꝰ caij caligule patruus: quẽ nepos ĩ ludibriũ rebuauerat: impiuꝫ accipiẽs q̃ntꝰ romanoꝝ impator ope ꝛ industria agrippe regis iudeoꝝ imperiũ: vt iosephꝰ refert: accipe meruit. Is natꝰ est lugduni eo die q̃ pmũ ara ibi augusto dedicata est: apellatusq3 tiberꝰ claudꝰ drusus discipli nis liberalibꝰ ab etate pma nõ mediocrẽ opam dedit q̃nq̃gesimo anno impe riũ cepit. In cognoscẽdo ꝛ decernẽdo mira varietate animi fuit. Britãniã quã neq3 añ Juliũ cesarẽ neq3 post eum quisq3 attingere ausus est: in deditioneꝫ ac cepit: orchades insulas romano adiecit impio: sexto q3 ꝓfectꝰ erat mẽse romã redijt: triũphauitq3 maxio apparatu. Opa magna potiꝰ q3 necessaria pfecit: p tria passuũ milia partim effosso mõte: partim exciso canalẽ absoluit egre: ꝛ pꝰ vndecim annos triginta milibꝰ hoĩm ibi sine intermissione elaborãtibꝰ portũ ostie extraxit: ducto dextro leuaq3 brachio ad cohercendos maris fluctꝰ: vxo rẽ duxit etiã petinã cũ qua diuortiũ fecit ex leuibꝰ offensis. Post messalinam messale cõsobrini sui filiã ĩ mrĩmoniũ accepit quã cũ cõperisset sup cetera flagi cia C. silio nupsisse: supplicio affecit: tandẽ illecebris agrippine blãdicijs pre allectus cũ ea nuptias ꝯfecit. autoritas dignitasq3 forme nõ ei defuit. Nã ꝛ ꝓ lixo nec exili corpe erat: ꝛ specie caniciẽq3 pulchra: opimis ceruicibus. cibi vi niq3 tpe ꝛ loco appetẽtissimꝰ: historiã in adolescẽtia scribere aggressus est: nec minore cura greca studia secutus est. Postremo ab agrippina boletis veneno illitis necaꝫ. Excessit aũt. iij. idus octobris. lxiiij. etatis impij. xiiij. anno. fu neratusq3 est solẽni principũ pompa. Presagiũ mortis eius fuit exortus crini te stelle quam cometam vocant.

Nero

NEro claudij puignꝰ ꝛ agrippine ex Gneo domicio eiꝰ viro filiꝰ sextus romanoꝝ impator. natꝰ est añ nouẽ mẽses q3 tiberꝰ excessit cui ꝓpriuꝫ nomẽ domicius sicut ꝛ pr̃i. Cũ claudꝰ cesar ei filiã octauiã vxorem de disset eũ neronẽ appellauit. Inter ceteras disciplinas puericie imbutus tpe ꝛ musica. equoꝝ studio vel pcipue ab ineunte etate flagrauit: petulãtiã: libidinẽ auariciã: crudelitatẽ sensim quidẽ pmo ꝛ occulte velut iuuenili errore exercuit Paulatiꝫ vo inualescentibꝰ vicijs ad maiora palã erupit. Epulas e medio die ad mediã noctẽ ꝓtrahebat: fuitq3 auunculo callígule oĩbꝰ in rebꝰ nequior ꝛ sce leracior. Nã et magnã partẽ senatꝰ interfecit. Tantẽ pterea luxurie fuit vt frigi dis lauareꝫ vnguẽtis. retibusq3 aureis piscareꝫ q̃ attrahere funibꝰ purpureis ꝯsueuerat. Hec oĩa vicia principio impij sui ita occultauit: vt bonã spem oĩbꝰ p se ferret. statura fuit pene iuxta corpe maculoso ꝛ fetido. sufflauo capillo. vul tu pulchro magis q3 venusto: oculis cesus ꝛ hebetioribꝰ: ceruice obesa: vẽtre obiecto: gracillimis cruribꝰ: valitudine ꝓspera. Incendiũ aũt rome suo tpe a cliuo scauri ad exq̃lias vsq3 sex diebꝰ vagatũ. mltas fortunas ciuiũ cũ ꝯsupsis set: ac oĩs culpa pncipi ascribereꝫ. Ipse: vt ait corneliꝰ tacitꝰ: abolendo rumori intentus: falsos testes sub ornauit q̃ id factũ a xp̃ianis causareñ. vnde ꝛ tot capti ꝛ interfecti sunt: vt ex eoꝝ cadaueribꝰ ꝑ aliquot no ctes lumine cõtinuata dicunꝫ. Sũt tñ q̃ dicunt illud incendiũ ab eo excitatũ fuisse vt troie ardẽtis similitudi nẽ cerneret. Sua seuicia q3 in senecã: lucanũ: in matrẽ agrippinã ꝛ octauiã vxorẽ ꝛ oẽs q̃ ĩ pcio apd ciues erãt vsus est. Tandẽ ppłi romani irã ꝛ odiũ in se ꝯcitauit vt ad penas quesitꝰ sit. Is fugiẽs ad q̃rtũ milia riũ in suburbano liberti sui: semetipsuꝫ interfecit. Obijt. xxx. ꝛ secũdo etatꝭ anno impij vo quartodecimo.

115

Folium CIII verso

스데반의 순교

기원후 35년경 예루살렘 군중들의 돌에 맞아 순교당하는 스데반(스테파노스Stephanos). 최후의 순간에도 무릎 꿇고 기도하고 있는 그는 기독교 역사에서 최초의 순교자로 기록된다.

116

Folium CIII verso

바울의 회심

기독교를 멸시하던 사울이 다마스쿠스로 가던 중 갑자기 하늘에서 쏟아지는 빛에 눈이 멀게 되고 하늘의 음성을 듣게 된다. 그 순간 이후 그는 회심하여 이름을 '보잘것없는 자'라는 뜻의 바울(바울로, 파울루스Paulus)로 바꾸고 기독교를 전파하는 데 앞장선다.

Lapidatio sancti Stephani 115

Stephan⁹ ꝓthomartir natiōe hierosolimitanus: e septē diaconib⁹ primus ob scītatē ꝛ moꝝ disciplinā diacon⁹ ab apl'is electus; signa ꝛ ꝓdigia multa vt Lucas scribit in iudeoꝝ ppl'o ad corroboratiōnē fidei xp̄iane facere cepit. Contra quē nōnulli iudeoꝝ insurrexere: sed nequaq̄ȝ sapiē ꝛ spiritui eius disputādo resistere nequiuerūt: eo q̄ intuētes vultū eius: vultus angeli apparuit inter illos: quoꝝ errores cū cōfutasset indignati iudei ipsuȝ extra ciuitatē ejciētes lapidibus perimerūt: vt expediti⁹ lapidibus impetere possent vestimēta sua deposuerūt iuxta pedes adolescentis sauli. Dumq̄ȝ lapidaret᷑ genua posuit: ꝛ suspiciens in celū ꝛ vidēs ihm̄ stantē ꝓ lapidātib⁹ obnixe orauit: ne mortē suā illis statueret in suppliciū. Is em̄ viua imago virtutis cū saxoꝝ turbine quateret᷑ ꝛ saxeus ille mēb⁹ circū tp̄a crepitaret a cōstantia mētis nūq̄ȝ dimotus in futurā spem tota intentione ꝓfusus: magnū patiētie documentū posteris allatur⁹. Oratione tādē cōpleta mox obdormiuit ī pace. Lapidatusq̄ȝ fuit eodē anno q̄ xp̄s crucifixus in mēse augusti. Corpus eius venerabile inuentū fuit a btō Luciano presbitero tp̄ibus Honorij āno dn̄i. cccc. vij. In cuius reptione augustinus refert sex mortuos suscitatos ꝛ. lxx. hoīes a varijs egritudinibus liberatos. Postea trāslatū constātino polim: deinde romā ꝛ digniori loco conditū.

Philippus aūt secūdus diaconus cesariā veniens postq̄ȝ samarie predicabat: ꝛ multis signis ꝛ v̄tutibus inclitus fuit. Tres filias ꝓphetie spū plenas habuit. Obijt tp̄e Neronis ꝛ ab oībus sanctus habitus. Tres q̄ȝ filie in ei⁹ sepulchro tumulate sunt. ¶ Procorus tercius diaconoꝝ apd̄ anthiochiā dei ecl'iam nup ab apl'is excitatā fide ꝛ industria auxit: vbi martirio coronatus fuit. ¶ Nicanor q̄ȝ q̄rtus diaconus cū hierosolymis gr̄a fidei ꝛ virtute vsq̄ȝ ad tp̄a Vespasiani admirādus fuisset ibi martiriū ꝓ dn̄o suscepit. ¶ Tymon q̄ntus diacon⁹ primū ad beroam resedit. deinde verbū dn̄i disseminās corinthū ꝓuenit: vbi a iudeis ꝛ grecis p̄mo flāmis iniectus: ꝫ nil lesus: demū cruci affixus martyrij coronā accepit. ¶ Parmenas sextus diaconus predicatiōis officiū plena fide cōsūmauit ꝛ tandē Traiani tp̄ibus martyrij gl'iaȝ adeptus est. ¶ Nicolaus vō aduena septimus diaconus in fide nō permāsit: ꝛ nicolaitarū heresis ab eo iniciū sūpsit.

Conuersio ꝛ vita Pauli apl'i 116

Paulus ihū xp̄i dignissim⁹ apl's electionis vas ex tribu beniamin fuit: ex oppido iudee q̄ giscalis noīat᷑ q̄ cū a romanis captus a puero fuisset cū parētibus suis tharsuȝ cilicie vrbem (vbi ei⁹ pater ciuilitate romana donat⁹ est) cōmigrauit. Mos siquidē tūc romanoꝝ fuit cū monarchiā tocius mūdi cōquireret: vt gentes q̄ cū pace ꝛ coronis romāis occurrebāt: romane ciuilitatis potirent᷑ eoꝝq̄ȝ frēs dicerent᷑. Cū aūt romani ciliciā cū exercitu petijssent: pauli pater cū nobiliorib⁹ tharsensib⁹ romanis cū pace occurrebat. Eā ob rē ꝯsularē vestē ꝓmeruit: ꝛ inter ciues romanos annumeratus fuit ꝓpter qd̄ ꝛ paulus hic apl's ciuis roman⁹ habitus est. Cū aūt xp̄i religio p vniuersaȝ excrescere cepisset iudeā: adhuc adolescētulus a pōtificib⁹ tēpli epl'as accipiēs: eos q̄ xp̄m verū esse deū ꝓfiterent᷑ ꝑseq̄ decreuit: vn̄ cū Stephani ꝓthomartiris neci interfuisset: ꝛ oīm lapidātiū eū vestimēta suaret: tāq̄ȝ manibus oīm lapidaret Stephan⁹ inclinatus ꝓ eo orauit ꝛ paulū e terra erexit: qꝫ paulopost dū damascū ꝑgeret (vt lucas testat᷑) spū diuino tactus ad fidē xp̄i venire cōpulsus: vas electionis vocari ꝓmeruit. Et id oē euenit anno q̄ ꝛ xp̄s passus est. Statīq̄ȝ vocat⁹ xp̄i euāgeliū eidē reuelatū est. Ob diuinarq̄ȝ studia hierosolimā missus gamalieli viro doctissimo eruditionis cā cōmendatus. Post aūt eius ꝯuersatiōnē vna cū barnaba apl'o mł'tis vrbibus pagratis hierosolimā redijt cū petro iohāne ꝛ iacobo xp̄i euāgeliū cōtulit: q̄ audito gentiū apl's ab eisdem declaratus est. In hispaniā predicādi gr̄a nauigauit; in narbona multos couertit. Reuersus scd̄o hierosolymā scd̄o impij neronis anno: a festo iudee ꝓcuratore vinctus romā (vt ciuis roman⁹) mittit᷑: vbi bienīo ī libera custodia manēs; cū iudeis q̄ttidie disputabat; tandē a nerone dimissus mł'ta p̄dicauit ꝛ scripsit.

117

Folium CIV recto

마가, 푀닉스

1 **마가**(마르코): 《신약성경》의 〈마가복음〉 저자인 마가는 손가락으로 〈마가복음〉을 가리키고 있다. 마가의 상징은 날개 달린 사자이다. 라틴 명칭은 마르쿠스Marcus, 이탈리아 명칭은 마르코Marco이다.

2 **푀닉스**Phoenix: 푀닉스는 불속에서 재가 되었다가 500년 후에 되살아나는 불사조이다. 푀닉스가 이 페이지에 나오는 것은 마가가 부활의 복음서 저자이기 때문으로 보인다.

118

Folium CIV recto

야고보(대)의 순교

3 그리스도의 제자 야고보(대)가 무릎 꿇고 자신을 박해하는 자들을 위해 기도하면서 순교의 순간을 맞고 있다.

117 Sanctus marcus euangelista

❶

Marcus euāgelista genere leuitic⁹ sacerdosq̧ cū petro magistro suo: ex baptismo fili⁹ atq̧ interpres: ad ꝓpagandū verbū dei romā (ex antiochia) venit: iuxta qd̄ petrū referentē audierat: rogat⁹ rome a fratrib⁹ breue scripsit euāgeliū. Qd̄ cū petr⁹ audisset ꝓbauit ecclesijs legendū: ꝛ sua auctoritate edidit. Diuus aūt petr⁹ vidēs cō stantiā viri ipsuʒ alexandriā destinauit aquilegiēses vo sua predicatione ad xp̄i fidē pri⁹ cōuertit. ꝛ cū ermiagorā ciuē aquilegiēseʒ virū doctissimū cōuertisset cū eo ad petrū regressus illū aqlegienseʒ ep̄m creare fecit: inde alexandriā perexit: ꝛ prim⁹ ibi xp̄m annūciās: cōstituit eccl̄iam: tāta ꝛ doctrina ꝛ vite cōtinētia vt oēs sectatores xp̄i ad exemplū sui cogeret. Tante fuit humilitatis vt pollicē sibi amputauerit: vt sacerdotio reprobus haberet. Postq̄ aūt diu eccl̄iam docendo scribendo cōstituisset octauo neronis anno a pontificib⁹ templorū in solēnitate pascali cū missaʒ celebraret capt⁹: fune in collo ei⁹ misso ipsum p̄ ciuitatē trahebāt: donec sp̄m emisit. ꝛ sepult⁹ est alexandrie succedēte sibi amano. Anno vo dn̄i. dccc.xxix. fuit Justian⁹ patricius veneciaꝝ dux. anno ei⁹ secūdo beati marci euāgeliste corp⁹ venetias est trāslatū ꝛ eo q̄ secutus est anno cōdite vrbis venete primo septuagesimo ꝛ q̄drīgētesimo eccl̄ia que nūc extat sancti marci venetijs edificari cepta. Inde ex senatus cōsulto vrbis patron⁹ constitutus. Eius imaginē in vexillis detulerunt. Ipsius q̄ȝ euangelij codicem ex aquilegia delatuʒ cum alijs preciosissimis donarijs in eodem templo recondiderunt.

Fenix auis vnica ❷

Fenicem nobilem ante omnes aues vnum in toto orbe nec visum magnopere Cornelius valerianus deuolasse in egyptū tradit Q. plautio. Sex. papinio cōsulibus. Allatūq̧ esse in vrbem claudij principis censura. anno vrbis. dccc. ꝛ in comicio ꝓpositum: quod actis testatus est hec auis in arabia prius visa narratur aquile magnitudine: auri fulgore circa colla: cetera purpureus: ceruleaʒ roseis caudam pennis distinguentibus: cristis faciem: caputq̧ plumeo apice honestare. Auctor manlius senator est neminē extitisse qui viderit vescentem. viuere annis sexcentis sexaginta. Senescentē cassia turisq̧ surculis construere nidum replere odoribus: ꝛ super emori. Ex ossibus deinde ac medullis nasci primo ceu vermiculum: inde fieri pullum. Huius alitis vita magni cōuersionem anni fieri prodit idem manlius.

118 Jacobus maior apostolus

❸

Jacob⁹ maior apl̄s dn̄i: zebedeiq̧ ex maria salome fili⁹: ac diui iohānis euāgeliste frater dictus maior cū pri⁹ altero vocat⁹ ad aplātū: ꝛ p̄ martyriū ad regnū celoꝝ fuit. quē dn̄s vna cū eodē iohāne vocauerat dicens. Uenite post me faciā vos fieri piscatores hoīm. quiq̧ relictis retibus secuti fuerūt eū. post aduentū spiritussancti hispaniā accessit ad predicandū. postq̧ vniuersam p̄dicādo pagrasset hispaniā: in qua noue tātuʒ cōquisierat discipulos: cū videret gentē illā agrestem i iudeā reuersus. Ab herode agrippe regis fratre qui in ir̄lm fr̄is vices gerebat: obtrūcatione capitis martyrij palmā adeptus est. Ut dicit̄ die qua ꝛ xp̄s incarnatus vel passus est anno vno integro reuoluto. Cū vo duceret ad locū passionis p̄ Josiā scribā: ꝛ in via paraliticū sanasset: iosias credidit: pri⁹ baptizat⁹ capite priuat⁹ cū iacobo fuit. Ei⁹ aūt sacratissimū corp⁹ discipli ei⁹ nocte rapiētes de ir̄lm ad hispanias trāstulerūt. ꝛ cōpostellā ciuitatē gallicie intrātes i vltimis finib⁹ hispaniarū cōdidē. Ibiq̧ celeberrima gentiū illi⁹ ꝛ pegrinarū nationū veneratione excolit̄. Stupēda effecit q̄ȝ deuotio fidelū infusa mentib⁹ in visitādo limina ei⁹ ꝛ eccl̄ia firmauit: in eo voto nullus preter aplicā sedē dispēsare liceat. ꝛ qd̄ minus ceteris apl̄is illi i vita collatū fuit honoris ꝛ glorie: ꝓpter breuitatē vite ei⁹: hoc quasi diuina munificētia post mortē suppleuerit.

Prima ꝑsecutio xp̄ianoꝝ terciodecimo imperij neronis anno cepta fuit. Is i xp̄ianos p̄m⁹ exercere cepit. in q̄ p̄ter petrū ꝛ paulū aplos vt illico patebit etiā infrascripti singulares viri rome ꝛ alibi glorioso martyrio coronati sunt. quoꝝ de nūero q̄draginta septē fuere a bt̄o petro apl̄o baptizati: q̄ cū eodeʒ apl̄o icustodia cōtinent̄: tandē sub deuotissima fidei ꝯfessione ibidē neroniano gladio. z. yd⁹ marcij ꝯsūpti sūt.

119

Folium CIV verso

야고보(소)의 순교

그리스도의 제자인 알페오의 아들 야고보는 예루살렘 성전 꼭대기에서 밀어뜨렸으나 죽지 않자, 나무(또는 돌) 몽둥이로 그의 머리를 때려 죽였다고 전해진다.

120

Folium CIV verso

베드로의 순교

그리스도와 같은 방법으로 죽을 가치 없는 인간이라고 하여 자신을 십자가에 거꾸로 못박아 달라고 청했다. 그의 순교는 네로 황제 재위 시로 전해진다.

121

Folium CIV verso

바울의 순교

바울(바울로)은 네로 황제 재위 시 로마 교외에서 참수형당했다고 전해진다.

Jacobus iustus minor apostolus

119

Jacob⁹ apl's cognomēto iustus dictus minor respectu maioris: nō quo ad scītatē: sed ob vocationē ad apl'atū. Dñi (ex sorore marie matris ei⁹) frater post ascēsionē dñi ab aplis hierosolomitane eccl'ie primus eps ordinat⁹: Sedit annis. xxx. vsq; ad septimū annū Neronis. Vir certe ab ipso matris vtero sanctus: q̄ vinū & sicerā nō bibit: nec carnē māducauit: ferrū i caput eius nō ascēdit: oleo nō est vnct⁹: nec balneo vsus est: veste linea supindut⁹ solus sancta sanctoꝝ ingrediebat & ita assidue p salute ppl'i flexis genib⁹ orabat: vt eius genua cameloꝝ more occalluerint. p hac sūma iusticia: iustus appellat⁹. & vt Ignaci⁹ tradit facie vita & mō cōuersationis xp̄o ihu simili⁹ fuit: ac si frēs gemelli fuissent. Hūc itaq; annan⁹ pōtifex iudeoꝝ: recedēte festo ex iudea ipsi⁹ puicie gubernatore cōprehēdit. Et xp̄m negare attēptauit. Posuerūtq; sup pinaculū tēpli & ɔgregata multitudine xp̄m verū deū vēturū ad iudicādū viuos & mortuos pclamauit. xp̄iani gauisi. pharisei ɔturbati ascēdētes eū de tēpli pinna deiecerūt: cōfestim in terraz collapsuz lapidib⁹ obrui p̄ceperūt: put tñ potuit man⁹ ad celū tetēdit & p psecutorib⁹ orauit. Quo adhuc spirāte fullonis fuste i capite pcussus expirauit. Sepult⁹ iuxta tēplū. huic p⁹ resurrectionē dñs apparuit ei panē bñdicēs & frāgens dixit. Mi frater comede panē tuū q̄ a mortuis fili⁹ hoīs resurrexit: cū votū emisisset non gustaturū panē nisi eū pri⁹ videt. eū tante scītatis fuisse dic iosepb⁹ q̄ ob necē ei⁹ ierl'yma euersa fuit creditū sit.

Petrus vir sanctissim⁹ cū tm̄ sibi noīs apud oēs compauerat vt plurimū coleret: hāc ob reȝ indignat⁹ Nero mortē ei⁹ q̄rere cepit: vñ petr⁹ monētib⁹ amicis ad declinādā irā pncipis via appia ab vrbe discedēs ad primū lapidē xp̄o fit obuiā. quē adorās rogat dñe quo venis: tuȝ xp̄s. Romā iterū crucifigi. extat sacellū eo loco vt v̄ba hic sunt habita ideo ad vrbē rediit clemētē ep̄m ɔsecrat. nō multo post vna cum paulo iussu neronis necat vltimo ei⁹ anno: diuersis tñ cruciatib⁹. Petr⁹ em̄ cruci affigit capite in terrā verso: eleuatisq; in sublime pedib⁹ ita ei voluit. Sepult⁹ est i vaticano nō lōge a via triūphali: via aurelia sec⁹ ortos neronis. Sedit aūt annis vigintiquiq;. ¶ Paulus v̄o eodē die capite mulctat⁹: funerat via hostiensi anno post mortē xp̄i trigesimoseptimo. Cū aūt separent abinuicē inq̄t paul⁹ pax tecū fundamētū eccl'iarū & pastor oīm agnoꝝ xp̄i. Petrus r̄ndit. Vade in pace pdicator bonoꝝ: mediator & dux salutis iustoꝝ. Marcellus & Apuleius frēs discipuli cōdiētes aromatib⁹ sepelierūt. Hodie capita aploꝝ petri & pauli auro argento ac gēmis exornata in eccl'ia lateranensi sancti iohānis reposita pp'lo ostendunt.

120 Crucifixio Petri apostoli

Decapitatio Pauli 121

122

Folium CV recto

세네카, 루카누스, 페르시우스

1 **세네카**Seneca: 스토아 학파의 철학자이며 네로 황제의 스승이었던 그는 사도 바울과 서신교환을 했다. 나중에 쿠데타에 연루된 것이 발각되어 자살형을 선고 받고 목욕탕에서 동맥을 잘랐다.

2 **루카누스**Lucanus: 세네카의 조카로 뛰어난 언변에 시인, 역사학자였다. 네로 황제의 총애를 받았으나 쿠데타에 연루되어 사형당했다.

3 **페르시우스**Persius: 루카누스가 존경했던 시인이자 풍자 시인.

123

Folium CV recto

빌립보의 순교

4 빌립보Philippos(필립포스)는 소아시아와 시리아 지역에서 선교하다가 체포되어 십자가형으로 순교한 것으로 전해진다.

1 Seneca

Seneca qui ⁊ lucius anneus stoicus phus natione cordubensis neronis imperatoris preceptor. Rome in precio fuit: ⁊ patruus lucani poete. De q̄ diuus hieronym⁹ meminit dicens q̄ fuerit vir cōtinentissime vite: ⁊ ꝓpterea euꝫ in cathalogo sctōꝝ ponit: ⁊ maxīe ꝓpter frequētes ep̄las pauli ad senecā: ⁊ ipsius ad paulū. Et cum eēt neronis magister ⁊ illius tpis potētissim⁹ optare se dicit eius se loci esse apud suos: cui⁹ sit paulus inter christianos. Hic inter cetera gr̄aruꝫ suaꝝ beneficia sibi a deo collata: tante fuit memorie: ut duo milia noīm recitata: eo q̄ dicta ordine erant: mox recitabat. ⁊ ducētos versus a ducētis scolasticis recitatos ab vltimo incipiēs ad primū vsq̄ integerrime recitaret. Quē tandeꝫ ante bienniū q̄ꝫ petrus ⁊ paulus martirio coronarent a Nerone seuissimo discipulo retributiōis gr̄a interfectū fuisse legim⁹. Nā cū senex admodū esset seneca pisoniane cōiurationis labe notatus. Uel ut aliȷ ferūt cū nero vbera que sibi a puericia intulerat ad memoriā eo intuitu reducēs infremuit (imo ob innatū in virtutes odiū) a Nerone p centurioneꝫ senece indictuꝫ fuit ut sibiipsi morteꝫ deligeret: q̄ cognita imperatoris volūtate: petiȷt ut in tepenti aqua poneret: ⁊ ibideꝫ omnes vene eidem aperirent donec spm̄ exalaret: suaue genus mortis arbitratus mori incisione venarum: ⁊ ita vitā finiuit. Hic nāq̄ doctissimus vir multa diuinaꝝ ⁊ humanaꝝ scripturaꝝ edidit documenta.

Lucanus 2

Lucanus anneus predicti senece nepos: orator ⁊ poeta historicus celeberrimus q̄ patruo iunior: ob ingeniȷ tn̄ magnitudine par illi habit⁹ est: hic nāq̄ senece ex mela eius iuniore fratre nepos fuit: q̄ pmo rome sb cornuto studuit: vbi optime edoctus cōdiscipulos sibi gratissimos: psiuꝫ ⁊ bassum (q̄s mirūimoduꝫ dilexit) habuit: hic ob eius ingeniū a Nerone in curia vocatus diu gratissim⁹ ei fuit. Inde q̄stor dictus etiā auguratus sacerdotiū assecutus est. Tandeꝫ de cōiuratione pisoniane accusatus accepto mortis arbitrio venas precidē fecit: q̄bus expletis stati e vita discessit p̄die kal. marcȷ. cuius corpus sepultū fuit in hortis suis.

3 Persius

Persius flaccus aulus: patre flacco: matre fuluia: volaterana ethrurie vrbe: ut eusebius ipse describit lune poti⁹ nat⁹ est: mediocri aūt statura insigni forma ꝓbatis moribus: ingenio ⁊ doctrina prestāti fuit. Prima adolescentia p̄re mortuo. Qu. rēniū palemoneꝫ grāmaticū vicentinuꝫ audiuit. Mox rhetorice sb virgineo flauo incubuit. inde se ad cornutū phm̄ ꝯferens familiariter secū ad interitū vsq̄ vixit. Anno vo etatis nono ac vigesimo stomachi vicio regnāte nerone interiȷt ⁊ rome in predȷs suis sepultus est: vnū satyraꝝ reliquēs libꝝ in q̄ vere laudis plurimū meruit: lꝫ impfectū. his q̄ꝫ tribus cornutus phs ⁊ poeta a nerone crudelissimo sine labe aliq̄ exilio dānat: qui pre nimio amore persȷ discipuli bibliotecā cōparauit preciū sororibus (quas instituerat heredes) tradidit.

Philippus apostolus

123

4

Philippus dn̄i nr̄i ihu xp̄i ex duodenario collegio ap̄lus vocatus: ut eū seq̄ret. Is adduxit frēm suū nathanaelē doctorē legis: in q̄ dolus nō erat: ad euꝫ q̄ ad ap̄latuꝫ nō fuit vocac⁹: ne ꝯuersio hoīm ad fidē humane peritie attribueret. hic ap̄s cū p. xx. annos p vniuersam scythiā p̄dicasset. Illāq̄ pene totā ad xp̄i fideꝫ ꝯuertisset. hieropoli asie vrbeꝫ veniens hebeonitaꝝ heresim q̄ xp̄m fantasticā carneꝫ sumpsisse predicabāt extinxit: demū a paganis tentus ad imolāduꝫ statue martis adduct⁹ sub base statue draco egrediens filiū pōtificis q̄ igneꝫ i sacrificio mīstrabat ⁊ duos tribunos q̄ꝝ mīstri ap̄lm detinebāt occidit: ⁊ plurios lāguidos reddidit: precibus tn̄ ap̄li disparuit ⁊ istos sanitati restituit. Quā obreꝫ ifideles euꝫ tenentes anno etatis sue septuagesimooctauo cruci quā p̄dicabat ad instar mgr̄i sui affixerunt: ⁊ martireꝫ christi fecerūt. Iste duas filias v̄gines post se dereliq̄t q̄ ambe cuꝫ p̄re sepulte sunt vna a dextris alia a sinistris.

Barnabas e septuagitaduob⁹ discipulus fuit natōe cyprus: hic datus fuit i sociū paulo ab ap̄lis ad p̄dicāduꝫ gentib⁹. Is i italiā veniens ex p̄cepto petri oēꝫ lōgobardiā predicādo ⁊ docendo circuiuit: ⁊ p se suosq̄ discip̄los cisalpinā galliā ad xp̄i fideꝫ ꝯuertit. ⁊ apd̄ mediolanū p̄m⁹ cathedraleꝫ locū tenuit relicto ibi ep̄o cipriū regressus cuꝫ euāgelio mathei p̄les sanās apd̄ salaminā paulo añ petri martiriū ⁊ ipse ibidē martirio coronat⁹ ē

124

Folium CV verso

바르톨로메오의 순교

바르톨로메오(바르톨로메우스Bartolomeus)는 아르메니아와 페르시아 등지에서 선교하다가 붙잡혀 산 채로 껍질이 벗겨지는 사형을 당했다고 전해진다.

Anno mundi .5273. Anno christi .lxxiij.

LInus ab vltimo anno neronis btō Petro succedēs vsq3 ad vespasiani tpa puenit. a cōsolatu saturnini τ scipionis vsq3 ad capitonē τ ruffum cōsules. Sunt q̄ hūc locū clemēti ascribāt τ linū τ cletū pretermittant: quos nō solū historia: verū etiā hieronymi autoritas reprehēdit. Quartꝰ inq̄t post petrū rome ep̄us clemēs fuit. siquidē linus secūdus. Cletus terciꝰ sunt habiti. Tametsi latinoꝝ pleriq3 post petrū statim clementē numerent. quem certe cōstat: tante enī modestie fuit: co egisse linū ac cletum ante se munus pōtificatꝰ obire: ne posteris hec principatꝰ ambitio pniciosi exempli haberet. licet eidē petrus q̄si ex testamēto successionis locū tradiderit. Fuit aūt linus ex natione thuscus patre herculaneo vir certe moribꝰ τ sanctitate preclarus. Is ex mandato petri ɔstituit: neq̄ mulier nisi velato capite templū ingrederet. τ ex sacris ordinibus bis in vrbe habitis presbyteros decē τ octo. Episcopos vndeci creat Scripsit τ res gestas petri: maxie vō eiꝰ cōtentionē cū symone mago. qui cū demones effugaret: mortuosq3 ad vitā reduceret. a saturnino cōsule cuiꝰ filiā a demonibꝰ liberauerat capitali supplicio afficit. ac vndecimo kal. octobris in vaticano iuxta Petri corpꝰ sepelit. cū sedisset in pōtificatu annos vndecim mēses tres dies duodecim. Cuius corpus aiunt gregoriū episcopū ostiensem in ostiā trāstulisse: τ in diui laurentij templo honorifice collocasse.

Anno mundi .5284. Anno christi .lxxxiiij.

CLetus papa natione romanꝰ de regione vicopatricij patre emiliano adhortante clemēte pōtificatus munꝰ inuitus suscepit. licet doctrina moribus τ dignitate plurimū apud suos valeret. vir q̄3 optimꝰ atq3 sanctissimꝰ qui nihil p̄termisit. qd̄ ad augendā ecclīam dei ptineret. Quā cū optime ꝑ tpe cōstituisset. redactis in ordinē ex mādatis petri vigintiquinq3 pſbr̄is sub domiciano cesare martirio coronat: ac sepelit apud btī petri corpꝰ in vaticano quinto kal' Maij. Et primus: vt aiunt: lr̄is aplicis salutē τ aplicā benedictionē scripsit. Fuit aūt tpibꝰ vespasiani τ titi a cōsulatu vespasiani septimo τ domiciani quinto vsq3 ad domicianū τ ruffum consules vt Damasius scribit. Sedit annis .xj. mense vno diebus .xj. Sedes aūt huiꝰ morte diebus .xx. vacat.

124 Bartholomeus apostolus

BArtholomeꝰ apl's vnꝰ ex senatoribꝰ celi. is post aduentū spūssancti postq3 in lycaonia τ india xp̄i euāgeliū predicasset. in albanā maioris armenie vrbē veniēs cōfestim tēplū vbi deus ascaroth colebat ingredit. effecit ut demon nullū cultoribꝰ suis respōsū prebere: pgentes ad vicinā ciuitatē: ab ydolo rn̄sum habuerunt ob ingressum bartholomei coꝝ deū cathenis ligatū vt loq̄ nō valeret. τ vt eū ondēret ait. capilli eiꝰ nigri τ crispi. caro cādida. oculi grādes. nares eq̄les τ directe barba plixa. hn̄s q3 paucos canos capillos. statura eq̄lis collobio albo clauato purpura vestit. Induit pallio albo qd̄ ꝑ singlos angulos gēmas h3 purpureas cencies flexis genibꝰ ꝑ diē orat τc. Ibi euāgeliū predicās polemiū ipsiꝰ vrbis regē ac reginā cū duodeci ciuitatibꝰ ad xp̄m cōuertit. τ demonē deformē oñdit: ꝓpter qd̄ pōtifices tēpli indignati. ipsuz ab astiago fratre polemij sibi i fensissimo p̄mo cedi. deinde excoriari. τ capite obtrucari fecere q̄ ad celeste gaudiū triūphū pegit. cuiꝰ corpꝰ a fidelibꝰ ibidē cū oī veneratiōe tumulatū: postea ad lipparim delatū. inde beneuentū τ vt aliq̄ sentiūt demū romā trāslatū: fuit aūt nobilissimis ortus parentibꝰ: qui hierosolymā veniens audita xp̄i diuinitate ac crebris eius miraculis eidem adhesit.

Appollinaris

APpollinaris rauēnatus ep̄s sctissimꝰ vir ab aplo petro ordinatꝰ rauēnas missus: seuis verberꝰ flagellis sepe ɔterit τ senile corpꝰ ab impijs horrēdꝰ cruciatibꝰ laniat. ne aūt fideles de suis vexationibꝰ trepidarēt signa aplica pfecit. puellā mortuā suscitauit. cecis visuz reddidit. muto loq̄lā. lepsos mūdat. atq3 portētū simulachrū vna cū tēplo i terrā deiecit. Tādē apō eādē vrbē inter succedētia tormēta glīosuz ɔsumauit martiriū decimo sez kal. augusti.

125

Folium CVI recto

네로 황제 사후 혼란기의 황제들

1 **갈바 황제**Galba

2 **오토 황제**Otto

3 **비텔리우스 황제**Vitellius

4 **베스파시아누스 황제**Vespasianus

68년 네로 황제가 자살한 후 히스파니아의 총독 갈바가 황제가 되었으나 곧 오토 장군에 의해 제거되었고, 오토는 비텔리우스 장군에 의해 제거되었으며, 비텔리우스는 베스파시아누스에 의해 제거되었다. 베스파시아누스는 네로 사후 1년 반 동안 지속된 정치적 혼란기를 평정한 다음 수도 로마에 콜로세움을 세웠다.

Galba vir antiq̄ nobilitatis: cū ꝓgenies cesarū in nerone defecit (qđ euidētissimo signo apparuit. Augusti eñ sceptrū e manib⁹ excussū est) neroni successit nullo gradu ꝯtingēs cesarū domū. In hiberia īpator a militib⁹ creatus vbi neronis mortē cōperit: romā ꝯfestim venit septim⁹ romanoꝝ imꝑator. Qui a principio liberalib⁹ disciplinis ꝛ iuri opaꝫ dedit ꝛ vita priuata insignis fuit: militarib⁹ ac domesticis in reb⁹. Sepe tñ ꝯsul. sepe ꝓconsul frequēter dux fuit grauissimis bellis. Statura iusta fuit. capite caluo. oculis ceruleis. adunco naso. manib⁹ pedibusq̄ articulari morbo distortissimus vt neq̄ calceū ꝑpeti. neq̄ libellos euoluē aut tenere oīno valeret. excreuerat in dexteriore latere ei⁹ gibb⁹. Cibi plurimi tpe etiā hiberno añ lucē capere ꝯsueuerat: libidinis ꝓnus. verū cū oēs auaricia ac segnicia offenderet. Insidijs ottonis rome ad lacū curcij cū pisone nobilissimo adolescēte quē in filiū per adoptionē susceperat iugulat⁹ est. Perijt aūt tercio ꝛ septuagesimo etatis anno imperij mēse septimo. qui marcū fabiū quintilianū insignē oratorē ex hispania romā duxit.

Otho octau⁹ romanoꝝ īpator patre equite matre humili: materno tñ quā paterno nobilior: a prima adolescētia ꝓdig⁹ ac ꝓcax: per grāz liuie auguste in cui⁹ domo creuerat: senator fact⁹. q̄ppe q̄ neronis familiaris fuerat: ꝛ oīm ꝯsilioꝝ particeps: inter tumult⁹ cedesq̄ inuasit imperiū. Cū aūt ciuile bellū cōtra vitelliū in germania imperatorē creatū molit⁹: trib⁹ leuib⁹ prelijs superior fuisset. vno ad alpes. alio apud placentiā. tercio ad castorē. quarto apud bebriacū superat᷑. vnde rex desperatione sibimet manū iniecit. Cū vno se ictu infra leuā papillā traiecit. Irrūpentibusq̄ ad primū gemitū. modo celans modo detegens plagam exanimat⁹ est. ꝛ apud volaterranā ethrurie vrbem funeratus vti preceperat. xxx. ꝛ octauo etat[is] anno. ꝛ nonagesimo ꝛ q̄nto imperij die fuisse aūt tradit᷑ stature modice ꝛ male pedat⁹: caluusq̄: mūdiciarū v̄o pene muliebriū: quē alij predicāt virū fortissimū ac rei bellice vincū imperatorē.

Vitellius nonus romanoꝝ imperator familia magis honorata quā nobili romā veniēs. puericiā primāq̄ adolescētiā capreis egit inter tiberina scorta. sequēti etate oīb⁹ ꝓbris cōtaminatus. caio per augurandi: claudio per alee studiū: sed aliquāto neroni acceptior. triū itaq̄ principū indulgentia honorib⁹ amplissimis auctus. ꝓcōsulatū affrice. ꝛ curā operū publicoꝝ administrauit. a galba deinde in inferiorē germaniā missus est. Castra v̄o ingressus nihil cuiq̄ poscēti negauit ideo in veste domestica imꝑator est ꝯsalutatus. ac imperio potitus in oēm nequiciā seuiciā ꝛ ingluuiē ꝓlapsus est. Nam tante voracitat[is] fuit vt sepi⁹ in die comederet: ꝛ vna cena suo iussu duo milia pisciū : ꝛ septem milia auiū apposita sint. ferunt eñ eū fuisse rubicūdissime faciei ꝛ obesi ventris verū vbi cōperit vespasianū apud iudeā palestine ab exercitu imperatorē creatū cuꝫ legionib⁹ aduētare. primū deponere imperiū cōstituit: postea a quibusdā aīat⁹ sumptis armis sabinū vespasianū frēm cū flauianis in capitoliū cōpulit: quo q̄dem succenso oēs cōcremati sunt. Superueniēte vespasiano e cella pallatij per viā sacrā semi nudus ad scalas deducit᷑ vbi excarnificatus in tyberim ꝓicit᷑. Perijt cum fratre ꝛ filio anno vite. vij. quinquagesimo.

Vespasianus flauius decimus ro. imꝑator. cū rebellione ac cede triū principum incertū ac vagum imperiū fuit. tandē gens flauia firmauit. Vespasianus aūt natus est in sannis vltra reatū vico modico: quinquēnio antequā augustus excederet. vxorē duxit flauiā domicillā ex hac liberos tulit tituꝫ ꝛ domicianū ꝛ domicillā. hic ante demandatū sibi imperiū a claudio missus in germaniā ꝛ brittaniā tricies cum hoste conflixit. Deinde biennio ante neronis mortē ad capiendā iudeā ab ipso nerone missus. multa ibi strēnue gessit certamina: ꝑ quibus audita principis morte ab exercitu imperator appellatus est. qui bellū tito filio cōmendās romā per alexandriā ꝓfectus est: vbi vrbem deformē moribus ꝛ legibus ac structuris ornauit: fuit enim vir clemētissim⁹ ac munificentissimus qui principatu suscepto rempublicā ferme collapsam optime restituit. Templū pacis perfecit. amphitheatrū (cuius pars adhuc in vrbe extat) inchoauit. Statura fuit quadrata cōpactis firmisq̄ membris. vultu veluti nitentis. offensaruꝫ minime memor. colligendarū tñ pecuniarū nimiū studiosus: licet ex alieno non raperet. eis deniq̄ ad munificentiā vsus: expleuit enim censum senatoriū: consulares inopes sustentauit. Qui tandem postq̄ multas deduxisset colonias ꝑ fluuio ventris vsq̄ ad defectionem soluto imperatorē ait stantem mori oportere. Dumq̄ consurgit inter manus subleuantium extinctus est annum gerens etatis. 69. cum imperasset annis. x.

126

Folium CVI verso

안드레

안드레(안드레아스Andreas)는 시몬 베드로의 동생으로 흑해 주변에서 선교하다가 그리스의 파트라스에서 X자 십자가형으로 순교했다고 전해진다.

127

Folium CVI recto

도마의 순교

예수 그리스도의 부활을 의심했던 도마(토마스Thomas)는 파르티아인들에게 복음을 전파하다가 순교한 것으로 전해진다.

126 Andreas apostolus

Andreas symonis petri frater: ⁊ in passione crucis socius. Is primo fuit discipulus Johãnis baptiste: postea secutus est ihm quẽ iohãnes oñdit dicẽs. Ecce agnus dei. Post aduentũ spũssancti in achaiaz grecie puinciã pfectus est. adhuc vespasiano imperãte: cũ scithis euãgeliũ pdicasset ⁊ in achaia plures ad fidem cõuertisset. ⁊ pcipue maximillã egee pcõsulis puincie vxorẽ apud patras achaie ciuitatẽ ab egea cõphẽsus: post longã disputationẽ de xpo in carcerẽ truditur. deinde a viginti satellitibus grauissime ceditur. ⁊ ad vltimũ in cruce funibus appenditur vt longiorẽ cruciatuz sufferret. ⁊ cũ populus seditionẽ mouit cõtra psidẽ obnixe rogauit: ne impediret martiriũ eius. Nã magister eorum in sua passione patiẽtiã exhibuit. Uidẽs crucem cã salutauit. Salue crux sancta: q̃ in corpe xpi dedicata es: ⁊ ex mẽbris eius tãq̃ margaritis ornata. In cruce aũt biduo viuens apparente demũ circa eũ splendore vltimo nouẽbris die martyriũ cõsũmauit. Maximilla vo ipsi egee vxor cõfestim apli corpus rapiẽs optimo loco cũ aromatibus sepeliuit. Cuius sane corpus vigesimo constantij cesaris anno cũ ossibus beati luce euãgeliste ex eadẽ ciuitate in cõstantinopolim trãslatũ est: ⁊ quidã ferunt q nũc requiescit in ciuitate malfitana verũ eius caput postea papa pius eius nominis secũdus e peloponesso romã auectũ in beati Petri templo maxima cum veneratione collocauit.

Quintilianus

Quintilianus rhetor ac phs celeberrimus natione hispanus hisdem temporibus cum in precio magno esset: a galba pdicto cesare romam pductus: ibidẽ scholam tenens clarissimus habitus est. Uir certe eruditissimus atq̃ grauis: qui inter cetera de institutione oratoria octo libros composuit: atq̃ causarũ librum perutilem edidit. Ex quibus hanc celebrem ⁊ memoria dignã habemus sententiam vtinã liberoꝝ nrõrum mores nõ ipsi pderemus. Infantiã eniz statim delicijs soluimus. Mollis quippe educatio quã indulgentiã vocant. neruos omnes mẽtis ⁊ corporis frangit. Huius aũt celeberrimi viri de institutione oratoria liber cum annis ferme sexcentis deperditus stetisset. Postea a poggio florẽtino viro eruditissimo circa annum domini. 1414. in Constantiensi concilio in quodam monasterio integer repertus. Atq̃ ita eius ope transcriptus ⁊ emendatus in italiam delatus est.

127 Thomas apostolus.

Thomas apls qui didimus dicitur vel geminus: vnus ex duodecim aplis fuit. Is dubitans de resurrectione xpi magis nobis pfuit (vt Gregorius ait) q̃ magdalene credulitas: testis factus. non solum p auditum ⁊ visum: sed etiaz p tactũ. Hic cũ xpi euangeliũ parthis medis ⁊ persis: hircanis ac bragmanis pdicasset. etiaz in indiã supiorem ⁊ inferiorem pficiscens multos cõuertit. Et migdoniã carizij cognati regis vxorẽ baptisans xpo consecrauit. Ibidem quoq̃ multas adhuc extãtes ecclesias fundauit. Indeq̃ vt Crisostomus ait ad regionem magoꝝ qui ad xpm venerãt adoraudũ deueniens: eos baptizauit: ⁊ in adiutoriũ fidei xpiane socios suscepit. Tandem ab infidelibus in fornacem ardentẽ proiectus: illesus tñ in eo mansit. Deinde ductus ad idolum solis vt adoraret: aplus genubus flexis ait. Adoro dñm meũ ihm xpm: pcipioq̃ tibi qui ibi latitas vt simulacrũ cõminuas: Quo facto indignati pontifices templi ab eis lanceis pforatus martyrij coronã pmeruit. Cuius corpus haud multo post ad edissam ciuitatẽ translatum est. Quod aũt thomas in transitu virginis marie nõ affuerit ⁊ postea veniẽs de eius corporis ⁊ aie assumptione dubitauerit. Et ideo virgo gloriosa ei apparens cingulum suum dederit in testimoniũ huius: apocriphum est. Licet credibile sit cingulũ eius haberi i terris quod prati populo ostendit.

128

Folium CVII recto

마태

1 **마태**(마테오)는 그리스도의 제자로 〈마태복음〉의 저자이다. 삽화에서는 칼에 찔려 순교한 것으로 묘사되어 있으나 확실한 것은 아니다.

129

Folium CVII recto

프로케수스와 마르티아누스, 성녀 테클라, 디오스코리데스

2 **프로케수스**Procesus와 **마르티아누스**Martianus: 수감된 베드로를 지키던 로마 병정으로, 베드로로부터 옥중에서 세례를 받았지만 나중에 발각되어 참수형을 당했다. 종려나무 가지는 신앙으로 승리한 것을 상징한다.

3 **성녀 테클라**Tecla: 일생을 처녀로 살며 사도 바울을 따라 복음을 전파했다. 역시 종려나무 가지를 들고 있다.

4 **디오스코리데스**Diocorides(40~90년경 A.D.): 네로 황제 통치하에서 활동한 그리스의 의사, 약리학자, 식물학자로 약리학 및 약초학의 아버지로 불린다. 그의 저서《약물잡지》는 1,500년 이상의 긴 세월에 걸쳐 서양 약학·의학의 기본 문헌이었다.

130

Folium CVII recto

유다 타대오

5 예수 그리스도의 제자로 시리아 일대에서 선교하다가 베이루트에서 순교한 것으로 전해진다. 유다 타대오(유다스 타데우스Judas Tadeus)가 몽둥이로 사형을 받을 때 한 쪽 무릎을 꿇자 마귀상이 올려진 기둥이 무너지고 있다.

128 ❶ 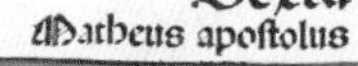
Matheus apostolus

Matheus apl's vocat⁹ a xpo in theolonio ex publicanis actibus apl'us ⁊ euāgelista factus clarissimus. ⁊ ipse post dñi ascēsionē euāgelio christi ī iudea predicato: cū ad gētes exteras transire statuisset: ī ethiopiā p̄mus euāgeliū hebraice scripsit: p iudeis cōuersis ad fidē: qđ quidē fribus ⁊ maxie barnabe cōdiscipulo a quo recedebat in sui memoriā reliquit. In cui⁹ principio christi incarnationē in medio predicationez ⁊ ī fine ei⁹ passionē ostēdit. Qđ quidē barnabas apl's ad predicationis officiū p diuersas pagās ciuitates secum deferebat: ⁊ super egros ponebat: qui oēs cōfestim sanitatis bñficiū cōsequebant. In ethiopiā mathe⁹ trāsiēs totā ferme regionē illā pcurrit predicando atq̄ īnumeros ethiopuz pplos christi iugo subdēs: ⁊ ethiopū gentē ablutā fonte baptismatū de fusca formosam reddidit: christi fundauit ecclias. Cū aūt epigeniā nobilē virginē cū ducētis virginib⁹ christo ɔsecrasset a rege spiculatore misso ad perdēdū dei aplm. Qui celebrata missa eleuatis ī celū manib⁹ iuxta altare īmerso a tergo gladio eū occidit: ⁊ martyriū passus est vndecio kal. octobris. Rex morbo elephātie correpť vite tedio seipsuz interfecit. apl's p visū populū admonuit vt epigenie frēm regē cōstituerēt. q̄ postea. 70. annis regens ecclias erexit ⁊ ethiopiā xpianissimā effecit. Eunuch⁹ quē phillipp⁹ baptizauerat deinde gubnacla ethiopie suscepit.

129 Processus ⁊ martinian⁹ ❷

Tecla virgo ❸

Processus ⁊ martinianus romani milites a diuo Petro ī carcē baptizati ⁊ ipsi cū nerōis iussu oris ɔtusionē: eculeū: flāmas fusces: scorpionesq̄ p̄pessi fuissent: nouissime sexto nōs Julij martirio coronati sunt. Nere⁹ q̄z archela⁹ frēs romani ciues sub hac persecutione rome martirio coronati sūt. Sili mō torpet⁹: torquat⁹ ⁊ secūdus cecilius eufrasius sanctissimi christi cōfessores apud hispanias martyrio coronant. Naracus preterea affricani patricij romani fili⁹ a btō lino baptizatus. marcellus quoq̄ ⁊ apuleus ⁊ alij.

Tecla v̄go preclarissima pauli apl'i discipla postq̄ p cōfessiōe christi: fustes: bestias: ignes: tria atrocissima tormēta ptulisset cū de iconio seleuciā veniret. 9. kal. octob. ī pace qeuit.

130 ❺ Judas qui ⁊ Tadeus apl's

Iudas q̄ ⁊ thade⁹ symonis chananei ⁊ iacobi minoris frater marie cleophe ex alpheo fili⁹ ⁊ xpi apl's Is p̄mo post aduentū sp̄ūscti in mesopotamia ⁊ ī inferiori regione pōti christi euāgeliū predicauit: ⁊ efferas ⁊ indomitas gētes q̄si beluarū naturas sctō dogmate mitigauit. Deinde simul cū symone apl'o in persidē p̄fecti sunt ⁊ vt eccliastica historia habet ad abagarū regē venit in edissa ciuitate qui epl'az ad xp̄m añ passionē ei⁹ ɔscripsit cui xp̄s scripto rñdit: q̄ cū irremediabili corporis morbo tenebat quē cū ab infirmitate liberasset deinde cū symone apl'o martyriū cōpleuit. Sepultus ī netri armenie vrbe: cui⁹ festiuitas quinto kal. nouembris celebrat. Scripsit aūt iudas hic epl'am breuem: que ex septem canonicis vltima habet.

❹ Diascorides

Dyascorides medicus grecus ⁊ militaris discipline vir in herbaria arte his temporibus admirabilis fuit. Et herbarū virtutes arboꝝ lapidū aromatū accuratissima doctrina cōscripsit: imo vt de seipso testat: quecūq̄ (inq̄t) posui nō ex opinione aut fama cognui: s ex electione ⁊ experimēto didici: de quo etiā Plini⁹ mentionē facit.

131

Folium CVII verso

시몬의 순교

1 시리아와 메소포타미아에서 선교하다가 페르시아에서 순교했다고 전해지지만 어떻게 순교했는지는 전해지지 않는다.

이 삽화는 무릎을 꿇고 기도하는 시몬을 뒤에서 두 명의 형리가 칼과 몽둥이로 내리치려는 장면을 묘사했다. 다른 삽화와 마찬가지로 마귀상이 올려진 기둥이 부서지고 있다.

132

Folium CVII verso

페트로닐라와 라자로

2 **페트로닐라**: 베드로의 딸로 전해지고 있으나 '영적인 딸'이었을 가능성도 있다. 그녀의 순교에 관해 전해지는 것은 없다.

3 **라자로**(나사로): 예수에 의해 죽음에서 살아난 인물이다. 그의 여동생 마리아는 예수에게 향유를 붓고 자기 머리카락으로 그의 발을 닦았다.

133

Folium CVII verso

마티아의 순교

4 예수가 승천한 후 사도로 뽑힌 마티아의 행적에 대해서는 전해지는 것이 거의 없다. 삽화에서는 기도하는 마티아를 형리가 커다란 도끼로 내리치고 있다. 그 뒤 원기둥에서 마귀가 떨어지는 광경을 지켜보는 사람은 사제로 추정된다.

Symon apostolus

131 ❶

Symon cleophe filiꝰ ⁊ dñi nři ihu xpi apl's ac cōsobrinꝰ: appellatꝰ chananeus germanꝰ thadei fuit q̄ dictus est iudas. Zelo dñi feruēs par in cognomēto petri cū in sorte p̄dicationis egypti principatus aduenerat postq̄ circūquaq̄ xpi euāgeliū p̄dicasset ⁊ ex cōsensu aplorꝝ post martyriū iacobi apl'i hierosolimitanā rexit eccl'iā. Cū aūt centesimū ⁊ vigesimū ageret annū ⁊ ad simulachrū solis cū iuda apl'o pductus fuisset vt ostēderēt ea plena esse demonibꝰ p̄ceperūt vt ea cōfringerent. Ethiopes nigri egressi idola cōfregerūt. Qd pōtifices vidētes in apl'os irruerūt eos trucidātes. Et vt alij hñt apd atticū cōsularē ab hereticis accusatus qd xpianus esset post multa ⁊ grauissima supplicia: iussus est simili quā dñs ptulerat passione vitā finire: oībus admirantibus q̄ tam senex id crucis suppliciū pati potuisset. alij symonē cleophe filiū epm hierosolyme fuisse attestant. Uerū passus est quinto kalēdarū nouēbris. quo etiam die festū beati Jude apl'i eius simili honore celebrat. 132

Petronella ❷

Petronella virgo sacratissima diui petri apl'i filia ⁊ quidē pulcherrima de volūtate petri febribus laborabat a discipulis aūt interrogatus cur illā egrā nō curaret: ⁊ plures alias sanasset. ait: sic ei expedire. p̄cepit tñ vt eis ministraret deinde rediret ad lectū At vbi in timore dei pfecta esse cepit: sanitatū remedia a patre recepit. Eā q̄ppe cū flaccus comes inuitā cōiugio sibi sociari vellet: tridui inducias postulauit: q̄ in tpe ieiunijs ⁊ orōnibus vacās tercio die statim vt xpi dñi nři sacrm̄ a sctō nicomede pr̄sbytero accepit emisit spm̄. Quāobrem flaccus vidēs se fore delusum eue stigio felicolā eius sociā ⁊ nicomedē pr̄sbyterꝝ varijs tormētis vitā finire coegit. Corpus eius rome sepultū fuit. Eius diei celebritas vltima Maij obseruat.

Lazarus marte ⁊ marie magdalene sororꝝ germanus ⁊ massiliēsis eps. quē dñs noster ihs xps a mortuis suscitauerat: ⁊ ipse terciodecimo imperij claudij anno: secunda morte migrauit ad dñm. Cuius etiā soror martha nō lōge post p annū eī in quo toto febricitauit: sibi reuelato a dño in pace quieuit: quā beatꝰ frōtinꝰ sepulture tradidit. in q̄rū venerabilē mēoriā nō lōge a bethania postea extructa fuit eccl'ia. vbi (vt diuꝰ ait hieronimꝰ) e vicino domꝰ eorꝝ cōseruabat. Marcella vo eiꝰ pedissequa cōscripsisse vitā eiꝰ dr̄: q̄ postea ī sclauoniā pergens: ⁊ plēs ad fidē cōuertēs: pꝰ decē ānos a dormitiōe marthe ī dño q̄euit huiꝰ q̄ppe sctissimi viri lazari ⁊ sororꝝ reliq̄e apd vrbē massiliā p̄cipuo venerant obseq̄o. eiꝰ festiuitas. 16. kal. ianuarij celebrat.

Lazarus ❸

Mathias apostolus

133 ❹

Mathias apl's natiōe bethlamites ex tribu iuda pgenitus. q̄ post ascēsionē dñi ab apl'is sorte ī eorꝝ nūero fuit electꝰ. sicut lucas in actibꝰ aplorꝝ cōtestatꝰ est. ⁊ post aduētū spūssancti iudeā ī sortē accepit p̄dicationi ⁊ miraculis insistebat. Narrāt certi ex historia eiꝰ q̄ treueris eē debet. q̄ mathias ī lege dñi erat doctissimus: corpe mūdus: aīo prudēs: ī cōsilio pruidus: ī sermone expeditꝰ. iudei ei aduersātes: eū de blasphemia accusabāt iō duos statuerūt q̄ cū lapidibꝰ oppeterēt: aꝗdā aūt inter hec tormēta securi pcutit: extēsis manibꝰ spm̄ deo reddidit. Cuiꝰ corpꝰ inde romā: ceteri paduā: reliq̄ treueris trāslatū ferūt. Eius aūt natale. vj. kal. marcij celebrat. Licet de tpe eiꝰ martyrij varie referant snīe. Certū tamē est eū in locū iude scariothis substitutū ab apl'is fuisse cum diuina sors sup eum cecidit.

134

Folium CVIII recto

누가

〈누가(루카)복음〉의 저자 누가(루카)는 예술가, 의사, 총각, 학생, 백정의 수호성인이다.

이 삽화에서는 성모자상을 그리는 화가 수도사로 묘사되어 있다. 날개 달린 소는 그의 상징이다.

135

Folium CVIII recto

막달라 마리아의 승천

중세의 전설에 따르면 예수가 승천한 지 14년 후, 막달라 마리아가 탄 배가 표류하여 프랑스 남부의 마르세유에 다다랐다. 그녀는 그곳의 황량한 언덕에서 은거했는데 매일 일곱 번씩 천사들이 그녀를 하늘의 미사에 데려갔다고 한다.

이 삽화에서 천사들이 마리아 막달레나를 하늘로 끌어 올리고 있고, 그녀의 육체는 긴 머리카락으로 가려져 있다. 배경은 마르세유일 것이다.

134 Lucas euāgelista

Lucas euāgelista xp̄iq̄z discipulus natiōe syrus ex antiochia arte medicus ⁊ greci s̄monis nō ignar⁹: sectator pauli apl'i: ⁊ oīs eius pegrinationis comes īdiuidu⁹: sine vllo crimine fuit: hic cū duo intellexisset esse euāgelia p matheū quidē in iudea: ⁊ marcū in italia. ⁊ ipse instigāte spūsancto in achaie ptibus, put a paulo didicerat suū ↄscripsit euāgeliū: de q̄ paulus. Misim⁹ inq̄t cū illo frēm cui⁹ laus ē ī euāgelio p oēs ecclias. Et ad colloceñ. Salutat vos lucas medicus charissim⁹ meus. Suū tn̄ euāgeliū nō mō ab apl'o paulo didicerat: s3 etiā a ceteris apl'is vti narrat. sicut tradiderūt nobis q̄ ab inicio ipsi viderūt: ⁊ ministri fuerūt s̄monis: ferūt etiā eū a btā dei genitrice maria (cuius familiaritate vsus fuerat) edoctū fuisse. Hic etiā cū picture artis edoctus eēt: ꝓpter ↄuersationē quā iugiter cū btā virgine habuerat (vt scribit Damascen⁹) ei⁹ imaginē pluries depinxit. E q̄bus nūc rome due phibent: quarū vna apud sanctam mariā de pplo maxia veneratiōe custodit. Cōscripsit ⁊ actus apl'oꝝ put ipe viderat. Cūq̄z q̄tuor ⁊. lxx. annis sine vxore pmāsisset in bithinia. 18. die octob. diē obijt. Cui⁹ ossa vigesimo ↄstātij anno ↄstātinopolim trāslata fuerūt. nūc padue ī basilica scē iustine quiescūt.

Euax rex

Euax arabū rex insignis phs ⁊ medicus ⁊ rhetor tēpestate hac floruit. Qui int ceteras sue doctrine opa: volumē de medicinis optimū a se cōpositū neroni trāsmisit. in quo nō solū herbarū medicinalū: sed ⁊ lapidū spēs noīa ⁊ colores: ac q̄bus in regionibus valeāt repiri scripsit. de quo etiā plini⁹ meminit. Vectius q̄z valēs alter medicus grecus messalie adulterio nobilitatus: multā nactus potētiā rome ī medicinis nouā sectā instituit: ⁊ se tam veteribus q̄z nouissimis effrenata temeritate preposuit. Ipocratē supplātauit. ipsum tn̄ Galienus ignorātissimū fuisse ostendit.

135 Maria magdalena

Maria magdalena insignissima xp̄i apl'a ab adolescētia sua (ut sacra ei⁹ h3 historia) cū eēt cūctis puellis pulchritudine plata: ex marthe sororis lazariq̄z germani sn̄ia ī magdalū castellū marito tradita fuit. S3 ↄfestim voluptatū fallacia vanaq̄z leticia seducta: hierosolimam petijt: magnasq̄z opes p̄rimonij inter se diuidētes: marthe bethania castellū ꝓpe hierosolimā ei castrū magdalū a q̄ nomē sortita ↄtigit. Lazaro aūt militie vacāti ps nō modica hierosolimoꝝ. hec q̄ppe generis sui īmemor peccatrix euasit. verū dn̄o ihū p̄dicāte culpas suas punire cepit ⁊ ad eū ī domo symōis leprosi ↄuiuātē venit: ad pedesq̄z ei⁹ retro accessit: vbi vberti lachrimas effūdēs pedes lauare cepit: ⁊ capillis capitis sui tergēs exosculabat: vngētoq̄z p̄ciosissio vngebat (vt sacra h3 historia) dn̄s ad illā inquit O mulier remittunt tibi petā tua vade ī pace. deinde xp̄o q̄ad vixit ardētissime adhesit. Eius q̄z dilectiōe lazarū frēm quadriduanum a mortuis suscitauit. Optimāq̄z ptē (eo testāte) elegit post dn̄i ascēsione diuino nutu massiliā venit: deniq̄z diuine cōtēplatiōis auida: asprimā heremū petijt in loco diuinit⁹ p̄pato: trigita annoꝝ spacio hoib⁹ incognita māsit vbi nec aq̄ꝝ fluēta: nec arboꝝ solacia ⁊ q̄lib3 die septē horis canonicis ab angel' ī ethera eleuabat ⁊ celestiū agminuz gl'iosos ↄcent⁹ corpalib⁹ etiā aurib⁹ reficiebat. vñ dieb⁹ singulis his suauissimis satiata ↄuiuijs p eosoē angelos ad ꝓpriū locū īde reuocata alimētis corpalib⁹ nullaten⁹ īdigebat. tādē reuelata p̄ hēmitā maximino epo q̄ eā dn̄ica die in aurora cū de corpe migratura eēt expectauit q̄ appēs duob⁹ cubitis a terra eleuata ī medio āgeloꝝ nisto lumine circūdata sūpta eukaristia cū lacrimis spm̄ deo reddidit vndecio kal. augusti.

136

Folium CVIII recto

요한의 순교

〈요한복음〉의 저자 요한은 도미티아누스 황제 재위 시에 로마 외곽에서 뜨거운 기름 가마솥에서 순교했다고 전해진다. 그는 사도 요한, 또는 〈요한 계시록〉의 저자인 파트모스의 요한과 동일인물일 가능성이 있다.

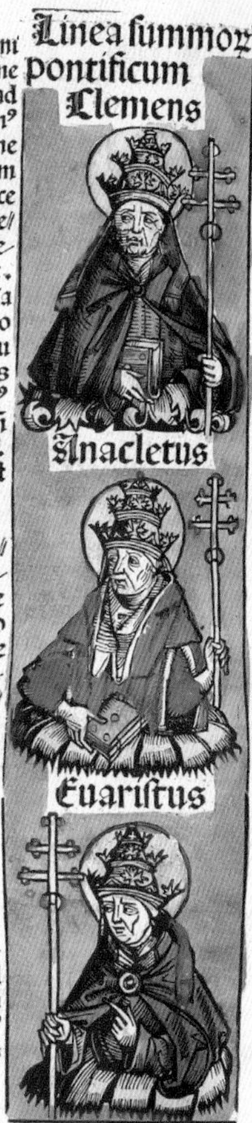

¶ Anno mundi. 5294. ¶ Anno christi. 94.

Clemēs patria romanus de regione celij mōtis. patre faustino domiciani tpib⁹ fuit: post cletū pōtificē sedit annis. 9. dieb⁹. 10. qrtus igit erat rome episcop⁹ post Petruz. tametsi plerięꝫ latinoꝝ secundū putauerūt. vt ex ep̄la ad beatū iacobū hierosolimitanū ep̄m missa constat. Uerū hic oīm modestissim⁹ Linū ꝛ Cletū sponte sibi in tanto labore pretulit. Qui cū doctrina ꝛ religione ac pietate insignis haberet ep̄las ecclie noīe edidit. Deinde eccliam romanam institutis ꝛ morib⁹ cōfirmatur⁹. cōstituit ne quis vnqꝫ ep̄s absente diacono celebrare presumeret. Uetuit itē laicis ne quē clericoꝝ accusare presumerēt. ꝛ regiones septē notarijs diuisit qui diligēter res gestas martyrū scriberēt. Clemens aūt pietate religione doctrina multos ad fidē xpi quottidie traducebat. Quāobrem. P. tarquini⁹ sacroꝝ princeps cū Mamertino vrbis prefecto traianū in christianos concitat cui⁹ imperio in insulā clemēs deportat: vbi ad duo milia christianoꝝ ad secāda marmora damnatoꝝ inuenit. Dum ibi aque penuria laboraret quā sexto miliario repetebāt clemēs populi necessitate cōmotus collē haud lōge positū ꝯscēdēs agnū vidit: sub cui⁹ dextro pede fons diuinit⁹ abūdantē aquā scaturiebat: q̄ qd̄e ꝛ recreati oēs sunt: ꝛ m̄lti ad fidē cōuersi vn̄ mot⁹ traian⁹ satellites quosdā misit q̄ alligata collo ei⁹ anchora eū decimo kal. decēbris ī mare ꝓiecerūt. cui⁹ sacratissimū corp⁹ nō multo post ad litt⁹ delatū est atqꝫ eo loci sepultū vn̄ fons emanauerat: ei⁹ in morte dies. xxij. sedes vacat:

¶ Anno mundi. 5303. ¶ Anno christi. 104.

Anacletus natione grecus patria atheniensis antiocho patre nat⁹ Clemēti in pōtificio succedit Nerue traiani tpib⁹. hūc Eusebi⁹ pretermittēs dicit ipsuz esse cletū. Damasus tn̄ in cronica sua cletū ab anacleto patria ꝛ genere mortis differre ostēdit. Nā clet⁹ natione roman⁹ sub domiciano. Anaclet⁹ vo atheniēsis sb traiano morit. Hic aūt ꝛ mēoriā Petri cōposuit. ꝛ seorsuz a plebe loca vbi martyres sepelirent assignauit. ꝛ sacris ordinib⁹ semel mense decēbri habitis presbyteros qnqꝫ: diaconos tres: ep̄os diuersis in locis sex numero creauit. Sꝫ ꝛ institutis ꝛ morib⁹ romā eccliaz ꝯfirmatur⁹. Cōstituit ne ep̄s a paucioribus qꝫ a tribus ordinaret ep̄is: simplex vo sacerdos ab vno ep̄o. ꝛ ne ep̄s alienos sbditos ordinare p̄sumēt. Tādē sb traiano p̄ncipe vltio supplicio pempto vacat ep̄at⁹ dieb⁹. 13. sedit aūt annis. 9. mensib⁹ duob⁹ dies. 10.

Euaristus papa natione grecus: patre iudeo noīe iuda ex bethleem ciuitate vir sane iustus ꝛ integer: titulos in vrbe roma primus presbyteris diuisit: ꝛ septē diaconos in ordinē redegit: qui custodirent ep̄m predicantē ꝓpter stilū veritatis idē cōstituit ne plebis in ep̄m accusatio reciperet. Uetuit clādestina m̄rimonia: ꝛ vt sponsus ꝛ sponsa a sacerdote benedicerent. Ordinationes ter habuit mense decembri: ac presbyteros sex: diaconos duos: ep̄os p diuersa loca numero quinqꝫ creauit. Deniqꝫ vt quidā tradūt martyrio coronat vltimo traiani principis anno. Sed melius censent qui sub hadriano nōdum in christianos placato id ei contigisse scribunt. Annis enim nouem sedit mensib⁹ decem diebus duobus. Sepultus est aūt in vaticano apud beati Petri corpus vj. kal. nouembris. Uacat tum sedes dies. xix.

Johannes missus in oleum

Persecutionē secūdā christianoꝝ Domicianus. xij. sui imperij anno post nerone in christianos exercere cepit. in qua ꝛ iohānes ap̄lus ꝛ euāgelista a domiciano impatore romā adductus post īmissionē in olei feruentis doliuz ex quo illesus exiuit: in pathmos insulam relegatus est. Post obitum domiciani ab exilio reuocatus ephesim reuersus est. Domicilla virgo sanctissima flauij clementis ex sorore neptis: quā idem sanctus clemens sacro velamine cōsecrauerat: sub hac persecutione in pontiā insulā deportata: longū exiliū passa. In cubiculo a quodā tyrāno cū euphrosina ꝛ theodora atqꝫ alijs virginibus exusta est. ¶ Nicomedes item romanus presbiter sub hac domiciana persecutione rome in via numentana passus est ¶ Hermocoras quoqꝫ aquilegiensis archiepiscop⁹ diui marci discipulus cū multa genera penarū expertus fuisset: ad vltimum cum fortunato archidiacono suo capitali sententia perpetuā gloriā sibi comparauit: licet alij dicant eum sub nerone securi percussum martyriū compleuisse. hic syrum papiensem episcopū habuit discipulum. Passiqꝫ sunt inter ceteros Cletus ꝛ Anaclet⁹ apostolici ꝛ alij quoqꝫ multi.

137

Folium CIX recto

로마 제국 황제

1 **티투스**Titus **황제**(재위 79~81): 네로 황제가 죽은 뒤 혼란한 정세를 평정하고 황제가 된 베스파시아누스의 장남으로 유대 전쟁을 종결하고 로마에 개선했다. 베스파시아누스 황제가 70년에 콜로세움을 착공하고 79년에 사망하자 황제자리에 올랐으며 80년에 콜로세움을 개장한 다음 요절했다.

2 **도미티아누스**Domitianus **황제**(재위 81~96): 티투스의 동생. 물려받은 든든한 국가재정을 바탕으로 공공건설사업에 적극적으로 손대면서 콜로세움을 오늘날 보는 것처럼 완공했으며 후기에는 공포정치를 하다가 암살당했다. 폭군으로 알려져 있지만 죽은 후 기록말살형을 받았기 때문에 그의 악행에 대한 진위는 확실히 알 수 없다.

3 **네르바**Nerva **황제**(재위 96~98): 나이가 지긋한 원로의원이었던 그는 도미티아누스가 죽은 후 원로원의 추대로 황제가 되었으며 죽기 전에 젊은 장군 트라야누스를 양자로 받아들여 황제자리를 물려주었다. 로마 제국의 황금기인 5현제의 첫 번째 황제로 손꼽힌다.

4 **트라야누스**Traianus **황제**(재위 98~117): 5현제의 두 번째 황제. 로마 제국 역사상 처음으로 이탈리아가 아닌 속주 히스파니아(현재 스페인) 출신으로 황제자리에 올랐다. 로마 제국의 영토를 최대로 확장했고 올바른 국정을 수행한 위대한 통치자로 평가된다.

Titus primꝰ vespasiani filiꝰ vndecimꝰ romanoꝝ imꝑatoꝝ: patre defūcto imꝑerare cepit: vir certe natura beniuolētissimꝰ. virtutē aūt titi filij vespasianus tanti sēꝑ fecit: vt tumultuantibꝰ quibusdā ob cupiditatē imperādi dixerit aut neminē aut filiū imꝑio potiturū: ꝛ merito quidē cū ob virtutē ꝛ integritatē animi titus amoꝛ ꝛ delicie humani generis haberet. Nam ꝛ eloquētissimus in pace ꝛ foꝛtissimꝰ in bello: ꝛ clementissimꝰ in delinquētes est habitus. Jta comis ꝛ liberalis vt nulli quicq̄ negaret: hoc cū repꝛehenderēt amici: rn̄disse fert neminē a vultu principis tristem discedē opoꝛtet. Addidit ꝛ illud: recoꝛdatꝰ: q̄ nihil cuiq̄ muneri dedisset: amici diē ꝑdidi. Qui ꝛ latine greceq̄ lingue peritissimus fuit. Ideo ascanij pediani viri doctissimi familiaritate delectatꝰ est. Hic capta iudea euersis hierosolimis: tēploq̄ solo equato: ad sex centa milia hoīm interfecta referunt. licet Josephꝰ in eo bello captus vndecies centena mili a ferro ac fame eo bello perijsse scribat. captaq̄ ad centū milia ac publice venundata. Deuictis iudeis triūphabarūt pater ꝛ filiꝰ eodē curru vecti subsequente domiciano equo albo insidēte. Cuiꝰ triūphi monimēta rome adhuc extant. Insculpta q̄ꝫ candelebra ꝛ tabule veteris legis e templo ablate apparēt. Excessit tandem in eadē qua pater villa pꝰ biennū ꝛ menses duos diesq̄. xx. quā successerat. Altero ꝛ q̄dragesimo etatis anno: delatusq̄ ad sepulchrū est publico luctu: ac si parēte oꝛbati oēs essent.

Domicianus titi frater ꝛ vespasiani filiꝰ duodecimꝰ romanoꝝ imꝑatoꝛ: inter initia principatus quottidie sibi secretū hoꝛarū sumē solebat nec q̄cq̄ amplius q̄ muscas captare ꝛ ꝑacuto stilo cōfigere: vnde quidē ꝓdiens interrogatꝰ esse ne quispiā cū cesare. Rn̄dit ꝑ iocum ne musca quidē. Neroni q̄ꝫ aut gallicule similioꝛ quā patri vespasiano aut fratri moderacioꝛ tn̄ primis annis est habitus: mox in ingentia vicia ꝓrupit: libidinis: desidie: iracūdie: crudelitatis: multos ex nobilibꝰ interfecit: plerosq̄ in exiliū misit. Plurima tn̄ amplissima opa incendio absumpta restituit: sed oīa sub titulo tantū suo ac sine vllo pristini autoris mēoria. Jus q̄ꝫ diligēter ꝛ industrie dixit: ꝛ bibliothecas incendio absumptas impēsissime reparare curauit missis ad alexandriā qui describerent. demū criminibꝰ tantū odij in se cōcitauit: vt pene patris ꝛ fratris nomē aboleuerit: ꝛ ad eā demētiā venit vt se dn̄m ac deū vocari scribi coliq̄ iusserit. Tādē diuina sibi ꝓueniēte vltione a suis interficit in cubiculo: huiꝰ vo cadauer ꝑ vespiliones delatū ignominiose sepelit āno etatis sue. 35. imꝑij q̄ntodecimo. Statura fuit ꝓcera. vultu modesto. ruboꝛisq̄ pleno. grādibꝰ oclis. ꝓterea pulcher maxīe ī iuuēta.

Nerua tredecimꝰ romanoꝝ imꝑatoꝛ post domicianū imꝑatoꝛ electꝰ: iā senio ꝓfectus. Js moderate vite: tum publice tū priuate princeps. equissimū se atq̄ vtilē rei publice ꝓstitit. hic suscepto imꝑio cū oīa ipsiꝰ imꝑij sceptra: ex ꝑdecessoris tumultu offendisset: se equissimū atq̄ vtilē oībꝰ ꝓstare conatus est vnde eiꝰ opa ex senatus decreto domiciani acta abrogata sunt. vn̄ multi ab exilio redierē. pleriq̄ vo bona sua quibꝰ antea spoliati fuerant huiꝰ beneficio recepe. verū post primū sui principatꝰ annū cū iam senio ꝓmereret ꝛ moꝛs instaret. reipublice cauens traianū principē in filiū ꝑ adoptionē accipiēs: secūdo ꝛ septuagesimo etatis anno moꝛit. Imperij vero sui anno primo ꝛ mense quarto. cuiꝰ coꝛpus ī hoꝛtis salustianis sepeliētes inter deos (ex senatꝰ decreto) retulerunt.

Traianus genere hispanꝰ cognomēto vlpiꝰ crinitus: decimꝰ quartꝰ romanoꝝ imꝑatoꝛ: imperiū accipiēs post neruā: militari gloꝛia vrbanitate ꝛ moderatione oēs principes supauit. Nā fines imꝑij longe ꝛ late diffudit. Germaniā transrhenanā in pristinū statū reduxit. Daciam ꝛ multas transdanubiū gentes imꝑio romano subegit: parthos recepit. albanis regē dedit. Euphratē ꝛ tigrim ꝓuincias fecit: vsq̄ ad indie fines ꝛ mare rubrū accessit. Deniq̄ vbiq̄ terrarū ita se equalē oībus ꝓbuit: vt vsq̄ ad iustiani tꝑa in creatione pn̄cipū sit acclamatū felicioꝛ sit augusto ac traiano melioꝛ. Preterea vo tante comitatis ꝛ humanitatis fuit in visendis egrotis: salutādis amicis: vt ei tanta benignitas vicio daret: vnde dictū illud imꝑatoꝛe dignū ꝓdijt. Talem priuatis imꝑatoꝛē esse opoꝛtere quales sibi priuatos optat habere: honoꝛes aut diuicias facultates: ꝓmia bene merentibꝰ eque distribuit. Nihil in vita agens: qḋ ad cōmunē vtilitatē nō ꝑtineret. hac tanta gloꝛia bello domiq̄ parta: apud seleuciā isaurie ciuitatē ꝓfluuio ventris perijt. anno imperij eius decimooctauo mense sexto: cuius ossa romā postea delata sunt: ꝛ in vrbe sepulta vrna aurea in foro qḋ ipse struxit sub colūna coclide que adhuc cernit: cuius altitudo. cxl. pedum.

138

Folium CIX verso

복음서가 요한

복음서가 요한이 하늘에 나타난 성모자의 환상을 보며 복음서를 쓰고 있다. 요한은 수염이 없는 젊은 모습으로 묘사되어 있다. 그의 왼쪽에는 막 날아가려는 독수리가 보인다. 독수리는 요한을 상징한다.

Thimotheus

Thimotheꝰ pauli apl'i discipulꝰ ephesi ep̄s filius vidue fidelis. patre tn̄ gentili ab eo ordinatꝰ. post multos ꝓ christo agones martirio coronat̄. Sunt tn̄ qui dicūt eū sub nerone passum. Cui duz torq̄ret̄ duo angeli apparuere dicentes. Erige caput in celū τ vide. qui vidit celos aptos ihesum coronā gēmatā tenentē atq̄ꝫ dicentē sibi hāc de manu mea accipies. Qđ ut quidā noīe appollinaris vidit se baptizari fecit. qua ꝓpter preses ambos decollari iussit. Ad hunc paulus e laodicia duas scripsit epl'as.

Titus similiter pauli apl'i discipulus cretensiū ep̄s postq̄ꝫ predicationis officiū fidelissime exercuisset. beatū finē adeptꝰ est. cui Paulꝰ ex nicopoli sc̄psit eplaz. Crescētiꝰ q̄ꝫ Pauli discipulꝰ q̄ supiorībꝰ diebꝰ ꝑ galliā trāsitū faciēs multos ṽbo p̄dicationis ad fidē xp̄i cōuerterat: tandē q̄nto kal'. Julij in pace q̄euit.

Dionysius

Dionysius ariopagita ph's clarissimꝰ in hac psecutiōe domiciana cū eleutherio presbytero τ rustico diacono in parisio passionē meruit. q̄ cum a clemēte ro. pōtifice ex precepto beati Petri ad gallias predicationis gr̄a directꝰ fuisset. τ opus dn̄i cōmissuz ardenter egisset. a prefecto parisioꝝ vrbis noīe festennio. vna cū socijs nonagenariꝰ prius colaphisatꝰ cōsputus ac derisus τ sup cratem ferreā positus flāmis nudus extensus τ alia tormēta passus fuisset: tandē genibꝰ flexis capite pcussus martiriū cōpleuit. deinde caput suū inter brachia portauit angelo duce ad locū vbi postea requieuit. Hic est ille dionysius qui athenis in passione dn̄i ihesu dixit. Aut deꝰ nature patit̄ aut tota mūdi machina destruet̄. Quē postea paulus apl's baptizatuz diligēter instruxit. τ athenīēsiuz ep̄m ordinauit: vbi maximā regionis partē xp̄iane fidei subiugauit. Deinde in gallijs septio idꝰ octobris martirio coronatꝰ cū doctissimꝰ haberet̄ multa preclara reliquit scripta. τ cū ceteris apl'is (vt ī libro de diuinis nominibꝰ ipsemet testat̄ dormicioni dei genitricis interfuit) postea cum audisset apl'os Petrū τ paulū a nerone rome detentos ad eos visendos venit. inde a clemente ep̄o ordinatus vt premissum est.

Victorinus

Victorinꝰ scītitate τ miraculis clarus emiterne vrbis dignissimꝰ ep̄s. is exurbe ad neruā principē tāq̄ꝫ christianꝰ adductꝰ statim iussu ipsiꝰ capite deorsuz suspēdit̄ in loco vbi putētes τ sulphuree aque emanabāt. vbi cū ꝑ triduū id martyrij genus ꝓ noīe ihesu christi cōstantissime ptulisset. nonis septēbris gloriose coronatus migrauit ad christuz. Sub nerua q̄ꝫ impatore eutices τ marcus passi sunt. Aurelianus eīn̄ spōsus domicille cū intelligeret eā plus diligere hos sctōs ꝓpter fidem τ virtutē coꝝ τ nereum τ achileū iam martyrio coronatos ex licentia impetrata a nerua quasi seruos ꝑ singula predia sua diuisit: vt terram quottidie foderent. Sed cum oībus graciosi essent τ miracula facerent. Tandē ab aureliano diuersis penis occisi sunt. xvij. kal'. Junij.

Johannes apl'us τ euangelista

Johānes apl's τ euāgelista iacobi maioris ex zebedeo frater. τ matre maria salome christi ihu predilectissimꝰ. in mīori etate ad discipulatū ascitꝰ est. hūc virū sanctissimū vsq̄ꝫ ad traiani tp̄a puenisse ferūt. qui cū asianas erexisset eccl'ias: nouissimꝰ oīm scripsit euāgeliū. τ ea q̄ a matheo marco τ luca conscripta fuerūt cōfirmauit: ferūt τ ob eā rem a iohāne postremo factū. quo ebionitarū dogma ꝯsurgēs infringeret q̄ asserebāt τ impudenter quidē xp̄m ante mariā nō fuisse. eius eīn̄ diuinā naturā Johānes explicat In principio erat verbuz τc̄. Scripsit τ alia multa. tuz vero apocalypsim relegatꝰ a domiciano ī pathmon insulam: quo postea interempto τ actꝭ eiꝰ ob nimiā crudelitatē a senatu rescissis impante nerua ephesuz redijt. ibiq̄ꝫ vsq̄ꝫ ad traianū principē ꝯsilio τ scriptis eccl'ias sustentās: senio cōfectus sexagesimooctauo pꝰ passionē xp̄i anno in dn̄o quieuit. Cū eīn̄ nonagita eēt annoꝝ dn̄ica die a p̄mo pulloꝝ cātu intrās eccl'iam: τ pp'lo p̄dicās demū foueā q̄drată qua ī eccl'ia fieri iusserat intrās: luce ī mēsa apparēte vt videri nō possz: q̄ recedēte fouea plena māna scaturiēte iueta ē nec repꝫtū ē corpꝰ eiꝰ. liber aūt apocalipꝭ (vt diuꝰ hiero. scribit) tot hꝫ sacra q̄t ṽba ī q̄bꝰ latēt sn̄ie:

139

Folium CXII recto

로마 제국 황제

1 **하드리아누스**Hadrianus **황제**(재위 117~138): 5현제의 세 번째 황제. 트라야누스가 확장한 제국의 내실을 다지는 데 공을 들였으며 로마 제국의 '르네상스 황제'라고 불릴 정도로 문화에 조예가 깊었다. 그가 세운 대표적인 건축물은 판테온이다.

2 **안토니누스 피우스**Antoninus Pius **황제**(재위 138~161): 5현제의 네 번째 황제. 그의 통치기간 동안 로마 제국은 태평성대를 누렸다.

3 **마르쿠스 아우렐리우스**Marcus Aurelius **황제**(재위 161~180): 5현제의 마지막 황제로 철학자이기도 했다. 그가 통치할 때 로마 제국은 외적의 침입으로 국경선이 흔들리기 시작했다.

4 **콤모두스**Commodus **황제**(재위 180~192): 마르쿠스 아우렐리우스의 아들. 황제가 된 뒤에는 자신을 헤라클레스라고 여기는 등 기괴한 행동과 공포정치를 일삼다가 암살당했다. 그 후 로마 제국은 암흑기에 접어든다.

로마 제국은 트라야누스 황제, 하드리아누스 황제, 안토니누스 피우스 황제 시대에 최고의 황금기를 맞지만, 마르쿠스 아우렐리우스 황제 때 전란에 휩싸이기 시작하며 콤모두스 황제 시대부터 국운이 기울어지기 시작한다.

Adrianus cognomēto heliꝰ cōsobrine traiani filꝰ quīdecimꝰ romanoꝝ imꝑator. cuius origo vetustior a picentibus: posterior ab hispaniensibus manat. cuiꝰ mater domicia paulina gadibꝰ orta. natus aūt fuit rome ac decimo etatis anno patre orbatus traianū ⁊ celiū eqtez tutores habuit. Imbutusq̄ impēsiꝰ grecis studijs: ingenio eiꝰ sic ad ea sic declināte vt a nōnullis greculus diceref. qntodecimo anno ad patriā redijt ac militiā inijt. deinde a traiano abductus a patria ꝓ filio habitꝰ. deinde imperiū accipiēs inter optimos p̄ncipes merito annumerādus. Is p̄mo quidem xp̄ianis aduersatus est: postea cognita eoꝝ religione ⁊ pietate ī eos admoduz beneficus fuit. De pplo romano bn̄ meritus: pater patrie statim appellaf. nā liberalis: splēdidus: magnificus: clemēs: ac vtraq̄ lingua eruditꝰ. musice medicineq̄ artis sciētissimꝰ fuit. ⁊ leges multas cōposuit. athenieñsibꝰ legē petentibꝰ ex draconis ⁊ solonis sñia iura cōposuit: ⁊ eis bibliothecā insignem retulit. Plutarci cheronei sexti agothoclis phoꝝ doctrina ac familiaritate delectatꝰ. fecit ⁊ rome sui noīs pontē q̄ adhuc extat. ⁊ sepulchrū in vaticano apud tyberim quo nūc artifices ꝓ arce vtunf que scti angeli castellū nūcupaf. Mirificeq̄ plura alia edificauit: ⁊ potissimū ī iudea hierosolymā a tito euersam: menibus ⁊ edificijs instaurauit: ⁊ adeo ampliauit vt passionis ihu xp̄i locū intra menia ꝯcluserit. ⁊ ex suo nomīe helyā appellauit. p̄cepit ne cui iudeo sed tm̄ xp̄ianis introeundi facultas daref Deinde ingruēte tristissima valitudīe antoninū (qui postea piꝰ dictꝰ) adoptauit post hec baias petijt vbi die sexto duū miliarū perijt morbo intercutaneo: vigesimosc̄do impij sui anno. vixit annis. lxij. ac sepelif puteolis ī villa ciceroniana. Statura fuit ꝓcerꝰ. forma cōptus: flexo ad pectinē capillo ꝓmissa barba.

Antoniꝰ pius sedecimꝰ romanoꝝ imꝑator: vna cū filijs aurelio lucioq̄ imperij principatū suscepit. hic adriani gener ⁊ ꝑ adoptionē filꝰ: paternum genꝰ e gallia originē habuit. Imꝑauit aūt tanta modestia ⁊ benignitate vt merito pij cognomentū adeptꝰ sit. ac pater patrie appellatꝰ. Nulli eñ vnq̄ tuz priuatim tuz publice acerbꝰ fuit. ⁊ hoc verbū ꝑsepe dixisse ferūt: malle se vnū ciuē seruare q̄ȝ mille hostes occidere. Tāte aūt iusticie pius fuit: vt multi reges multeq̄ nationes positis eiꝰ iussu armis ad hoīez cōtrouersias suas litesq̄ deferrēt eiusdēq̄ sñie statim parerēt. Fuit aūt statura eleuata decorus. sed cū eēt longus ⁊ senex incuruaref q̄ȝ: tiliaticijs tabulis ī pectore positis fasciebaf vt rectꝰ incederet: fuit voce rauca ⁊ sonora. Cū iocūditate a senatu diuus est appellatus cuz oēs eius pietatē clemētiā: ingeniū: sanctimoniā laudarent: vt cū numa pompilio bonoꝝ oīm sñia compari pōt. Is p̄terea cū tyberis inundatione plurima rome vexasset edificia tuz priuata tum publica sua impēsa ciues ī restituēda vrbe liberalissime iuuit. Tarraconēsez ⁊ caietanū portū restituit. Ob hec merita populus romanus mortuo circenses ⁊ templū cōstituit. Perijt anno septuagesimo cum imperasset annis duobus ⁊ viginti: mēsibus tribus: apud loriū villā duodecimo ab vrbe miliario distantē quasi dormiret spiritū reddidit.

Marcus antoninꝰ qui ⁊ verus cognomēto phs natꝰ rome ī mōte celio educatus in eo loco in domo aui sui veri iuxta edes laterani: vsus grāmatic greco alexandro. oratoribꝰ aūt precipue frontono. cui ⁊ statuā in senatu petijt. Ascitus in imꝑatoriā dignitatē ad domū tm̄ appolonij discēdi cā venit. Audiuit ⁊ sextū plutarci nepotem. Educatus q̄ȝ in hadriani gremio illū verissimum nominabat. deinde vna cū L. aurelio cōmodo fratre annis decē ⁊ nouem imperiū equo iure administrauit. Bellū aūt cōtra parthos simul susceptū admirabili virtute ⁊ felicitate gesserūt: de hostibusq̄ triūpharūt. Uerum nō multo post apoplexie morbo e medio sublato cōmodo fratre. antoninꝰ solus imperiū obtinet. Fuit aūt a teneris annis eiusdē animi: eiusdēq̄ vultꝰ in quauis fortuna. ⁊ quia benignitas nature cū doctrina in eo certabat: merito ab omnibus philosophus appellatus est. philosophia tm̄ eū a rebus bellicis nequaq̄ȝ retardauit Nā germanos: marcomānos: quados: sarmatas ingēti v̄tute ⁊ felicitate vna cū filio cōmodo antonino supauit: ac triūphū egit. Iturus aūt ad hoc bellū cū nō haberet vñ stipēdia militibꝰ p̄beret: exhausto erario oēm imꝑatoriā suppellectilē: oēmq̄ ornatū vxoris ī foro traiani haste subiecit. Uerū cū postea supato hoste ī patriā redijsset: emptoribꝰ p̄cia restituit. nemī tm̄ molestꝰ fuit: q̄ reddē empta noluisset. parta victoria ī oēs de re publica meritos liberalis fuit. Tributa q̄busdā ꝓuincijs remisit. leges seueriores nouis ꝯstitutionibꝰ tꝑauit: his rebus gestī factū ē: vt ab oībꝰ ita amaref: vt sacrilegi nomē incurreret q̄ eiꝰ imaginē domi nō habuisset. Postremo ī pānonia ꝯstitutꝰ repētino morte īterijt. Dimisso eñ filio ne ī cū morbꝰ trāsiret: nocte aīaz efflauit. xviij. impij āno vite. lxj

❶
❷
❸
❹

140

Folium CXIII recto

티볼리

로마 외곽 동쪽 산 위에 위치한 고도古都 티볼리Tivoli의 옛 이름은 티부르Tibur이다.

하드리아누스 황제는 치세 말기에 티부르 주변 평지에 거대한 황궁 단지를 건설했다. 로마와 티부르를 연결하는 도로가 비아 티부르티나Via Tiburtina이다.

Secundus phs

Secundus atheniensis phs hoc tpe in pcio fuit qui semp silentiū seruās pythagoricā vitā duxit: cuius taciturnitatis cā hec fuit. Qd cū matrē ppriā de illicito cōcubitu tēptasset: et illa (incognito filio) assentisset: vt eū cognouit esse filiū pre pudore spm exhalauit: qd aīaduertens secundus id matri propter suā loquelā accidisse: hanc a se in posterū exegit penā: vt de cetero vnqz nemini loqueretur: quod cū hadriano qui apud athenas esset nunciatū fuisset: ipsum illico accersiri fecit. quē cū nec salutatione nec exhortatione aut minis a taciturnitatis pposito retrahere potuisset: admiratus ipsius taciturnitatē atqz constantiā dixit. Cū ista silentij lex a te nullo modo solui pōt: manu tn̄ tua ppleumatibus meis respōdere digneris. Et interrogans dixit. Quid est deus. Ille ꝯfestim rescripsit. Deus est imortalis mens incōtemplabilis celsitudo forma multiformis multiplexqz spiritus: incogitabilis inquisitio: omnia continens lux indeficiens et optimū bonū. Fuere et alia multa hadriani propleumata philosopho proposita.

Tiburtinā latine regionis ciuitatē que hodie vetus tibur appellat p hoc tēpus hadrianus imperator (vt helius sparcianus historicus testat) miro sumptu edificauit. et ex villa oppidum fecit. Hec quippe ciuitas .16. passuū milibus a roma distare videt. et iuxta anienem fluuiū in cliuoso loco cōstituta est. quam tn̄ ciuitatē longe ante romanā vrbem a grecis originem et cōdictionē habuisse Strabo et Virgilius volunt. aiunt em̄ q ipsius primus cōditor fuit quidā tiburtus coracis et catilli frater. Hi nāqz fratres thebani fuere: qui post thebanoꝝ interitū a patre in italia pgeniti: singuli postea oppidū ex suo nomine ꝯstruxere q testis est quidā mons ppinquus qui catillus adhuc dicit. Et corax aliud oppidum famosum inter volscos erexit. Fuit itaqz tiburtina hec quondā nobilis ciuitas cui etiā testimonia phibēt ppinque adhuc extantes ipsius antique ciuitatis ingentes et magnifice edificioꝝ ruine: que dignitatē vrbis pre se ferunt. eo siquidē loco tiburtinus lapis fortissimus fodit: qui ad cōstruēdam conseruandāqz romanā vrbē multū adiumēto fuit. Hanc em̄ vrbē Fridericus cognomēto barbarossa impator: ab alijs theotonicis supiorib' annis dirutā reedificauit. et deinde multi sūmi pōtifices multiqz cardinales auxere et multis edificijs illustrauē. ex hac simplici' roman' pōtifex et alij viri scia et dignitate clarissimi ortū habuere

Tiburtina ciuitas

141

Folium CXXII recto

퀴리누스, 발렌티누스

1 **퀴리누스**Quirinus: 아우렐리아누스 황제의 병사였던 그는 공개적으로 기독교 신앙을 고백하고 전하다가 체포되어 혀가 잘리고 능지처참당했다.

2 **발렌티누스**Valentinus: 영어식으로는 발렌타인이다. 3세기의 인물인 그는 박해받던 기독교 신자들을 이끌던 로마의 사제였고 순교한 날짜는 2월 14일로 알려져 있다. 그의 축일이 봄이 시작되는 시기 때문에 연인들의 축제와 우연히 맞아떨어져 '발렌타인 데이'가 된 것으로 보인다.

142

Folium CXXII recto

제네바

3 삽화에서 도시명이 게벤나Gebenna로 표기되어 있다. 제네바는 켈트족의 일파인 알로브로게스족Allobroges의 정착촌이었다가 기원전 121년에 로마에 통합되었다. 제네바(Geneva, Genève쥬네브)는 로마 제국 후기인 5세기에 기독교 도시가 된 이래로 주로 제네바의 주교들이 이곳을 다스렸다. 16세기에는 장 칼뱅을 비롯한 종교개혁가들의 활동으로 개신교의 중심지가 되었다.

141 ❶ Quirinus

Valentinus ❷

Quirinus romanꝰ tribunꝰ sub hac psecutione pꝰ lingue abscisionē: ⁊ manuū ac pedū ꝓ xp̄o detrūcatione: in via rome que nuncupat͛ appia agonē martyrij. iij. kal. aprilis gladio cōsummauit.

Theodora q̄z vgo hermetis martyris soror his tpibꝰ ab aureliano capta martyriū itrepide sustinuit.

Valentinꝰ romanꝰ p̄sbr hisdē tpibꝰ multa sanitatū ac doctrine insignia a claudio imperatore capit͛. Interrogatꝰ de dijs eoꝝ ait iouē mercuriū ⁊ alios miserrios hoīes fuisse: deinde asterij filiā illumiauit quaz cū oī domo sua nūero. xlvij: xp̄ianos effecit. Tandē iubente imperatore diutissime fustibꝰ cedit͛. ad vltimum vo capite trūcat͛ ⁊. 16. kal. marcij sepelit͛. ¶ Cirillā q̄z decij imperatoris filiā xp̄ianissimā rome gladio iugulatā historie tradūt q̄nto kal. nouembris.

Nonā persecutione eccl'ie Aurelianꝰ imperator mouit i xp̄ianos nonus a nerone. Is em̄ malis ꝯsilijs subordinatꝰ cū de ea re ad ꝓuinciarū p̄sides lr̄as misisset: diuino iudicio de celo tactꝰ turpit͛ occubuit.

Gebennarū clarissimā allobrogū seu sabaudiensiū ciuitatē aurelianꝰ augustus i gallijs hoc anno ꝯcōdere fecit. Et ex suo noīe ipsam aurelianā appellari voluit. Cū em̄ gallia ꝓuincia per annos. xx. ⁊ eoamplꝰ ob seuiciā ⁊ ignauiā valeriani ⁊ galieni imperatoꝝ a fide populi romani se subtraxisset. virtute aureliani cesaris recuperat͛. Hec quippe ciuitas heluecioꝝ finibus ꝓxima est ⁊ lacu lemāno siue lusitano abluit͛. Ex quo quidē lacu rhodanus fluuius ꝓfluit. super quē pons ligneus celeberrimus situs est. hec itaq ciuitas nunc pre magnitudine pulchritudineq ac ciuiū frequentia totius allobrogū siue sabaudiensiū ꝓuincie emporium esse videt͛. Ad quā ꝓpter frequentes nundinas innumerabiles deferunt͛ diuicie: hec quippe sabaudie duci diu paruit: ⁊ nuc subest. In qua plurimi claruere viri: de quoꝝ numero maximinus quidā ꝓfessor fuit. Anianus vrbis ep̄s viri sctitate ⁊ doctrina precipui: ac letꝰ p̄sbyter in diuinis scripturis nobiliter eruditꝰ ⁊ alij multi. Hec aūt vrbs ab imo surgit ad collum ꝓtensa: habetq vineta vberrima. Est q̄z i ea sedes ep̄alis apud eandē vrbem amodeus primus sabaudie dux eius gentis ducatū p̄mogenito suo tradidit ecclesiasticas cerimonias ⁊ orandi morē didicit ad basileā ꝓrexit. vbi generale fuit cōciliū inter duos filios: alterū sabaudie ducem. alterū gebennarū comitē adolescētes egregia facie. solēnibus ꝓ more seruatis: romane eccl'ie presul coronatus est: de quo inferius patebit.

142 ❸

Constātinopolis imperialis ac famosissima ciuitas: olim bizantiū (vt supra scriptū est) appellata. ⁊
cū admodū parua esset: eā postmodū constātinopolim noīarūt. Constātinꝰ em̄ impator cognomi
ne magnꝰ: dum statuisset imperij sedē ex vrbe roma in orientē trāsferre: quo facilꝰ parthoꝝ excur
sationes cōpesceret. Tradūt aliqui autores in troadē ꝓfectū: ibi regie vrbis fundamēta iecisse: vbi quon
dam agamenon: ceteriq̄ȝ grecoꝝ principes aduersus priamū fixere tentoria. Sed admonitū in somnis a
xp̄o saluatore locū aliū designātē: ceptū opus (cuiꝰ diu mansere vestigia) infectū reliquisse. atq̄ȝ in traciā na
uigantē bizantiū petiuisse. Cūq̄ȝ sibi locū diuinitus ostensum dixisse: mox vrbem ampliasse: noua menia
erexisse: sublimes excitasse turres magnificētissimis tuȝ priuatis: tuȝ publicis operibꝰ exornasse. Tātūq̄ȝ
illi decoris adiecisse: vt altera roma nō īmerito dici posset. Scriptores vetusti qui florentē videre: deorum
potiꝰ in terris habitaculū q̄ȝ impatoris putauere. Nomē vrbi nouā romā impator indidit: sed vicit obsti
natio vulgi: vt a cōditore potiꝰ Constātinopolis vocicaret. Quā eiꝰ successores impatores passim tuȝ pu
blicis edibꝰ: tuȝ priuatis ciuiū pallacijs ⁊ quidē supbissimis exornare curarūt. Et adeo vt exteri eo veniē
tes vrbis splēdorē admirati: nō tam mortaliū q̄ȝ celestiū eā domiciliū dixerint. Erant muri vrbis ⁊ altitu
dine ⁊ crassitudine toto orbe celebres. antemuralia vero opportune cōmunita. Triangularē pene vrbis
formā fuisse tradūt. Duas partes alluit mare. nec muri desunt: ad ꝓpulsandos nautales impetus idonei
qd̄ reliquū est ad terras vergens: post alta menia ⁊ antemuralia. ingēti claudit fossa. Habetq̄ȝ hec ciuitas
vndecim portas: dignitatē ipsiꝰ pre se ferētes. quarū noīa hec sunt: aurea: pagea: sancti romani: carthasea
regia: caligaria: xilina: bacmagona: phara: theodosia: ⁊ sylaca. Extāt in ea preter cetera magnificētissima
edificia templū Sophie iustiniani cesaris opus: toto orbe memorabile nongētis quondā sacerdotibꝰ ce
lebratū: mirabili ope: p̄ciosa materia cōstructū. Ea deniq̄ȝ vrbs tanto splēdore insignita fuit vt totiꝰ orien
tis columen: ⁊ vnicū docte grecie domiciliū habita fuerit. vbi tria magna cōcilia celebrata fuerūt: videlicet
sub theodosio seniore: sub agathone papa: ⁊ sub iustiniano principe. Eam cū thurci ꝓpter eiꝰ dignitatem
diu exosam habuissent. Anno salutis nr̄e. 1093. a belzete quodā eoꝝ principe: cū ingenti thurcoꝝ manu
obsessam: deinde capta fuit. Inde galli cū venetis ꝑ quinq̄ȝ ⁊ quīquaginta annos possidere. postea palea
logoꝝ clarissima familia genuēsiū ope a gallis ademit vsq̄ȝ in annū. 1453. gloriosissime possedit. quo an

Constantinopolis

143

no Machometes Ottomānus thurcoꝝ impator eā cepit diripuitqꝫ. Sic nobilissima vrbs in manꝰ infidelium venit. Ab eiꝰ cōditione. Mcxxx. vl'circa. Tātoqꝫ tpe paulo pluri senior roma steterat. qn̄ pmo a gothis capta est Athalaricꝰ em̄ anno ab vrbe ↄdita. Mclxiiij. romā irrupit. at hic ne basilice sctoꝝ effringerēt edixit. Rabies aūt thurcoꝝ nil sanctū: nil mūdū: ī vrbe regia reliqt. sacratissīa eiꝰ tēpla machometee spurcicie dedicarūt. Legimꝰ thebanoꝝ res gestas: lacedemonioꝝ ⁊ atheniēsiū illustria facta: fuit corinthioꝝ nō cōtēnēda respublica. clare olī micene: larissa potēs: pluresqꝫ mēorabiles vrbes quoꝝ si nūc reqras muros: nec ruinas īuenias. Nemo solū in ꝙ iacuerint queat ostēdere: sola ex tāta ruina vetustatis cōstatinopolis supabat: ꝙ tm̄ mirabiliū opeꝝ: tm̄ armoꝝ: tm̄ lr̄arū: tm̄ glorie habuit: vt oīm ciuitatū damna: hec vrbs sola recōpēsare videret̄. Et licet post diuisū imperiū siue trāslatū ad frācos sepe cōstātinopolis ī manꝰ hostiū venerit: nūqꝫ tn̄ basilice sanctoꝝ destructe: neqꝫ bibliothece cōbuste: neqꝫ despoliata penitꝰ monasteria. Itaqꝫ māsit vsqꝫ ī hūc annū vetuste sapie apud ↄstātinopolī monumētū. Nemo latinoꝝ satis videri doctꝰ poterat: nisi ꝑ tempꝰ cōstātinopoli studuisset. Inde nobis plato redditꝰ. inde aristotelis: demostenis: xenophōtis: thucididis: basilij: dionysij: origenis: ⁊ alioꝝ multa latinis opa (diebꝰ nr̄is) manifestata sunt. Nūc sub thurcoꝝ impio secꝰ eueniet: seuissimoꝝ hoīm: bonoꝝ moꝝ atqꝫ litteraꝝ hostiū. Nūc g̊ ⁊ homero ⁊ pindaro menādro ⁊ oībꝰ illustrioribꝰ poetis secūda mors erit. Nūc grecoꝝ phoꝝ vltimꝰ patebit interitꝰ. Innumerabiles em̄ ex hac celeberrima vrbe in oī scīa atqꝫ virtute p̄clarissimi exiere viri: inter quos cognomēto iohānes crisostomꝰ ipsiꝰ vrbis ep̄s. Atticus ep̄s cuiꝰ de virginitate liber extat. gennadiꝰ: cassianꝰ ⁊c̄. Et nouissime emanuel crisoloras ꝙ grecas lr̄as tpe cōstātiēsis ↄcilij in italiā cū ingenti vtilitate retulit. Precisus est aūt nunc fluuiꝰ oīm doctrinarū. musarū desiccatus fons. Fateor multis locis apud latinos studia lr̄arū esse illustria. vt rome: parisius: bononie: padue: senis: perusij: colonie: vienne: salamātice: oxonie: papie: liptzk: ertfordie. Sed riuuli sunt oēs isti ex grecoꝝ fontibꝰ deriuati. A fonte precide riuū: p̄cisus arescit. Nihil aūt sub luna ppetuū. Quomodo aūt impator thurcoꝝ machometꝰ aīo voluerat vrbē in medio thurcoꝝ esse sitam: que suo imperio nō pareret: suoqꝫ nomini decus maiꝰ accedere posset: si eā vrbem expugnaret: machinas bellicas admouit. ⁊ insultū magna vi in eā fecit atqꝫ tandē expugnauit: vt hec ciuitas in potestatē venerat infideliū spurcissimoꝝ thurcoꝝ hoc infelici anno ⁊ vtriusqꝫ sexus pe rsone cum imperatore paleogolo neci dediti fuerant. sub Friderico tercio impatore oīa clarescent.

143

Folium CXXIX verso–CXXX recto

콘스탄티노폴리스

기독교를 공인한 콘스탄티누스 황제는 324년에 동방의 비잔티움에 로마를 모방한 도시를 건설하기 시작, 330년에 로마 제국의 수도를 그곳으로 옮겼다. 이 도시는 그의 이름을 따서 콘스탄티노폴리스Constantinopolis로 불리게 되었다. 영어로는 콘스탄티노플Constantinople이라 하고 현재의 명칭은 이스탄불Istanbul이다.
삽화에서는 두터운 성벽으로 둘러싸인 도시로 묘사되어 있다. 성벽 안의 커다란 돔 건물은 유스티니아누스 대제가 6세기에 세운 성 소피아 대성당으로 추측된다.

144

Folium CXXX verso

헬레나와 니케아 공의회

1 **성녀 헬레나**: 콘스탄티누스의 어머니 헬레나Helena(250?~330)는 기독교 신자였으며 아들에게 큰 영향을 끼쳤다. 헬레나는 326년경에 예루살렘 골고타 언덕에 구세주 무덤 성당(성묘 성당)을 세웠다. 전설에 따르면 그녀가 예수의 십자가를 발견했다고 하며, 그 성녀의 상징은 십자가이다.

2 **니케아 공의회**: 콘스탄티누스 황제는 국가의 통일을 위해 여러 파로 갈라져 있던 기독교를 통합할 필요성을 느끼고, 325년 소아시아의 니케아에서 종교회의를 개최했다. 이때 삼위일체설이 받아들여진다.

Sexta etas mundi

Sancta Helena

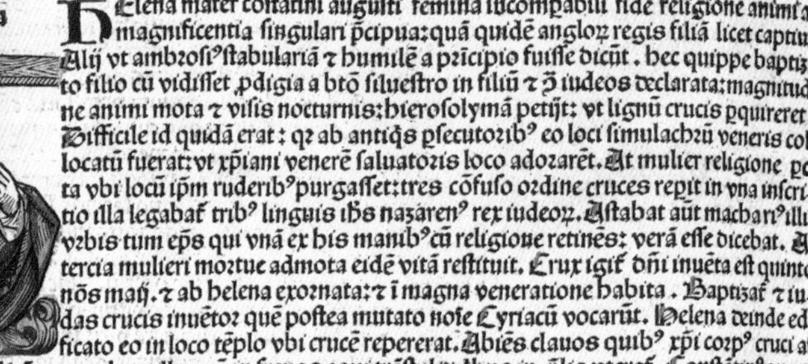

HElena mater cōstātini augusti femina incompabili fide religione animi ac magnificentia singulari pcipua: quā quidē anglor regis filiā licet captiuā. Alij vt ambrosi⁹ stabulariā τ humilē a pricipio fuisse dicūt. hec quippe baptizato filio cū vidisset pdigia a btō siluestro in filiū τ ꝯ iudeos declarata: magnitudine animi mota τ visis nocturnis: hierosolymā petijt: vt lignū crucis pquireret. Difficile id quidā erat: qz ab antiqs psecutorib⁹ eo loci simulachrū veneris collocatū fuerat: vt xpiani venerē saluatoris loco adorarēt. At mulier religione pcita vbi locū ipm ruderib⁹ purgasset: tres cōfuso ordine cruces repit in vna inscriptio illa legabaꝭ trib⁹ linguis ihs nazaren⁹ rex iudeor. Astabat aūt machari⁹ illi⁹ vrbis tum eps qui vnā ex his manib⁹ cū religione retinēs: verā esse dicebat. At tercia mulieri mortue admota eidē vitā restituit. Crux igiꝭ dñi inuēta est quinto nōs maij. τ ab helena exornata: τ i magna veneratione habita. Baptizaꝭ τ iudas crucis inuētor quē postea mutato noīe Cyriacū vocarūt. Helena deinde edificato eo in loco tēplo vbi crucē repererat. Abiēs clauos quib⁹ xpi corp⁹ cruci affixū fuerat secū ad filiū portat. hor ille vnū in frenos equi trāstulit: qbus in plio vtereꝭ. Cōstātin⁹ quoqz motus edicto vetuit: ne deinceps quispiā tali supplicio vtereꝭ. Cōstātinus aūt magnus augende xpiane religionis cupidus basilicā cōstātianā quā lateranēsem vocāt edificauit. Et rogatu siluestri petro basilicā in vaticano: τ pauli in via hostiensi extruxit. Edificaꝭ τ iussu impatoris in atrio sessoriano basilica sub titulo sancte crucis in hierusalē vbi sancte crucis ptē aliquā reposuit inuentā ab helena matre. que demū de deo deqz hoibus bene merita rome diē obijt. xv. kal. septēbris.

Arrius hereticus

ARrius psbyter quidā apud alexādriā vir qdē specie τ forma magis q̄z virtute insignis: τ laudis ac glorie poti⁹ q̄z veritatis cupidus serere discordiā i fide xpi cepit. Separe eni filiū ab eterna τ ineffabili dei pris substātia conabaꝭ his verbis erat aliqn qn nō erat: nō intelligēs filiū patri coeternū esse: τ eandez in trinitate subam. cū dictū sit ego τ pater vnū sum⁹: atqz his suis fraudib⁹ puallere conatus est: ac sic pene totū orbē suo infecit errore: interea arriana heresis inualuit. fauēte constātio q nros cogebat arriū recipe. Secūdo itaqz cōstātij anno apud laodiceā vrbē syrie (vel vt alij volūt) apud tyrū cōciliū indiciꝭ eo cōuenere catholici τ arriani. cū aūt arrius quedā reuellere nō posset ad cōuicia versus magicas artes athanasio viro sanctissimo obicit: plato in loculis arsenij brachio. Quē tandē diabolicū virū de⁹ nō pmisit inpunē: qz haud multo post epor τ ppli frequētia stipatus: dum leuandi ventris causa ad publicū locū declinat: egerere conatus intestina omnia in cuniculum latrine demisit: mortem certe passus vita turpissima condignā.

Concilium Nicenum

NIcena synodus prima oīm synodor hoc anno qui est sextus decim⁹ imperij cōstātini annus contra hui⁹ pfidi arrij dogma sūmo pōtifice τ cōstātino magno augusto iubētib⁹. Cū alexander alexandrine vrbis eps frustra reuocare arriū ab errore tentasset. cōstātini mādato adhibita etiā impēsa munifice quidē apud nicenā vrbem bythinie cōciliū generale indiciꝭ. Cui. ccc. τ. xviij. epi interfuere. Disputatū est eo in loco aliqādiu: τ quidem acriter. Nā viri aliq in qstionib⁹ callidi: arrio tuz qdem fauebāt: simplicitati fidei nostre aduersantes. lz ex his quidā doctissim⁹ pbs diuino spū mot⁹ vno momēto fidē nrām quā antea impugnabat: vt sanctaz τ integrā statim amplexus sit. Tādez vero reipsa i cōcilio diligēter discussa cōcludiꝭ scribi debere. id est eiusdē cū patre sube filiū cōfiteri. Qui vero cū arrio sentirēt fuere ad decē τ septez affirmātes extrinsecus creatū esse dei filiū τ non ex ipsa patris diuinitate pgenitū. Cognita aūt tante cōtrouersie veritate. Cōstātin⁹ decretū cōcilij affirmat: pposito cōtradicētib⁹ exilio. vnde sex tm cum arrio exulauere. Reliqui eni in sniam bene iudicantiū venere. In eodē vo cōcilio dānatos ferunt τ photinianos a photino epo gallogrecie nomē ducentes q ebionitarū heresim imitati affirmabāt xpm a maria p io coitu fuisse conceptū. Dānati τ sabelliani q vnā tm psonā patri filio τ spūisancto ascribunt. In eo q̄z cōcilio qrimoniarū libellos (vt fit) epi ipsi constātino dabant: seinuicē accusantes: expetentesqz a principe iudiciū: quibus impator optim⁹ rndit: cōbustis eor libellis. eo dei tm̄modo τ nō hominū iudiciū expectare debere. Preterea in eodē concilio decretū est ne qui se impatientia libidinis castrarent in clerū amplius reciperenꭍ. Multa deniqz alia ad honestatem τ pacem ecclie vt in decretis habeꭍ in eo concilio constituta sunt.

145

Folium CXXXVI recto

성 아우구스티누스와 성녀 모니카

1 **성 아우구스티누스**St. Augustinus(354~430)는 로마 제국 말기 북아프리카 누미디아주 타가스테에서 출생하였고 카르타고 등지로 유학하여 당시로서는 최고의 교육을 받았다. 한때 타락한 삶에 빠졌으나,

2 그의 어머니 모니카St. Monica의 정성과 성 암브로시우스의 설교에 감명받고 그리스도교에 귀의하여 히포Hippo의 주교가 되었다. 그리스도교 역사상 가장 큰 영향을 끼친 신학자인 그는 인간의 참된 행복은 신을 사랑하는 그 자체에 있으며, 그 신은 우리 영혼에 내재하는 진리의 근원이라고 했다.

Sanctus augustinus

1 

Augustin⁹ beati ambrosij ī fide discipulus: bō certe oīm q̄ tum fuere doctissim⁹. hippone ī affrica eps: fidē nr̄am script] τ dis putationib⁹ tū maxime tuebat. fuit aūt natione apher ex honestis parentib⁹: pr̄e patricio: matre monica xp̄ianissima oriūdus: eor ac curatissima diligētia nutrit⁹ in adolescentia secularib⁹ lr̄is apprime erudit⁹: liberalib⁹ disciplinis imbut⁹ quas p semetipm̄ nullo tradē te doctore didicit τ intellexit. Inde ex gentilitatis errore in mani cheor heresim incidit. In quo p annos nouē pmāsit. Habuit q̄z fi liū ex muliere soluta noīe adeodatū subtilissimi ingenij. q̄ in adole scētia decessit. Postq̄z vo in carthagine rhetoricā mltis annis legis set. Audiēs pfecti⁹ rom e studiū vigere clam nesciēte matre ad vrbē venit: postmodū mediolanū a symacho pfecto vt rhetoricā doceret vocatus. ad eū locū mater ilico subsecuta est: vbi τ paulo post pcib⁹ suis τ suffragio diui ambrosij ac doctrina: ad vere religionis viam cōuersus est: τ cū filio ab ambrosio die pasce cū esset. xxx. annor ba ptizatus est. Et hymnū Te deū laudam⁹ cecinerūt τ vsq̄z in finē am bo ediderūt. deinde ad simplicianū abbatē veniēs de optimo viuē di modo ɔtulit: vbi biennio oronib⁹ τ ieiunijs vacabat. Inde ma tris instinctu romā venit: τ p etruriā transiens sanctos heremitas apud pisas inuisit. τ centūcellas nō pcul ab vrbe. rome vo cū ma nicheis ɔflixit. e roma pfect⁹ cū matre remeabat ad affricā. Et cū eēt apud hostia tiberina monica ex filij cō uersione gaudio repleta: eū dulcib⁹ alloquit verbis. Infirmata nono sue egritudinis die defuncta τ sepul ta est. Augustin⁹ cū frib⁹ suis carthaginē adnauigauit: patrimoniū paupib⁹ erogauit: τ ī nemore monaste rio extructo s̄m regulā ab aplis cōstitutā viuere cepit. Deniq̄z in hipponēsi eccl̄ia lz inuit⁹ eps pmot⁹ qua draginta annos supuixit vbi τ monasteriū canonicor cōstituit. Tot aūt libros ī oī doctrine genere scripti tauit: vt ne numerari quidē ne dū legi queant. Tandē cū sextū τ septuagesimū vite ageret annū obijt. τ ī basilica diuo stephano dicata sepelit. inde corp⁹ in sardanā trāslatū fuit. Et regnāte ī longobardia luithrā do rege illud ad se deferri curauit ac papie cū honore collocauit.

Monica

2 

Monica diui augustini mater in ostijs tiberinis nonis maij anno etatis sue lvj. migrauit ad dn̄m. Fuit aūt matrona pia mitis modesta ac patiēs τ in orādo ɔtēplādoq̄z deuota extitit. In vigilijs ieiunijs τ elemosynis elargiendis assidua. Et⁹ aūt sctissimū corp⁹ ibidē a filio ɔditū vsq̄z ad martini quinti pōtifi cis tpa p mille τ. xx. annos pstitit. verū eo psulante circa annū dn̄i. 1429. tercio ydus aprilis inde romā cū ingenti pompa trāslatū. Cui mapheus vegi⁹ lauden sis poeta sui tpis laudatissim⁹. τ tūc martini pape datari⁹ manseolum mira arte elaboratū extruere fecit. τ in ei⁹ laudē epigrāma cōposuit videlz. Salue lux ma trum: mater sanctissima salue. Salue augustini monica digna parens τc̄. cū plu ribus carminibus laude dignis.

Ruffin⁹ aquileiēsis p̄sbr vir clarissim⁹ atq̄z eruditissim⁹ floruit ad quē hiero nym⁹ nōnullas dederit eplas. in q̄b⁹ eū tāq̄z amicū dulcib⁹ alloquit verbis τ ad caritatis pseuerētiā exhortat. s̄ paulopost amicitie pseuerātia inter eos destitit: hic itaq̄z cū erudit⁹ eēt

Lucian⁹ irsimitan⁹ (τsi op⁹ aliq̄d nō ediderit) tñ in trāfferēdo de greco in latinū multū laborauit. p̄sbr vir scitate τ sc̄ia pcipu⁹: tēpestate hac deo annuēte eū q̄dē reliq̄as stephani ,ptho martyris τ ga malielis pauli pceptoris īuenisse aiūt. eāq̄z reuelationē τ inuētionē (cū esset disertissim⁹ vir) ad oēs eccl̄ias a greco s̄mōe ɔscripsit: quā scriptionē postea habundi⁹ p̄sbyter hispan⁹ latinā fecit ad orosiū p̄sbyter.

Alexander lythos hoc est medic⁹ cognomēto sophista: p hoc temp⁹ ob ingeniū magnitudinē medico rum princeps habit⁹: toti⁹ medicine disciplinā tribus libris explanauit τ alia quedam cōposuit.

Predestinator etiā heresis p hec tpa serpsit: q̄ oīno affirmabāt nil ad vitam pdesse q̄ hoīes virtuo

Nestor heresiarcha ɔstātinopolitan⁹ eps hoc tpe postq̄z se viuerēt: sicut h̄r ī canone. 24. q. 3. ca. q̄dā pōtificatu donat⁹ fuisset aptū se eccl̄ie hostē ostēdit. Et cū ex tpe precipuus declamator esset. pdicauit xp̄m hoīem purū fuisse nō deū. vnde τ librū quasi de incarnatione scribēs sexaginta duobus diuine scri pture testimonijs suo prauo sensu ɔfirmauit. Scripsit etiā nōnullos alios tractat⁹.

Proba mulier

Eufrosina

Proba mulier elegātissima adelphi pcōsulis ro mani vxor: h̄ puigili cura virgilij carmib⁹ q̄cq̄d historie ī veteri atq̄z nouo legit testamēto τ vsq̄z ad mis sionē sp̄ussancti tam compte cōposuit. vt hui⁹ cōpositi ignarus virgiliū euangelistā fuisse credat. Uocauit id opus centonas virgilij in laudē xp̄i. hanc certe laudez quidā eudoxie ascribūt theodosij iunioris vxori.

Eufrosina a pr̄e edocta lr̄is vestē induit virilē ad monasteriū pgens smaragdi nomē sumpsit ī ha bitu monachali sub artissima abstinētia vsq̄z in finē p mansit de qua elegās historia in vitas patrū habet

Marina q̄z virgo eodē habitu ī monasterio latitās marinū se simulauit: oppressione puelle infamata ante fores monasterij in vilissimo contemptu patientissime ad finē vite vixit.

Sexta etas mūdi

Buda vrbs hungarie clariſſima regum ſedes: in littore danubij ſita: hungaria enim vltra ⁊ citra danubiū latiſſimas terras occupat: quod citra danubiū eſt: olim pannonia fuit. que ab oriente meſiam ab occidente noricum habuit. ſeptētrionē ei danubius. auſtrum illirici montes excepere: que transdanubiū hungaria iacet: pars ſcythie prius erat; duasq; gentes habuit gepidas qui contermini germanis fuerunt ⁊ dacos. nō qui nunc daci vocant: quoꝝ rex ad occeanū germanicū: inter ſuetiam ⁊ ſaxoniam latiſſimo regno: ſed paluſtri potit. nam hij dani melius appellant: ſed qui ea loca tenuerunt: que nunc tranſſiluani occupant vicina walachis in corone ſpeciē montibus cincta. In hac parte vngarie que gepidarū fuit adhuc territoriū eſt quod ſepuſiū appellāt: pro gepudio. Hungaria aūt terra ferax: vbi aque riuus habet in quo merſa ferri materia: in cupru vertit. gleba illic frumenti fructifera. auri ⁊ argenti diuites vene: aer ſalubris: terra opimis cōparanda. niſi ſua ſe vbertate corrumperet. Cum vero huni in ſcythia multiplicati eſſent: in vnū congregati: cōſtituentes capitaneos: occidētales regiones ingreſſi: beſſos ⁊ cumanos albos: inde ruthenos: terrāq; nigroꝝ cumanoꝝ. ⁊ vſq; ad tiſciā flumen teyſch puenere. Matrin⁹ longobardus qui pannoniā gubernabat: primo eos repulit. Tandē pacifica poſſeſſione pānonice regionis potiti ſunt. Anno dn̄i quadringenteſimoprimo Athila qui hungarico ideomate ethele dictus eſt. ⁊ buda fratre eius ſupuiuentib⁹. Athilā in regia dignitate extulerunt. Is in ciuitate ſycambria ſedem elegit. Et ex innata ambitione ceteras regiones moleſtare inſtituēs bledā fratrē ſuum regiminis participem fecit. Et in ſubiectas nationes principē cōſtituit. Interea rex hunoꝝ dum regnū intra pannonias cū fratre bleda vel bu

da gereret. macedoniā misiā ⁊ achaiā vtrasq̄ tracias: imanissima rabie deuastaret. Inde cū sycambrie demoraret. buda frater eiꝰ terminos sui regiminis trāsegisse ac regnū in eius absentia optasse accusatꝰ est. Cūq̄ sycambriā in recessu suo vrbem athile vocari p̄cepit. Buda vō illā a suo noīe budawara appellauit. Quaobrem bledā germanū suū regniq̄ consortē ꝓpriis manibus pemit. Ac in danubiū precipitari fecit. Inde nouo edicto vrbem athile vocari iussit. Huni id nō obseruātes illā budawara vocauerūt. Hungari q̄z vsq̄ in hūc diem obuda vocant. Theutoni edictū regis magis formidātes: ciuitatē ob metū etzelpurg id est vrbem athile vocauerunt. In sycambria deinde athila quinq̄ annis quieuit. Speculatores ad varias regiones ordinās. Post prospera deinde tpa buda primaria hungarie condita: que ex parte montuosa est: si vrbis sitū inspicias. Cuius loci cōditio ea est: vt nec quicq̄ munitius: nec certe amenius in tota ferme hungaria inueniri possit. In ea nōnulla extant religiosoꝝ monasteria celeberrima. aliisq̄ publicis priuatisq̄ edificiis ornatissimis p̄ ceteris in ea regione vrbibꝰ euasit clarissima. Ideo regia dignitate insignita. ⁊ basilicis membꝰ ⁊ arce pulcherrima: quā arcem preclarā (sicuti ⁊ alias arces in tota hungaria: p̄cipue miscegradū castrū nobile vbi corona regia obseruat exornauit) ita Mathias de coruinis rex hūgarie miro decore ornauit. Cūctis nūc antiq̄s monumētis p̄ferendū in qua muri crassissimi: ⁊ aule celeberrime esse referunt. hanc p̄terfluit hister germanicus fluuius: qui deinde septē hostiis pontum influit. Septimū tñ pigrū ad palustri speciē nō habet: qd̄ amni cōparet. Priora quatuor ita magna sunt: vt ꝑ lōgitudinem. xl. miliū passuū nō misceant equori: dulcēq̄ haustū incorrupto detineant sapore.

146

Folium CXXXVIII verso-CXXXIX recto

부다

헝가리의 수도 부다페스트Budapest(헝가리식 발음은 부더페슈트)는 도나우 강 서안 부다Buda와 도나우 강 동안의 페스트가 1873년에 통합되어 형성된 도시이다. 로마 제국의 속주 판노니아였던 이 지역은 테오도시우스 황제 때 유럽을 침공한 훈족의 거점이었다.

방어가 용이한 언덕에 위치한 부다의 정상부에는 요새 겸 왕궁이 세워졌는데 그 기원은 14세기로 거슬러 올라가며 규모로 보면 당시 유럽에서 가장 큰 요새 중의 하나였다.

그런데 삽화의 왼쪽 화면을 차지하는 성벽으로 둘러싸인 왕궁은 실제 위치보다 낮은 도나우 강 언저리와 언덕 사이에 있다.

Folium CXXXIX verso-CXL recto

스트라스부르

삽화에는 아르젠티나Argentina라고 표기되어 있는데 이는 남미의 아르헨티나가 아니라 스트라스부르Strasbourg의 라틴식 도시명이다. 스트라스부르는 프랑스 북동부 알자스 지방의 도시이다.

《뉘른베르크 연대기》에 따르면 율리아누스 황제의 관할이 된 이 도시에 세금징수기관이 설치되었기 때문에 도시명이 아르젠티나가 되었다고 한다('argent-'는 '은', '돈'이란 뜻이다).

삽화에서 대성당은 다른 건물에 비해 과장되게 표현되어 있고 성당의 첨탑은 페이지 윗부분까지 솟아 있다. 대성당 주변에는 작은 성당들이 많이 보인다.

나중에 스트라스부르는 독일과 프랑스 간에 벌어진 여러 차례의 전쟁 결과에 따라 프랑스 도시가 되기도 하고, 독일 도시가 되기도 했다.

Argentina ciuitas vetustissima ac pmagnifica argētuaria dicta apud heluetios ꝓpe rhenū sita. Cum treueris metropolis belge ꝓuincie tpibus abrahe cōstrui cepta sit. inde potētatu aucta. hec vrbs primo sub dominio treuerēsiū fuit. quā postmodū iulius cesar cū vniuersaꝫ ꝓuinciaꝫ heluetioꝝ ꝛ heduoꝝ. traiecto rheno fluuio subiecit. Cui ꝯsulē ꝛ questorē dedit: qui in ea vrbe camerā romanoꝝ ꝓ tributis soluendis pfecerūt. Inde nomē argentine assumpsit. qui vsqꝫ ad imperij inclinationē ibidē ꝑstiterūt. Athila postea egressus de sicambria primo illiricos inuasisse dicit. deinde omni pene germania ꝑuagata. ac cunctis ciuitatibꝰ ꝛ castris que occurrebant subuersis. Intrauit tandē in regnū cōstātie. cui sigismudus rex eiusdē terre princeps circa basileā cū exercitu magno occurit. quē attila cū oī expeditione cōtrito ꝛ fugato suo dominio subiugauit. A loco illo egressus athila iuxta rhenū argentinā ciuitatē munitissimā (quā romanorū nullus cesar penitꝰ expugnare potuit) obsedit expugnauitqꝫ diruēdo murū eiꝰ in diuersis locis vt cunctis aduenientibꝰ sine difficultate via libera ꝛ patens introitus pberet. edicēs firmissime ne ipsius murꝰ rege ipso viuēte repareret: vt eadem ciuitas nō argentina sed ꝓpter viarū pluralitatē: quas in muro eiꝰ fecerat Straspurg vocaret. deinde ammoto exercitu de argētina luxoniū: bizantiū: chalon: masticon: lingonē: burgundiā ꝛ lugdunū ciuitates munitas destrui fecit. Post aliqua tpa cū reges francoꝝ apud heluetios dominū potiti sunt. in ea vrbe domiciliū habuerūt. qui deinde duces in ea ꝯstituerūt. Pater qꝫ sancte otilie nedum vrbis: sed ꝛ ꝓuincie ducatū habuit. qui hohenburg ꝛ alia cōstruxit. post eū albertꝰ filius ꝛ succedentes gubernarūt. Tandē p romanos imꝑatores in libertatē ac ius imperij cessit. A diuo vero materno q̄ a sancto petro aplo ad rhenanas ciuitates cū euchario ꝛ valerio missus fuit. fidē orthodoxam accepit: qui apud eos post obitū baculo petri reuixit. ac eccliam ad sanctū petrum antiquū: appellatā extruxit. Habet hec vrbs preter amenitatē ꝛ ciuiū vrbanitatē. templū pmagnificū. ꝛ turrim pulcherrimā singulari ꝑstantio cōstructā. Nobilitatē qꝫ p vicina oppida: perqꝫ finitimas vrbes dispersam cū summa cōcordia: ea ciuitas collegit. qui dignissimis priuilegijs liberū magistratū ac rempublicā cū ciuibus p vicissitudinē gubernant. Episcopatū quoqꝫ nobilem habet cui ꝛ principes prefuerūt. Abluit aūt preter rhenū hec vrbs insignis duobus fluuijs nauigabilibus quos rhenus excipit.

147

De obitu Athile regis hunorum.

PRofectum italia athilā vt p̄missum est: auxilio leonis pape. ⁊ iam in norico superiori que nunc pars austria: pars baioaria dicit̄: statiua ducentē athilā honoria valētiniani imꝑatoris soror ꝑ eunuchū pellexit: vt sese cupiētissimā in vxorē p̄cibus minisqꝫ a fratre extorqueret. Id aūt magna verboꝝ instantia athila intentauit: impetraturū se nouit: ⁊ tamen homo luxu perditissimus cōtinere nequiuit: quin multis quas haberet: ⁊ secum in exercitu traheret vxorib⁹: aliā (cui ildiconi erat nomen) adderet. Cuius nuptiarū beneficio: mors eum oportuna e medio sustulit. Nāqꝫ post cōuiuiū ꝓfusi⁹ hilariusqꝫ celebratū: resupin⁹ alto in sopore cū demersus esset: sanguis e naribus ꝓfluens vitalibus opletis meatib⁹ eum necauit. Quod quidē illa nocte scribūt multi cognouisse ꝑ somniū apud constātinopolim marcianū: cui visum sit videre athile arcū (quo armoꝝ genere huni in primis vterent̄) fractū esse. Et intra id tempus germaniā omnem: datiamqꝫ: sarmaciā ⁊ ceteras ꝓuincias ad danubiū rhenumqꝫ sitas perdidit romana res publica. Hispania quoqꝫ vlterior aquitania ⁊ vasconia atqꝫ illa eduensium vesunciouūqꝫ gallie pars: quam burgundiones anno vrbis capte secundo ceperunt: sunt amisse. pariter factum est annis sequentibus de senonensi parisioꝝ francis subiecta. quorum omniū ꝓuinciarū nulla postmodum ꝑ romanoꝝ imperio est recepta.

Euthices hereticus

EUthices heresiarcha constantinopolitanus abbas: ꝑ hoc tempus suū dogmatizat errorē. ⁊ ne sentire cuꝫ nestorio videret̄ diuinā cū humana natura: in idem cōpositū recidisse affirmabat vnūqꝫ factū: nec vllo modo inter se distingui debere. hāc heresim cuꝫ flauianus cōstantinopolitan⁹ ep̄s damnasset. Theodosio annuente synodus ephesina indicit̄. In qua dioscoro alexandro ep̄o p̄sidēte. euthices ipse iam damnat⁹: exilio relegatur Thimotheus quoqꝫ hereticus insaniens multos errores disseminauit. Is concilio calcedonensi: perpetuo exilio damnatus est.

148

Folium CXLIV recto

성 베네딕토, 몬테 카씨노 수도원, 스콜라스티카

1 **성 베네딕토**(480~547, 라틴 명칭 베네딕투스Benedictus, 영어 및 독일어 명칭 베네딕트Benedict, Benedikt): 이탈리아 노르치아Norcia 태생으로 베네딕트 수도회를 창립했다.

2 성 베네딕토에 의해 창건된 **몬테 카씨노**Monte Cassino 수도원(로마와 나폴리 사이에 위치)은 유럽 수도원의 효시가 된다. 삽화에 묘사된 수도원은 실제 모습과는 완전히 다르다.

3 **성녀 스콜라스티카**Scholastica(480~543): 성 베네딕토의 쌍둥이 여동생으로 베네딕토 수녀회의 초대 수녀원장을 지냈다.

Benedictus abbas ❶

BEnedict⁹ abbas italicus: monachoꝝ oīm pater: his tpibus dispersos monachos ī vnū collegit. atq3 diuino spū illustrat⁹ eis regularē vitā cōposuit. Ei⁹ sctissimi viri vitā insignē ⁊ miracul' clarā beat⁹ gregori⁹ scribit Fuit itaq3 bñdict⁹ ex nobili genere in puīcia nursie ort⁹. Uetustū igit' a scriptorib⁹ celebratū est nursie nomē: qd̄ quidē oppidū libertate: sed in pm̄is beato benedicto monachoꝝ pre alūno clarissimū. Ibi etatē morib⁹ trāsiēs nulli voluptati aīm dedit. Inde rome liberalib⁹ l'rarum studijs tradit⁹ fuit. Sed cū in eis multos p abrupta viciōꝝ ire cerneret: eū quē quasi ingressu mūdi posuerat pedē retraxit: ne in pcipitiū tot⁹ iret. Despect⁹ itaq3 l'raꝝ studijs: relicta domo rebusq3 paternis: soli deo placere desiderās: deserta loca p aliq̄t temp⁹ incognit⁹ incoluit. Est aūt in latinoꝝ regione superi⁹ celsis in mōtib⁹ sublacū velut plini⁹ appellat' sublaqueū: nobile nunc oppidū lacu eiusdē ⁊ tñ prisci nois imīnēs: redditq3 vtrūq3 fama celebratū bti bñdicti ibi mag⁹ diuturna cōuersatio q̄z ei⁹ toto orbe notissimū ibidē edificatū magnifici opis monasteriū. Cernit' ibi ī dextra amenis ripa ab ipo sublaci lacu ad vicū vsq3 varronis incisus: saxeo ī monte duct⁹ aquaꝝ. q̄ formis partim in eo incisis modo: partī3 altū defossis: partī3 sublimi fornice muroq3 excitat⁹ romā q̄dragesimo miliario veniebāt. Uir aūt dei ad eūdē locū pueniēs q̄ ab vrbe roma. xl. milib⁹ passuū abest ī artissimo specu trib⁹ annis excepto romano monacho hoīb⁹ incognit⁹ māsit: ⁊ artissimā vitā varijs tētationib⁹ duxit. cui⁹ virtutes vt clarescent postea in castro cassiñ. qd̄ clarū appellat': ⁊ magne vite merit⁹ ⁊ aplicis virtutib⁹ effulsit. Fuit aūt hic sanctissimus vir inter cetera virtutū monumēta pphetico spū illustrat⁹. quo multa futura ⁊ occulta cog̃uit. cui⁹ fama totila ostrogothoꝝ rex duct⁹: vt tēptaret ei⁹ sctimoniā sese famulū indumēto mentit⁹: aliū in regio apparatu pmisit: quē stati cognitū vir sanct⁹ l3 sordide vestitū ad se in monasterij vestibulū vocauit: ⁊ q̄ illi erāt ventura pnūciauit: nouē annis regbis decio moriet' inde eū ī sūma veneratiōe habuit. pluraq3 alia sctitat⁹ signa ondit pcipue ī vase vitreo ī q̄ venenū vino miscuerūt frēs: vbi signo crucis edito ruptū fuit. Obijt tandē in dño anno salutis. 536.

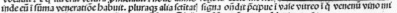

❷ Monasteriū cassinense

ORdo monachoꝝ bti benedicti ortū habuit nō longe ab aq̄no abrucij ciuitate ī mōte cassino vbi oli3 cassinēsis ciuitas fuerat: postea monasteriū cassinēse toto orbe celeberrimū extructū fuit. Diu⁹ em̄ bñdict⁹ monachis p⁹ extructū mōasteriū regulā ⁊ optimū modū viuēdi prim⁹ dedit: q̄uis lōge añ illū mōachi plurimi fuerūt. cū tñ sanct⁹ vir diu ī solitudine virtutib⁹ signisq3 succresceret: multi ob dei famulatū ad eū ꝯgregati sunt: vt inde. xij. mōasteria ꝯstrueret. In qb⁹ statutis prib⁹ duodenos mōachos deputauit. Postea multos discipulos cōgregauit quoꝝ ope totū ferme orbē obtinere meruit. Ex cui⁹ clarissimo ordine cū plurimi tū sctitate tum scia emersere viri. Illāq3 regulā pm̄ū mōachis nigr⁹ ꝯtulit Eā tñ nōnulli postmodū cōplexi sūt monachi. quoꝝ denūero fuerūt cisterciēñ. a diuo bernardo plīmū aucti. camalduēñ. cluniacēñ. celestini. mōtis oliueti. nou⁹ ordo. siluestrini. ⁊ q̄ hūiliati appellant'. hi oēs ⁊ alij plurimi q̄uis diuerso habitu: diuersisq3 ꝯstitutiōib⁹ inter se differant. eā tñ ꝯfitent' regulā dignissimā atq3 approbatā. In germania q̄3 ī eode ordine differetes sūt. cū mellicēses: castellēses ⁊ bursfeldēses ī ea vigēt. Idē q̄3 ordo cū a fūdatoris sui reg'larib⁹ institut⁹ ꝑsepe declinasset: non modicā reformationē anno salut⁹. 1409. apd̄ patauinā vrbē ī mōasterio sancte iustine sumpsit: ⁊ eoꝝ institutiones eugeni⁹ q̄rt⁹ pōtifex approbauit. Tradūt aūt ex h⁹ mōi sctissimi pris ordinē ad. 24. sūmos pōtifices emersisse. Cardinales vo. 183. Archiepōs ⁊ epōs. 1464. Abbates insignes. 15070. fuere. atq3 canōizati mōachi (vt iohes. xxij. scribit. 5555.

Scolastica ❸

SColastica germana diui bñdicti ab infantia deo dicata: quā fr̄ semel ī āno visē ꝯsueuēat cū certo die ī laudib⁹ dei sacrisq3 colloq̄js vsq3 noctē tp̄s ꝓtraxisset: accept⁹ cibis cū repetē mōasteriū cupet. soror sctā mōial' petijt vt secū maneret: de celest⁹ vite gaudijs locutura: q̄ extra cellā manere nō se velle dicēt: ad ei⁹ pces tāta pluuia ac coruscatio erupit: vt nec cū fr̄ibus suis extra limē pedē mouē potuisset. iñ totā noctē insomnē p sacra spirital' vite colloq̄a duxerūt. Seq̄nti die cū vir sanct⁹ ad mōasteriū redijsset: p⁹ triduū in cella eleuat⁹ ī aera oculis vidit sororis sue aīa3 de corpe ī colūbe spē celi secreta penetrare. Is ei⁹ g'lie ꝯgaudēs: ei⁹ obitū frib⁹ denūciauit quos illico misit vt sacrū corp⁹ ad monasteriū deferrēt. at in sepulchro qd̄ sibi pparauit sepelirēt. quo facto ꝯtigit vt quoꝝ mens vna semp fuerat in dño. eoꝝ q̄3 corpa nec sepultura separaret.

149

Folium CXLVI recto

6세기 후반의 자연재해

1 *"기원후 570년 이탈리아에서 밤에 무시무시한 징후가 감지되었다. 구름으로부터 핏방울이 떨어졌는데 이는 나중에 인간의 피가 뿌려질 불길한 징조였다. 이런 비는 그 후 여러 날 동안 계속 내렸고, 로마의 테베레 강은 범람하여 수많은 사람들이 익사했다. 이 재앙은 다른 도시와 다른 나라에서도 있었다."*

2 *"아침부터 정오까지 긴 머리를 한 남자와 여자 모습을 한 괴물이 강에 나타났다. 당시 갈리아(지금의 프랑스)에서는 산 하나가 굉음을 내며 조각조각 갈라져서 수많은 사람들이 희생되고 건물들이 파괴되었다."*

❶ 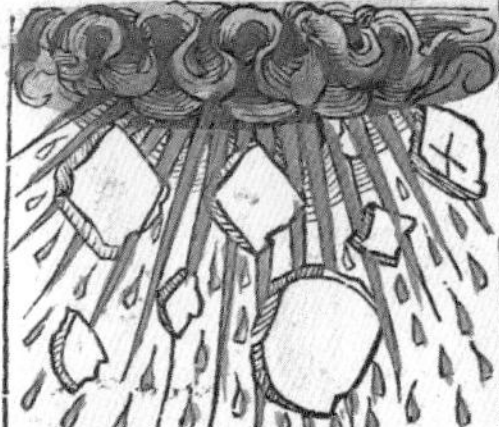

Signa terribilia noctu visa sunt: apud italiam anno dñi. cccclxx. Ignee em̄ acies ī celo apparuerunt: ꝛ sanguis stillauit a nubib⁹: humanū ꝗꝫ sanguinē q̄ postea effusus est significarūt. Ac deinde ꝯtinuatꝭ imbrib⁹ plurib⁹ dieb⁹: tāta aqꝝ vi auct⁹ est tyber vt magna strage pplī hūiliora loca sbmergeret. ꝛ silr mō ī alijs ciuitatib⁹ ꝛ locꝭ accidit. In flumīe aīalia forma viri ꝛ mulieris repn̄tātes apparuerūt a mane vsqꝫ ad nonā: cuz cesarie ꝓlixa vsqꝫ ad lumbos. aliā partē aqua tegebat. ¶ Ferunt ꝗꝫ montem scissum in gallia magnuz sonitum dedisse ꝛ inde casum cum basilicis ꝛ hominibus mirandum demū dedisse.

 ❷

Sanct⁹ leonardus.

Leonard⁹ vir sanctissim⁹ natione gall⁹: de ciuitate cenomanoꝝ oriūd⁹ de sacro fonte a remigio leuat⁹ est: ab eoqꝫ salutarib⁹ imbut⁹ disciplinis q̄ ep̄atū renuit relictꝭ oib⁹. In quadā silua ciuitati lemonice vicina habitās: vbi aula regia venationis cā erat cōstructa. cū regina partu ibi piclitaret. leonard⁹ in nemore inuētus: a rege introducit. fusa aūt ob p̄ces regis orōne ad deū impetrauit regi duplex gaudiū. matrē cū ꝓle salua. Ideo rex sibi de auro ꝛ argēto offerens: q̄ renuit: admonēs vt paupib⁹ erogaret. Sed spaciū nemoris optauit: q̄tūis rex totū dare vellet: solā accepit quātitatē quā cū suo asello noctu circuire posset: vbi monasteriū cōstruxit: ꝛ cū duob⁹ adiūctis monachis ī abstinētia multa degebat. Locū nobiliacū (eo ꝙ a rege nobili dat⁹ fuisset) appellauit. vbi multis miraculis choruscauit. ꝛ quicūqꝫ ī carcere nomē ei⁹ inuocauerunt mox ruptis vinculis liberi exibāt. Demum octauo idus nouembris multis clarus virtutib⁹ migrauit ad dn̄m. Quāta dn̄s p eum miracula facit: multitudo ferri ꝛ varietas in ei⁹ basilicis ostendunt.

Maurus monach⁹

Maurus roman⁹ monach⁹ btissimi p̄ris bn̄dicti p̄cipuus discipulus. Multi em̄ ex romana nobilitate bn̄dicti sctītate moti. in mōtē cassinū p̄uenere religionis grā. inter quos maur⁹ quidē ac placidus insignes habent. Ferūt aūt gallos nūcijs ꝛ lr̄is benedictū rogasse: vt vnū aliquē ex discipulis suis ad se mitteret. qui gallos monasticā vitā edoceret. quare bn̄dict⁹ maurū eo misit. qui oib⁹ vita ꝛ morib⁹ rōnē bene ac beate viuēdi dedit. quiqꝫ etiā multa monasteria cōstituit. Quib⁹ gestis post annos. xxviij. anno salutis. 560. post multas virtutes ac miracula inibi facta: nō sine magna sctītatis opinione bona senectute. ī 8. kal. februarij ꝺeuit ī pace. cui⁹ diei festū eo die celebrat.

Sanct⁹ colūbanus

Colūban⁹ abbas vir religione ꝛ sctītate insignis p hec tpa in hibernia insula claruit. vbi multꝭ cōstructꝭ monasterijs postea ī burgundiā venit. Ibidēqꝫ luxoniense monasteriū ꝯstituēs innumerabilē q̄si gentem aggregauit. ꝛ rectū viuēdi moduz oib⁹ tradidit. Cepit ꝗꝫ increpare theodoricū regē cū cōcubinarū adulterijs misceret. Ideo ī eū auia brunichildis exarsit ingēti furore. ꝛ rex eū de monasterio ammoueri p̄cepit. egressus itaqꝫ apud aualonē castrū p̄uenēs. Porro theodoric⁹ rex diuinit⁹ pcussus inter fragātis ignis incēdia mortu⁹ est. Sanct⁹ deinde columban⁹ miraculis clar⁹. in loco siluestri de fructib⁹ arboꝝ victū pcipiēs. ꝛ minister ei⁹ nūciās ei ꝙ tp̄e collectionis vrsum inuenisset comedētē. p̄cepit ei vt fruct⁹ ꝛ poma diuideret ꝛ vrse partē ꝓ sui sustētatione: reliqua ei ꝓ cibo assignaret. Aīal aūt obediēs nihil de p̄te ꝓ viro assignatā gustauit. hui⁹ discipuli plures fuerūt ꝛ sp̄ālē grāz eijciēdi sp̄us a dn̄o pcepisse legit ep̄atū oblatū renuit ꝛ post multa miracula in dn̄o requieuit tertio kal. nouembris.

Herculanus ep̄s

Herculan⁹ ep̄s perusiñ. cū septimo anno obsidionis cap. martirio coronat⁹ fuit. q̄ p̄erat exercitui ad totilā misit inquirēs q̄d de ep̄o agēdū eēt: ait. ep̄o pri⁹ a vertice vsqꝫ ad calcaneū tolle corrigiā ꝛ tūc caput amputa. hūc herculanuz ep̄m pusinū sup vrbis murū deductū capite trūcauit: ꝛ cutē incidit ꝛ corp⁹ extra murū p̄iecit. q̄dā caput adiūgētes cū puero sepelierūt iuxta muꝝ. p⁹. xl. dies corp⁹ q̄sierūt vt ī ecclīa ponerēt. ꝛ corp⁹ pueri v'mib⁹ scatetē ꝛ herculanū integrū (vt nec capitꝭ abscisionē p aliq̄ vestigia videret) reperierūt.

Simeon in colūna

Medard⁹ ꝗꝫ sanct⁹ tor- naceñ. ep̄s miraculis claruit. In cui⁹ trāsitu celuz aptum fuit vt diuina luminaria an̄ eum p horas tres splēdorē dederūt. frater ei⁹ gildard⁹ rothomageñ. ep̄s fuit ꝛ ambo vno die nati vterini ꝛ pontifices creati.

Simeon in columna anthiocen⁹ ex vtero matris elect⁹ de quo mira referunt. Is primo egit vitā monasticā inde vt ferunt in puteo priuato aqua habitans. Tandem annis quadraginta in finē vite sue sup columnā stetit.

150

Folium CXLIX verso

유대인의 십자가 신성모독

1 *“어느 유대인이 십자가에 달린 예수의 형상을 칼로 찌르자 예수의 형상에서 피가 흘러내렸다. 유대인의 발자국에 피가 묻어 있었기 때문에 기독교 신자들은 그 발자국을 따라가 피 흘리는 예수의 형상을 보았다. 그러고는 마침내 범인을 찾아 내어 돌로 쳐 죽였다.”*
본문에는 이 사건이 발생한 장소와 시간에 대한 언급이 없다.

151

Folium CXLIX verso

이탈리아의 대홍수, 예수 성의[聖服] 발견

2 *“비잔티움 제국 황제 마우리키우스Mauricius(539~602)가 재위하던 588년에 제2의 노아의 홍수라고 할 만한 대홍수가 났다. 북부 이탈리아의 많은 지방이 물에 잠겼으며 많은 사람들과 가축이 희생되었다.”*
3 *“이 시기에 예루살렘에서 멀지 않은 도시 제파트Zephat에서 예수 그리스도가 입던 옷이 발견되었다. 솔기 없는 이 옷은 성모 마리아가 만든 것이다.”*

150 ❶ Ferũt iudeũ quendã imaginẽ crucifixi telo transfixisse p hec tpa a quo illico sanguis copiosus effluxit. quo iudeus maculã contraxit. xpiani id videtes p vestigia sanguinis ad imaginẽ sanguinez emittentẽ puenerũt. quo comperto iudeũ lapidibus obruerũt.

Tanta inundatio aquaꝝ. anno sexto Mauricij impatoris fuit vt noe diluuiũ renouatũ crederet. fuit eñ diluuiũ in finibus venetiarũ z ligurie seu ceteris regionib⁹ ytalie. Destructa sunt itinera dissipate vie. facte sunt lacune possessiones seu villaꝝ hoim̃qz pariter et animãtiũ magnus interitus. Tantũ tunc athesis fluuius excreuit. vt circa basilicã zenonis martyris. q̃ extra veronensis vrbis muros sita ẽ vsqz ad supiores fenestras aque ptingerent. facta ẽ autem hec inũdatio sextodecimo kalendas nouembris. Sed z tante chorũscationes z tonitrua fuerũt. q̃nte fieri vix estiuo tpe solent. In tantũ tũc fluuius tyberis excreuit. vt aque ei⁹ sup muros vrbis influerẽt. Et maximas in ea regiones occuparẽt. Tũc p alueũ eiusdẽ flumis. cũ multa serpentũ multitudine. draco etiã magne mireqz magnitudinis per vrbẽ transiens vsqz ad mare descendit. Subsecuta ẽ statim hãc inundationẽ grauissima pestilentia. quã inguinariã appellant. Que tante ppłum stragi destinauit. vt de in extimabili multitudine vix pauci remanerent. Primũqz pelagiũ papã pculit deinde pastore interẽpto.

151 ❷ sese p ppłum extendit. In hac tribulatione beatissim⁹ gregorius papa electus ẽ q̃ dum septiformẽ letaniã fieri ordinasset. Vni⁹ h̃ spacio dũ hi deũ pcarent. Octuaginta ex eis subito ad terrã corruentes spiritũ exalarunt. Septiformis aũt letania dicta ẽ. qz oĩs vrbis populus a beato gregorio in septẽ ptibus depcaturus dñm diuisus ẽ. In primo nãqz choro fuit oĩs clerus. In secũdo oĩes abbates cũ monachis suis. In tercio oĩes abbatisse cũ cõgregationibus suis. In quarto oĩes infantes. In q̃nto oĩes laici. In sexto vniuerse vidue In septimo oĩes mulieres coniugate.

Misit hac tẽpestate diuus gregori⁹ magnus augustinũ melitum z ioannẽ. cũqz his mõchos q̃sdã pbatissime vite. q̃rũ monitis z pdicationib⁹ fidei nr̃e dogma Angli tũ p̃muũ integre recepẽrt. augustin⁹ ei z melit⁹ optimi monachi z anglorũ epi atqz apli i pcio habiti deo auxiliãte. z monitis z efficacissimis exhortationib⁹ totã illã isulã ad fidẽ xpi tãdẽ pduxẽ. ibidẽqz demũ senio ↄfecti ñ sine magñ sctitatis opinione in dño q̃euere. z cũ scti fuerĩt. eoꝝ festa septĩo kal. iulij celebrãt.

Augusti⁹ z melit⁹ mõchi

Tunica inconsutilis

❸ Tunica incõsutilis dñi nr̃i ihu xpi a. b. vgie maria ↄfecta. q̃ sorte vni militũ obtigerat. his tpib⁹ nõ pcul ab hierl̃m apud vrbẽ Zaphat in archa marmorea eo loci repositã. ab epis Gregorio anthioceno. thomaqz hierosolimitano. ac ioanne ↄstantinopolitano incorrupta z inmaculata inuenta fuit. Qua suscepta maxĩe in pcio habita fuit. qui ipaꝝ suscipiẽtes hierosolimã detulerũt. z in eburnea archa collocauerũt. Ferũt hanc tunicã post captõez vrbis ↄstãtinopolitane in man⁹ thurcorum deuenisse.

Hermigildis Rex

Hermigildus q̃dã visigothoꝝ rex hispaniaꝝ z visigothoꝝ regis filius. per id temp⁹ a patre lemugildo rege in carcere truditur. z paulopost iniquissime interficit. eo q leandri hispalẽsis epi viri sanctissimi pdicatõib⁹ ab arriana impietate ad verã catholicãqz fidẽ ↄuersus fuisset. Nã cũ leander ipe hermigildum cõuertisset. z ipm catholicũ declarasset. pr̃ ira cõmot⁹ leandrũ pontificẽ multis icõmodis z iniurijs affecit. z filiũ ipm ↄstantissimũ tandẽ iterfecit. ad cui⁹ corp⁹ post modũ cãt⁹ ãgelic⁹ audit⁹ fuit. lãpadesqz ardẽtes vise. Sz z ipe pr̃ paulopost i egritudinẽ plapsus leãdrũ reduxit. Et de iuria atqz petõ veniã postulauit. z Ricardũ secũdũ filiũ regẽ cõstituens catholicũ z veꝝ xpianũ effici procurauit.

Basolus abbas
Sindolph⁹ p̃sbiter reclusus i frãcia
Euthonicus britonicus
Similianus abbas
wungalotus p̃sbiter
Gangeric⁹ ep̃s cameraceñ.
Furfrus fili⁹ regis ybernie

Corpus. b. stephani. pthomartyris romã translatum est
Phara virgo nobilis fuit
walbertus fuit discipulus. s. colũbani
Deicola discipulus. s. colũbani
Cũbert⁹ ep̃s coloneñ. sctitate claret
Bauo p. s. amãdũ ex pdone ↄuersus vitã solitariã in artissima pnia pagens ceteris sctitatis exẽpla p̃buit.

152

Folium CLI recto

콘스탄티노폴리스에 나타난 무서운 징조

"642년 콘스탄티노폴리스에서는 하늘로부터 불이 떨어졌고, 커다란 무지개가 나타났는데 사람들은 세상의 종말이 왔다고 생각했다. 또 놀라운 일은 무서운 혜성이 나타났고, 다리와 팔이 4개씩 달린 아기가 태어났다."

Linea Impera-
torum

Eraclius

Eraclius in Augustū assumptus A sergio pr̄iarcha constantinopolitano coronatus. orientale accepit imperiū. Is eleutheriū gentis patricie con-stantinopolitanū imp̄ialis aule cubiculariū. ⁊ ducem rei bellice scientissimū in ytaliam misit. deditq̃ꝫ illi copias ⁊ pecunias quo res ytalie cōfirmaret. Et co-pias quascūq̃ꝫ focas in ꝑximis asie ⁊ europe ꝑuincijs habuerat: quasq̃ꝫ geni-tor eraclianus ex affrica miserat. Et indies mittere potuit instruxit. misitq̃ꝫ ad-uersus cosdroem quo prouincias in fide manētes ab illius impetu cōseruaret Nā cosdras mesapotamia palestinaq̃ꝫ occupatis hierosolimā inuaserat. Eaq̃ꝫ vrbe tūc opulētissima potitus diruerat eccl̄as ⁊ loca sancta. q̃ꝫquā nō nihil ve-nerationis videt̄ sacratissime cruci dn̄ice exhibuisse. Cū vt scriptores tradūt ꝑ-tem quē helena constantini magni genitrix in caluaria locauerat. inde asporta-tā in patria locatā. in throno quē mirabili ope auro gēmisq̃ꝫ ornatū exedifica-uerat. anno imperij sui sexto pse oīm asia q̄ in meridiē vergit potiti. ad egipitū arma verterūt. Alexandriaq̃ꝫ capta paulisper se continuere q̄ꝫ eraclian⁹ impa-toris pater magnū in affrica exercitū parasse nūciaret. ſ obijt eo tp̄e eraclian⁹ qd̄ cū persis renūciatū esset carthaginē ceperunt. Eo igit̄ tp̄e eraclius magno compato exercitu multas ꝑuincias a p̄sis occupatas in suā potestatē redigit. Ducem psaꝝ singulari certamīe ex equo deturbat ⁊ interficit. Cosdroam regē psaꝝ opprimit filiū eius captū ⁊ baptisatū in regnū paternū restituit. persideꝫ ingressus turrim Cosdroe thesauris plenā capit. quoꝝ pteꝫ militibus tribuit. partē vo reparandis templis. que pse diripuerāt designat. ipe p̄terea alia onu-stus p̄da. cū septem elephantis hierosolimā rediēs. crucē dn̄i a persis ablataꝫ secū deferens. eo loco reponit in quo antea fuerat. captos a psis in patriam re-mittit. tantisq̃ꝫ rebus sexto expeditiōis illius anno. q̄ erat imperij duodeci-mus felicissime gestis. eraclius dn̄icam crucē reduxit. pompā instituit solēnissi-mā. qua deducēte crucem dn̄i ipe sic manibus vlnisq̃ꝫ gestauit. ventum est ad portam que in locuꝫ caluarie foras ducit. ⁊ exuerat turba que precedebat. ipse ad iter ceptum anhelans nullo tenente ante portā sbsti-tit. Tunc patriarcha qui lateri herebat. inquit ne dnm ihesum crucem sibi baiulantem in ceteris emularis qui purpura laspidibusq̃ꝫ. quibus ille pauptatis mgr̄ caruit onerar̄is. humilians se impator. ⁊ vestē mu-tauit plebeiam. ⁊ iter nudis pedibus est ingressus. Tūc q̄ clausa illi videbatur porta patuit. inde in caluar-riā detulit. Is autem imperator in ꝯstantinopoli trīuphaturus suā item apud romanos gloriā innotescere voluit. Sed infelix eraclius post actum trīuphum ad studia Matheseos est conuersus aruspicine incanta-tionūq̃ꝫ presagijs indulsit. postergans xp̄iane religionis obseruantiam cecinere vates. cui grande illi peri-culum atq̃ꝫ imperij euersionem a circūciso populo imminere. ideo hebreos baptisari curauit. Et vt sceleri scelus adderet. ad euthicianos transit. Et in heresim Monochelitarum dicentium in xp̄o vnicam tantum esse volūtatē. Tandem heraclius audita sarracenorum licentia capta presertim āthiochia veritus ne hiero-

152 solimā occuparent. Crucem dn̄i constantinopolim deferri curauit. Postremo morbo itercutis aque quā greci hidropisim vocant diem obijt cum impasset annis. xxx.

Erūt hijs dieb⁹ ignē e celo cecidisse. Irideq̃ꝫ grādē apparuisse vt ho-mines consummationē seculi adesse putabant ob tonitrua ac fulgu-ra ingentia. Secuta est pestilentia grauissi-ma. que estiuis mensibus plures consum-psit. Visiq̃ꝫ fuerunt angelus bonus ⁊ ma-lus ciuitatem pertranseuntes. at quotiens angelus malus venabulo iussu boni ange-li domū aliquā percussisset. Tot ex eodem domo sequenti die morte dissoluti sunt.

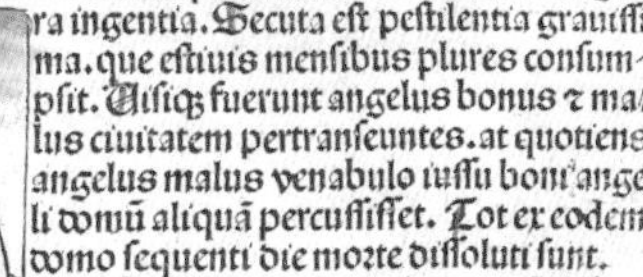

Prodigia quoq̃ꝫ multa ⁊ quidem hor-renda hac tempestate in grecia appa-ruere que sane futuras Mahometi calami-tates protendere videbātur. Naꝫ vno ⁊ eo-dem anno cometes perlucidus bizantij vi-sus est. Et puer quadrupes natus. Nec nō ⁊ est apud insulam Belon duo maxima mō-stra omnino humanam speciem habentia visa sunt. Et alia multa hinc inde consimi-lia apparuere.

153

Folium CLI verso

무함마드

7세기 초 이슬람교를 완성한 무함마드(마호멧)가 옥좌에 앉아 무릎 꿇은 사람을 심판하고 있다. 무함마드는 〈쿠란〉을 펼치고 있고 옆에 선 사람은 죄목을 일러주는 듯하다. 오른쪽에는 칼을 빼든 형리가 죄인을 처형할 태세이다.

Machometus

Machometus arabs. vel vt alij volūt pſa fuit. nobili ortus parente. deos gentiū adorāte. ſ; m̄rem hebraice gētis habuit ysmahelitā. Is ex duabus huiuſmōi omnino ſibi inuicē aduerſantibus ſupſtitionū ſectis originē trahens nulli eoꝝ omnino adheſit. ſ; homo acerrimi callidiſſimiq; ingenij inter xp̄ianos cōuerſatus. pniciosiſſimū humano generi ex duaꝝ hmōi gentiū legibꝰ cōflauit incendiū. Nāq; inter arabas apud quos magnum ambiret honoris locū publice cōcionatus ē. nō iniuria coſdroē cū omni familia deletum eſſe. q; ſe ꝓ deo adorari feciſſet. homo omniū ſceleſtiſſimus. qui ⁊ ipſe ydola ſculptiliaq; manu facta adorare ſolitus fuiſſ;. Subſeq̄nter de lege hebreorū quā magna ex pte arabes ſectabanť. xp̄ianorūq; traditionibus ita diſputabat. vt vnam eandēq; eſſe vtrāq; affirmaret. Lic; magnis vtraq; gens ab duceret erroribus. quos q̄dem errores ita ipſe moderabať. vt hebreos reprehenderet ihm xp̄m ex v̄gine natū negantes. qd̄ ſui maiores futurū expectandūq; p̄dixerant aduenisse. xp̄ianos nō redargueret leuitatis. qbꝰ pſuaſum ſit ihm dei amiciſſimū ⁊ ex v̄gine natū obprobria ⁊ demū crucis mortem a iudeis ppeti voluiſſe. Et ſuā ipſe p̄dicans legem futurā affirmabat: vt ſi eā acciperēt cuſtodirentq; ſarraceni. Et ſibi diuino ad id nūcio obſeq̄rentur. ſeſe in libertatē aſſerāt. ⁊ p̄ncipatu regnoq; finitimos pociant. Auſus eſt etiam cōparato ingenti arabū exercitu fines romani imperij turbare. Eius motus heraclius cito cōpeſcuit. ſolicitatis eius ad defectōez militibꝰ pollicitationibus ⁊ p̄miſſ. Tandē ſarraceni ⁊ arabes arma ſumētes a natiuitate xp̄i ſexcenteſimotercio ac vigeſimo ita heraclij duces ſuparunt vt hoīem felicem p̄mo mox infeliciſſimū reddiderint duce mahometo. qui cū magnū ſe dei ꝓphetā aſſereret. ⁊ magicis artibꝰ aſianos ⁊ aphricanos deludens. Ita populos quoſdā cōcitauit noua a ſe religione imbutos. vt paulū abfuerit. quin omino imperij nomen delerent. Capta alexandria. multiſq; alijs ſirie ⁊ cilicie vrbibus. Inualeſcit eiꝰ ſecta nūc multo magis q̄ ante. Nam tota aſia et aphrica magnaq; pars europe mahometanis principibus ſubiecta eſt. Inſtant nūc thurci terra ac mari. vt nos tanq̄ cuniculos ex his europe lateribus eruant. Mahometꝰ quoq;(vt in alchorano legiť) quo magis ſectatores a religione xp̄iana ſe iūgeret hereticos q̄ſdam in cōponendis legibus maxime v̄o neſtorianos ſecutus eſt. multa hinc inde ꝯ legem Moyſeos ⁊ euangelij dei aſtute colligēs. ac in vnū q̄ſi corpus redigens. Et vt ſeductos pplos fortius irretiret. ſtatuit q; homo tot vxores p̄cipue ad quaternarium numeꝝ de ꝓpria cognatione ac cōcubinas habere poſſet. quot facultatibus ſuis alere poſſet. Empticias quot vellet. Uini tñ vſum interdixit. hijs q̄ p̄cepta legis ſeruarēt ꝓmiſit padiſuz videlz deliciaꝝ ortū: vbi optati cibi ad vota. pulcerrimas veſtes. ⁊ virgines ad amplexū. angelos miſtrātes eſſe aſſeruit. Qui v̄o legem ꝯtemneret infernū cōminatus ē. Cū demū ſex annos regnaſſet. Anno dñi 632. etatis v̄o ſue. 34. mortem obijt. Eius corpus apud mecham ſepultū a ſarracenis ⁊ thurcis maximo in p̄cio nūc vſq; habitum eſt.

Iſidorus epiſcopus

Iſydorus hiſpanus hiſpalenſis ep̄us. leandri ſucceſſor. btī Gregorij pape diſcipulus. hijs tribus ꝓpter doctrinā v̄tuteſq; ac crebra eius miracula maximo in p̄cio vbiq; fuit. Qui multa tū ſcripſit. q̄ fidem xp̄ianam mirifice iuuant. De ſummo eñ bono. de viris illuſtribꝰ. ethimologiaꝝ libros. hiſtoriā p̄terea ab Adā vſq; ad tpa heraclij. vitas q̄rūdā ſctōꝝ. hiſtoriā lōgobardoꝝ atq; alia pene innūerabilia. Et cū cōſtet eū q̄uis laude dignū ob doctrinā ⁊ ſanctitatem. Eiꝰ natale 18. kal. februarij celebratur.

S. Goar.

Goar veniēs ex aquitania in Gallia claret ſanctitate ⁊ miraculis. qui i ſuburbano treuerico iuxta fluuium eccleſiam fecit. multaſq; ſanctoꝝ reliquias collocauit. Ibi diuq; noctuq; deo viuebat vigilijs oratōe p̄dicatōne multos ad fidē rectā deduxit. ⁊ egrotos ſanabat. Dyabolus ſibi inuidens multas tribulationes ei ingeſſit. infan tem triduo mortuum viuū ac loquētem reddidit. Epiſcopatum treuerēſem obla tum a Sigberto rege francoꝝ renuit. Demū in ſenectute bona in pace quieuit.

Saltzburga olim Iuuauia et petena dicta. norici vetustissima ciuitas. nūc metropolis baioarie. quā tpe Iulij cesaris ortum habuisse dicunt. non longe ab alpibus que olim ad noricos attinebant. nunc con/fusis omnibus. germanie attribuūtur. Norici enim vicinarum Alpium incole vt Plinius scribit Thau-risci olim dicti sunt. hoc quoqꝫ tempore circa carnos in primis germanie oris. sunt incole qui thauri dicū-tur. Cimbris eīn illiricū temptātibus. haud longe a norico qui in alpibus. cū eis Cn. papirius carbo cō-flixit. Atqꝫ re infecta (vt Strabo ait) abscessit. Haud vo longe interiecto tempore cum tres fortissime gen tes cimbri. theutoni. et ambrones. vno tempore in ytaliam erupissent. partim per noricos descendisse. plu tarchus ait. vterqꝫ exercitus. C. marij auspicijs deletus est. Unus non longe a Saltzburga in eo videlicz loco qui alpibus proximus est. Alter ad athesim: trecenta quadraginta milia barbaroꝝ cesa. et centum qn quaginta capta scribit liuius. Fuit mot⁹ ille vniuerse ytalie. nō modo locis per que eruptio facta est. formi dabilis. Ideo romana arma citro vltroqꝫ per noricum assiduis motibus gestata. Cuius incolis pene do/mestica facta sunt. Cum interdum tres integras legiones in finitima loca missas sustinuerunt. Quas sub mitio gallici belli qđ vltra alpes gestum est. C. cesar duabus additis qđ proximū fuit. vt ipe scribit in gal-liam traduxit. Ubi excisam rupē militari opere patefecit. vt ex vetustissimo epigrāmate pcipite saxo scul/ptum in monte arduo quem crucis vocant. Licet magna ex parte ob vetustate abolito. datur intelligi. C. Julius cesar. Reliqua tum loci asperitate. tum vetustate legi nequeūt. Julius enim cesar socero generoqꝫ suffragantibus ex omnibus pͥuincijs gallias potissimū elegit. Cuius emolumento et opportunitate ido-nea sit materia triūphoꝝ. Et initio quidem galliam cisalpinam illirico adiecto accepit. moxqꝫ p senatū co/matam. Ceterum cū istris. pannonibus. illiricis et germanis bellū illatum est. hac veluti via vbi mō Saltz burga sita romanis armis accessus patuit et reditus. Germanos igitur iulius cesar aggressus in faucibus montiū arcem munitissimā eo loco extrui curauit. vt milites ad eaꝝ refugiū adiuuandū. Et satellites ex ea auxiliū et iuuamen haberent. Et inde castrum iuuauense vernacula lingua helffenberg appellabatur. Flu-uius quoqꝫ cui adiacet Iuuarus dictus Arci nomen dedit. A quo ciuitas inde condita Iuuauia diceba-

154

tur. Habet aūt hec vrbs paludes. planiciē. colles ⁊ montes. paludes pascua prebent. aucupia ⁊ venationes nonnullas. Piscationes quoqȝ se diuersis locis non incomode exibent. colles ac montes germani trāsalpinaꝝ merciuȝ causa ꝑtranseūt. Urbs igitur iuuauia olim splendida muris ⁊ aggeribus munita. turribus altis. sedes regum fuerat. Habuitqȝ templa deoꝝ sub antiqua gente marmorea. Et cum multo tempore floruerit. Inde temporibus attile regis hunoꝝ incursiones. vastationes. incendiaqȝ sustinuit. Et cū ingenti cede hominū immunita desolata ac penitus diruta fuit. Postea diuus Rudbertus anno salutis octuagesimo supra quingentesimū cū Theodonem baioarioꝝ ducem cum locis finitimis ad fidē xp̄i reduxissꝫ Tandem ad iuuarū fluuiū veniens. qui nūc Saltzaha vocatur: reperiens vrbem dilapsaȝ ac virgultis coopertam instaurauit. que olim inter baioarie vrbes eminebat nobilissima. Ratus hanc pro episcopatu idoneam. ꝓprietatem a duce obtinens. Extirpatis arboribus ⁊ vepribus. ⁊ repertis edificijs basilicam in honore sancti petri construxit. Et cenobiū ordinis sancti benedicti cum munificentia ducis instituit. Rexitqȝ ecclesiam episcopalem annis. xliiij. Relinquens beatum vitalem successoreȝ. Postea virgilius sanctus ibi episcopus ecclesiam cathedralem construxit. Et corpus diui Rudberti ad eam transtulit. Gebghardꝰ deinde episcopus arces de nouo instaurauit. Et ciuitas in omni ornatu incremētuȝ habuit. magnis nūc menibꝰ ambit. Et mōsterioꝝ tēploꝝ ediū ⁊ arcis edificijs ꝑpulcris exornat. Multis p̄terea sctōꝝ reliquijs excolit.

De hijs subscripta adduntur.

Tunc hadriana vetus que post iuuauia dicta
Presidialis erat noricis. ⁊ episcopo digna
Rudberti sedes qui fidem contulit illis
Christi: quā retinet Saltzburga sero vocata
Is sanctus obijt eraclij principis euo
Legē dū cōdidit Mahumet nephādā sabeis
Qui successorē sibi fecerat ip̄e vitalem

Huic tres abbates hoc ordine sedes
Ansologꝰ sauolus. post hos exꝛꝰ venerādꝰ
Inde flobirgisus pastoris nomē adeptus
Joannes post quē sedem possedit eandem
Uirgilꝰ exul post hūc meruit fore presul.

154

Folium CLII verso-CLIII recto

잘츠부르크

이 지역에는 기원전 5세기부터 켈트족이 살았으나 기원전 15년에 로마 제국의 도시가 세워져 유바붐Juvavum이라고 불렸다. 이 도시는 로마 제국의 속주 노리쿰Noricum의 주요 도시로 발전했으나 로마 제국 후기에 쇠퇴하기 시작하여 세월이 지나면서 완전히 폐허가 되고 말았다.

700년경 성 루페르트St.Rupert가 이곳의 주교가 되면서 도시가 다시 살아나기 시작했다. 그는 이곳을 '소금의 도성'이란 뜻으로 잘츠부르크Salzburg로 명명했다. 이 도시를 흐르는 잘차흐 강은 주변의 산에서 채굴한 암염巖鹽의 수송로였다. 그 후 1077년에는 대주교 겝하르트Gebhard에 의해 산 위에 요새가 세워졌고 그다음 세기부터 이 도시는 크게 확장되었다.

삽화에는 왼쪽 산 정상에는 요새, 오른쪽 산 정상에는 수도원이, 강에는 베네치아의 곤돌라와 같은 배가 사람을 태우고 강을 건너가는 모습이 묘사되어 있다.

Folium CLV verso-CLVI recto

에어푸르트

독일 튀링엔 지방의 수도 에어푸르트Erfurt(에르푸르트)의 라틴식 이름은 에르포르디아Erfordia이다. 이 도시에 관한 기록은 742년의 문헌에 처음 등장한다.

삽화에서는 성벽으로 둘러싸인 시가지 안에 교회가 많이 보이고 교회의 첨탑 위에는 십자가가 놓여 있다.

종교와 교역의 중심지였던 에어푸르트는 루터의 도시이기도 하다. 이곳에서 대학을 다녔던 루터는 1505년에 이곳의 아우구스티누스 수도원에 들어갔다. 그가 종교개혁의 횃불을 든 것은 1517년이었다. 루터는《뉘른베르크 연대기》가 출간된 1493년에는 10세 소년이었을 뿐이다.

Erfordia magna ac memorabilis vrbs ꝓuincie thuringie caput. a priscis erphesfurt appellata. mõtem habet excelsum. qui nũc sancti petri vocitatur. cum a temporibus Theodosij imꝑatoris sub archadio ⁊ honorio inclinatio imperij originem habuit. Franci romanoꝝ presides. a rheno ytaliam versus abiecerũt. Et se regi ꝓprio subiecerunt. Quibus intellectis thuringi ab altera parte rheni orientem versus Ex consilio regis francoꝝ merwigũ eius cognatum in regem elegerũt. Is arcem cõstruxit in eo monte. ⁊ castrũ ꝓpe Erffordiam vbi nunc ecclesia sancti Dyonisij extat. qđ vulgares Merwisburg nominãt. Post eius obitum bassinus in thuringia regnum sucepit. Cuiꝰ vxorem postea hildericus rex francie duxit i cõiugem. Per ea tempa in loco vbi nũc basilica diui andree frequẽtatur. villa Schildinorde extabat. in bruleto quoqȝ ꝓpe fluuiũ Gera (qui nũc ciuitatem illabitur. ⁊ mediam ferme ꝑterfluit. Cuius cõmoditate tota ciuitas purgatur. ⁊ plurimũ decoratur) Molitor sagax sua diuerticula habebat. cui nomẽ Erpff fuerat apud eius molendinuz transitus sine passagiũ olim extitit. at cum temporibus clodouei regis francoꝝ ad annũ salutis trigesimũoctauũ ⁊ quadringẽtesimũ Erffordia ortum habuit. a molitore dicto atqȝ transitu Erphesfurt denominata fuit. Regnante postea apud francos tagoberto inclito rege. Is post castrũ in mõte desolatum monasteriũ celeberrimũ sancto petro dicatum ordinis diui benedicti construxit. Inde mons santti petri appellatus fuit. Ecclesiam quoqȝ sancti Gangolfi dotauit. Bonifacius postea archiepũs maguntinus sub pipino francoꝝ rege. cum thuringiam ad fidem cõuertisset ecclesiam gloriose sempqȝ virginis Marie edificauit. ac ibi episcopatum ordinauit. qui illico maguntine sedi cessit. Huius vrbis ager optimus est ⁊ herba fullonũ que sandix ac saponaiã dicitur pro tingendis pannis feracissimus. Per cuiꝰ arua gera fluuius ⁊ alia flumina ꝑterfluũt. regionem vbertim irrigantes. ꝓpter quod ⁊ pecoꝝ pascuis habundat. Post annũ deinde sexagesimũsextum supra millesimũ muro circũdata ac turribus munita fuit. Et ciuiũ edibus ac monasterioꝝ ac ecclesiaꝝ ornamentis mirifice creuit. thuringorũqȝ celeberrima sedes fuit. eo ꝙ totius regionis ferme media sit. ⁊ bladis alijsqȝ necessarijs copiosissima habeatur. Et cum hec regio ac vrbs a soluendis decimis libera fuerit. Eam ob rem multas calamitates a finitimis principibus passa fuit. precipue temporibus heinrici tercij imperatoris. Is cum a seuerissimo suo preceptore archiepiscopo Colaniensi liber euasisset. In oĩa genera flagitioꝝ ruptis tꝑantie frenis ꝑcipitem se dedit. Montes oẽs

Ecclesia virginis Marie — Sanctus Seuerus

folliculosqꝫ saxonie ꝛ thuringie castellis munitissimis extruxit. p̄sidiūqꝫ imposuit. quibus cum victui necessaria minus sufficerent p̄misit. vt ex p̄ximis villis ꝛ agris hostili more predas agerent. ꝛ ad ip̄a castella munienda circūquaqꝫ manentes cogerent. Rex ne manifesta tyrannide notaret̄ si ꝯtra innocentes atqꝫ in regnū ꝓpriū grassaretur. vt impietatē suā q̄dam religionis specie palliaret archiep̄m maguntinū modis omnibus instigauit. vt decimationes thuringie sicuti ante pluries instituerat exigeret pollicens se ei in exigendo summa ope affuturꝫ. Et dicto obtemperare nolentes regia maiestate coacturꝫ. Ea tamē pactione vt ip̄arꝫ decimarꝫ p̄tem sibi. q̄ ꝛ regie magnificentie ꝛ tanto labori suo digna forent tribueret. Ita ep̄s vanissima spe animat⁹. Synodū indixit in erphessurt. vj. ydus marcij. statuto die aderat rex. archiep̄s ꝛ hermānus babenbergensis ep̄us ꝛ alij q̄ ad discutiendam causam fuerint euocati. Thuringorꝫ spes ꝛ fiducia potissimū in abbate fuldensi ꝛ herueldensi nitebatur. Cū hij eccl̄ias decimales plurimas et p̄dia in thuringia haberēt. q̄ publica discussione interpellati ꝓ decimarꝫ redditione primo ꝓ deū archiep̄m rogabant. vt antiq̄tus tradita monasterijs legitima inconuulsa manere sineret. q̄ ꝛ sedes ap̄lica ꝛ veteribus ꝛ recentibus scriptis crebro firmasset. Et p̄decessores archiep̄i sui nūqꝫ īfringere tēptassent. Id atroci responso archiep̄s repulit: p̄decessores suos rudibus in fide auditoribus. lac potū dedisse nō escam. q̄ nūc resecare vellet. ꝛ p̄fectis solidū cibū ministrare. Tanpen thuringi improbata synodo sedem apostolicam appellarūt s̄ rex capitali sententia prohibuit. Postea exortū fuit bellū saxonicū. Nulla deinceps exactio facta est decimarꝫ. Haudentibus Thuringis q̄d occasionem inuenissent. vt traditas sibi a p̄tribus leges manu militari tuerentur. Et dolente rege quod dū decimis immoderatius inhiaret pene regnū cum vita amisisset. In hac vrbe multa sanctorꝫ corp̄a ꝓ illustrissimos delata sunt. videlꝫ Adolarij Eobani Seueri ep̄orꝫ. ꝛ vincentie quibus ꝛ aras ꝛ basilicas edificauerant amplissimas. In ea quoqꝫ anno domini. 1392. Gymnasiū celeberrimū ortū habuit. Ubi sunt edes amplissime studentiū ꝛ legentiū. Ex quo iurisconsulti theologi ornatissimi. philosophi ac medici excellentissimi p̄dierūt. Perpessa tandem fuit hec famosa vrbs vastationes ac direptiones ꝓ incendia varia. Necqꝫ aliqua insignis vrbs apud germanos memoratur. q̄ ꝓ fatalem ac aduenticiū ignē totiēs exusta sit. Ultimo incendio magna ex parte concrematur. In festo eiꝰ geruasij Anno. M.cccclxxij. hec p̄clara vrbs in basilicis gloriose virginis marie ꝛ Seueri in pōte mercatorꝫ. foroqꝫ raparꝫ ꝛ aliꝰ gradus in edibus laicorꝫ ac canonicorꝫ damnū sensit. vt pene tercia vrbis pars incendio perijt.

¶ Mons Sancti Petri

HERBIPOLIS

Herbipolis vernacula lingua wirtzipurgk appellata. principalis ac inclita ciuitas francie orientalis que franconia dicitur. quā moganus fluuius ex montibus bohemie ortus ꝑlabitur. In qua dyana dea vsqȝ ad tpa. s. kiliani martyris colebatur. qui ducem Gotzbertum ac subiectum populū in fide orthodoxa instruxit. filius hetanus dux in monte wirtziburg ob honorem marie virginis gloriose. primā ecclesiam construxit. Et cū regio franconie partim plana. partim montosa sit. Montes haud ipi difficiles sunt Ager nō admodum pinguis. Nāqȝ plerūqȝ arenosus est. Multis in locis consiti colles vineis. gratum ꝑducunt vinū. Maxime vō apud herbipolim. Et qꝫquā terra in mltos partita sit dominos. tū herbipolensem episcopum ducem franconie dicunt. Cum ⁊ ea vrbs nobilis episcopi sedes sit. qui ⁊ franconū dux habetur. Et cum rem diuinam facit gladiū in altari nudū ante se habet. Estqȝ ꝓpe vrbē in excelso monte (quē montem nostre domine appellant) arx arte ⁊ opere munita. ac spectatu digna. vbi prelatus vt plurimū residet. Estqȝ super alta rupe constructum castellum. a tribus partibus ex planicie sursum erectum. ac sua natura defensum. Pars quarta foueam habet. pontemqȝ. ꝓfunditas fouee altissima est. In hac parte turris est vndiqȝ ꝓpugnaculis cōmunita. In cuius summitate custos residet. qui cornu tuba clamitat. Murus cāselli duplex est in medio platea est articularis. Estqȝ in ea capella ad diuinū cultum perornata. vbi are consecrate sunt. Sunt ⁊ ibi mansiones qꝫ plures. tum ample tum decore. cellaria sub castro perampla. ⁊ stabula multa. Habet similiter hec insignis ciuitas tres collegiatas ecclesias. preter basilicam episcopalem merito summā dictam. Et quatuor ordines mendicatas. Ordo quoqȝ sancti benedicti ad sanctum Stephanū locum aptum possidet. Cartusiensesqȝ domini theutonici. ⁊ sancti Joannis cum scotis ibi domicilia habent Quinqȝ etiam monasteria sanctimonialiū. Extant ⁊ in ea quinqȝ parrochie. ⁊ duo hospitalia. Sacellū itē virginis marie cum turri mira arte constructa. Edesqȝ perpulcre canonicoꝝ ⁊ ciuiū hanc vrbem exornant. Huic sedi nūc preest nobilis ac prestantissimus episcopus Rudolphus de Scherenberg. qui nonagesimū etatis annū nūc excedit. Et episcopatum innumeris diuitijs ac varijs possessionibus auxit.

156

Folium CLIXverso - CLX recto

뷔르츠부르크

뉘른베르크와 프랑크푸르트 사이에 위치한 뷔르츠부르크 Würzburg의 라틴어 명칭은 에르비폴리스Herbipolis이다. 도시의 건물들은 전반적으로 고딕 양식이고 요새는 눈에 띌 정도로 잘 묘사되어 있다. 성벽으로 둘러싸인 시가지 안에는 성당의 첨탑이 많이 보인다. 이것은 주교가 통치하는 공국의 수도임을 나타낸다. 왼쪽 언덕 위에 솟은 웅대한 요새 마리엔베르크Marienberg는 1261년부터 1720년까지 주교궁으로 사용되었다.

157

Folium CLXII recto

아이히슈태트

뉘른베르크와 뮌헨 사이 알트뮐 계곡에 위치한 성벽으로 둘러싸인 작은 도시로 삽화에는 도시명이 Eistett로 표기되어 있다.

741년에 성 빌리발트Willibald에 의해 처음 교구가 형성된 이곳에는 성 빌리발트 대성당, 성 발푸르기스Walpurgis 성당, 카푸친 성당이 랜드마크를 이룬다.

인근의 언덕 위에 세워진 빌리발츠부르크Willibaldsburg는 아이히슈태트Eichstätt의 주교궁이었다.

S. wilibaldus epus

S. walpurgis

Sanctus wilibaldus natus ē ex sancto richardo sueuor̄ duce. atq̄ anglor̄ rege. Bunnaq̄ castissima femina eius vxore. Qui cū hierosolimā atq̄ terrā sanctam peregrinus visitasset. et inde romam reuertisset. a gregorio tercō summo pōtifice. Cui tūc ꝓpter religionē tū fidei sinceritatē dilectus fuit. sancto bonifacio maguntine sedis archiepiscopo cōmendatur. et a sancto Bonifacio (q̄ eius auūculus fuit). xj. kal. Augusti presbiter ordinat̄. Et thuringie in loco cui Sulzpurg vocabulū est anno salutis. 740. sue vo etatis. 41. episcopio Eystetensi preficitur. qd̄ sanctus bonifacius ex p̄dijs et mancipijs a swigero comite deo donatis erexerat. Efficitur etiā sedis maguntine scriba. quem vulgus cancellarium vocat. hocq̄ priuilegio dotatur. vt ipe eiusq̄ successores officio scribe sedis maguntine perpetuo fruantur. Et in concilijs et conuentibus a dextris archiepiscopi maguntini primū locum semper obtineant. accepit etiam vestem insignem. quā rationale vocant. Qua veteres sacerdotes vtebantur. vt ea etiam successores superuestiri liceret. Hic vir sanctus wilibaldus supra ripam fluminis quod alimonū vocatur. In vasta solitudine. succisis nemoribus. ciuitatem Eystet edificare cepit. In qua et monasterium sanctimonialiū ordinis sancti benedicti celebre sarchophago sancte walpurgis virginis admirabilis. que fuit soror sancti wilibaldi. De cuius reliquijs manat sacer liquor. egrotantibus prebens remedium. Nūc presidet ecclesie eystetensi que et aureatensis nūcupatur. presul dignissimus wilbelmus ortus ex nobili familia reichenawe.

157

EISTETT

158

Folium CLXII verso

성 세발두스, 루이트프란드, 성 오트마

1 **성 세발두스**St. Sebaldus: 뉘른베르크의 수호성인으로 8세기 또는 11세기의 인물로 추정된다. 그는 이탈리아에 순례를 갔다가 뉘른베르크에 돌아와서 복음을 전했다고 하는데, 삽화에서는 수염이 풍성한 순례자의 모습으로 묘사되어 있다. 오른손에는 뉘른베르크의 주요 성당 중 하나인 성 세발두스 성당의 모형을 들고 있다. 독일에서는 제발트Sebald라고 한다.

2 **루이트프란드**Luitprand(라틴명 Luitprandus): 롬바르드(롱고 바르드) 족의 왕으로 728년에 로마 교외의 수트리Sutri를 비롯한 여러 지역을 교황 그레고리우스 2세에게 헌정했다. 이로써 교황령은 로마의 영역을 처음으로 넘어서게 되었다.

3 **성 오트마**Othmar(라틴명, 오트마루스 Othmarus, 689년경~759년경): 스위스의 장크트 갈렌 수도원의 초대 수도원장이었다. 이 수도원을 중심으로 발전한 도시가 장크트 갈렌Sankt Gallen이다.

1 S. Sebaldus

Sebaldus confessor dignissimus ac sanctissimus. hac tempestate (vt quidam ferunt) doctrina ac sanctitate in germania floruit. Is ex nobilissimis ortus parentibus. regis dacie filius. ac regine castissime. q votis ꝛ precibus a deo hanc sobolem impetrarũt. Ab ineũte etate disciplinis ac lrīs traditus. ꝓ adipiscēdis liberalibus artibus in adolescentia ꝑisius petijt. Cũ eruditissim⁹ euasisset. Virgo pulcerrima de familia regum francorũ matrimonio ei iũcta fuit. Verũ spretis mũdialibus pompis. relicto regno spōsam elegantissimā nocte deseruit. in longinquas regiones ac heremũ secessit. vbi cũ annis. xv. sanctissime vixisset. Inde deuotionis grā. romaꝫ ꝑueniens. a Gregorio secũdo summo pontifice. ad germanos ꝑdicationis grā directus. wilibaldũ ꝛ wunibaldũ fratres. itineris comites habuit. Et primo apud lōgobardos. deinde ratispone doctrina ꝟtutibus ac miraculis claruit. Postremo apud Nurembergā in solitudīe nemoꝝ religiosissimā ac ꝑfectissimā vitā. vsqꝫ in finē exegit. Ubi ꝑter doctrinā ꝑplo exhibitā. miraculoꝝ gloria nominatissimus euasit. Tandē plen⁹ dieꝝ ad oratoriũ fratrũ. sancto martino dicatũ Nuremberge (vbi modo cenobiũ ordinis diui benedicti ad sanctũ egidiũ nũcupatũ) ꝑuenit. infirmitate ac senio correptus sanctissime migrauit ad dñm. Cuius sanctuꝫ corpus ab indomitis bobus ad locũ sepulture ductus. vbi insignis basilica in eius nomine extructa fuit. Quē postmodũ summi pōtifices ꝓpter crebra miracula in sanctoꝝ cōfessoꝝ numeꝝ aggregarũt. ꝑcipue martin⁹ qntus papa. eius festũ per vniuersum orbem. xiiij. kal. septēbꝛ. celebrari iussit. Quāobrem apud Nurembergenses summo honore quotannis colit. cũ Nuremberga ꝑclara vrbs meritis huius dignissimi patroni. augmentũ in omni honore ꝛ gloria vbertim sensit.

Luitprandus rex 2

Luitprandus ansprandi ꝑdicti filius longobardoꝝ rex. sup̄stite adhuc p̄re regnũ accipiens. regnauit anno vno ꝛ triginta. ꝛ mensibus septē. Vir certe tanto principatu dignissimus. Erat qppe giganteo corꝑe atqꝫ vasto. ꝛ manu adeo promptus. vt nemo eo pugnatioꝛ haberet. iusticia vero ac clemētia ita insignis habebatur. vt difficile iudicaret. qua ī re maiorē ꝓmereretur laudeꝫ. xp̄ianissimus etiā adeo fuit ac religionis amator. vt nullibi templa sine suo suffragio edificare ꝑmiserit vnqꝫ. papie quoqꝫ templa plurima miro extruxit ornatu. Carolus aũt marcellus huic cōpater et amicissimus fuit. ꝛ ei auxiliares copias cōtra sarracenos ex ytalia trāsmisit. pipinũ quoqꝫ filiũ in cisalpinā galliam. vt ei ex more capillũ succideret trāsmisit. quē luitprādus benigne suscipiens donatũ muneribus ad parentes remiserat. Sed duodecimo regni sui anno (cupiditate imꝑādi motus) captis circũquaqꝫ oppidis. romanam vrbem obsidere cepit. gregorius pontifex legatos naui qꝛ terrestri itinere nō licebat. ad carolũ francie principem statim mittit. q hominē rogarēt. vt primo quoqꝫ tp̄e laboranti rome ꝛ ecclesie auxiliũ ferret. Carolus rogatu gregorij patrociniũ ecclesie suscipiens. Luitprādũ cōpatrē rogat vrbē ne obsideat. obtemperat. atqꝫ vrbē obsidione soluit. Inde zacharie pontificis hortatu romanis oppida (ex sabinis erepta) reddidit narniā ꝑterea ꝛ anconā ex picentibus. Et qcqd a longobardis. xxx. ānis in etruria occupatum fuerat restituit. Veꝝ nō ita multo post etate grādeuus. vite sue cursum expleuit. Euisqꝫ corpus in basilica beati hadrani sepultum fuit.

Richoldus frisonũ dux hoc anno ad ꝑdicationē wolfrāmij senonensiũ epī cōuertit. q cũ baptismum suscipere statuisset. in lauacrũ intrauit. Et illico dubius factus. alterũ pedem retraxit dicens vbi nam ex patribus meis plures sunt. in inferno an in paradiso. Et audiens q in inferno. statim intinctuꝫ retraxit pedem. dicens. laudabilius est vt plures q̄ pauciores sequar. atqꝫ ita in sua fatuitate delusus. morte inp̄meditata raptus est.

Comete duo hoc anno Januario mense per dies. xv. in celo visi sunt. Quoꝝ vnus solem precedebat. Alter vo vesperi sequebatur.

Othmarus

3 

Othmarus ex prouincia alemanie natus a fratre suo ad curiā ductus. litteris ac ꝟtutib⁹ instruct⁹. Inde titulo scti florini ad sacerdotiũ ꝓmot⁹. et ꝑ victorē comitē ob suā religiōeꝫ ac famā in ꝑlatũ assumpt⁹. ꝛ ꝑ balcbramũ ī cellaꝫ btī galli ꝛ pipini auctē in abbatē electus. quē locũ possessionibus plurimũ auxit. atqꝫ edificijs. mirā obsuans abstinentiā. pauꝑtatꝭ amator. ꝛ elemosinarum largitor. ꝛ asello ꝓ equo vtebat. Egenos ac leprosos sepe visitās. vt p̄r pauperꝝ diceret. Ideo hospitale ꝓ eis extruxit. Ab emulis tñ ꝑsequebatur. Infamatus de femina ad exiliũ cōdemnatus. ad insulā rheni relegatus. vbi post multas miserias sedecio kal. decembris bono fine qeuit. post ānos. x. ad monasteriũ sancti galli ꝑ lacũ ꝯstantiensem miraculis multis. ꝛ sedata tempestate ꝑduct⁹ fuit. Vasculũ modicũ vino plenum pro reficiendis monachis quotiens exhaustum. nullũ detrimētũ vini sensit.

Babenberga preclara ciuitas franconie. quā Radiantia fluuius (vernacula lingua rednitz dictus) diuidit. In bono ac feraci loco sita. Is fluuius nō longe a Nuremberga pegnicio amne exoneratꝰ pbet q3 babenbergensibꝰ oblectamentū variū. ac vtilitatē ob nauigia plurimū accomoda. deinde in moganum descendēs q̄ nō paucas frāconie plabitꝰ vrbes. supra ciuitatē in edito mōte arx ē natura ⁊ arte munita. Luitolfus princeps saxonie suis tpibus claruit. cuiꝰ filiꝰ otto. genuit heinricū humilē primū. romanorūq3 regem q̄ germanie prefuit. Et filia babam. a qua hec ciuitas babenberga vocitatꝰ. Quāq3 nōnulli monte pauonis appellant. Hec baba comitissa babenberge. duos genuit filios Reynoldū. quē cōradus dux frācie occidit. nongentesimo ⁊ sexto salutis āno. Et albertū nobilissimū francoꝝ comitē. pscripti ottonis saxonie ac thuringie ex filia baba nepotē q̄ cōradū fratrem ludouici regis romanoꝝ ob necē fratris vita priuauit. Quāobrem in arcē vrbis se cōtulit. Et aliquādiu regis obsidionē ptulit. difficilis expugnatio loci videbatur. Ob quā rem ad dolos recursum ē. Hatto eps magūtinus minister sceleris inuentus ē. Qui pfectꝰ ad albertū litis arbitrū se dixit. Rogauitq3 albertū. vt ad impatorē in castra descenderet. q3 vel pacē ei daret. vel in arcē reduceret incolumē. credidit albertus. accepta iurisiurādi religione. Albertus aūt comes deinde recepta fide ⁊ pmissione battonis archiepi. cū eo pgens a castro suo. Vix aūt arceꝫ egressi tū hatto vereor inquit. ne diu apud impatorē morari oporteat. Utilꝰ fortassis cōsiliū erit. prius sumpsisse cibū. Laudauit albertus verba psulis. Et in castellū rediens. battoni prandiū dedit. nulla alia securitate ab epo reqsita quo sumpto ad impatorē cū eo prexit. vbi mox captꝰ. ⁊ capitali sententia dānatꝰ. cōdemnatꝰ monet archiepiscopū de facta securitatis sue pmissione. Rndit paꝝ religiosus eps. se fidei et pmissioni satisfecisse. ipm q3 a castro egressum. incolumē sel in castrū suū deduxisse. Cū ad prādiū introiuit. bis reducere nō promisisse. Infelix Albertꝰ gladio obtrūcatꝰ ē. Meliꝰ romani q̄ pari fraude vsi vnū ex captiuis ab hānibale romaꝫ missis. vinctū rmisere. pdia q̄ albertꝰ hūit ipio postea cessert. otto vo. iij. ipator pdia pleraq3 diuo heinrico tradidit vt in puilegio eius scribitur. Nouerint oēs xpi fideles qualiter nos obinteruētum dilectissime

159 

genitricis nostre adelheide caro nepoti nostro baioariorū duci heinrico quoddā iuris nostri prediū. ciuitatē videlicz babēberg noīatam. cū oībus ad hāc respicientib⁹ ꝛc. nr̄a imperiali potētia ī ppetue vsuz ꝓprietatis cōcessim⁹. firmiterq3 donauimus ꝛc. Eam vrbē deinde heinricus imꝑator sanct⁹ plurimū exornauit. Ecclesiā ac aulā epalem celeberrimā in ea fundauit. cū sua conthorali sancta v̄gine kunegūda. Nā nil in vita ꝑtermiserūt. qd ad honorē dei ptinere secernerēt. q̄ post mortē in eadē basilica summa ac regali. multis miraculis clarēt. ibiq3 berengari⁹ sepultus ē. q̄ regnū ytalie vsurpauit. Et ab ottone primo capt⁹ in germaniaz ductus. illic exulans obijt. Ornaturq3 hec ciuitas edificijs publicis ac sacris edibus ꝑpulchris. habz ꝛ sanctū ottonē eius loci epm aplicū pāmeranie. cū vexillo diui georij. credūt quoq3 duas e sex ydrijs ibi esse. in quibus vinū ex aqua factū. a domino saluatore. euangelistarū tradit historia. Et gladiū cum quo petrus malcho auriculā amputauit. Laudem vo vrbis ac descriptionē gottefridus viterbiensis elegans hystoricꝰ hijs sequentibus edidit.

Bauaricus fluuius vulgo radiantia dictus
Norica rura fouens. varieq3 vagādo relict⁹
Montis pauonis. vrbis amena colit
Nomie vulgato mons babēberga vocatur
Flumine crassatur. vicinaq3 terra rigatur
Ponsq3 supstrat⁹. cingit vtrūq3 latus
Urbs laudāda nimis mōtis sbcrescit ab imis
Indeq3 sblimis fit turribus in situ primis
Montis ab vrbe tm̄ culmina clerus habet
Agmine muroꝝ series p̄cincta domoꝝ
Exclusis laicis. munitio fit dominoꝝ.
Ecclesie forma. mōtis caput auget ꝛ ornat
Mons pauonis hz colles sibi collaterales
Tres q̄si cōsiles. vrbis quoq3 principales
Ipē nitēs medi⁹. p̄eminet absq3 pari
Pulcrior illoꝝ loca maxima dat monacoꝝ
Templaq3 multoꝝ relīqt dant canonicoꝝ
Quarta ps fluuio p̄bet vtrūq3 forum
In crucis q̄ modū. posuit sibi pauo colonū
Stat medius petr⁹. stephan⁹ sibi dexter hr̄
Uertice stat Jacobus. leua michael retinet
Fertq3 secus fluuiū. virgo maria decus
Cesaris heinrici sancti cognomine claudi
Hec ꝛ maiora multa fuere bona
Cuius ꝛ ossa bona sunt ad miracula prona
Hoc opus hec dona sua ꝯtulit alma corona
Me vocat historia pauo beate vale.

159

Folium CLXXIV verso–CLXXV recto

밤베르크

밤베르크Bamberg의 라틴 지명은 밤베르가Bamberga로 바벤베르크Babenberg 가문이 세운 성의 이름에서 유래한다. 밤베르크는 많은 언덕들 사이 레그니츠 강이 흐르는 곳에 위치한다. 성당이 많은 도시이지만 이 삽화에서 묘사된 성당들은 정확히 무슨 성당인지는 알기 힘들다. 오른쪽 언덕 위에 보이는 MONS MONACHORUM은 '수도사들의 언덕'이란 뜻이다. 레그니츠 강에는 10개의 다리가 있는데, 이 목판화에서는 다리가 하나만 보인다.

Folium CLXXXIII verso–CLXXXIV recto

신성 로마 제국 황제, 선제후

황제 카를 4세가 1356년에 반포한 〈황금칙서〉는 제국의 근본적인 법률을 정하고 황제 선거 절차와 황제를 선출하는 7명의 선제후의 자격을 규정했는데, 선제후 7명 중 3명은 성직자, 4명은 세속제후로 정했다.

삽화에서는 가운데 앉아 있는 황제와 7명의 선제후가 묘사되어 있는데 그중 왼쪽 3명은 성직자인 트리어, 쾰른, 마인츠의 주교이고 오른쪽 4명은 세속제후인 보헤미아 왕, 라인-팔츠 공작, 작센 공작, 브란덴부르크 변경백이다.

그 아래에 등장하는 인물들은 신성 로마 제국의 여러 주요 도시와 지역들을 대표한다.

Electores septem sacri imperii Imperator glo

Spirituales

Rex bohemie
Palatin' rein
Dux saxonie.
Marchio brandē.
Quatuor Lātgrauij.
Düringen
Hassie.
Leuchtēberg
Alsacie.
Quatuor comites.
Swartzburg
Kleuen
Zilie
Sophoij.

Electorum imperii institutio

Sanctionē de imꝑatoris electione. fecit gregorius qntus. ad vndecimū quā obierat mensem rome restitutus. acerrimā de accepta a romanis iniuria vltionē sumpsit. Ottone eñi tercio ꝑ successionem nō sine difficultate imꝑatore creato. idē pontifex ex eadē gente natus. cognoscens impij imbecillitatē ac fortune mutabilitatē. vt diutius apud germanos summa impij maiestas remanere posset. Synodo ɔgregata statutū tulit de imꝑatore deligēdo. solis licere germanis (q̄ inde electores sunt dicti) ꝑncipē deligere. Quā sanctionem huc vsq; ꝑ annos supra q̄dringentos ſuatam videmus. vt ī futurū nō ꝑ sanguinis successionē imꝑium duceret. s; ꝑ solos germanos ꝑceres. vna cū bohemie rege imꝑator deligeret. Qui cesar tūc & romanorū rex dictus. si a romano pontifice coronabit' imꝑator augustus appellet'. De q̄ ɔfirmatōne plenius hr extra de elec. c. venerabilē. Suntq; hij electores. vt in figura claret. Magūtinus. Treuerēsis. & coloniensis archiepi. Et marchio brādeburgensis. Palatinus comes. Dux saxonie. Rex bohomie. Distincta sunt aūt inter eos officia. vt tres primi sint cancellarij. Germanie primus. secūdus Gallie. ytalie tercius. Et brādeburgensis marchio camerarius. Comes palatinus dapifer. Dux saxonū ensis portitor. Rex bohemie sit pincerna. quē tñ bis additū ferūt ad tollendas electorū discordias. De h̄ quidā scribūt. Sunt aūt officiales isti Maguntinus Treuerensis Coloniēsis. Quilibet impij sit cācellarius horū. Inde palatinus dapifer. dux portitor ensis. Marchio ꝑpositus camere. pincerna bohemus. Hij statuūt regē seruātq; ꝑ ordinē legem. Atq; creant dñm cūctis per secula summū. Annū in quo hec sanctio facta est primū vel vt alij scribūt scdm supra millesimū xp̄iane salutis fuisse inuenimus.

161

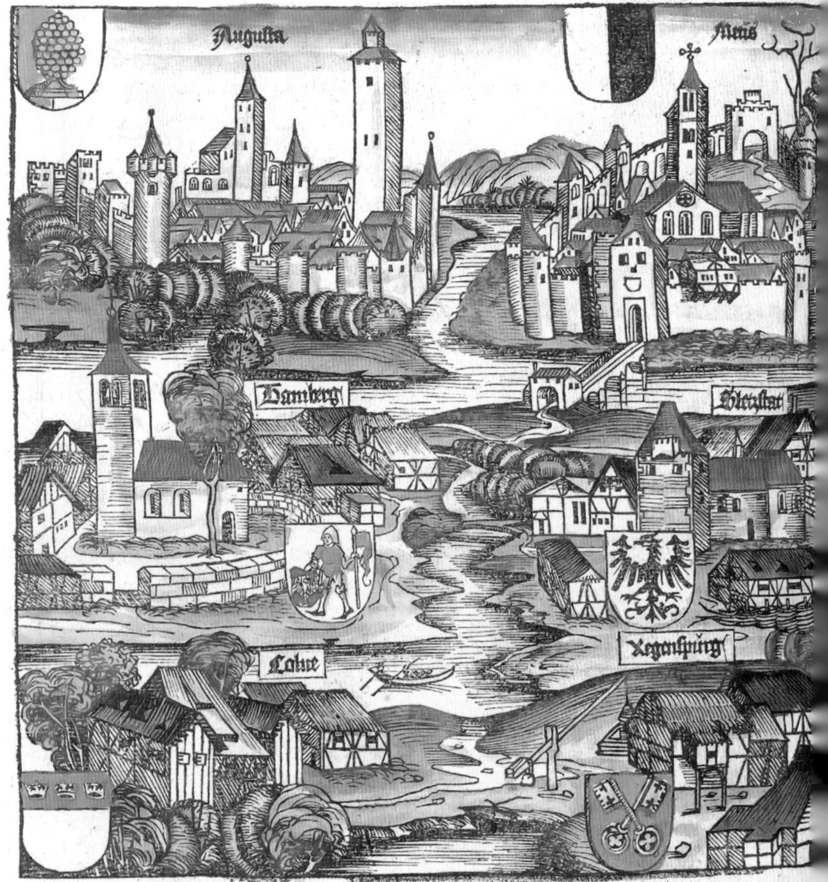

Formam aūt ⁊ modū deligendi regem nouū per septem principes electores romani imperij. ⁊ eoꝝ cōductum ac vocationē quō adesse teneant franckfordie in vrbe circa Moganū. Et q̄ pagenda sunt ac quo ordine. aurea bulla clarissime edocet. quā carolus quartus romanoꝝ impator in solenni dieta Nuremberge Anno. M.ccclvj. edidit. electus deinde cesar ⁊ romanoꝝ rex appellatus. tū demū impator ⁊ augustus habet. si eū romanus pontifex cōfirmat. Nostri em̄ impatores cū eligunt an̄ consecrationez coronationēq͂ romanoꝝ reges appellant. quasi pluris existimandū impatoꝝ q͂ regū nomen. Atuero prisci romani post expulsum Tarquinū supbum ob odiū regū. nomē regiū funditus sustulerūt. Senatus consulto statuentes ne quem deinceps regem in vrbe esse liceret. Cum impatores p multi tot annis re bn̄ ⁊ feliciter aduersus hostes gesta honoris causa appellarent. Tres em̄ gradus maioꝝ dignitatuz apud romanos (de quoꝝ principe loquimur) fuere rex dictator, impator. Ex hijs suprema oīm potestas rex fuit. Post regem vͦo secūdū tenuit dignitatis locū dictatura post dictaturā impiū tercio gradu cōseqtur. Juli⁹ aūt cesar cū sepi⁹ post partā victoriā. essz impator ab exercitu appellat⁹, nō impatoꝝ aut regū. s dictatorꝫ nomē vsurpauit. tantū odiū regis nomē in vrbe ↄxerat. Cū aūt cupet regis nomē. ⁊ vereret ppl̄i indignationē. molitus expeditionez in pthos atq͂ asserēs in libris Sibillinis cōtineri. nō nisi a rege parthos supari posse. se regē dici ,pcurauit. Q͂ maturāde mortꝫ sue cām p̄buit cōiuratꝫ. Est āt īperiū armoꝝ exercituūq͂ ad tutādā augēdāq͂ rēpublicā cōmissa auctas. Uez qm̄ mos ille aboleuit om̄ino. Nec soluz ex vsu. s ex memoria q͂z germanoꝝ abijt. Hūc recentiorē per plures ferme annos seruatū antiquū arbitremur. Sequamur a nr̄is maiorib⁹ religiose instituta. ⁊ ad nos vsq͂ traducta que consensus xp̄ifidelū approbauit. Ac deinceps diligētissimis doctissimoꝝ historicoꝝ scriptis (qꝺ vnicū ē refugiū) oblectemur. Nec curiosi q̄d ceteri loqntur.

161

Folium CLXXXIV verso–CLXXXV recto

신성 로마 제국

신성 로마 제국은 선제후국, 공작령, 주교령, 백작령, 제국 도시, 수도원령, 기사령 등 모두 자그마치 1,600개 정도의 독립된 연방국가와 도시들로 이루어진 혼합체였다. 삽화에는 주요 도시들이 성채 도시, 마을, 영지로 묘사되어 있다.

4개의 도시: 아우크스부르크, 메츠, 아헨, 뤼벡

4개의 마을: 밤베르크, 슐레트슈타트, 하게나우, 울름

4개의 영지: 쾰른, 레겐스부르크, 콘스탄츠, 잘츠부르크

162

Folium CLXXXVI recto

하인리히 2세와 후계자

1 하인리히 2세와 왕비 쿠니군데가 밤베르크 대성당 모델을 들고 있다. 밤베르크 대성당은 하인리히 2세에 의해 세워졌고, 왕과 왕비는 이곳에 묻혔다.

2 하인리히 2세의 후계자 콘라트

3 *"독일 왕 콘라트 2세를 승계한 하인리히 3세 재위 3년째 되던 해 혜성이 나타났고 7년째 되던 해에는 월식이 있었으며 큰 지진이 있었다."*

1

Heinricus ei⁹ nois secūdus imꝑator anno dñi millesimo primo. vel vt aliꝫ volūt. anno incarnationis tercō supra millesimū. ottone mortuo germani electores ꝯcesso iuri tūc primū īnitentes heinricū ducē bauarie cesarē declararūt. q̄ nō p successionē s ab electorib⁹ ꝑdict⁹ cesar ꝛ august⁹ electus. imꝑauit ānis. xxij. Vez ab historicis ꝑsertim ytalicis heinricus prim⁹ appellat. vidim⁹ tn̄ ei⁹ scripta babēberge in qb⁹ se secūdū scribit. Gothfrid⁹ quoqꝫ viterbiensis eū heinricū secūdū ꝛ post eū antonius floretinus ep̄us claudū filiū hezilonē vocāt. Hāc vocationem igit in sequētibus obseruabim⁹. Cū aūt tradi videm⁹ suū in ytaliā aduentum p annos. xij. distulisse. Multa eñ cū gallis plurima cū metēsibus bella gessit. inde ꝯciliatis sibi animis q̄rūdam principum in regē regni iungit a willigiso magūtino archiep̄o sclauos itē dictos windos sibi tributarios fecit. Postea a bn̄dicto octauo imꝑator augustusqꝫ appellatus ē. dyademate ornatus. Qui prima expeditiōe sicut pia sic ꝛ felici in capuā ducēs sarracenos ibi sedētes. ytaliam linqre cōpulit. Troiāqꝫ vrbē i apulie finib⁹ deditōez ab oppidanis oblatā acceptās. cū datis obsidibus romā ē reuersus. Fuit aūt xp̄ianissim⁹ princeps ꝛ vir sanctissimus. cum kunegunda vxore ꝟginitatem vl' certe diuinā castitatē ꝟuauit. Quoꝝ suasione ꝛ precū instantia stephan⁹ hūgarie rex ꝛ sbiecti sibi ppl'i ad fidē xp̄i fuerūt ꝯuersi. Sororē eñ suā regi hūgaroꝝ i vxorem collocauit. Ita aūt caste ac sancte cū vxore vixit vt vterqꝫ in morte miraculis claruerit. In vita eñ nil ꝑtermisere qḋ ad honorem dei ꝑtineret. Nā ꝛ babenbergēsem fundarūt ep̄atū. Et diuus imꝑator multis ꝑdijs dotauit ac ornamētis decorauit. Sedes qꝫ ep̄ales hiltensheym (vbi a puero enutritus ꝛ litteris edoctus fuit) Madeburgā. Argentinā. Misnā. Mersburgā. q̄ barbarica immanitate adiacentiū sclauoꝝ vastate fuerāt restaurauit. Deniqꝫ post multa bella in bohemia germania ytaliaqꝫ strēnue gesta. Obijt ad annū salutis xp̄iane primū ꝛ vigesimū sup millesimū. magno de se relicto apud suos desiderio. Qui ꝛ post mortē etiā multis claruit miraculis.

2

Conradus secūdus origine suenus siue vt ceteri volunt natione francus. ꝛ ex matre de primis francoꝝ regibus q̄ a Troia venerāt originem traxerat. defuncto heinrico imꝑatore anno salutis. M. xxj. ab electorib⁹ in germania cesar deligitur. Qui in heinrici imꝑatoris milicia ordines duxerat. Et suū in ytaliā aduentū annis ferme tribus distulit. Per qḋ tp̄s multi ytalie magnates ꝛ populi cōiuratione inita sese in libertatē asserere. Et declaratū cesarē cuz aduenisset armis repellere ꝯstituerūt. Id cum intellexisset Conradus. neqꝫ eñ in ytalia obscuꝝ. veniēs in ytaliā copiosum duxit exercitū. Mediolanū cū venisset armis ē repulsus. ideo agro vastato mediolanū obsedit. Nō prim⁹ inde motuꝝ se cōminatus qꝫ pariter incēsum vrbē solo equaret. s dū in die penthecostes coloniēs archiep̄us missaꝝ solēnia in ꝓping vrbi eccl'ia celebraret. p spūm vidit. cōradoqꝫ dixit beatū ambrosiū germanis excidiū. nisi absederet cominari. Itaqꝫ conradus motis a mediolano castris. romā veniēs aurea a ioanne vigesimo corona ꝛ imꝑij titulis inter eudonē angloꝝ ꝛ rudolphū burgūdionū reges ē ornatus. inde roma ꝓfectus. pacataqꝫ post se linquens ytaliam in sclauos primo. postea in hūgaros duxit. cōpressisqꝫ illoꝝ motibus exercitū apud treueros metensesqꝫ reductū distribuit in hiberna. Conradus vo imꝑator apud treueros ꝯstitutus cum Rudolphus burgūdionū rex suoꝝ seditionibus vexatus fuit. Quāobrē Cōradi fidei ꝛ ꝓtecinio se cōmisit. regni illi. burgūdionū ꝑmisit. qḋ ab imꝑatore in ꝓuinciā redactū. Et burgūdia postmodū longo tp̄e imꝑialis appellata ē. Rex aūt angloꝝ filiā suā heinrico cōradi imꝑatoris filio in mr̄imoniū collocauit. Inde cōradus deuotōis cā romā veniēs p mare adriaticū rediēs distempantia aeris multos amisit principes reuersus infranciā in traiecto inferiori moritur. anno regni sui. xvij. imꝑij vo. xiiij. Fuit vir armis strēnuus consilio prouidus. sapientia forensi preditus ꝛ ciuili. ꝛ in religione xp̄iana deuotus.

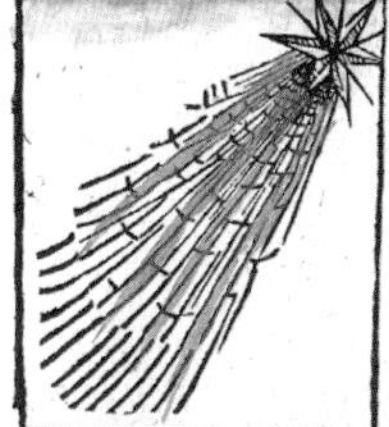

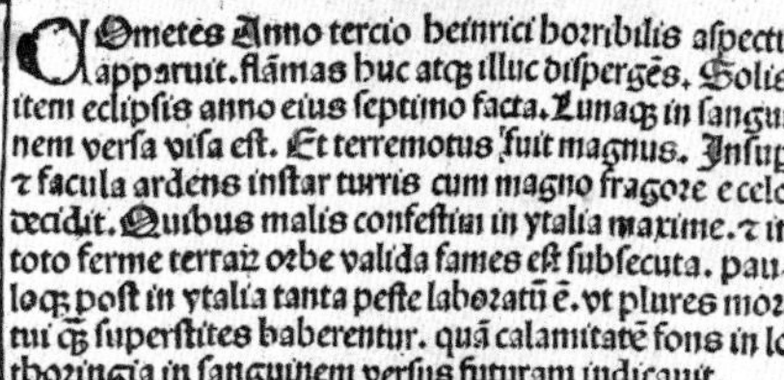

Cometes Anno tercio heinrici horribilis aspectu apparuit. flāmas huc atqꝫ illuc dispergēs. Solis item eclipsis anno eius septimo facta. Lunaqꝫ in sanguinem versa visa est. Et terremotus fuit magnus. Insup ꝛ facula ardens instar turris cum magno fragore e celo decidit. Quibus malis confestim in ytalia maxime. ꝛ in toto ferme terraꝝ orbe valida fames est subsecuta. pauloqꝫ post in ytalia tanta peste laboratū ē. vt plures mortui q̄ superstites haberentur. quā calamitatē fons in lothoringia in sanguinem versus futuram indicauit.

Folium CLXXXVI verso

황제 하인리히 1세 가계도

1 **리우돌프**Liudolf **1세**(805?~866): 삭소니아Saxonia(독일명 작센Sachsen)의 공작이자 왕

2 **브루노**Bruno(830년경~880): 리우돌프의 장남, 노르만족과 전투에서 사망

3 **오토**Otto **1세**(830년경~912): 리우돌프의 차남. 브로노의 죽음 후 작센의 공작 지위 획득

4 **바바**Baba: 오토 1세의 딸. 본문에서는 바벤베르크 가문의 이름의 기원이 된 것으로 추정한다.

5 **알브레히트 폰 바벤베르크**Albrecht von Babenberg: 바바의 아들

6 **라인홀트**Reinhold: 바바의 다른 아들(바바, 알브레히트, 라인홀트가 지닌 방패는 바벤베르크 가문의 문장이다.)

7 **황제 하인리히**Heinrich **1세**(876~936): 오토 1세의 아들. 919년에 프랑크족과 작센족은 그를 독일 왕으로 선출했다(방패에는 작센의 문장에 독수리가 등장한다).

8 **탕크마**Thankmar: 하인리히 1세의 아들

9 **브루노**Bruno(925~965): 하인리히 1세의 막내아들로 쾰른의 대주교가 되었다.

10 **바이에른 공작 하인리히 1세**(920년경~955): 독일 왕 하인리히 1세의 아들로 그의 형 오토 1세와 세력 다툼에서 패배했다. 방패에 바이에른 문장이 보인다.

11 **황제 오토 1세**(912~973): 독일 왕 하인리히 1세의 장남으로 936년에 독일 왕, 962년에 신성 로마 제국 황제로 선출되었다. 황후 아델라이데와 함께 묘사되어 있다. 방패에는 금빛 바탕에 쌍두독수리가 묘사된 독일 황제의 문장이다.

12 **황제 오토 2세**: 961년에 독일 왕으로 선출되었고, 967년에 독일의 로마 제국 황제 제위에 올랐다. 황후 테오파노Theophano와 함께 묘사되어 있다. 테오파노는 비잔틴 제국 황제 로마누스 2세의 딸이다.

13 **황제 오토 3세**(980~1002): 오토 2세의 아들

14 **바이에른 공작 하인리히 2세**: 바이에른 공작 하인리히 1세의 아들

15 **신성 로마 제국 황제 하인리히 2세**(973~1024): 바이에른 공작 하인리히 2세의 아들. 삽화에서 그가 세운 밤베르크 성당을 손에 들고 있다. 오토 3세가 후계자 없이 1002년에 죽자, 하인리히 2세는 독일 왕으로 선출되었고 1004년에 황제가 되었다.

16 **브루노**Bruno: 아우크스부르크의 주교. 바이에른 공작 하인리히 2세 아들

17 **기젤라**Gisela(985~1065)와 헝가리 왕 **이슈트반**Istvan **1세**(975~1038): 황제 하인리히 2세의 여동생 기젤라는 헝가리의 초대왕 이슈트반 1세와 결혼했다. 이슈트반 1세는 헝가리를 기독교화했다.

18 **임레**Imre(독일식 에머리히Emmerich, 1004~1037): 이슈트반 1세의 아들로 어릴 때부터 기독교 사제들로부터 교육받았으나 왕위에 오르기 6일 전에 죽었다.

Sexta etas mūdi

Genealogia diui heinrici imperatoris

164

Folium CLXXXVII verso

하인리히 황제 시대의 사건

1 *"하인리히 황제 시대의 일이다. 마그데부르크 부근 마을의 성 마그누스 성당에서 사제가 크리스마스 미사를 집전하는 동안 성당 뜰에서 18명의 남자와 15명의 여자가 춤추고 노래를 부르며 미사를 방해했다. 사제는 그들에게 1년 내내 쉬지 않고 춤추고 노래할 것이라고 저주했다. 1년 지난 후 대주교가 그들을 풀어 주었다. 그런데 그중 몇 명은 죽고, 몇 명은 3일 연속 잠에 빠졌고, 나머지 사람들은 평생 벌벌 떨며 살았다고 한다."*

2 *"마인츠 대주교 빌리기스의 아버지는 마차를 만들고 수리하던 사람이었다. 그는 출신을 잊지 않기 위해 벽에다 마차 바퀴를 걸어 놓았다. 마인츠 시의 문장에 마차 바퀴가 있는 것은 이런 이유 때문이라고 한다."*

3 *"기젤라는 귀족 가문 처녀로 헝가리의 이슈트반 왕과 결혼했다. 그녀로 인하여 헝가리는 기독교를 받아들였다고 한다."*

ricum ducē baioarie. Otto magnus genuit ottonē ruffum q̄ otto secūdus genuit tercium. Heinricus dux
baioarie genuit heinricū sanctū. Is hezilo dictus q̄ ab incarnatione dn̄i. 995. obijt sepultus Ratispone in
cenobio sancti hemerāmi cū tali epigrāmate. Heinricus romani regis pr̄ ꝛ defensio leg| bauarie cultus p/
est. hic dux heinricus sepultus. Fuerūt ei nati duo filij ꝛ filia vnica primus pius heinricus babenbergen/
sis postea īpator scdus bruno ep̄s augusteñ. filia aūt geysila q̄ nupta stephāo regi hūgarie regnū ad xp̄i fi
dē ꝯuertit. Diu⁹ aūt heinricus īpator vxorē vt sororē diligens. quā nūq̄ꝫ cognouit. Cū ꝓlem se nō habitu
rū sciret. terrena in celestia cōmutans ep̄atum in honore sancti petri sctiq̄ꝫ georgij ꝯstituit. pluraq̄ꝫ alia pie/
tatis opa. Is appropinquās morti. multitudo ingēs demonū magno strepitu an cellā heremite sancti trā/
siens. heremita aperiēs fenestrā vltimū de societate interrogās. qs esset. Is rn̄dit legio demonū sumus. q̄
ad mortē cesaris ꝓperamus. si in eo quid repiemus. Ille adiurans diabolū vt rediret. q̄ reuertens ait. Ni/
hil ꝓfecim⁹. bona eīn ꝛ mala eius in statera posita. adustus ille laurētius ollā aureā immensi ponderis at
tulit. Et dū superasse videbamur illa ad bona ꝓiecta. pond⁹ excessit. ideo iratus aurē vnā olle ꝓfregi. Ap/
pellauit aūt calicē diabolus ollā quā impator eccl'ie mersburgensi in honorē diui Laurentij fieri fecerat. cui
ob magnitudinē due aures inerāt q̄ adhuc ppl'o quotannis ostendit. Repertūq̄ꝫ ē impatorem heinricum
tūc ad dn̄m migrasse. Et vnā aurem calicis fuisse fractam. tercio ydus Julij.

CArolus quoq̄ꝫ magnus optime de romana eccl'ia meritus. ac solenni decreto a pontifice summo impa
tor ꝓnūciatus tandē senio grauis ludouicū filiū aquitanie regē ꝛ imperij successorē reliquit. Ludoui
cus aūt cognomēto pius impator inter ceteros filios. tres filios habuit. Carolū regem gallie. Alterū ludo
uicū regem frācie. Terciū Sigifridū rheni comitē palatinū. Is ex vxore sua machtildis tres filios ac filiā
vnicā genuit. Theodericus primus ep̄atū metensem rexit. Alter adelberus canonicus metensis. Tercius
palatinus rheni heinricus noīe ꝓuinciā baioarie sibi adiūxit. Cui filia a deo data fuit omī probitate ꝛ san
ctimonia ornata. filia hec nobilis kunegūdis diuo heinrico impatori mr̄imonio iūcta. cū eo in omī castita
te vsq̄ꝫ ad obitū vitā celebre pegit. Verū instigante diabolo eā de milite suspectā hūit. ideo sup candentes
vomeres. xv. passibus nudis pedibus eā incedere fecit. q̄ ascendente ait. Sicut me o de⁹ ab heinrico ꝛ oī/
bus alijs intactā nouisti. ita me adiuua. Cui vox audita ē dicere. Virgo maria te v̄ginē liberabit. Totam/
q̄ꝫ candentē massam illesa ꝑcurrit. Tandē cū post obitū mariti in monasterio a se fundato in hassia cū omī
sanctitate ac v̄tutibus diuinis ānis. xv. vixisset. migrauit ad dn̄m. sepulta deinde bamberge ad latus hein
rici quā Innocēti⁹ q̄rt⁹ papa. p⁹ crebra miracula sctāꝝ cetui aggregauit. Cui⁹ festū tercio marcij celebrat.

Coreizantes per annum

1

COntigit tpibus heinrici i/
peratoris mirabile pri⁹ in/
auditū. Cū in villa q̄daz saxonie
in madeburgēsi diocesi. vbi erat
eccl'ia sancti magni q̄dā sacerdos
missam celebraret in vigilia nati
uitatis dn̄i. decem ꝛ octo viri sil
cū. xv. mulieribus ī cimiterio ec/
clesie vbi celebrabat. choreas du
cendo alta voce cantarēt. sacerdo
temq̄ꝫ ipm celebrātē impediebāt
Mandat illis sacerdos. vt tace/
rent aut inde recederēt q̄ sacerdo
tis verba deridentes. desistere no
luerunt. Is amaricatus imꝓcan
do inquit. Placeat deo ꝛ scto ma
gno vt ita cantantes ꝑmaneatis
vsq̄ꝫ ad ānū corisantes. Et ita fa/
ctum ē vt toto illo anno sine inter
missione aliqua. corisando canta
rēt. Mirabile dictu toto illo tēpe
nec ros nec pluuia sup illos ceci/
dit. Sed nec lassitudo nec fames
illos affecit. nec vestimēta nec calciamēta eoꝝ toto illo tpe attrita sunt. Anno aūt
reuoluto herebert⁹ archieps in cui⁹ dyocesi hoc mirabile cōtigit ad locū veniēs
a nodo quo sacerdos illos ligauerat. absoluit atq̄ꝫ āñ altare dicte eccl'ie reconcilia
uit. filia p̄sbiteri cū duob⁹ alijs ꝯtinuo exanimata ē. ceteri cōtinuis trib⁹ nocti
bus ꝓximis dormierūt aliq̄ postea obierūt. Ceteri v̄o pe
nā suā mēbroꝝ tremore ꝓdiert. hoc scriptū reliquit vber/
tus qui fuit vnus ex eis.

Willegisus ep̄s

2

VVillegisus archieps maguntin⁹. Is ortū hūilem hn̄s
p̄rem q̄ currū ꝛ bigas facere solebat. idō ī thalamo or
nato grossis lr̄is scribi iussit. Cui⁹ ipe clauē sb diligēt ī cu
stodia hūās itroire solus ꝯsueuit. Et legere scripturā. q̄ ta
lis erat. willigise recole vn̄ veneris. h appēdit ꝛ rotas ī piete
vt statū sue paupta| agsceret. inde rote in vexillo eccl'ie mo
guntine habētur. Is heinricū consecrauit.

Geisila regina

GEisila v̄go nobilissima soror heinrici īpator| stephano vngarie regi collocata.
Cui⁹ opa rex ipe ꝛ ppl'i hūgarie integram xp̄i fidem accepere.

165

Folium CLXXXIX verso

영국의 마녀와 사탄

"하인리히 3세 재위 시의 일이다. 영국에서 한 사악한 마녀가 죽었다. 그녀 장례식에서 사제가 〈시편〉을 읊을 때 사탄이 나타나 죽은 그녀를 끌어올려 말에 태워 어디론가 달려갔는데 4마일쯤에서 끔찍한 비명이 들렸다."
삽화에서 사탄과 마녀는 거의 누드로 묘사되어 있다.

166

Folium CXC verso-CXCI recto

울름

울름Ulm은 남부독일 슈바벤 지역 알프스 산맥 자락 도나우 강 좌안에 위치한다.
《뉘른베르크 연대기》가 출간되던 1493년경 울름은 독일제국 내의 자유 도시로 도나우 강 수로 교통의 요충지로 발전하던 곳이었다. 목판화에서는 도나우 강에 큰 배들은 없고, 조각배 두 척과 뗏목, 백조 한 마리만 떠 있다. 성벽 도시 안으로 통하는 탑문 벽에는 벽화들이 그려져 있고 도시 안에는 울름 대성당의 공사 중인 모습이 보인다. 울름을 대표하는 이 고딕 양식의 대성당은 1377년에 착공, 거의 500년이 지난 1890년에 완공되었다.
언덕에 묘사된 나무들은 느릅나무로 여겨진다. 사실 울름의 라틴식 이름은 울마Ulma인데 이는 느릅나무ulmus에서 유래한다. 원경은 산세가 가파른 알프스 산맥이다.

Malefica quedā auguriatrix. in anglia fuit quā mortuā demones horribiliter extraxerūt. dū clerici psallerent Et imponētes sup equū terribilē p aera rapiūt. Clamores quoq terribiles (vt ferūt) p q̄tuor ferme miliaria audiebāt

Temporib⁹ quoq heinrici tercij īpatoris eccl'ia gloriose resurrectionis in hierusalem. q̄ ab arabibus destructa fuerat. a fidelibus reedificata fuit. Postq ei egiptiorū potentia contra persas inualescere cepit. añ thurcorum aduentū ab egipto in anthiochiā regiones vniuersas occuparūt. Urbs quoq sancta cū adiacente regiōe in eor deuenit potestatem. Inde p̄fectus calipha om̄i impietate plen⁹ deo τ hominib⁹ odibilis. inter cetera nephanda eccl'iam dominice resurrectionis (que per venerabilem virū maximū eiusdē loci ep̄m p̄cipiente constantino magno augusto edificata fuerat. postea per modestum tempe heraclij impatoris instaurata) funditus deijci mandauit. Diruta ē autē āno ab incarnatione domini. M. xviij. quo tempe ei prefuit vir sincerus beresthus nomine eiusdem tyranni auūculus: mris eius frater. Inde cōditio fideliū ex dolore mestissimo τ pluribus augurijs in peius se v̄tit. Exempto rebus humanis p̄scripto tyranno. filius eius dahermitius ex petitione cōstantinopolitani agere cepit. reedificandi potestatē fidelib⁹ concessit. Cum autem vires xp̄ianorū in hierosolima: p instauratione non sufficientes esset habita petitione ad imperatorem constantinopolitanum. Is de p̄prio fisco sumptus necessarios ministrari p̄cepit. Eāq vt nūc est eccl'iam sancte resurrectionis anno ab incarnatione dn̄i. M. xlviij. miro ardore reedificarūt.

Cāpanus astronom⁹

Guido musicus

Campanus celeberrimus doctor. τ maxim⁹ astronomus. Hac tempestate in precio exn̄s. nonnulla accuratissime scribit. atq errorem aliq̄uātulū. in ptolomei magni astronomi. calculatione adinuenit. videlicet quo ad lune τ stellar motū. ac etiam in nonnullis alijs. Hunc tamē preclarū virū excusatum habet. cū hoc ei nō p̄uenerit. ob ingenij defectum. ver ob penuriā tempis. maxime quo ad motum octaue spere ad quē longū tēp⁹ requiritur. eius theorica ac computus laude digna sunt

Hugo abbas

Lanfrancus

Guido quidam celeberrimi nominis musicus. patria etruscus ex ciuitate arretio natus. Et ipse per hoc tempus plurimū claruit. τ canendi modū in sacris videlicet per flexuras τ digitor notas dinumerādo melliflulum reddidit. ac regulas tradidit.

Hugo cluniacensis abbas homo sane (p̄ter doctrinam) genere. pietate religione. clementia atq insignis. per hoc tempus in odilonis abbatis loco substitutus nonnulla perscripsit eruditione τ laude digna.

Theobaldus

Hermānus cōtractus

Lanfrancus natione papiensis. doctor quidē eximius. τ anshelmi egregij doctoris p̄ceptor. Hijsdem tpibus in gallijs insignissim⁹ fuit. q̄ cū apud pariseus legendo. scribēdo. disputādo clarissim⁹ haberet. tact⁹ diuino spiritu scol' abrenūciauit. τ ad p̄pria remeauit. vbi rebus suis paupibus erogatis maxima cum hūilitate q̄ ad vixit soli deo tanq̄ verus xp̄i hu⁹ militauit. q̄ postea ex abbate cadom̄. fact⁹ archieps cātuarieñ. pleraq bona in eccl'ijs anglie fecit. Hic p̄ ceteris lib̄r insignē noīe Scintillarē ꝯ berengarij errores cōposuit. τ alia p̄clara edidit.

Theobaldus etiā nobilis frācus vir religiosus hisdē q̄z tpibus apud vicetinos τ doctrina τ vite sctitate multo ī p̄cio fuit. ac quedam composuit.

Hermān⁹ p̄terea ꝯctus τ ip̄e religiosus p̄ria alemān⁹ ingenij p̄stantissimi vir hac etiā tēpestate cū ī diuinis exercitatissim⁹ esset. multos q̄dem τ egregios cōposuit hymnos. atq in honorē v̄ginis marie nōnullas celebresq cōposuit. inter q̄s Salue regina precipua habet. Sed de q̄dratura circuli m̄sta τ docte τ accuyte descripsit. ac quedam alia.

Ulma insignis vrbs sueuie. ad vlteriorem danubij ripam sita. qui fluuius ex hilaro ꝛ blauo fluminibus in eo loco exoneratur. indeqꝫ nauigabilis redditur. vt Sueuia. baioaria. austria. ꝛ pānonia. ob nauigia danubij non parua sentiant cōmoda. Cum vō hec īnclita vrbs in fundatione imperij inter villas quatuor ponatur. ne ab exteris sine ornatu ac muro esse censeatur. Cum galli ingentes ciuitates veluti parisius ꝛ thuronem villas nominabant. Ipā vō vlma tū muris fossatis ac menijs atqꝫ publicis ac priuatis edibus pornata existat. Et nobilibus familijs a tpibus caroli magni impatoris aucta sit. ideo in eius laudem ac descriptionem vrbis metra heroico deducta carmin e edita sunt.

Ulma decus sueuie: qua primo ab origine ducat
Principium: nullis sat certum annabilis extat
At qꝫ ꝛ antiqua ꝛ presignis sit: probat ipsum
Nomen: quod lacio desumptum est fonte. qꝫ apta
Ulmetis plena posita est vligine terra
Nanqꝫ vbi defoditur circū vrbem: glitea crassis
Arboribus tellus abilis reperitur: ꝛ inde
Barbarie spreta: nomen capit vlma latinum:
Urbs libertina est. romani subdita diuis
Imperio regis: villis ex quatuor vna:
Non quia villa fiet. sed quondam forte reuicta et
Ui belli vastata. iterum constructa carebat
Temporibus certis muris. firmissima iam nunc
Ipsis: contiguo hos a parte danubius alueo
Presluit: hic sapido repletus pisce: breui illum
Per mediam labens vrbem cursu blauus intrat
Preterea cincta est fossatis ipa profundis
Turribus excelsis. domibusqꝫ impleta decoris

166

Affluit ⁊ pluri populo. q̄ multa per orbem
Oppida: que septi spacio perlacius extāt
Pulcras inter habet structuras grāde labore ⁊
Arte atq̄ expensis opus ecclesiam genitrici
Sacram diuine: cui vix equabilis orbe est
Ampla quidem valde: grandis quoq̄ molis in altū
Sustentat laquearia magna: capax q̄ frequētis
Turbe multa inibi festiuo milia sole
Conueniunt: hic magna dei veneratio crebro est.
Quo sol eois exurgens montibus ignes
Spargit: vix templum parochos continet vnum
Ulma senatores prudentes obtinet: illi
Publica sagaci disponūt cōmoda sceptro.
Unde breui creuit: locuples ex paupere serua
Facta hera: q̄ multas iā opulentas censibus vrbes
Perpetuis superat: comitatus tris fere cum omni
Appendice suo retinet prompto ere coemptos
Unam inter plures: non paruo deniq̄ fructu
Mercem agitat: panno lino lana q̄ parato
Uescanicā hunc aliqui vocitant tractata frequentat
Negociū variū est: hoīm hinc pars maxima sese.
Hic nutrit: pereunt multi ditantur in ipso
Sunt alie laudes vlme quas promere cunctas
Mentio materie prohibet breuiata valete

ΤΕΛΟΣ· ΜΟΝΟΚΩΛΟΥ· ΑΣΤΟΥΡΑΜΜΑΤΟΣ·

167

Folium CXCVIII recto

클레르보의 베르나르, 페드로 알폰소

1 **클레르보의 베르나르**Bernard de Clairvaux: 프랑스 디종 부근에서 1090년에 태어났고 파리 대학에서 수학했다. 20세에 시토에 있는 수도원 베네딕트 수도원에 들어갔고 나중에 시토 수도회를 창립했다. 1115년에 클레르보에 있는 새로운 수도원의 원장이 된 이후 많은 수도원들을 설립했다.

2 **페드로 알폰소**Pedro Alfonso: 모세라고 불리던 유대인 학자로 1106년에 유대교를 버리고 기독교로 개종하여 베드로와 바울의 축일에 세례를 받았는데, 스페인의 알폰소 왕이 대부였다. 이를 기념하여 페드로 알폰소로 불리게 되었다(페드로는 베드로의 스페인 발음).

168

Folium CXCVIII recto

12세기 전반에 발생한 기괴한 일

3 *"1128년 6월 15일, 이탈리아의 여러 지역에서 피 같은 붉은 비가 쏟아졌다."*

4 *"프랑스 북동쪽 랭그르 교구에서는 인간의 얼굴을 한 돼지가 태어났다."*

5 *"이탈리아에서는 한 여인이 앞은 사람이고 뒤는 개의 얼굴을 한 괴물을 낳았다."*

6 *"그 당시 샤를 대제의 무기담당관이었던 요하네스가 361년을 살다가 죽었다."*

Bernbardus clareuallensis abbas natione burgūdus. hic ex castelliōe burgū diorꝝ castro nobili ortū habuit ex parētibus nobilib⁹. cuius pr̄ Tesselinus miles strennuus ac deuot⁹ opidi defontanis ꝓpe diuionē. mater Acleth ex castro montis barri. que p̄ter Bernbardū terciogenitū q̄nq͡z filios ac filiā sanctimonia/ lem in lucē ꝓduxit. q̄s cibis cōībus ac grossioribus (vt liberius i monasterijs deo seruire possent) enutriuit. Vidit aūt somniū dū in vtero gestaret bernbardū catellū candidū in dorso subruffum ⁊ latrantē p̄sagiū futurorꝝ vt magnos latentos in detractores eccie faceret. Cū. xxij. attigisset annū cū. xxx. socijs (relicta domo paterna) in cisterciensi monasterio anno M. c. xij. religiōis babitū deuotissime suscepit qd a Stephano religiosissimo viro an̄ p annos. xv. firmatū extitit. in q̄ tantū ꝓfecit vt breui tp̄is spacio ob maximā sanctitatē ⁊ doctrinā clareuallēsis abbas ab oībus creatus fuerit. cui quidē loco maria cū gloria p sex ⁊ triginta annis p̄fuit. ⁊ i vita sua monasteria centū ⁊. lx. sui ordinis extruxit. illustrās ecciam sanctitate vite et suauitate doctrine ⁊ miraculorꝝ glīa. Preter em̄ laudabilē vitā ⁊ sanctitatē maximā īgenij sui plurima edidit monimēta. de ɔsideratiōe ad eugeniū papā. de cāticis cāticorꝝ. de amore dei. librū meditationū ⁊ plura alia: omelias q̄s varias. ep̄las ac sermones. Cū apud oriētales edissa vrbs xp̄ianis ablata esset bernbard⁹ tantā noī xp̄iano iniustā ignominie notā idignissime tulit. Is p̄cipes p̄latos nobiles et populos galliarꝝ pene singlos adiēs ineūdā eē expeditionē vexilla crucis i barbaros ꝓferēda ɔcionabūd⁹ clamabat. ⁊ cōradū ro. regē ducēde expeditionis mun⁹ induxit. Beniq͡z p⁹ m̄lta miracula ꝑpetrata cōsūmatis vite sue annis circiter. lxiij. obdormiuit in domino.

Sanct⁹ Bernbard⁹ abbas clareuellensis 167

❶

168

❸

Petrus alfonsus circa annū dn̄i M. c. claruit genere iudeus antea moises vocat⁹. q̄ relicto iudaismo baptismi sacramētū deuotissime suscepit. ac librū pulcherrimū p modū dialogi elegātē cōposuit in q̄ contra iudeos ⁊ sarracenos egregie disputat. Alij t̄n scribūt illū ad conuersionē venisse circa ānū dn̄i M. c. vi. et ab Alphonso hispanie rege ex sacro fonte susceptū. ⁊ id factū i die natalis ap̄lorꝝ petri ⁊ pauli. vn̄ ob venerationē ⁊ memoriā ei nomē impositū fuit petrus. ⁊ ob hoc alphonsi cognomētū babuit. ea gesta sunt in sede hostiēsis ciuitatis. qui postea christianā legē omnibus prestantiorē esse conclusit.

Petrus alfonsus

❷

❸

Sacro igne hac tēpestate in occidēte m̄lti accēdūt. mēbris istar carbonū nigrescētib⁹. q̄obrē anno dn̄i M. c. xxviij. m̄lti d̄ pago suessionico sacro igne succēsi ad ecciam b. marie i ciuitate suessiorꝝ sitā conuenerūt. ibi diebus paucis m̄iaꝫ dei ⁊ beate Marie prestolantes salutē consecuti sunt.

Sanguis hoc anno idib⁹ iunij in agro emiliano ⁊ flamīeo pluit ⁊ apud rauēnā ⁊ parmā. q̄ res plurimis terrori fuit.

❸

Porca quedā in liginensi porrochia teste vincētio gallo enixa ē porcellum hoīs faciē habentē. eodē quoq͡z anno pullus galline q̄drupes nat⁹ est.

Acies ignee apparuerūt in celo q̄ p totū celū sperse plurima parte noctis vise ⁊ stelle pplures de celo i terrā cecidisse vise sunt. supfusa aq̄ fum⁹ cū sono exibat.

Hiēs insup asperrima fuit ꝓ q̄ stati valida fames subsecuta ē. ac hoīm mortalitas luesq͡z aīaliuꝫ agrestiū ⁊ domesticorꝝ. strages quoq͡z auiuꝫ mutuo concertancium extitit.

Terremotus p̄terea in ytalia multis i locis q̄dragita dierꝝ spacio ꝑdurauit vt ville amote sint.

❺

❹

❻

Luna. xiij. intēpesta nocte stell⁹ lucētib⁹ eclipsim passa versa ē in colorē sanguineum.

Monstrū quoddā gemini corpis mulr peperit ante habens faciem hoīs retro canis.

Iohannes de temporibus qui fuit armiger caroli magni ⁊ vixit annis. ccc. lxi. moritur.

PAtauia preclara. diueſqȝ olim ciuitas. inter danubiū. Enūqȝ ſita. quam priſci ceſares eccleſie t
runt. vernacula lingua paſſaw appellata. Danubius ex montibus ſueuie venit. ynus ex alpi
germaniam ab ytalia diſterminant. atqȝ in loco mixtus danubio nomen ammittit. Urbs ipā in lon
ditur. nec magno negocio formā inſule ſuſciperet. Si quis ab eno. foueam in danubium duceret.
quingenti paſſus ſunt ex vna. in alteram aquam. Super yno pons eſt ligneus. qui ſexdecim habet
⁊ ciuitatis partem que transflumen eſt ciuitati maiori coniūgit. Eſt ⁊ alius pons ſuper danubiū. pe
via eſt ad montes qui bohemiam reſpiciūt. Poſt hos montes fluuius alius niger admodum perl
qui ex boemia veniens oppidulum iudeoꝝ. Et terciā pataUie partem diuidens ſub caſtro preſulis
bio. quaſi ex oppoſito yno ſe immiſcet. Itaqȝ tria flumina vno in loco coniūgūtur. ac propterea loc
quidam verbo ytalico paſſum hoc eſt tranſitum vocitant. Nam ⁊ per hunc locum merces ytalie in
miam ferebantur. Et ſuperiores theutonici auſtriam vel hungariam petebant. ſicut ⁊ hodie fieri v
In medio vrbis templum eſt diui ſtephani primi martyris huius epiſcopatus patroni. egregie ce
nondum perfectum. Chorus hic admodum pulcer edificatur. apud hoc templum edes epiſcopi ſu
partem que reſpicit ynum. tum capaciſſime. tum ſplendidiſſime. Transdanubiuȝ due quoqȝ ſunt a
ſcopi altera in ſummo montis cacumine. altera in radicibus apud aquas vbi danubius ⁊ niger h
fluui⁹ (q̄ etiā fert vniones) ꝯiūgūť. Eſt ad ſublimiorē arcē grādis aſceſus atqȝ difficilis. q̄ tātū exvi
lo p̄t oppugnari. Sȝ tot ibi mūitiones addite ſunt tā muroꝝ uȝ q̄ȝ foueaꝝ vt expugri poſſe nulla v
videať. Ibi ⁊ aule ſunt ⁊ camere ſplēdidiſſime. q̄s q̄ viderit. nec ornaci⁹ aliq̄d. nec mūici⁹ vſq̄ȝ eē p
rit. at vbi deſcēderis ī arcē q̄ īfra iacet ornatū maiorē videbis. teſtudinatas cameras. ⁊ aulas q̄ȝ pl

169

eñ theutonici mirabiles mathematici. oīes quoqȝ gentes in architectura superant. Ornaturqȝ hec ciuitas insignis pataula corporibus sancti valentini. qd taxilo dux baioarie ad eū locū deduxit. Et sancti maximiliani archiepi laureacensis. p. s. Rupertū ex laureata in patauiaȝ translatū. Fuit eñ laureata vrbs admodū insignis in ampla campoꝝ planicie. Et sup flumē qd anasum vocant. a quo nūc vrbs nomē anasum habet. Ubi olim ecclesia metropolitica floruit. laureacensis dicta; beatusqȝ maximilianus (vt premissuȝ ē) archiepiscopatum rexit. Et inde martyrio coronatus fuit. Sed postqȝ athila rex hunoꝝ. vrbem hanc deleuit vbi arx erat. opidū ex nomine fluminis restrictum est. Sedes vo metropolitica in Saltzburgā trāslata

Hugo de. s. victore

Hugo de sancto victore natione gallus. ex castro sancti victoris canonicus (vt multi affirmant) regularis ⁊ parisiensiuȝ clarissimus doctor. Circa annos domini mille centum floruit. Singularis in vite probitate ⁊ sentētia eruditus in omnibus artibus liberalibus. vt nullus ei suo tempore equalis haberet, ideo in multo precio fuit. Qui preter sanctitatem de q̄ mira legūtur. tum docendo. tum scribendo multis admodum prefuit. Et post plura reliquit monumenta. De sacramentis valde necessariū librū. ⁊ alia opuscula. s. didascolicon. de disciplina monachoꝝ speculum ⁊c̄. Sermones quoqȝ elegantes cōposuit. Infirmatus ad mortem cum vicio stomachi ob vomitū laboraret ne sacramento irreuerentiam faceret: ait. Ascendat filius ad patrem suum. ⁊ seruus ad dn̄m suum qui fecit illum. Et eucharistia disparuit. Et vir sanctus deo suo spiritum reddidit.

Hugo de folieto

Hugo alter de folieto q̄ scti petri corbiēsis asserit fuisse canonic⁹ singlaris eloq̄ntie vir q̄ libꝝ de claustro aīe admodū notabilē edidit. in q̄ de securitate claustri. ⁊ periculis seculi. Et de ordinatione claustri materialis. de abusionibus claustri. Et de claustro celesti varia narrat laude digna.

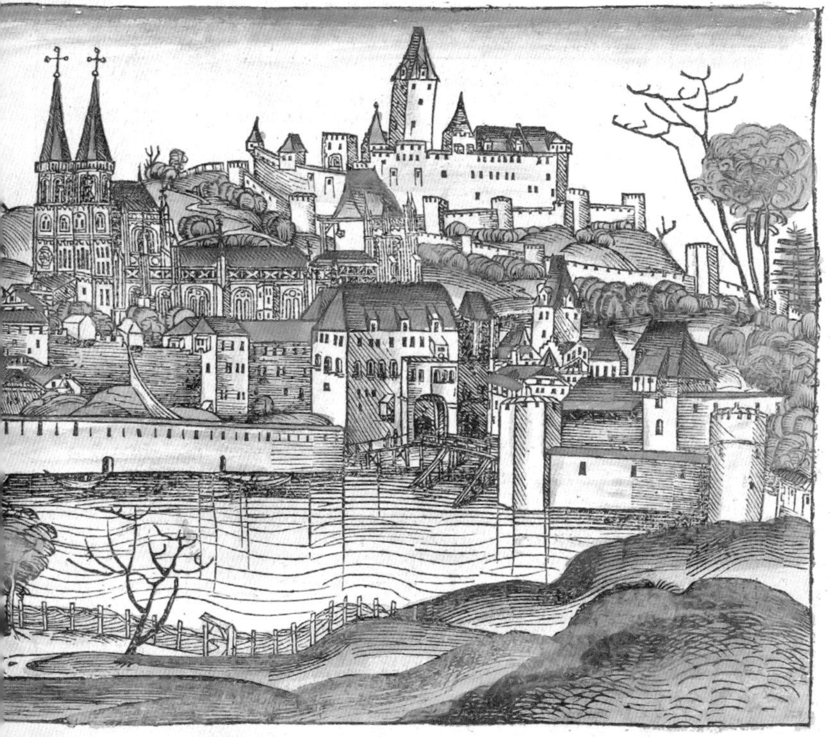

169

Folium CICIX verso–CC recto

파사우

파사우Passau는 인Inn 강이 도나우 강으로 흘러들어가는 곳에 위치한다. 로마가 세운 정착지 바타비스Batavis가 기원이 되며 라틴어 명칭은 바타바Batava이다.
삽화에는 파타비아Patavia로 표기되어 있다.
739년 이곳에 처음 설립된 교구는 발전하여 오랜 기간 동안 신성 로마 제국에서 가장 큰 교구가 되었으며 10세기부터 파사우의 주교는 세속적 권력도 행사했다.
삽화에서 파사우는 성벽 방어된 요새 같은 도시로 묘사되어 있고 높은 지대에 있는 오버베르크와 낮은 지대에 있는 니더베르크. 심장부에 성 슈테판 성당 등이 뚜렷이 보인다.
전면은 인 강으로 추정된다.

170

Folium CCI verso

영국에서 발생한 유대인의 소년 살인 사건

"영국 노위치Norwich에서 성 금요일에 유대인들이 윌리엄이란 소년을 십자가형에 처했다."
본문은 12세기를 다루고 있으나 이 사건이 정확히 언제, 왜 일어났는지는 알 수 없다. 어쨌든 유럽에서 아이들이 유대인들에 의해 살해되는 경우가 가끔 있었던 것으로 알려져 있다.

Hildegardis

Hildegardis in regione alemanie apud wingiam ꝛ iuxta rhenū virgo admirabilis floruit. pfecte etatis cui tantā diuina virtus gratiā contulerat. vt cū laica ꝛ illiterata esset mirabiliter tn̄ rapta frequētius in somnis disceret nō solum quod verbis effunderet. sed etiā quo scribēdo latine dictaret. vt dictando catholice doctrine libros cōficeret. que multa fert̄ pdixisse de futuris. ad quā scripsisse dicit̄ etiā beat⁹ bernhard⁹ clareuallēsis. hec ad coloniēses scribēs de futura clericorū tribulatōe. dicit ꝙ clerici gloriā absqꝫ merito habere volūt ꝛ meritū absqꝫ ope.

Gracianus

Gracianus sancti pculi monach⁹ patria etruscus ꝺ Clusina ciuitate tuscie natus. Qui anno dn̄i M.c.xlix. apud bononiā italie vrbem ob eius ingenij ꝛ doctrine magnitudinē maximo in pcio habitus vbi monachus sancti felicis in ambitu supiori carmīa ostētant eū plura ꝯdidisse. cū inter cetera sue lucubratiōis opera decretoꝝ librū accuratissime collegit. cuius pncipiū ē Humanum genus duobus regit̄. qꝺ qdem celeberrimum opus Eugenius pontifex approbauit. ꝛ legenduꝫ publicis gymnasis ꝯcessit. Ipm aūt librū in tres diuisit partes. videlicet distinctiōes. causas ꝛ de cōsecratiōibus. primā aūt partem in vnam ꝛ cētum particulas distinxit. Secūdā in sex ꝛ triginta causas. Ac terciā de consecratione nuncupauit. ꝛ hāc qꝫ in qnqꝫ distinctōes diuiserit. Quis aliqui fecerūt compilatōes canonum vt ysidorus ꝛ yuo carnotensis. tamē alijs reiectis hoc solum in vsu est. Primus huius cōmentator seu glosator fuit hugo. Secūdus Johānes theutonicus. apparatum quoqꝫ notabilem fecit Archidiaconus qui dicit̄ rosarium decreti.

Petrus lōbardus

Petrus lombardus parisiensis epūs ex nouaria cisalpine gallie vrbe oriundus. p id qꝫ tps (vt Vincētius gallus testat̄) apud parisi⁹ inter doctos. nō solum sue etatis sed ꝛ prioꝝ seculoꝝ lr̄is ornatissimus. ꝛ bonitate vite atqꝫ ingenij acumīe clarissimus ꝛ celeberrimus fuit. cuius rei gr̄a sentētiaꝝ libros accurate doctissimeqꝫ composuit. laboriosum certe opus ex multoꝝ sanctoꝝ patrū dictis vtiliter compilatū. hic quoqꝫ maiores glosas psalterij ꝛ eplaꝝ pauli de multorū dictis ordinauit. nam cum esset inter francie ministros opinatissimus glosaturā eplaꝝ ꝛ psalterij ab ansbelmo p glosulas interlineales margialesqꝫ distinctaꝫ. ꝛ postea a Gilberto ꝯtinuatiue pductā latius ꝛ apti⁹ explicuit. multaqꝫ de dictis sanctoꝝ addidit. atqꝫ sermones multos ꝛ doctos atqꝫ elegātes ad populuꝫ habuit

Petrus comestor

Petrus cognomēto comestor circa idem temp⁹ floruit cū pdictis nō carne sed virtute frater. in Gallijs vt vincentius gallus narrat historiā scolasticam cōposuit vbi vtriusqꝫ testamēti historiaꝫ diligēter ꝛ accurate explanauit. Insup et quedam incidētia de gestis gentiliū ex libri Josephi iudei. ꝛ quorūdam gētilium historias locis ꝯgruis inseruit. Alia nōnulla edidit. sed ꝛ versus quosdā in laudē b. marie virginis pulcherrimos cōposuit. In isto igit̄ cētenario annoꝝ post M.c. dn̄ice incarnationis ecclesia in doctrinis multū illumīata est. Quidaꝫ affirmāt hos tres fuisse germanos ex adulterio natos. quoꝝ mater cū dolere nō posset iniūctum sibi fuit. de hoc tātuꝫ doleas quod nō potes dolere. verū nō contemperanei fuerūt quis vicini tempore.

Guilhelmus puer crucifixus

Guilhelm⁹ puer ī anglia crucifigit̄ a iudeis in die parasceue in vrbe norwico. de q postea mirabilis visio legitur.

Genuenses hac tempestate cū et ditione diuicijsqꝫ ꝛ gloria ad modū clari haberent a cōrado isto cesare signandi pecuniā et auream ꝛ argenteam priuilegium obtinuerunt cum ipius scilicꝫ nota. ꝙ ꝛ nūc vsqꝫ apud eos in fidem pmissorum fideliter seruatū est. nam vsqꝫ ad id tempus vt iacobus eorum theolog⁹ refert genuenses nisi papiensi moneta et quibusdam paruulis qui brunetti dicebantur vsi fuerant.

171

Folium CCIII verso

13세기 중엽의 기이한 천체 현상

"9월 서쪽 하늘에 3개의 태양이 떴는데 가운데 태양은 2시간 더 떠 있었다. 이듬해에는 달이 세 개가 떴는데 가운데 달에는 십자가가 나타났다. 사람들은 이런 현상을 교황이나 황제 선출 때 분열이 있을 것이라는 징조로 받아들였다."

13세기 중엽으로 보이나 본문에는 정확히 언제인지는 언급이 없다.

Ordo heremitarum sancti Augustini

Guilielmus heremitarum ordinis heremitarum virū vtiq₃ sanctissimū olim aquitanie ducem ⁊ pictauiensium comitem anno dñi. 1157. in gallijs virtutib⁹ et miraculis clarū fuisse cōstat. qui a primeuo iuuentutis sue anno a beato bernardo abbate sufficienter edoctus. dum cunctis celsior haberet mortem p̄ oculis sibi constituere voluit timensq₃ ne aliqñ morte subitanea raperet. spretis seculi pompis in vastā heremū secessit ⁊ ibidē sub diui patris augustini regula pfect⁹ xp̄i seruus esse cepit. factusq₃ religiosus quāto altior in honore fuit tanto se hūilius subdidit. ⁊ sicut antea loricatus hostes ⁊ barbaros ꝓpulsare cōsueuit. ita ī deum cōuersus loricā sup nudū induēs crebris orōnibus vigilijs ⁊ ieiunijs suū corpus affligere voluit. hanc obrē multi nō modo seculares verum ⁊ eiusdem ordinis fratres atq₃ alij priuati ad eū confluebant ⁊ tanq₃ bonū patrem ordinisq₃ instauratorem paruo adhuc sub tugurio obseruabat. Is cū cisterciensium ordinem in gallijs modico tpe ⁊ plurimū auctū ⁊ maximo in pcio habitum. suūq₃ heremitarū ordinē adeo in omnibus labefactatū dirutūq₃ atq₃ vastatum vt nulla quasi religionis facies in eo videret. Collabentia nanq₃ videbat monasteria. collapsa oratoria. desertos ortulos. ⁊ laborantem sine charitate ⁊ inopia offendit vt nullū ferme religiōis inditū in eo videbat. Ordinis sui vir sanct⁹ calamitate pmotus aīm ad instaurandū adiecit vt breui cōualescens ex multitudine religiosoꝝ ⁊ monasterioꝝ meliorē faciē ordo diui augustini in gallijs p̄ se tulerit. hanc obrē ordinis cōditorē appellarunt Guilielmite vulgo appellabant. Hic itaq₃ cōcessione anastasij pōtificis ac hadriani eius successoris relicta heremo ciuitates primū ex heremitis incolere cepit. ⁊ primū monasterium apud parisius sub mēdicationis titulo extruxit. huius aūt pcipu⁹ albertus gallus fuit. qui viuendū sua doctrina ⁊ vite sanctitate ordinem postmodū auxit. hic siquidem Guilielmitaꝝ titulus in gallijs vsq₃ ad innocentij quarti pōtificis tpa pseuerauit. vex eo mandāte post habita ei⁹ denoīatione ⁊ omnibus diui augustini heremitis ad ciuitates vbiq₃ accersitis innocentius ⁊ successores oīs sub vno titulo heremitarum sancti augustini appellari voluit atq₃ precepit.

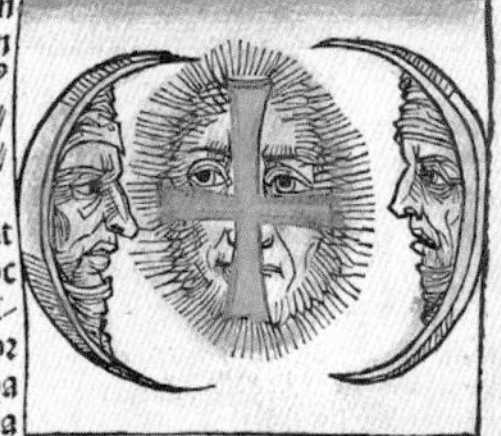

Soles tres p hoc tēpus nonis septembris in occidente simul vise sūt et post duas horas ceteris deficientibus qui medius fuerat sol⁹ occidit. Similiq₃ modo ꝓximis annis tres lune apparuere ⁊ in media signum crucis. Hec visiones iterptabant a nonnullis indicium esse discordie grauissime. cardinaliū in electione pape ⁊ principū in electione impatoris cū cōtra alexandrū vt pmissum quatuor electi fuerant. quod scisma xx. annis. xvij. durauit. Terremotus etiā circa hoc tps plurib⁹ annis nō nullas quassauere ꝓuincias ⁊ q̄maxime Siriam atq₃ Ciliciam. in quib⁹ multe vrbes diu nutarunt. quedā cum magna populoꝝ strage corruerūt

Jo. mesue medicus

Iohannes medicus mesue filius qui mesue alterius fuit filius Hamech filij Hali filius abdele regis damascenoꝝ. ⁊ ipe hisdem tēporibus in medendis languoribus clarus existens. de medicinarum solutiuarum rectificatione ac eorum ꝓprietatibus librum vtilē scripsit. Aliū quoq₃ aromatarijs ac medicis putilē quem antidotarium appellauit grabadin. edidit insup in q̄ canones vniuersales posuit. et cū de curis morboꝝ scribere orsus fuisset ⁊ a capite inchoasset scribens de morbis cordis interijt ⁊ manchū opus reliquit quod postea petrus apponus patauin⁹ perfecit. licet etiam incōplete. Franciscus tamen de pede montiū egregiam addicionem perfecit. An xp̄ian⁹ fuerit quidam dubitant licet tanq₃ fidelis ⁊ bonum deum psepe appellet.

Jo. carnotensis epūs

Iohannes carnotensis epūs ⁊ beati thome canthuariensis familiarissim⁹ homo doctrina ⁊ eloquentia clarissimus his temporibus in precio existens librum de vestigijs philozophorum ⁊ nugis curialium composuit. ac etiam vitam ipsius beati Thome accuratissime edidit. Atq₃ alia quedam scripto mandauit.

172

Folium CCVI verso

인노첸티우스 3세, 라테란 공의회

1 **인노첸티우스**Innocentius(이탈리아어 Innocenzo) **3세**: 1198년부터 1216년까지 18년 동안 재임하면서, 교황의 절대적 영적 권위를 주장했고 여러 나라들의 정치 문제에 관여했다. 즉, 그는 교황을 통하여 모든 세속 권력이 군주들에게 위임되므로 교황과의 관계는 태양과 달의 관계와 같다고 했다.

2 **라테란 공의회**: 교황 인노첸쪼 3세에 의해 1215년 11월 11일에 열렸다. 유럽 교회의 주요 인물들이 대거 참석했는데 대주교만 70명이 넘었고 세속 군주들도 모두 사절을 보냈다. 이 공의회에서는 교회 제도와 조직, 성직자 생활, 교회 재산 처리, 십일조, 교구와 수도회 관계, 평신도 생활 등 중세기 교회 생활과 관습과 관련한 전반적 사항 등에 관련된 법령이 승인되어 가톨릭교회를 쇄신하고 교회법을 크게 개선하게 되었다.

Anno mundi.6403. Anno christi.1204.

❶ Linea summoꝝ pontificū
Innocentius tercius

Innocentius tercius papa natione campanus patria anagninus patre trasi mūdo e familia comitum. vir certe in omni genere vite ꝓbatissim⁹ atqꝫ doctissimus. q̄ a primeua etate parisius lr̄is operā dedit. Is an̄ pōtificatū doctrīa et moribus insignis. a celestino in numero cardinaliū refert. quo mortuo in ei⁹ locū oīm consensu pōtifex sufficit. Q̄tū autem fuerit gloriosus pōtifex opa eius ostēdant. q̄ si omnia scribenda forent ingens volumē efficerent. q̄ cū exosaꝫ haberet venalitatē edicto statuit vt nullus curie officialis quicq̄ꝫ ab alieno exigeret preter scriptores ac bullatores. q̄bus modū p̄scr̄it. hostiarios quoqꝫ a notariorum cameris amouit vt liber esset aditus. statim quoqꝫ vbi magistratū iniȷt bello asiatico animū adȷciēs germanos ꝓpter Heinrici mortē in asia tumultuātes retinere in officio lr̄is. nunciȷs. premiȷs. pollicitationib⁹ conat⁹ ē. verum id frustra tentauit. at vbi videret sarracenoꝝ potētiam in asia concrescere apud lateranum maximum conciliū celebrat. cui interfuere plures viri p̄stātissimi. Postmodū multa libroꝝ volumia composuit. inter que extat liber de miseria cōditionis humane. ꝛ libros de sacramēto eucharistie. de sacramēto baptismi. habuit item sermones temporibus ꝛ solennibus diebus accomodatos. Decretales quoqꝫ antiquas composuit quas obseruari mandauit. Vir doctissimus ꝛ oīni ornatissimus virtute. eo pontificatu sese dignū breui ostendit. nam inter ceteras decretales quas extantes reliquit tres eo pōtificatus sui initio edidit. Primā q̄ de induciȷs habet. Quotiēs orbis princeps alter in alterū delinqueret correctionē ad pōtificem romanum spectare. Et venerādos esse principib⁹ q̄tūuis maximus sacerdotes secundam. Terciā que extra de electiōe habet singularis fuit. Iuuere hui⁹ pōtificis virtutē ꝛ doctrinā beati Dn̄ici ꝛ Francisci assisiatis sanctitas. Improbauit p̄terea abbatis Ioachim libellum quēdam nō sanam doctrinam p̄ se ferētem. Damnauit ꝛ errores almerici heretici qui postea parisi⁹ cū sectatoribus suis exustus est. qui affirmabat ydeas que sunt in mente diuina ꝛ creare ꝛ creari. cū in eo nil nisi eternū ꝛ incommutabile sit. dixerat p̄terea in charitate constituto nullū peccatū imputari. Nec Innocencius opera pietatis in tanto pontificatu p̄termisit. Extant etiam rome duo huius pontificis opa situ. vtilitate ꝛ vsu longe distantia. hospitale sanctispūs in Saxia a longobardis ꝛ Saxonib⁹ ibi solitis habitare appellatum. quod in vaticani suburbio celebre ꝛ ditissimū hospitalitati amplissime deseruit vnū. Et alteꝝ turris appellata comitis vrsani operis. que muro oīm totius vrbis rarissimo sublimitate surgit eximia. Estqꝫ ad forū olim nerue ad veteris subure principiū que p etatē nostrā ꝛ diu ante inhabitata nulli omnino vsui est aut fuit. indeqꝫ basilicam sancti sixti que extat in auentino celebris tūc dirutam instaurauit. Verū dū Perusiȷ tollende discordie causa (que inter Genuenses ꝛ pisanos vigebat) p̄fectus fuisset morit. pontificatus sui anno decimooctauo mense septimo die. xvi. Cuius vita adeo ꝓbata fuit vt post eius mortē nil earum rerum que in vita egerit laudauerit improbaueritqꝫ immutatū sit. hic quoqꝫ primū ordinē diui Augustini heremiticum sub tutela apostolica suscepit.

Concilium lateranense

❷

Sinodus maxima hoc anno apud lateranum ab Innocētio pōtifice p̄dicto ꝓ recuperanda iherosolima celebrat. cui interfuere mille ꝛ trecenti plati cum iherusolimitano ꝛ constātinopolitano patriarcha. Metropoli septuaginta. Episcopi quadringenti duodecī. Abbates. priores. cōuentuales octingēti. Greci ꝛ romani imperiȷ legati. Regūꝫ vō iherusalem. francie. hispanie. anglie ꝛ cipri oratores. Venere multa tum quidem in cōsultationem nec decerni tamen quicq̄ꝫ aperte potuit. q̄ ꝛ pisani ꝛ genuēses maritimo ꝛ cisalpini terrestri bello inter se certabant. verum decreta ibi ꝓlata fuere quibus tam laicorum q̄ꝫ clericorum mores componerentur.

Iohānes bon⁹ ordinis heremitaꝝ diui augustini instaurator natiōe Mantuanus his temporib⁹ i flaminia ꝛ vmbria vitam riligiosissimam ac sanctissimaꝫ duxit. multa monasteria ibi erexit. Inde fratres zābonite vulgo appellati sunt. Tandem cum vir sanctus. 50. ānis in flaminia ꝯmorat⁹ fuisset i patriā reuersus plen⁹ dierꝫ ꝛ opib⁹ bōis. āno a natiuitate dn̄i 1222. migrauit ad dn̄m. Cuius cor p⁹ translatuꝫ in mōasterium ordinis sub titulo sancte agnetis fabrefactū summo seruetur honore vbi indies fiunt miracula.

Folium CCVIII recto

성 도미니코, 성 프란체스코

1 **성 도미니코**: 1170년 스페인에서 태어나 도미니코 수도회를 창설한 성 도미니코(라틴어 표기 Sanctus Dominicus)는 청빈한 삶과 설교로 복음의 진리를 탐구하다가 51세에 세상을 떠났다. 목판화에서는 횃불을 입에 문 개가 묘사되어 있는데, 전해 오는 말에 따르면 그의 어머니가 뱃속에서 횃불을 입에 문 개가 나와 온 세상을 불태우는 꿈을 꾸었다고 한다. 이 이야기는 라틴어로 도미니코 수도회를 '도미니카누스'Dominicanus라고 하는데, 이는 '주님의 개'를 뜻하는 라틴어 '도미니 카니스'Domini canis와 비슷하게 들려서 생겨난 것으로 추정된다.

2 **성 프란체스코**: 1181년 이탈리아 아시지Assisi에서 부유한 포목상의 아들로 태어난 성 프란체스코(라틴어 표기는 Sanctus Franciscus, 이탈리아어는 San Francesco)는 "내 교회를 고쳐라."는 환상 속 그리스도의 말을 듣고 옛 생활을 청산하고는 낡고 해어진 옷에 맨발로 돌아다니며 복음을 전파하기 시작했다. 그를 따르는 '작은 형제회' 즉, 프란체스코 수도회는 교황 인노첸조 3세로부터 인가를 받은 후에도 거리에서 사람들을 상대로 설교했다. 목판화에서 성 프란체스코가 비어 있는 양 손을 펼치고 있는 것은 어떠한 사유재산도 소유하지 않는다는 것을 암시한다.

3 *"1204년 여러 지역에서 지진과 기상이변으로 아티옥, 트리폴리, 다마스쿠스가 크게 파괴되었으며 이탈리아에서는 거위 알보다 더 큰 우박이 쏟아졌다."*

Dominicus hispanus vir sanctitate ⁊ doctrina plurimū decoratus. ꝑdicatoꝝ dux ⁊ pater inclitus. ac xpiane religionis q̄si matutinū sydus emicuit ꝑ hoc tp̄s. Is ī calogura al' calaroga pago exoniensis diocesis nat⁹. Cui⁹ pr̄ felix appellatus. mater ioanna q̄ tres filios habuerūt q̄ postea lr̄is edocti sacerdotiū acceptarūt. Tercius beatus dn̄icus cui⁹ mater ꝓuidit in somnis se gestare catulū accēsam ore faculā baiulantē. Qui egressus ex vtero totū mundū incēdere videbat̄. ꝓfigurans ex ea ꝑdicatorē eximiū nascituꝝ. fuit eīn vicioꝝ mirabilis obiurgator. oppugnator heresum. fideliū diligentissimus exhortator. ab infantia quoq̧ cū eo miseratio creuerat. ex canonico aūt regulari a deo vocatus cū frībus socijs ꝑdicatoruꝫ ordinē incredibili feruore fundauit. q̄ diuinitus instituto ab gloriosa dei genitrice maria religionis habitū assumpsit. Et cū in tholosana albiensiq̧ galliaꝝ regione heresis pullulasset. ac late ⁊ longe cepisset serpere. btūs dn̄icus tunc primū fama nosci ceptus ad eas extirpandas se cōtulit. Erāt v̄o q̄ armis eā sectam tueri adniterent̄. Qua comes tolosanus notabat̄ infamia. Quare datus est ab innocentio pontifice ⁊ a francoꝝ rege symon de mōte forti btō dominico adiutor. q̄ cū coborte ab hierosolime expeditione reducta: a sancto viro aduersantiū arma conatusq̧ retudit. tantisq̧ ea heresis defixa erat radicibus vt q̄ septimo inchoauerat vix tādem vltimo pontificat⁹ innocētij anno potuerit extirpari. pater aūt religionis existens. postea ab honorio q̄ scismaticos apud tholosaꝫ domitos audiuit. ordinis confirmatōem obtinere meruit q̄ ꝯfirmato cū plura monasteria erexisset. Et multis signis ac miraculis claruisset. ac varias regiones docendo ⁊ ꝑdicando lustrasset. Tandē anno salutis tercio vicesimo ⁊ duodecies centeno apud bononiā ytalie ciuitatē. nonis augusti migrauit ad dn̄m. quē postea gregorius nonus auditis eius miraculis ⁊ vita preclara in sanctoꝝ numero aggregauit.

S. Dominicus ❶

❷ S. Franciscus

Franciscus seraphicus natione ytalus ex assisio vmbroꝝ ciuitate ortus. vir vtiq̧ diuinus. ac primus institutor ordinis fratrū minoꝝ. ⁊ fundator mirificus. Circa annos dn̄i. M. ccviij. primo negociator hūanus ⁊ affabilis ac ꝓdigus vsq̧ ad annū. xxv. Inde terrena oīa despiciēs xp̄m in oīni vita secut⁹ est. Et cū aliquādiu pedibus calciat⁹ ⁊ corrigia cinct⁹ incessisset. Sentētie dn̄ice memor dicētis. Qui venit ad me ⁊ nō renūciat oībus. non potest meus esse discipulus. Abiectis oībus tunica incultam ⁊ cōtemptibilem fune ꝑcinctam induens nouūz moꝝ ordinē constituit. cum quo velut sol ī orbe radiās xp̄ianā religionē plurimū illuminauit. Tantū aūt in seipo rigorē austeritatis exercuit. vt in tēptatione carnis. in pruinali tp̄e niue vel glacie operiret̄. pauptatē quoq̧ dn̄am suam semper vocabat. Mallebat potius de se vituperia q̄ȝ laudes audire. omniq̧ studio precauebat ne pauptatis metas trāsiliens ad supflua diffluerct. ardentissimoq̧ martyrij desiderio feruebat. Ideo sexto cōuersionis sue anno syriā petijt: ac ad soldanū accessit. qui eum oīni honore suscepit. Duobus aūt annis an̄ obitū eius vidit in visione seraphin vnū in aere sex alas habentē cruci manibus extensis pedibusq̧ coniūctis affixū. alaꝝ v̄o duas sup caput erectas. ⁊ duas ad volandū extēsas habebat. Porro duabus totū corp⁹ tegebat̄. Cunq̧ diutius cogitaret apparebant in manib⁹ ei⁹ quasi fixure clauoꝝ. latusq̧ ip̄ius dextrū veluti lancea perforatum. Interea cū frībus suis sic ab eo institutis nouā dedisset regulā. ⁊ xp̄i stigmatib⁹ insignitus fuisset. ⁊ nomē suū in orbē diffudisset. Cū nullā carni sue requiē dedērat a ꝯuersione sua. xviij. anno ⁊ multis languoribus p̄teritū tp̄s effluxisset. duobus seq̄ntib⁹ grauioribus purgeri cepit. Tandē plen⁹ bonis opib⁹. apud assisiū vrbem suam. Anno salutis nr̄e. 1227. nonas octobris ī dn̄o feliciter obdormiuit Quem ⁊ biennio post gregorius nonus auditis eius crebris miraculis magna prius ob eam rem cōuentu habito. in numeꝝ sanctoꝝ statim retulit. Nicolaus aūt tercius papa anno. M. cclxxx. litteras de stigmatib⁹ ei⁹. xp̄i fidelibus misit

Terremotus atq̧ portēta multa hijs annis vbiq̧ ferme fuere ita vt antiochia ⁊ tripolis atq̧ damascus magna ex p̄te corruerint. Cathina etiā sicilie insula contra aquarum naturaꝫ pelagus retrocessit. ⁊ hoīm ferme milia absorbuit. In ytalia insup grandines ouis anserum grossiores ceciderc. ❸

Visum est quoq̧ signū mirabile in occidente post occasum solis in stella posita in austro declinans in occidentem indirecto syderis quod astrologi coronam adriagne appellant. Visusq̧ radius quasi trabes magna per multos dies ascēdes in altitudinem firmamenti. Predicatores hijs temporibus multa alia signa contigisse asserebant.

174

Folium CCX recto

성녀 클라라, 파도바의 성 안토니오, 튜튼 기사

1 **성녀 클라라**Santa Clara: 이탈리아식의 이름은 키아라 Chiara이다. 아시지의 성 프란체스코의 설교에 감화를 받고 수도修道의 길을 걸었으며 클라라 청빈수녀회를 창설했다. 이슬람 군이 아시지를 포위했을 때 그녀가 그리스도의 계시를 받고 성체현시기聖體顯示器를 받들자 빛이 발해졌다. 이를 본 침략자들은 놀라서 도주했다고 한다

2 **파도바의 성 안토니오**Sant'Antonio di Padova: 포르투갈 출신의 프란체스코 수도사였던 그가 이탈리아 파도바에서 강론하는 모습이다.

3 **튜튼 기사**: 묵주를 들고 기사단 전통에 따라 수염을 길렀다. 복장에 십자군의 십자가 표시가 있다.

S. Clara

❶

Clara v̄go admirabilis ꝛ sanctissima. de ciuitate assisij. claro satis genere traxit originē. Cui⁹ p̄r miles. m̄r ortulana dicta diui francisci disciplinis ꝛ exemplis in diuino ope p̄limū erudita. Hijs tpib⁹ apud assisiū vrbē v̄tute scititas ꝛ gr̄a in p̄cio habita. q̄ ad ecc̄iam sancti damiani cōmigrans collegiū sanctū pauperū dominarū ordinē inchoauit. in hoc arto reclusorio p. xlij. ānos mirāda carnis sue maceratōe ꝛ i opib⁹ virtutū claruit. diuersa q̄z miracula signo crucis pegit. Cū sub imperatore friderico quassata eēt ecc̄ia. Et in assisiū hostilis furor irrueret. Et sarracenorū gens apud damianū sctm̄. intra claustrū v̄ginū influerēt. Clara infirma ad hostiū agmen se duci iubet. Et añ hostes poni p̄cedēte ea capsula argentea in qua erat sacramētum eucharistie. ꝛ i ozōne cū lacrimis ait placet mi d̄ne inermes ancillas tuas manib⁹ tradi paganorum? Custodi famulas tuas illico ad aures eius intonuit. Ego vos semp custodiā. Et mox q̄ muros ascēderāt. obsidionē derelinquūt. In religioso eius transitu innocētius q̄rtus cū cardinalib⁹ eam visitās. ab eo remissionē oim peccatorū obtinuit. in d̄no ꝯfortata. xvij. dieb⁹ nullū cibū sumpsit. Tandē ait ad aīam suā. vade secura. q̄r bonū itineris habes cōductorē. in crastino igit̄ beati laurētij egredit̄ aīa eius sanctissima. Et ad sanctū georiū. vbi corpus. b. francisci p̄mo cōditū fuerat deportat̄. Agnes aūt soror ei⁹ ad agni nuptias euocata interiectis dieb⁹ ꝯsecuta est. Et cum sanctissime vsq̄z ad vite exitū vixisset. ꝛ dominus ad gloriā eius plura miracula fecisset. anno. M. cclv. alexander quartus in sanctaruz cathalogo eā aggregauit. Et eius diei festum pridie ydus augusti celebrari mandauit.

S. Antoni⁹ de padua

❷

Antonius p̄ria hispanus. vlixbona ciuitate oriūdus. ordinisq̄z minorū frater Uir vtiq̄z sanctus. ꝛ multis v̄tutib⁹ adornat⁹. Is in baptismo ferdinandus appellatus. primo canonicorū regulariū habitū suscepit. cūq̄z audisset frēs minorū apud marrochiū. p xp̄o necatos. p eis habitū minorū accepit. vbi nocturnis vigilijs corp⁹ mira abstinētia macerauit. Hic gloriosus p̄r cognomine de padua dictus Cū ibi predicans diu requieuit. Et rome de mandato summi pōtificis pegrinis plurimis p̄dicaret. linguaz sic mouit vt tam greci latini francigene teutonici q̄z anglici oēs q̄ audiebant clare intelligerēt. Et cū inter religiosos nō solū sue etatis. s̄ priorū seculorū oībus lr̄is ornatissim⁹ haberet̄. Sacrarū lr̄arū archa cognominari meruit. Et cū tholose bononie. ac patauij diu theologiaz egregie docuisset. Hac tēpestate patauij infinit⁹ clarus miraculis moritur. Et a gregorio nono pōtifice eas ob res statim in sanctorū cōfessorū ꝯsortiū refert̄. anno. M. ccxxxij. Inuenta est postea in translatōe corpis positi de loco vno ad aliū. lingua ei⁹ in ore adeo recens rubicūda q̄ p plures annos cū corpe sub terra iacuerat ac si tūc decessisset. quaz beat⁹ bonauentura. affatus ē. O lingua bn̄dicta q̄ semp deū benedixisti. nūc apparet quanti meriti fuisti. anno deinde d̄ni. M. cclxiij. cū eius meritis patauina vrbs de manu etzelini tyranni liberata esset ciues ecc̄iam p̄grandem atq̄z pulcerrimam ad eius honorem extruxerunt.

❸

Ordo fratrū theutonicorū in prussia p hec tp̄a ortū habuit. Cū pruteni barbara gens ꝛ ydolorū cultrix. vsq̄z ad fridericū impatorē eius nōis secūduz fuit. Sub eius vo iperio cū amisissent xp̄iani ptolomaide sirie ciuitatē. fratres theutones sancte marie appellati. Inde fugati in germaniam rediere. Uiri nobiles ꝛ rei militaris periti. qui ne per otium marcerent. fridericū accedentes prussiam germanie cōterminā xp̄i cultū spernere dixerūt. Sepe illius gentis homines in saxones ceterosq̄z vicinos excurrere ad orientē eīn massonite poloniq̄z rura colūt. Occidentem saxones occupant. aquilonē balthei maris excipit littus. Ingentem igit̄ vim pecorum atq̄z hominū abigere. esse igitur in animo sibi compescere barbaram gētem. annuat tantū imperator. puinciam. quod fratribus perpetuo iure possidendā tradat. si eam armis acquirant. conradus quoq̄z dux mosauie ꝛ Cuyame q̄ sec⁹ terre domini affirmabat. Ius suum in terra colman vocata fratribus cesserat. Grata oblatio friderico fuit. Qui litteras sub aurea bulla ꝯcessit. Illi sumptis armis breui tempore omnē prussiam subiecerunt: frumenti ferax regio est. aquis irrigua. ꝛ plena colonis. mlta ambitiosa oppida. multi maris sinuosi reflexus amenam efficiunt. pecorum ingens vis. multa venatio. piscatio diues. Ex illo tempore lingua theutonica introducta est. Et cultus xp̄i gentibus imperat⁹. Ecclesie postea pontificales erecte transuistulam pomezamēsis. colmēsis. warmiensis ꝛ Sambiēsis. Arcē item nobilem ꝛ amplissimam marieburgū vocant. hic sedes magni magistri. Et cum theutones hui⁹ religionis inuentores fuere. Nemo ad eam recipit̄ nisi theutonicus. nobilis ortus parentibus. Ob eam rem vestimētis albis vtuntur. nigra cruce insuta. vt aduersus inimicos crucis pugnare velint. barbaz oēs nutriunt. exceptis qui sacris altaribus seruiunt. pro canonicis horis dominicam orationem vsurpant. Nec litteras discunt. magne hijs opes fuere. nec minor potentia q̄z regibus. Sepe cum polonis contendere.

175

Folium CCXII verso

부르고뉴의 지진

“하인리히 7세 재위 시 부르고뉴Bougogne에서 지진으로 큰 산이 무너져서 약 5천 명이 매몰되었다.”

Mons quidem maximus in burgundia impiali a mōte dehiscēs vallesq coartās multa agricolar milia oppressit. ⁊ vt auctor fasciculi tpm refert ⁊ decurrit p multa miliaria ac qnq milia hominū suffocauit. ⁊ tandem ad alios mōtes mirabiliter accessit.

Sanct⁹ cirill⁹ grecus melliflui carmeli prior doctorq tū vite sanctitate tū ꝓphetie spiritu cōspicu⁹ multa posteris seculis ꝓ futura cōscripsit ⁊ copiosis miraculis deo ꝓcurat gloriam mundoq stuporem.

Grossoni siue grossoini gens arabica eor deuota supstitiōe soldano babilonis impellente xpianos i asia habentes p id tpis diuersis agitarūt in locis, ꝯgressosq templarios ⁊ hospitalarios sepenumero male mulctatos represserūt. demūq iherosolimā delati tūc immunitā. eos ex asiaticis christianis quos a saladini filijs intactos pceperimus esse seruatos. ipi maxima confecerūt occisione. Sepulchrū vo dñicū ad ea intactū tpa ꝓuatū quāta maxīa fieri potuit ignominia ⁊ simul vastitate fedatuz est.

S. Lodouicus rex fråcie

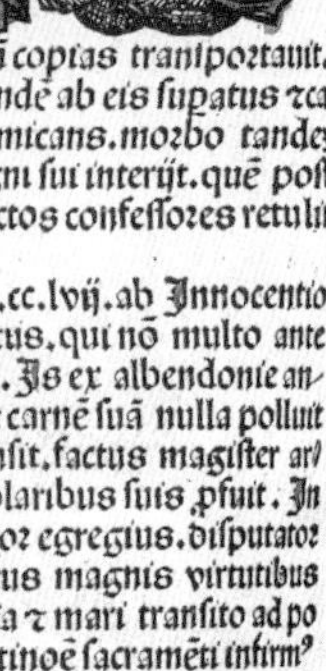

Lodouicus beatus rex francie defuncto ei⁹ genitore lodouico anno. xiij. etatis sue coronatus ⁊ inunctus ⁊ francis regnare cepit ⁊ regnauit annis. 4 i. hic cū xpiane religionis ardentissimus emulator esset a blancha regina deuota muliere ab annis puerilibus in omni virtute enutritus. qui nil cogitabat sapiebat vel loquebatur aut opabatur nisi que dei sunt. ideo vigesimo regni sui anno copiosissimū exercitum cōgregauit. cū antea lodouicus rex francor pmittente vel vt videt curante balduino impatore constātinopolitano pignora reliquit p̄ciosissima venetis ab ipo impatore concessa lanceam spongeāq ⁊ partem ligni crucis dñice passionis. Copijs igit xpianorum in egypti littus ad nili ostia expositis saraceni domiatā incolentes vrbe populariter migrare cōstituerunt. Inerat exercitui sedis apostolice legat⁹ patriarcha iherosolimitanus. Inerant ⁊ ex gallijs epi ⁊ abbates. ad idus deinde octobris Robertus comes pictauieñ. eius regis germanus frater nouas ex gallijs damiatā copias transportauit. quā lodouicus difficillimo p̄lio obtinuit eaq capta cū saracenis varia p̄lia gessit. tandē ab eis supatus ⁊ captus damiatā ꝓ eius redemptione reddi opus fuit. liberatus cū eis sepe ꝓspere dimicans. morbo tandez in exercitu eius p̄ualente vna cū Joanne filio ⁊ martino patriarcha ⁊ ꝓceribus regni sui interijt. quē post modū bonifacius octauus audiens eius frequētissimis miraculis merito inter sanctos confessores retulit postq corpus suū relatū fuit parisius.

S. Eadimūdus archieps

Eadimundus canthuariensis archieps anno dñi M. cc. lvij. ab Innocentio quarto summo pontifice numero sanctor aggregatus. qui nō multo ante ad dñm migrauit. vir mire sanctitatis ⁊ magne sapientie. Is ex albendonie anglie villa originez duxit a mundicia nomē sortitus. vnde carnē suā nulla polluit immundicia ⁊ virginitas incorrupta vsq ad obitū pmansit. factus magister artium missas indies audire consueuerat q̄ consuetudo scolaribus suis ꝓfuit. Inde sese ad theologie studiū transtulit. postea euasit p̄dicator egregius. disputator acutissimus. vacante sede archiepali cantuarie eccie electus magnis virtutibus emicuit. psecutionē deinde passus clam fugiens ab anglia ⁊ mari transito ad potegniacū monasteriū puenit inde solciacū adijt. post pceptinoē sacramēti infirm⁹ existens in lecto sedens caput sup manū reclinās obijt. xvi. kaln. decembris. corp⁹ ad pōtigniacū in eccia sancti iacobi sepultum miraculis ⁊ virtutibus fulget. deū mirificauit sctm suū ex oī pene genere lāguor colēdūqz p̄buit vniuersis.

S. Stanislaus epūs

Stanislaus epūs cracouiensis in polonia vir doctrina ⁊ sanctitate illustris p hec tpa claruit. Is cū post multa virtutū opera feliciter quieuit. Innocentius quartus summus pontifex sanctor numero aggregauit. qui in vita ⁊ post mortem miraculis effulsit.

Sanctus quoqz Albertus de Tarpano carmelita siculus. vir meritis. signis doctrinaqz clarus ⁊ totius perfectionis exemplar.

Lapis grandis in monasteriū sancti Gabrielis cecidit. habēs signuz crucis ⁊ imaginē christi expressam. ⁊ desuper aureis literis habens scriptuz ihesus nazarenus rex iudeorum. ⁊ cecū illu minauit.

176

Folium CCXV recto

페루지아의 이단 종파

"채찍으로 자신의 몸을 때리는 종파가 이탈리아 페루지아에서 1259년에 시작되어 독일과 프랑스에 퍼졌다. 이 종파는 이단으로 규정되어 마침내 불과 칼로 어느 정도 뿌리 뽑혔다."

S. Thomas de aquino doctor

Thomas de aq̄no ordinis p̄dicator̄ doctor. alberti magni discipulus ex insigni comitū familia. in cōfinibus apulie ⁊ sicilie originē duxit. Cū motus regni sicilie varij essent. doctrine ac religionis viā traxisse videt̄. Quo in tp̄e Cōradus ex gente sueua imꝑator aq̄nū vastās. Thomā parētes eiꝰ genere nobiles. et in oppido primarij p̄ria ꝓfugi. cassinēsis cenobij monachis cōmendatū reliq̄rūt alendū. vbi lr̄is ac religioni operā dare cepit. Eius eñ p̄r landulfus noīe. m̄r theodora e neapoli originē habuit. Qui ⁊ in ip̄is infantie rudimētis dei gr̄a preditus deinde ordinē diui dn̄ici ingressus religiosissimā ac ꝑfectissimā vitā vsq̧ in finē exegit. Ubi etiā p̄ter doctrinā maximā ad eā peruenit doctrine excellentiam vt nemini ph̄ie ⁊ theologie sc̄ia secūdus habeat̄. Coloniā ei ꝑgens tantū profecit vt post aliq̄s annos apud pisius primū in doctrina locum teneret. Ubi q̄tuor libros in sentētias edidit. inde angelicus doctor appellatus. romā deinde ab vrbano accersitus spretis dignitatibꝰ q̄ vltro offerebantur. totū se lectioni et scriptioni dedit. Et eius rogatu multa cōscripsit. Reliquit post summā theologie ī tres ptes diuisam ī q̄stiones distinctā. Summā ꝯ gentiles. Cathenā aureā. In q̄tuor euāgelia. Cōmentaria in bibliā. Et Aresto. libros ⁊ plīma alia. Totam q̧ naturalē philosophiā ac moralē cōmentationibus exposuit. Declarauit ⁊ Job. Composuit ⁊ officiū de xp̄i corpe. Quo ī opere plīme figure ve. testa. cōtinentur. Qui etiā miraculor̄ gloria noīatissimus euasit. tandē iterato romā vocatus vt ad ꝯciliū lugdunēse p̄ Gregoriū. x. celebrandum accederet ꝓperās. cū apud cassinū mōtem fuisset infirmitate correptꝰ Anno domini 1274. sanctissime migrauit ad dn̄m. Nonis marcij. Quē postmodū ioannes. 22. pōtifex. p̄ter crebra miracula in sanctorum confessorum ⁊ doctorum numero aggregare voluit. Apud auinionē. xv. kal. augusti Anno. M. cccxxiij. a transitu eius ex mūdo quinquagesimo.

Carolus rex

Carolus ludouici regis frācor̄ frater manfredo rege interfecto a clemēte papa sicilie rex declaratus. regnauit annis. 7. atq̧ ita paulopost sicilie ⁊ apulie regna in suā p̄tātem redegit. In quibus cōpositis rebus euestigio viterbiū cū vniuerso exercitu ad pontificē venit. vbi audiens conradinū adolescentē conradi sueui nepotē in ytalia a gibellinis ꝯ guelphos fuisse vocatū. In etruriam. gibellinos domitos illico venit. ibiq̧ magna de hostibus strage edita. cōradinū cepit ⁊ capitali sentētia puniuit. Inde in regno confirmatus pacem cum pisanis inijt. Et cū eis in aphricā ī ludouici regis germani sbsidiū traiecit. Ibiq̧ ludouico fr̄e ex peste mortuo inuēto cū Tunici rege pacē hac lege cōposuit. vt ꝑpetuo annis singulis sibi suisq̧ successoribus tributū aliquot pēderet. inde ī regnū redijt. vbi petro aragonēsi siciliā se sbdidisse reperit. deniq̧ ⁊ ipse carolus morit̄. ⁊ neapoli sepelitur. Huic ideo hierosolimor̄ regnū declaratum fuit. q̄ maria antiochie principis filia cui id regnū debebatur (qđ hugo eius nepos occupauerat) illud carolo huic regi deuouerat.

Secta flagellantiū in ytalia ortum habuit. Et inde in alemāniam ⁊ galliā ꝓgressa bifarie. qui se nodosis flagellis in q̄bus aculei inserti erant flagellabant ad ostētationē. Ex qua secta multi graues errores pullulabant. in plerisq̧ locis circa fidem. ⁊ sacramēta eccl̄ie. Que postremo in pte igne ⁊ gladio exterminata fuit.

Ferunt theologi hāc orationem a summis viris laudatam hac tempestate. Benedictum sit dulce nomē domini nostri ihesu christi. ⁊ gloriosissime virginis marie matris eius ineternum et vltra amen. Nos cum prole pia benedicat virgo maria amen. Et q̄ hec legerit vel orauerit de singulis iterationibus auctoritate Clementis pape ob petitōnem ludouici sancti regis francie tres annos indulgentiarum habebit.

Philippus rex

Philippus sancti ludouici regis filius patre germano in affrica defunctis. ibidem regiū munus suscipiens regnauit annis quindecim. Uir certe vite sanctimonia patri persimilis. qui vitande contagionis causa ꝑmotus. dimissa aphrica. in ytaliam adnauigauit. pacem inter genuēses ⁊ venetos ad quinquēniū composuit. Multa quoq̧ ⁊ laudabilia pro fide christi tum domi tū foris exegit pietatis opera. Et īter cetera memoratu digna beate marie magdalene corpus massilie iam diu a beato maximiano in villa sui nominis cōditum. ornatiore sepulcro. ⁊ maiore sacello exornauit. Eiusq̧ caput seorsum in theca argētea recludens. Alia quoq̧ consimilia ⁊ multo maiora confecit opera.

177

Folium CCXVIII recto

위트레흐트 다리의 천벌

1 *"네덜란드 위트레흐트의 다리 위에서 거룩한 성사가 진행되는데도 불구하고 일련의 사람들이 춤추고 노래하는 등 불경한 태도를 취하자, 다리가 무너져 200명이 강물에 빠졌다. 천벌을 받은 것이다."*

178

Folium CCXVIII recto

남부 독일에서 일어난 기괴한 사건

2 *"콘스탄츠 교구에서 한 귀족 여인이 사자를 낳았다."*
삽화에서 사자의 머리는 아이의 머리로 묘사되어 있다.

3 *"바이에른 북부 에슬링엔에서 한 여인이 기괴한 아이를 낳았다. 배꼽 위로 몸통이 둘인 이 아이는 태어난 후 죽었다."*

177

❶

Cum in traiecto homines vtriusq̧ sexꝰ super pontē coreis ac vanitatibꝰ operā darēt. Cōtigit sacerdotē cū diuinissimo sacro eucharistie ad egrotantem deferendū ꝑtrāsire. Illi ĩmemores diuine rei cultū vllū ac reuerentiam adhibētes. ponte fracto in aqua Mose. ad 200. homines aq̄s absorpti sunt atq̧ perierunt.

178

❷

Mulier q̄dā nobilis in ɔstanciēsi dyocesi. cum pareret insolitum partū edidit. Cum leonem visu mirabilem hac tempestate peperit.

Monstrum quoq̧ in sueuia superiori apud oppidū eslingē vt ferūt mulier enixa ab vmbilico vsq̧ ad summitatē duo habens pectora. ac capita seinuicē respiciētia. brachia q̄tuor seinuicē amplectentia ⁊ duo ferenda. Illico tamen post partum obijt.

❸

Comites nobiles sueuie q̄ndecim federe se ɔiūgentes. rudolpho imperatori molestias q̄z plurimas inferentes inter q̄s p̄cipui fuerūt comites de montfort. belffenstein ⁊ de wirtenberg ac Tockenburg. eorꝫ tñ bonis ac possessionibꝰ vastatis. imperio sbijciendos perpetuo cogit. Deinde castra p̄donum ĩ germania in plerisq̧ locis deuastans ab alpibus ytalie vsq̧ ad britanniā pacē firmauit.

Continuauerant ad id vsq̧ tēporis veneti ⁊ genuenses bellū pridē apud ptolomaidā inchoatū. de q̄ aliq̄ repetere ad hoc tēpus cū se oportunitas loci dederit ducimꝰ. ad ānū terciū sexagesimuꝫ duodeciesq̧ centenū. Raynerio zeno duce. veneti q̄nq̧ ⁊ q̄nquaginta triremes ad sicilie orã miserunt. q̄ classi genuensi vt sperauerāt nō inuenta in asiā nauigauit. Casuq̧ apud tyruꝫ obuia genuēsiū nauis cetea est expugnata. portū deinde venetus eadem qua nauim ceperat leticia ĩgressus tyro vt potiref adnixꝰ ē auxilijs ad expugnationē terrestribus ptolomaida accone accersitis. Cessit tñ conatꝰ inanis. Quesitā interim reddendi cōmodi vicem genuensis inuenit. q̄ nauim onerariā. tardasq̧ decē venetijs soluturas. quo in asiam mercimonia deferrēt certior factus. Triremes sexdecim ad gulphi fauces curauit post scopoluꝫ in insidijs expectaret. Sꝫ admoniti ab exploratoribꝰ veneti expositis in littꝰ mercimonijs ab epyrotis ꝓtecti. naues vacuas amisere. Tercio abinde anno classis veneta q̄tuor ⁊. xx. triremiū. tribꝰ genuēsiū triremiū q̄z prefectus erat lanfrācus borboniꝰ apud lilibeū fortuitu obuiā eos cepit. Qđ cū genuā ē perlatū educta aduolauit duo de triginta triremiū classis. q̄ per q̄sitā accuratissime venetā ad drepani portū reperit. ɔflictusq̧ habitꝰ ē acerrimꝰ. in q̄ maximuꝫ genueꝰ respu. accepit incōmoduꝫ. Nanq̧ tribꝰ ex suis triremibus ĩ p̄lio crematis. cetere oēs p̄lio supate vtrinq̧ crudelissime fuerunt capte. Que clades accepta a genuensi effecit vt michael paleologus illiꝰ societate spreta inducias cuꝫ venetis ɔstitueri t q̄nquēnales. Eodēq̧ anno triremes genuensiū. xxv. admirato ac p̄fecto auria. venetis. xxx. apud mothonū cōcursure quū viderent retrocessit genueꝰ. Et nauis oneraria mercibꝰ venetoꝝ magni valoris plena. apđ euripū expugnata potiti sunt Eadēq̧ genuensis classis orã crete circūuecta Caneā illiꝰ insule oppidū cepit. spoliatūq̧ penitus diripuit.

Scribit ptolomeꝰ luceꝰ nicolaū pōtificē nisi eiꝰ cōsilia mors occupasset. reges duos vnū lōgobardie. alteꝝ etruscis fuisse datuꝝ q̄ regibꝰ sicilie atq̧ germanis ĩpꝰ titulo abutētibꝰ euertēdi ytaliā (sicut sepe fecerāt) adimeref. inuitq̧ vrsinos eū potiꝰ fuisse. q̄z alios ad id fastigiū euectuꝝ. Quinetiā ɔstat pōtificē ipm̄ deturbādo sicilia carolo nō nihil initꝰ dedisse petro arragonū rege ioānis porthicij operā suaso. vt iure hereditario ɔstātie vxoris sue ptēso. id regnū recipe adniteref. Cōstituit vo is pontifex lege ꝓmulgata neminē regio sanguine ortū senatorem vrbis decetero fieri. Et alijs q̄cūq̧ fierent anni temporis in magistratu concedere nullis etiam futuri pontificis auctoritate licere.

Tartari armenis iūcti centū milia babilonē. supant. Et multis eoꝝ ĩterfectis in fugam vertunt. Sycilia quoq̧ insula hoc anno a carolo predicto petro arragonēsi defecit. Ubi apulie princeps caroli ipi filius nauali prelio ab aroganū filio cum multis captus in apuliam ducitur ⁊ carceri mancipatur.

179

Folium CCXVII verso

기괴한 물고기

"교황 마르티누스 4세 재위(1281~1285) 시 사자처럼 생긴 큰 물고기가 그물에 잡혀 교황에게 보내졌다. '바다사자'는 짖고 울어대는데 사람 같았다. 그 소리를 듣고 사람들은 겁에 질렸다."

Martinus quartus papa. symon antea vocatus. tituli sancte cecilie pšbyter cardinalis. natione gallicus. patria turonẽsis. tandẽ post longã cõtentionem qui ad q̃ntũ ⁊ dimidiũ in diuisionis mẽsem ytalicis vrsinoꝝ absentia superatis. pontifex electus. viterbij coronari noluit. ꝙ ei ciuitati ob impetũ in cardinales vrsinos factũ interdictũ a sacris putabat. Et vrbẽ veterẽ delat⁹. ibiq3 coronã accepit. Resurrectionis autẽ die sex cardinales creauit. Regẽ carolũ ad se venientẽ. cũ in noui amicissimiq3 pontificis amplexũ cucurrisset. oblataꝫ ab eo senatoriã dignitatẽ administrauit. quo a nicolao priuat⁹ fuerat restituit. Eiusq3 instantia paleologũ imperatorem pacta lugdunensis ꝯcilij non suantẽ. Et petrũ arragonẽseꝫ contra ius fasq3 siciliã occupantẽ anathemate notauit. Hec primo pontificis martini anno salutis primo octogesimo ⁊ duodecies cẽteno gesta fuere. Eius q̃ secutus ẽ anni principio perusini in fulgmates delati. post editaꝫ in agro vastitatẽ obsiderũt vrbẽ q̃ inde vi capta pontifex illico perusinos excõicauit. S; missi oratores eos ingenti pecunia mulctatos eccle cõciliauerit. Bellum deinde in flãminia contra foroiulianos ab ecclia deficiẽtes gessit. Quos etiam breui adiuuante guidone montis ferretri in fidẽ recepit. Pontifex aũt tot curis circũuentus vrbeuentanis etiã tumultuantib⁹ (nam gibellini guelphos expulerant) perusiũ ꝓficiscit̃ vbi non multo post lenta febre diu vexatus. tandẽ moritur pontificatus sui anno quarto. mẽse vno. Sepeliturq3 in cathedrali basilica. Ad cui⁹ sepulcrũ multi valitudinarij delati. pristinã valitudinem sanctissimi pontificis meritis a deo recepere. vir em̃ bone vt cõstitit mentis ⁊ oĩa probe in pontificatu gesta cum sanctimonia peregit.

Anno mũdi. 6484. Anno xpi. 1285.

Honorius quartus papa. pria romanus. e gente sabella vetusta ꝓcerũ familia. iacobus antea vocatus diaconus cardinalis perusij pontifex creatus. Cum nec diuturna sedis aplice vacatio. ꝙ cardinales motus. veriti quos alias diuturnior sedis aplice vacatio tederat. Romã venit anno dñi millesimo ducentesimo octuagesimo q̃nto. frater eius pandolfo senatoriaꝫ dignitatem tũ gerente. per cui⁹ tempa mgr̃atus. romana res iuste ⁊ q̃etissime fuerat administrata. Pontifex aũt apud sanctã sabinã in auentino habitauit. quas ab eo tũc edificatas edes nunc desertas dirutasq3 videmus. fouitq3 hic pontifex gallicoꝝ regũ vbiq3 ptes. Fuit aũt vir i omi vita ꝓbatissimus ⁊ xpiane religionis amantissimus. Nã ⁊ ordinẽ carmelitaꝝ nõ satis in cõcilio ꝓbatũ. mutatis clamidib⁹ nigris in albas. Et a multis impugnatũ priuilegijs ꝯfirmauit. Solũ aũt cardinalẽ ioannẽ boccamatium epm tusculanũ suo põtificatu creauit. viros dicẽs ⁊ eosdẽ bonos ⁊ doctos nõ etiã rudes ⁊ reꝝ humanaꝝ ignaros in tantũ collegiũ coaptandos esse. adeo aulicos amauit. vt q̃tannis estate pšertim tybur ꝓficiscerent̃ vitandi estus vrbani cã. vñ multe egritudĩes oriũt̃. Cũ v° o armis a guidone feltrano vexaret̃. tandem superato guidone totã flãminiã breui recipit. Nõ diu tñ post morit̃ põtificatus sui anno secũdo. die vno. Corpusq3 ei⁹ a sctã sabina ad basilicã petri magna funeris pompa transfert̃ sepeliturq3 sepulcro marmoreo qd adhuc extat. Uacat tũ sedes mensib⁹. x. cũ apud sanctam sabinã conclaue haberet̃. multi cardinales repentina egritudine sunt correpti.

Rudolfus impator cãcellariũ suũ i etruriã mittẽs pricipalẽ de flisco genuensem oẽs q̃ pecũiam attribuert i libtate dimissos ipij fideles ꝓnũciauit. p quã occasionẽ lucẽses duodecim milibus aurei datis libtate donati sunt. Et florẽtin⁹ ppl's ad q̃etẽ iã ꝑduct⁹ nouã inchoauit saluberrimãq3 regiminis formã Que i nr̃a q̃3 tpa licet aliq̃n a gallicis regib⁹ interrupta ꝑuenit. Creati ei sunt sex mgr̃at⁹ bimestres futuri. Quibus artiũ priorib⁹ fuit appellatio. Et septim⁹ breui addit⁹ vexilifer iusticie appellatus.

Oppida q̃dam in supiori sueuia q̃ prius ville censebant̃. Ab imperatoribus muris cincte ciuilibus ac municipalibus libertatibus donata sunt precipue Esling Reutling ⁊ heilbrũna.

Piscem marinũ leonis effigiem habentem. hoc ipso anno apud centũcellas mense februario captũ fuisse tradũt quẽ e mari extrahẽtes vllulatũ ⁊ hoĩs planctũ dedisse ferunt. Et ad pontificẽ in vrbe veteri perlatũ vniuersos i stuporẽ sui ꝯuertit. Et signũ magnũ dissidij fuit.

Puerulus villosus ⁊ vrsorum more vngulis armatus hijs temporibus ex ipsius martini consobrina nascitur. Quam ob causam martinus rubore perfusus. omnes vrsorum ymagines e domibus suis abradi fecit.

Monacum vꝛbs supioris germanie ad rippam Jsare flumis sita. Inter vꝛbes principū in germania p̄clarissima in baioaria noīatissima. Etsi inter nouas esse censeat̄ nobilibus tñ edificijs tū publicis tū priuatis ceteras ciuitates antecellit. habet eñ edes pulcherrimas. plateas amplas. basilicas oꝛnatissimas. Et q̄q̄ temporibus ottonis primi impatoris cōditionis sue initiū sumpsit. A ludouico tñ quarto iam p̄scripto impatore ampliata ⁊ edificijs oꝛnata fuit. Otto primus cū in germania imperiū anno dñi. 9 6 2. assumpsit. in baioaria partē regionis heinricus bꝛunsuicensis materna hereditate possedit ⁊ in arce vering domiciliū habuit. Quo tp̄e publicus transitus sup Jsaram in eo loco extitit. Js dux heinricus pontē vltra flumen ꝓpe curiam monachoꝝ fieri fecit. in eo loco vbi nunc vꝛbs monacū sita est. cōmuneq̄ iter ibi fieri oꝛdinauit cū oppidulo paruo. Super ea re antistes albertus frisingensis querelas apud ottonē cesarem mouit. cū in suis theolonijs ⁊ immunitatibss damnū sentiret. Imperatoꝛ antiquā consuetudinem itineris obseruandā prope vering mandauit. Interea obijt dictus heinricus reliquens filiū ernestum nomīe. pauloq̄ post vxoꝛ Ottonis odyecia filia regis anglie moꝛtua fuit. Inde otto relictam heinrici ducis baioarie dñam adelheidē accepit vxoꝛem. Cuius filius ernestus (ob egregia facinoꝛa apud exteros in plerisq̄ locis gesta) ottoni gratissimus euasit. Petijtq̄ impatorem obnixe vt ex oppido vꝛbem cū publica via facere posset. qui post varios tractatus consensit ea conditione vt quotannis. 5 0. lb. dñ. ad frisingam ꝑsoluerent. Ea foꝛma hec vꝛbs initiū cū regijs priuilegijs ac immunitatibus oꝛtū habuit. Cū itaq̄ hec vꝛbs ꝑ ernestum initiū sumpsit indies augmentū in pp̄lo ac structuris sensit vsq̄ ad tp̄s salutis xp̄i septuagesimū ducentesimū supꝛa millesimū. dū cōradus ep̄s frisingeñ. eccīe p̄fuit diuisa in duas p̄rochias fuit. Cū prius sub vna basilica sancti petri extitit ꝓuisa. qui basilicam alterā beate marie virginis cōmuni vtilitati adiunxit. Tandem tp̄ib⁹ ludouici quarti ducis baioarie ac romanoꝝ impatoris incremētū ingens habuit. qui ꝑ muros suburbiū ⁊ alia edificia pleraq̄ addidit. ⁊ arcem antiquā cū monasterio fratrū minoꝝ oꝛdinis diui francisci. ⁊ cenobiū heremitaꝝ sancti Augustini in vꝛbe extruxit. ⁊ post obitum in eccīa diue virginis marie ante summum altare sepult⁹ fuit. vbi corona imperialis cuꝫ suo epitaphio cernit̄. Condita est igit̄ vꝛbs monacum in loco ameno prope ripas ysare vbi trāsit⁹ nōnunq̄ negociatoꝝ ex ytalia ad germaniā frequētat̄. habetq̄ nūc arcē oꝛnatissimā. ⁊ edē pricipū amplissimā. in qua aule ⁊ camere splendidissime. q̄s qui viderit nec oꝛnati⁹ aliquid nec munitius in eo loco vnq̄ fieri potuisse fieri putauerit. Testitudinata loca plura habent. mirari ergo poti⁹ q̄ ꝯmendari possunt. Cū vo hec inclita vꝛbs varios successu tp̄m soꝛtita sit dños. nunc hac tempestate vꝛbis dñium inclitus prin

Monacum

ceps albertus gener friderici tercij romanoꝝ imperatoris baioarie dux possidet. qui sua magnificentia plures nutrit leones. Et q̄q̄ plinius scribat in europa inter acheloū tantū ꝛ nesum amnes leones esse ꝫ lōge virib⁹ p̄stātiores ijs q̄s affrica aut syria gignant. In ea tn̄ vrbe leenā cattulos parere cōpertum est.

Forestorum nobilium privilegium

Mapheus bergomensis ex nobili vetustaqꝫ forestoꝝ familia natus nō mō iuriū ciuilis ꝛ pōtificij abūde doctus. ꝫ ꝛ elequētia ꝛ reꝝ gerendaꝝ prudētia insignitus tēpestate hac ꝑpter easdē p̄clarissimas virtutes apud ludouicū bauarū imꝑatorē maxio in p̄cio habitus est q̄ ꝛ indultis ꝛ priuilegijs eisdē gratis concessis optime ꝯtestatus est. Nā eidem successoribusqꝫ suis ob grata forestoꝝ familie obseq̄a in ipm exhibita. munificentissimū priuilegiū immunitatis ꝛ exemptionis liberalissime concessit. cōstituens eum successoresqꝫ eius suū palatinum eximens eū ab omnibus oneribus. dans eis libertatem notarios ꝛ tabelliones creandi. Illegittimos ve naturales legittimandi. Insup etiā cōcedit eis iudices ordinarios et regios missos legittime posse cōstituere ꝛ ordinare. Id priuilegiū datuꝫ fuit in ciuitate tridentina die. xx. ianuarij anni. 1330. Approbatumqꝫ habetur per potentatus.

Raynaldus estensis marchio aldromandrini estēsis filius hoc anno post fratrem ferrarie dn̄atum accipiens regnauit vna cum nicolao fratre annis quatuor. Mortuo em̄ azone in carceribus a frisco eius filio captiuato. Atqꝫ inde frisco a cōciuibus pulso ꝛ interfecto. Aldromandinus fratri successit. qui moriens raynaldum hunc ꝛ nicolaum forma elegantes ꝛ strennuos reliquit filios. qui vrbis principatum resūmentes statim galloꝝ p̄sidia eiecerunt. ꝛ vrbem ab eorum faucibus liberauerunt. Urbe itaqꝫ in sua potestate redacta regnandi cupiditate allecti vt firmo p̄sidio stabilirēt argentū rauennatis eccl̄e oppiduꝫ regno adiecerunt. Cuncta deinde ꝑ circuitum depopulati sunt. Cum vero carolus ꝛ mamphredus cū beltrando copiarum eccl̄e duce eos hostes adorꝰūt ꝛ in fugam vertunt. Inde legatus ferrariam obsideri cepit. Raynaldus vrbe erupit ꝛ eccl̄e exercitum dissipauit. Tandem cum bona pace mortem obiens obizonem nicolai fratris filium regni reliquit successorem.

180

Folium CCXX verso–CCXXVI recto

뮌헨

바이에른 주의 수도 뮌헨München은 알프스 북부의 이자Isar 강가에 위치한다. 뮌헨의 라틴 명칭 모나쿰Monacum은 1158년에 처음으로 공식 문서에 등장한다. 이 도시명은 '수도승'이란 뜻을 내포하고 있다. 이는 베네딕트 수도원이 있던 곳을 중심으로 도시가 형성되어 발전했기 때문이다. 뮌헨의 문장에는 수도승이 그려져 있다.

《뉘른베르크 연대기》가 출판될 무렵 뮌헨 성벽 안에는 건물들이 이미 빽빽하게 서 있었다. 삽화에서는 두 개의 종탑이 있는 성모 마리아 성당이 초점을 이룬다. 하지만 본문에는 큰 규모의 다른 건물들에 대한 언급은 없다.

Folium CCXXIX verso–CCXXX recto

프라하

프라하Praha의 라틴어 명칭은 프라가Praga이다. 프라하의 역사는 블타바 강변 서쪽 언덕 위에 870년에 성이 세워짐으로써 본격적으로 시작되었다. 그 후 프라하는 카를Karl 4세(1316~1378) 재위 시에는 신성 로마 제국의 수도가 되었다. 카를 4세는 성 안쪽에 성 비투스St. Vitus 성당 공사를 시작했고 블타바 강에는 굳건한 석조교량을 세웠으며 강 오른쪽 지역에는 신시가지를 조성했다.

삽화에서는 15세기 후반의 모습이 비교적 상세하게 묘사되어 있다.

Praga caput regni bohemie ciuitas ꝑmaxima. Cuius descriptio ob vetustatem merito dudū posita fuisset. Uerum carolus quartus imꝑator tam magnifica in ea peregit vt post gesta sua de ea mentio fiat. Cū ⁊ in ceteris vrbibus tempus antiquitatis ac originis non semꝑ obseruatum fuit. At praga (vt bohemice narrant historie) post tempora abrahe initium habuit. regum pontificumqꝫ honesta sedes. Tres in partes diuisa quibus nomina indiderunt. paruam pragam. veterem ac nouam. parua sinistrum latus multauie fluminis occupat colliqꝫ cōiūgit. In quo sita est regia ⁊ sancti viti pontificale augustumqꝫ templū. Uetus praga in plano iacet vniuersa magnificis operibus adornata. Inter que p̄torium ⁊ forum ⁊ letā curiā ⁊ collegium imperatoris caroli mirificis efferunt laudib⁹. Iungit aūt minori prage lapideo ponte quatuor ⁊ viginti arcuū. Nouā ciuitatē a veteri fossa distinguit ꝓfunda. ⁊ vtrimqꝫ muro munita. Hec quoqꝫ ciuitas ampla ē ad colles vsqꝫ ꝓtendit. quoꝝ alterū sancti caroli. alterū sancte katherine appellant. terciū vicegradū in arcis modū exedificatum. vbi ⁊ collegium est. Est aūt hec ciuitas insignis in ꝓuincia bohemie. que porcio germanie est. aquilonis flatibus tota ferme exposita. Formam eius rotundam tradunt. cuius diametrum triū dieꝝ itinere expedito patet. silua vniuersam claudit. irrigat pluribus fluminibus sed cunctos multauia excedit. que metropolim regni pragam influit. De nomīe ciuitatis cū disceptaretur iussit libussa ex artificiabus qui primo occurrerit rogari quid ageret. ac ex primo eius verbo vocari oppidum. interrogatus faber lignarius quispiam. limen se agere dixit. qđ bohemice ꝓha dicit. indeqꝫ nomen vrbi datū. ß corrupto vocabulo postea pragā dixere. In hac prouincia aliquo tp̄e amazonice femine regnandi cupidine ducte dominiū habuerunt. Postea duces vsqꝫ ad primū regē vratislaū gubernarunt. qui. vi. ⁊. lxxx. supra mille ab ortu saluatoris xp̄i apud magūtiū in ↄcilio principū ab imꝑatore heinrico ei⁹ nōis q̄nto rex declarat⁹ fuit. moraųoꝝ reg̃ qđ p̄us extictū fuit in bohemiā trāslato. slesia. lusacia. morauia bohemoꝝ īperio adiecte. Gilbert⁹ treueroꝝ archiep̄s cū eo pragā miss⁹ q̄ corā ꝓuicialib⁹ regē iungat regalib⁹ qꝫ adornet īsignib⁹. In eodē āno fctm̄ accla

181

mante populo Vratislao regi salus honor atqz victoria. Is vratislaus indulgente alexandro papa tercio natione senensi collegiū canonicorꝫ regulariū in arce pragensi erexit. in qua dum res agit diuina non ꝑpositus tantū sed decanus ꝛ sacerdos diaconusqz ꝛ subdiaconus rem diuinam facientes episcopalibus ornamentis vtuntur. Et ꝑpositus quidē cancellarius regni appellatus principis honore defungit. Post vratislaū primū regē pluribus annis interregnū fuisse ferūt. nō regis noīe ꝗ ducis tantū vsos. ꝛ vlatislaū vno loco vratislao natū ab imꝑatore friderico primo sibi ꝛ posteris regiā dignitatem obtinuisse scribunt. qui pontē sup multa uiam qua vetus praga minori iungeret magni operis edificauit. quē ratisponensi ꝑferunt in quatuor ꝛ. xx. arcos vt diximus protensum. Deinde vlricus qui carinthiorꝫ principatum tenebat cū virili sobole careret acceptā ex othocaro rege bohemie pecuniā carinthiā illi carniolā. marchiā sclauonicam ꝛ portū naonis tradidit. Tempore postremo caroli quarti imperatoris in maxima potentia ꝛ gloria fuit ꝛ augmentū mirabile accepit vt ꝑmissum est. Nullū em̄ regnū tota europa tā frequentibus. tam augustis. tam ornatis templis dotatum fuisse quā bohemicū reor. Templa in celum erecta longitudīe atqz amplitudine mirabili fornicibus tegebant lapideis. Altaria in sublime posita auro ꝛ argento quo sanctorꝫ reliquie tegebant onusta. Sacerdotum vestes margaritis tecte. ornatus omnis diues. ꝑciosissima supellex. fenestre alte atqz amplissime. cōspicuo vitro ꝛ admirabili opere lucē ꝑbebant. neqz hec tantū in oppidis atqz vrbibus ꝗ in villis quoqz admirari licebat. Fuerat inter cetera monasteriū aule regie apud rippam multauie qua misa fluuius illi iūgit situ in quo regū corpa condebant singularis excellentie. nā ꝑter edem magni ꝛ memorabilis operis amplū dormitoriū. ceterasqz officinas monachorꝫ magnifice constructas quadrata porticus fuit. que nō paruū conclusit ortū, ambitū vocauere. In huius lateribus vetus nouūqz testamentū ab initio genesis vsqz ad apocalipsim Johannis lr̄is maiusculis in tabulis scripcum ꝯtinebatur. notis quo altius irent paulatim crescentibꝰ ita vt asummo vsqz deorsum facilis lectio preberetur. Flos igr̄ dulcoris Bohemia dicebatur. que olim inter principes atqz reges dulcissimam redolebat suauitatem. Nunc (volente fortuna) apud futuros saporeē fetidū habet. faxit deus vt ꝑori redolentie atqz splendori par fiat. Eius historia ꝛ regum gesta papa pius secundꝰ in historia bohemica disertissime prosequitur.

Vratislauia. Slesie vrbs illustris ⁊ inclita. apud germanos sarmatasqꝫ gentes nominatissima. Cum amplissima ciuitas ad ripaꝫ odere sita est. Slesia eñ prouincia germanie odera irrigua existit. Qui fluuius in septẽtrionem vergens germanicas gentes ripis ambobus alluit. Transoderam tamen polonica lingua preualet. Hec vrbs a sui initio ob conuentionem hominum aucta. priuatis ⁊ publicis edificijs magnifice ornata. habet admodum decoratas basilicas inter q̄s eminet ecclesia cathedralis diuo Joanni dicata. Cuius episcopatum maiores aureum vocauere. hussitarum bella luteum reddidit. Joannes tamẽ Rott hoc tempore vrbis antistes iuris doctor ac variarum doctrinarum consultissimus. hunc episcopatũ gloria ⁊ amplitudine plurimũ auxit. Monasteria quoqꝫ habet preclara. heremitarũ diui Augustini ad. s. Dorotheam. minorum ad. s. iacobum ⁊ diuũ Bernardinũ. diuersarum tamen obseruantiarum. predicatorum ad. s. Albertum. Canonicorum regularium in ecclesia beate marie virginis gloriose. premonstratensium ad. s. Vincentium extra menia vrbis. Extatqꝫ in ea ecclesia collegiata ad. s. Crucem inter eas tamen precellunt due parrochie ad. s. Elizabeth ⁊ diuam mariam magdalenam. minoresqꝫ ecclesias habet perpulcras. s. Barbare. s. Cristoferi ⁊. s. Lazari cum plerisqꝫ alijs. Cũ hec vrbs a varijs principibus mutationem dominij sensit. Dum egra a ioanne patre caroli quarti imperatoris romani ⁊ regis bohemoruꝫ recepta esset. Et hec vratislauiensiũ ciuitas q̄ꝫ dux Slesie occuparat heinricus. Legniciũ quoqꝫ. ⁊ q̄ꝫ plures alie Slesie ciuitates ei subijciũtur in eo bello. In hac deinde vrbe regnante hac tempestate apud bohemos ventzeslao rege. orta seditione. Consules quarum prima potestas est. per fenestras ex pretorio in forum precipitati. gladijs ac lanceis irati plebis excepti. dirum spectaculuꝫ prebuere. Cuius rei auctores Sigismundus imperator paucis post annis securi percussit. Sigismundus eñ cesar postea imperans ob hereticam prauitatem delendam. cum ad festum natiuitatis dominice brunnã (quod est morauie oppidũ)

petijt. ibiq; pragensibus veniam petētibus. Ea lege pepercit. vt cathenas et repagula tota vrbe deponerent. suosq; magistratus acciperent. Paruit praga attonita ciuitas. Cum regni primores eleuatis in celū manibus aduentu noui regis gratulabundi exposcerent. Cuiusq; rectores sine cōtrouersia relique vrbes admitterent. Nec dubium videbatur quin tota bohemia labe hussitarum excessisset. si ex brūna sigismundus recta via se pragam contulisset. Sed diuertit ille. vt fortasse fati sui erat. Vratislauiamq; Slesie caput accessit quo in loco populus vrbanus non diu antea consulatum vt premissum est a ventzeslao fratre suo constitutum per seditionem obtrūcauerat. Cuius sceleris auctores securi percussit. Quod vbi prage renūciatum est. diffisi de venia ciues exemplum vratislauiensiū veriti. manifesto descieuerunt. Et allecto p̄mijs cenchone qui arci pragensi preerat in totum regnum litteras dedere. Ne quispiam sygismundo aditum preberet. Qui dalmacie lingue hostis esset. Nec alia cura teneretur q̄z regni perdendi. qui antiquaz pruthenorum ciuitatem ordini iure pignoris obligasset. Brandeburgenses autē a corona bohemica alienasset. Hec igitur ciuitas sub imperio bohemorum constituta. deinde post varia bella ob perfidiam bohemorum mathie hungarie regi subiecta fuit. Post cuius obitum iterum regno bohemie (cum inclitus vladislaus rex hungarie et bohemie regnis nunc preest) imperata facere pollicita est. muro autem admirabili cincta est. Et in parte q̄z odera nō alluit. fossa ꝓfunda manu facta. Et muro lateritio munita existit ea crassitudine vt nō facile effringi machinis queat. Turres in menibus crebre. et ꝓpugnacula locis oportunis constructa. Platee ac publice vie in ea ample existunt. ad decorem ornate in modum crucis. vt omi splēdore cum equatione domorum sese aspectui prebeant. in foro amplissimo pretorium cum turri excelsa positū est. Ubi hora cibacion. tibicines sua preludia exercent.

182

Folium CCXXXIII verso-CCXXXIV recto

브로츠와프

남부 폴란드 실레지아Silesia 지방 도시 브로츠와프Wrocław의 독일 명칭은 브레슬라우Breslau이다. 이 도시는 10세기에 보헤미아의 공작 브라티슬라프 1세에 의해 세워졌기 때문에 도시명은 그의 이름에서 유래된 것으로 보인다.《뉘른베르크 연대기》에서는 *"오더Oder(폴란드식은 오드라 Odra) 강변에 위치한 브레슬라우에는 독일어를 사용하지만 폴란드어도 자주 사용된다."*라고 기술되어 있다.

1000년에 교구가 설립되고 대성당과 요새가 축조된 이후 브레슬라우는 실레시아의 행정 및 종교 중심지가 되었다. 1335년에는 신성 로마 제국의 일부였던 보헤미아 왕국에 편입되었다가 1387년에는 한자 동맹의 일원이 되었다. 그 후 1742년에는 프로이센에 편입되었다가 제2차 세계대전 후에 폴란드에 귀속되었다.

Folium CCXL verso-CCXLI recto

콘스탄츠

남부 독일 도시 콘스탄츠Konstanz는 기원후 40년경 라인 강으로 흘러가는 호수 보덴제Bodensee에 세워진 로마인들의 정착촌이 기원이 되며 '콘스탄츠'라는 지명은 로마 제국 황제 콘스탄티누스 클로루스Constantius Chlorus, 또는 그의 손자 콘스탄티우스Constantius 2세의 이름에서 유래된 것으로 보인다.

콘스탄츠는 라인 강을 건너 스위스로 가는 유일한 다리가 있어서 경제적·전략적으로 요충지였다. 585년에 이곳에 주교좌가 설립되면서 콘스탄츠는 종교 중심지로도 발전하게 되었으며 중세가 끝나갈 무렵, 콘스탄츠의 인구 5,000명 중 약 1/4이 성직자였다.

1414년과 1418년 사이에 콘스탄츠에서 열린 종교회의는 기독교의 대대적인 분열을 막았고 새로운 교황으로 마르틴 5세를 선출했는데 알프스 북쪽에서 교황이 선출된 것은 역사상 유일하다.

Constantia vrbs germanie non admodū magna ꝫ opulenta atqꝫ formosa eius ꝑpter menia. Rhenus lacu emergēs rursus in alueū redit. Pons in eo ē qui ab ipsius vrbis porta ad germanos ptinet. Ultraqꝫ pontē crebra edificia secus alterā fluuij ripā. Lacus aūt omniū amenissimus est. multaqꝫ castella ꝛ vicos vndequaqꝫ ꝑ ripas habet. aqua nitida fundo glareoso ac ꝑspicuo. pisces fert varios quidē ꝛ multiplices, sed pro tanta aquaꝝ magnitudine nō admodū copiosos. Uiginti milia passuū in longitudine patet Latitudo alibi. x. alibi ad. xv. milia passuū extendit. Rhenus em̄ curiensez ꝑcurrens agrū dū fines constāciensiū attingit duos lacus facit. Uenetū scilicet ꝛ acroniū vt veteres appellabant. inter quos constantia sita. Hij nunc a loco ꝛ dominijs sortiti nomīa. superior constantiensis. ꝛ a castro ꝛ ei⁹ loci dominio de bodma lacus bodmer dictus. Inferior ab oppido dicto cella rudolffi cellacensis denoīatur. In infima lacus superioris parte constantia. De constantie vo antiquitate ꝛ origine ciues perpauci occurrunt vt in alijs vrbibus. qui vel aui sui nomen ꝛ memoriā. nedū vrbis tenere videnť. Si tamen diligentius ꝑscruteris tabulam inuenies marmoreā vetustas lrām continentem. Ex quibus apparet a constantio constantini patre. q̄ a diocleciano ꝛ maximiano cesar dictus est hanc vrbē nomen cepisse cū prius vitudura nuncupareť. Hanc tabulā perpauci constantiensiū legere sciunt. Tenetqꝫ vulgus opinio esse sanctuariū quoddā ꝑcipue religionis. ita muliercule ꝛ cetera imperita turba fucandis per eā manibus ꝛ ad faciem refricandis. iam litteras pene totas ex tabula deleuerunt. cum tamen ibi scripta sint non sanctoꝝ christi sed persecutoꝝ christiane fidei nomina. Mores quoqꝫ ꝛ instituta ciuitatis sunt. Singulis annis vnus ex ciuibus suffragio creatur, apud quem summa potestas cum imperio sit. Hic non publicis edibus ꝫ in priuata domo sua ꝛ consueta habitat. Si quando per vrbē incedit lictores habet virgas manu ferentes. Cetero aūt habitu nihilo a reliquis differt ciuibus. Hic in caput vniuscuiusqꝫ animaduertendi potestatē hꝫ. Si de homicidio. de furto. de rapinis. de veneficio. de adulterio ac de ceteris criminib⁹ agať. astant in ꝯcilio hij quos sibi ciuitas deputauit. rei ipsi in vinculis adducunť. ibi ꝛ accusatoribus ꝛ defensoribus dicendi contra reū, ꝛ pro reo fa

183

cultas dat. Auditis omnibus in sententiā itur. Si reus dānaretur lictores magistratus supplicio afficiunt Eodem ordine de ciuilibus causis cognoscit apud hunc magistratū et eius consiliū. quia liberā iudicādi potestatem habent. Oratoria facultas plurimū valet. Itaq; si qui diserti reperiunt hi aduocati in ciuilibus et criminalibus causis adducti. plurimū et gratia et dignitate in ciuitate possunt. Uniuersa hec ciuitas in duo genera diuisa est. Alij em̄ sunt equestris generis. alij plebei. Plebei mercaturis et officinis intendunt. Equites veteribus patrimonijs contenti redditibus alunt. Equestrem dignitatē obseruant. Si quis plebeius ditior factus ad equestrem locū puenire tentaret ei nullo modo licere putant. Nec nobilitas que in eo pphanari. aut pollui dignitatem suā arbitratur hoc eū facere pmittit. Ita per longa tempora vterq; ordo in suis finibus consistit. Cū equites ad mercaturas et solidiora munera declinare in turpissimis sit. Plebeio autē ad equestrem dignitatē se attollere nullo modo liceat nec nobilitas patiat. Gubernatio tamen reipublice communis est plebeis et nobilibus. ¶ Ad septem miliaria a constantia a transitu vero alpiū. xx. milia passuum oppidū extat Velchirchiū id est opulentū atq; vrbanū. Edificia habet speciosa. vinetis et pometis plurimū habundat. Flumen quoq; rheni orit in alpibus nō longe ab eo loco cum ab italia transit fit ex sinistra manu. sed mox ad dexteram vergens et suo gurgite et multorum incrementis adiutum ingens et robustū decurrit inter orientem et septentrione recto alueo conuersum. Aquam habet medij coloris inter ceruleam et viridez cursum rapidum. alueum arenosuz. solidum tamen. ita vt pedibus pressus vestigio non signetur.

Fuerunt temporibus concilij in ea habiti in hac inclita ciuitate ingentem multitudinem hominum fuisse ex omni natione xpiana. precipui tamen erant itali. galli. germani. hispani et angli. quorum suffragijs omnes concilij res geste sunt. Prestantiores quoq; in eo fuerunt Johannes. xxiij. summus pontifex et Sigismundus cesar. Quinq; epi cardinales. xvi. pbiteri cardinales. vij. diaconi cardinales. Patriarche. vij. Archiepi. xxxiij. Episcopi. 104. Abbates. lx. insignes. Generales quatuor ordinuz. Duces. xxiij. Comites cxl. Cōmunitates quoq; vrbiū tam ytalie q; germanie superioris et inferioris. Post electionem vo Martini Sigismundus conclaue ingressus nullo habito dignitatis sue respectu gratias omnibus cum lachrimis egit. q̄ necessarium reipublice xpiane prope extincte elegissent.

Folium CCXLII recto

얀 후스, 예로님 파르슈스키, 레오나르도 브루니

1 **얀 후스**: 프라하 대학 총장이었던 얀 후스Jan Hus(1372?~1415)는 부패한 교회를 비판하고 성서를 믿음의 유일한 권위로 강조하면서 종교개혁을 부르짖었다. 신성 로마 제국 황제 지기스문트Sigismund(1410~1437)는 그에게 안전을 보장할 테니 콘스탄츠 종교회의에 참석할 것을 요구했다. 후스는 교회 개혁의 필요성을 역설할 수 있는 기회라고 판단하고 이를 받아들였다. 하지만 그는 콘스탄츠에 오자마자 이단으로 몰려 투옥되었으며 회유와 고문에도 불구하고 끝까지 자신의 뜻을 굽히지 않았기 때문에 1415년 7월 6일 화형에 처해졌다.

2 **예로님 파르슈스키**: 프라하 태생의 예로님 파르슈스키Jeroným Pražský(1379~1416)는 얀 후스의 동료였으며 면죄부 판매에 대한 저항에 참여했고 1415년 봄 종교재판에서 얀 후스를 위해 증언했다. 하지만 투옥되었고 종교재판에 회부되었다. 긴 심문으로 한때 마음이 흔들리기도 했으나 다시 후스의 입장을 옹호했다. 결국 1416년 5월 30일 후스가 죽은 지 거의 1년 후 콘스탄츠에서 화형당했다.

3 **레오나르도 브루니**: 레오나르도 브루니Leonardo Bruni(1379~1444)는 이탈리아의 인문주의자, 철학자, 역사학자, 정치가로 그가 태어난 토스카나의 도시 아렛쪼Arezzo이름을 따서 레오나르도 아레티노Leonardo Aretino라고도 불린다. 1405년부터 1415년까지 그는 로마 교황청에서 공식 서한 담당 비서로 재직했고, 1410~1411, 1427~1444년에 피렌체의 서기장을 역임했으며 최초의 근대적 의미의 역사학자로 여겨진다.

1 Johannes hus heresiarcha

Iohānes hus obscuro loco natus. ex villa hus quod anserē significat cognomētū mutuat9. Hic cū esset ingenio pacri τ lingua diserta multūqꝫ dialiticis oblectatus. τ peregrinas opiniones amaret. Auide admodū wiclefistarū doctrinam arripuit. Iheronimū hominē eloquentē condiscipulū prage habuit. Placuit sigismundo īpatori suadente patribus in ꝯcilio ꝯstantiēsi vt bohemia sanari possit iohannē τ iheronimū ad synodū euocari. qui cuꝫ ceteris eius regni doctiores. tū quia doctores ac heresium principes habebant. vouerūt ambo nō tā verecunde aliena discere ꝙ̄ sua imprudenter ingerere parati. docendi quippe ꝙ̄ discendi cupidiores. τ auditi sunt in ꝯsessu patrū. Johānes etate τ auctoritate maior habitus. doctrina τ facundia superior iheronimus. Lecti ex omni natione patres diuini atqꝫ humani iuris doctores. sepe cū his colloquiuꝫ habuere. dogmata eorū a lege diuina aliena esse monstrarunt. neqꝫ bonis conducere moribus. rogauerunt ne plus sapere quā ecclesia vellent. peregrinas opiniones relinquerent. ingenia sua wiclefistarū insania ne fedarent. in edocendis populis nō dedocendis exercerent. possent in ꝯspectu dei τ in ecclesia militanti sublime consequi locum. Stetere in ꝓposito ptinaces bohemoꝝ animi. seuerantes se sancti euangelij emulatores. se xp̄i discipulos esse. Romanā ecclesiam longe a traditionibus aploꝝ abijsse. que opes τ delicias sectaret. dominatū in populis exquireret. canes equos alerent. ecclesiarū bona que xp̄i pauperibus deberentur per lasciuiā luxūqꝫ ꝯsumerent. Primores magne synodis vbi ptinatiam τ immutabiles animos perditoꝝ hoīm animaduertit. membra ecclesie putrida que sanari non poterant ne reliquū corpus inficerent resecanda censuerūt. Lata est in consessu patrū aduersus contumaces sententia cremandos esse q̄ doctrinā ecclesie respuerēt. Prior iohannes igr̄ ꝯbustus ē. iheronimus. ccc.xl. diebus postea in vinculis habitus cū resipiscere nollet sed descendens in laudationem Johannis hussi dudū ad ignem damnati virū illum iustū τ sanctū appellans illa morte indignum. se quoqꝫ paratū quoduis suppliciū adire forti animo τ constanti. Multi illū accessere viri eruditissimi. p̄cipue cardinalis florentinus vt a sua sententia dimouerent. sed cū ptinacius in erroribus pseuerabat p consilium heresi damnatus τ igni ꝯbustus iocunda fronte ad incendiū ꝓperauit. flamma adhibita canere cepit ymnū quē fumus τ ignis vix interrupit. Nemo philozophoꝝ tam forti animo mortē ptulisse phibet. Cineres exustorū ne raperent a bohemis in lacū proiecti. discipuli eoꝝ ex eo solo terrā abstulere in quo ignis fuit. eamqꝫ veluti sacrā secum attulere in patriā. Johannes τ iheronimus apud bohemos martirū honores meruere. nec minores ꝙ̄ petrus τ paulus apud romanos habiti. Nunciatis eīn in bohemia que constantie gesta fuerunt discipuli eoꝝ sequacesqꝫ omnes in vnū conuenientes memoriam in primis defunctorum consecrant. celebrandamqꝫ quotannis decernunt.

Iheronimus heriticus 2

Johannes rochezana

Iohannes rochezana heresiarcha apud bohemos p longa tp̄a pfidiā seminauit. Oppidulū est pragensis ecclesie nō longe a pelzina cui rochezana ē nomen. Ex hoc loco puer obscuris parentibus censuqꝫ tenuissimo natus iohānes nomine pragam venit mendicatuqꝫ victū querens grāmaticam τ dyaleticam didicit. Cū adoleuisset nobilis cuiusdā pedagogus fact9 ē. τ cū valeret ingenio linguaqꝫ ꝓmptus esset in collegio pauperū recept9 auditor iacobelli fuit. Postremo p̄sbiter ordinatus p̄dicare verbū dei pragensibus cepit. Ex oppido vnde ortū habuit rochezane cognomen ducente. τ in de noīe τ auctoritate valebat. τ cū basiliensis sinodus bohemis scripsit vt legatos mitterent. inter legationē. ccc. equitū ad basileā missam iohannes rochezana pseudo pragensis apostolus deputatus fuit. Et postea sedente prage sigismūdo pro tribunali in foro ciuitatis rochezana cū quatuor p̄sbiteris nomine totius cleri obedientiā romane ecclesie sese ꝓtestare ꝓfessus est. τ sequenti die absoluti ab anathemate τ p legatos ꝯcilij in ecclesiā introducti rochezane pfidie sue non īmemor altare accedēs diuina re peracta vni quē iusserat ex laicis adesse sacramentū ex calice dedit. Quis alter ex concilio legatus id sibi nō licere assereret. in quo errore pseuerans tandem senio defecit.

3 Leonbardus aretinus

Leonbardū aretinū phm̄ τ oratorē ac historicum elegantissimū ac ꝓbatū tēpestate istac floruisse constat. eo ꝙ innocentij septimi. gregorij duodecimi. alexandri τ iohannis. xxiij. pon. ro. vsqꝫ ad ꝯciliū Constantie summa integritate fide secretarij officiū administrasset. deinde a florentino populo accitus cancellarie generalis sibi cura demandata vsqꝫ ad extremū vite tp̄s gessit. Inter viros illustres ob dicendi elegantiā oībus p̄ferendus est. Cū esset optime doctus licet multis occupatis negocijs ea tñ scribere voluit. τ p̄mo cū adhuc grecis autoribus operā daret Basiliū de instituendis discipulis transtulit. Vitā ꝙ̄ viroꝝ illustriū in plutarcho τ vitā ciceronis ꝯposuit. Trāstulit ꝙ̄ libellū xenophontis de tyranno. τ aliquos libros platonis. Ex aristotele economicū ethicoꝝ τ pollliticorū libros. historiā gothoꝝ edidit. volumē etiā eplaꝝ ac sui tp̄is historiā. de laudibus florentie τ rebus florentinoꝝ. cuius historie cā senatus ei singulare premiū vsqꝫ ad mortē ꝯstituit. Que q̄dē mors fuit anno dñi. 1443. cū esset etatis anoꝝ. 74. Multa p̄terea alia composuit in quibus dicendi elegantia τ summa ipius ingenij vis apparet.

Basilea prouincie heluecie ciuitas ampla clarissimaqꝫ. in loco regio extructa. Inde Basilea dicta. eīm ΒΑΣΙΛΙΚΟΣ grece regalis sonat. inde apud grecos ΒΑΣΙΛΕΙΑ regnum dicit. Uel ob frequentes terremotus quasi sine base appellata. Quāuis vulgo ferūt ibi latuisse basiliscū. Et post eius defectonem nomē vrbis reliquisse. Hec vrbs rheno abluit. et eā pene mediā diuidit. pōte tñ simul vrbis ptes vniūtur. Is fluuius germanie celeberrimus ex rheticis alpibus ortus. Qui varijs mōtiū impedimentis incitatus. cū rupibus coartat. terribili fremitu eluctuat. pcipue ꝓpe oppidū Schaffhusen. ingenti impetu pceps ruit. Et sb oppido lauffenberg artatus petris. spuma albissima p fremitu et collisione apparet. Tandē atrox spumans amplo gurgite ad augustā rauricā. vsqꝫ et basileā euoluitur. Et eā in duas ptes disiūgit. Ciuitati qꝫ ac ponti i occulto insidiat. cū terremotibus sepenumero quassata sit. Littora eīm rodit. alueos nouos qrēs. terrā cauās. vetīs et aqs replēs. hos motus extitat. Quāobrē veterē rauricā augustā (cuius vestigia supra basileā cernūt) defecisse arbitrāt. Cuius nomē basilea a descriptoribus postea sortita fuit. Ea vrbs a rheno cōmoditatē magnā hꝫ. qz īnō mltā hꝫ nauigatoem. vt cū magnis oneribus ad mltas regiones nauigari possit Ursulā qꝫ diuā vgine cū sodalibus a colōia nauigijs p rhenū ad basileā ascēdisse historie tradūt. Rhenus aūt et si accolis multa qñqꝫ dāna īfert. vbertatē tñ glebe affert. Cū h vrbs etate nrā latericijs domibus. pulcerrimis edibus. mōsterijs tēplisqꝫ magnificētissimis. hospitalibus āplis. alijsqꝫ vrbiū necessarijs cū mag ambitu et menibus. fossisqꝫ pfundis exornat. hꝫqꝫ agrū āplissimū inter mōtana ꝯstitutū. q et frumēti viniqꝫ boni feracissimus ē. Estqꝫ vrbs celeberrima et ātiqꝫ h euenit i hac. qꝺ i ceteris ātiqs vrbibus (qꝫ descriptio pcessit) euenire solet. vt relique et monumēta qdā vetustissimoꝝ opeꝝ ꝯspiciāt. veꝝ ita ruinis et terremotibus qssa ac vetustate ipā cōsumpta. vt nec eius figure. nec ad quē vsuꝫ fabricata fuerint. quāuis diligētissimus ꝓspector qat agnoscē. Hec tñ mirūimmodū aucta. Et post terremotū cursus īstaurata. Nouissime nrīs tpibus bonaꝝ artiū gymnasio ornata fuit. Pius eīm summus pontifex eius nois scds ob loci comoditatē post susceptū pōtificatū in ea vniuersale gymnasium condidit. ac priuilegijs dotauit. Qui olim in ea vrbe tempore concilij basilien-

185

sis plura egregie ꝑfecit. Sita ē aūt ĩ alsacia. cui q̄ndā heluetia nomē fuit. tūc gallici. nūc germanici iuris prouīcia. Cū ludouicꝰ delphinꝰ vienēsis in eiꝰ agrū oēm fere militiā gallicā eduxisset ingentēq̄ꝫ metū basiliēsibus intulisset. ⁊ suitēses ex federe socij ciuitati q̄tuor milia militū letissime iuuētutis auxilio misissent. ⁊ acri bello dubio marte pugnatū eēt. De ea pugna illico inferiꝰ mētio fiet. Hꝫ hec inclita vrbs duas ptes vt p̄misꝫ ē. Maior hꝫ tres vtices. in vno vetustissimū diue marie extat tēplū summū: epalis sedes auxilio diui heinrici ĩpatoris sc̄di ornatū. In alio canonici reḡlares ad. s. leōbardū degūt. In tcio eccia sc̄ti petri situata ē. Primū q̄ꝫ monasteriū cū abbacia ad sc̄tm̄ albanū in acie vrbis extat. Inde minores. augustinēses ⁊ p̄dicatores in eo loca sortiti sunt. Domꝰ itē cruciferoꝝ ⁊ dn̄oꝝ theutonicoꝝ spaciosa loca occupāt. Et moniales ad sc̄tāꝫ katherinā ⁊. S. clarā ⁊ mariā magdalenā. Minor aūt ps vrbis celeberrimū hꝫ monasteriū carthusiensiū. ⁊ ecciaꝫ theodori ⁊ sc̄ti nicolai ac alias basilicas. In hac q̄ꝫ vrbe multe sc̄toꝝ reliq̄e sūt ac ornatꝰ varij q̄bꝰ deco

Friderico postea ro. ĩpatori amedeꝰ dux sabaudie quē clerꝰ apō basileā ꝯgregatꝰ eugenio (rata existit q̄rto a summo pōtificatu pōtificato poito in illiꝰ locū suffecerat felicēq̄ꝫ papā q̄ntū vt p̄misimꝰ vocauerat filiā quā domi habebat viduā iuuenē ⁊ forma p̄stātē in m̄rimoniū obtulit. sileꝫ dotis noīe auri nūmū ducēta milia. si eugenio relicto se petri successorē appellaret. horruit cesar minimeq̄ꝫ sacro suo eccīe sacra fedare voluit. atꝫ ad suos ꝯuersus. vēdere inq̄t alij pōtificalia solēt. hic libēter emat si reperiat venditorem.

Leonellꝰ estēsis ferrarie marchio p̄mogenitꝰ ex Stella nobili adolescentula pellice susceptus. patre Nicolao apud mediolanū defuncto in ferrariensi regno succedēs regnauit annis. ix. vir certe magne hūanitatis ⁊ prudentie ac liberalitatis insignis. necnō ⁊ bonaꝝ litteraꝝ egregie doctus. qui regnū pace ⁊ iusticia gubernauit. ⁊ vrbē ferrariensem muris nouis ex parte padi cingere cepit. ⁊ plura edificia superbissima in vrbe erexit. ⁊ vias ⁊ plateas strauit. Monasteriū sc̄tē marie ordinis sc̄ti dominici erexit ⁊ se post mortem ibi sepeliri fecit. Hic iohannis frācisci ganzage mantuani filiā duxit vxorē. ex qua nicolaū vnicū filiuꝫ mire pulchritudinis suscepit. cuius tutelam ⁊ regni curā borsio moriens cōmisit.

185

Folium CCXLIII verso-CCXLIV recto

바젤

라인 강변의 도시 바젤Basel은 독일, 프랑스, 스위스 세 나라의 국경과 만나는 곳에 위치하며 내륙 국가인 스위스에서 유일하게 화물 항구가 있는 곳이다. 바젤은 이미 중세와 르네상스 시대 이래로 중부 유럽의 교통의 요충지로 상업과 교역의 중심으로 발전했다. 지명은 라틴명 바실레아Basilea에서 유래하는데, 이 지명은 로마제국이 지배하던 4세기 후반의 기록에 처음으로 등장한다. 이 말은 '왕권', '왕의 존엄'을 뜻하는 그리스어 바실레이아Basileia에서 기원한다.

삽화에서 왼쪽 바위 언덕 위에 보이는 대성당은 1019년에서 1500년 사이에 세워졌는데 공사 중인 한 쪽 첨탑이 묘사되어 있다.

186

Folium CCXLV recto

이탈리아의 두 연인

"지기스문트 황제가 잠시 이탈리아의 시에나에 머물던 중 황제의 개인 시중이던 에우리알루스Eurialus라는 이름의 멋진 기사와 시에나의 아름다운 아가씨 루크레티아Lucretia가 첫눈에 반했다. 하지만 황제가 여정을 계속하자 두 사람은 이별하게 되었다. 이별의 슬픔을 이기지 못한 그녀는 병이 들어 결국 숨을 거두고 말았다. 이 사실을 알게 된 에우리알루스는 슬픔과 고뇌에 빠졌다. 그를 불쌍히 여긴 황제는 그에게 귀족 혈통의 처녀를 아내로 주었다."

PHilippus mediolonēsiū dux. occupata genua vrbe. magnū exercitū inter foꝛ corneliȷ liuijq̃ foꝛū cō-tinebat. Quapꝛopter suscipit aduersus eū a floꝛētino pplo bellū. qd vsq̃ ad obitū eiusdem ducis durauit. annis. f. xxv. Infida tū nonnūq̃ ⁊ insidiaꝝ plena pace intercedente.

FRancia añ hec tpa diu in floꝛe. nūc in meroꝛe fuit. Cū illud regnū floꝛētissimū supra modū per heinricū regem anglie vastat. postq̃ aūt alios bello deturbauit. nō sine grandi iactura suoꝝ infelicissime vitam finiuit. ¶ Joannes quoq̃ dux burgūdie hoc regnū eque lacerauit q̄ breui post occidit ⁊ maloꝛum multoꝝ occasio extitit. Cardinalis sancte crucis tandē pacem cōposuit. quā burgundi acceptarūt. Anglici non consenserūt. verū ioannes burgūdie dux post terugas initas cum sacramentū ambo diuinissimū sumpsissent. in conspectu regis francie atrociter occidit. ideo mala succedunt tempoꝛa per regiones francie.

Duo amantes

DUo amantes hijs diebus in ytalia fuerūt. Miles vnus eurialus noīe Sygismūdi imperatoꝛis. curialis pcipuus. Et lucrecia in senēsi ethrurie vrbe. ambo decoꝛi. amboq̃ speciosissimi. Seꝫ lucretia mira pulcritudine pꝛecellens. Res acta senis est dū sygismundus illic degeret. Hij nāq̃ ceco amoꝛe adinuicem solo visu exarsere. Et tandē ad cōcupitū finē puenere. Et cum ibidem p aliquot temp⁹ dies suos deduxissent. ob cesaris absentiā facta fuit sepatio. Ex qua tātā vterq̃ contraxit tristiciā. q̄ lucrecia post longas lacrimas egritudinē incidit. Et qz coꝛ suū aberat inter bꝛachia matris indignanteꝫ exalauit aīam. Eurialus vō postq̃ obisse verū amatoꝛē cognouit. magno doloꝛe pmotus. cōsolationē vllaꝫ admisit nisi postq̃ cesar ex ducali sanguine virginem castissimā sibi matrimonio coniūxit. Ex quoꝛ exemplis monētur. vt temperatis motib⁹ studeant. Qui eñ nūq̃ sensit amoꝛis ignem aut lapis est aut bestia. Ipse nāq̃ per deoꝝ medullas non latet igneam fauillam. hoꝛum histoꝛiā pius pon. ante pontificatum pulcrē descripsit.

186

De aduentu Delphini in alsaciā. tpe conciliȷ basilieñ.

VEnit per hos dies ludouicus delphinus vieneñ. ac pꝛimogenitus regis francie. cuꝫ magno exercitu infra limites imperiȷ. Oppidumq̃ obsidione cinxit. Cui nomē est mons belligradi. quod ab impio comites de wirtenberg habēt i feudū. Ibi cum aliquādiu delphinus maneret. cū castellanis tandē conuenit. vt sibi ad certum tempus oppidum traderet. Quo lapso id libere restitueret. Nam aliter vi decreuerat expugnare. vt locum haberet in quo morari posset. quia non decebat regis filium in campis degere absq̃ tecto. Postq̃ aūt delphinus belligradi potitus est. fama vndiq̃ aduentum suū publicauit. s; non vno modo apud omnes. Apud aliquos nāq̃ se in auxiliū nobilitatis venisse pꝛedicabant. tanq̃ in germania p comites esset oppꝛessa. Apud alios vō vocatum se dicebat per romanoꝝ regem cōtra Swicenses. nōnullis aūt se velle vendicare iura domus francie se asseuerebat. que vsq̃ ad rhenū pꝛotendi dicebat. Ex hac causa vrbem argentinā obsessurū se affirmabat. dicebat ⁊ pꝑter ducem sygismūdū se venisse. Et hos rumoꝛes vbiq̃ publicari studebat. Non q̄ ita esset. s; q̄ fauoꝛem ob eam causam sese putabat habituꝝ. De delphini exercitu varia dicta sunt. qui minoꝛa pꝛobant quinq̃. ⁊. xx. milia censent esse. Concoꝛdatū est inter delphinū ⁊ alsacieñ. quinq̃ ⁊. xx. milia hominū ex suo exercitu p hyemeꝫ in oppidis alsacie recipi debere. ipseq̃ delphinus ⁊ thuriceñ. ⁊ aliȷs obsessis ferre opem pꝛomittit. Ueniebant iam delphini gentes q̄ vulgo vocantur armeniaci in subsidiū quoddā castelli. quod swiceñ. pꝑe basileam obsidebant. suiceñ. vt hec senserunt non expectatis hostibus obuiam pergunt. pꝛimasq̃ armeniacoꝝ turmas incidūt. stragem dāt. plurimosq̃ neci pꝛebent. armeniaci vō retro pedetenti fugientes ad maioꝛē exercitum se recipiūt. Illi sanguinis cupidi ⁊ auidi victoꝛie dū gloꝛiam querunt. pꝑiam salutem amittunt. Uentuꝫ est ad hospitale sancti iacobi quod vix stadiȷs quatuoꝛ a basilea distat. ibi vniuersa multitudo armeniacoꝝ in suiceñ. irruit. Nonnullis ante poꝛtas basilieñ. positis qui exeuntes obseruarent cederentq̃. Cōmittitur atrox ⁊ miserabile pꝛlium. Caduntq̃ ex vtraq̃ parte q̄plurimi. pꝛelium a pꝛincipio diei vsq̃ ad finem tractum est. Ad extremuꝫ non victi suiceñ. s; vincendo fatigati. victoꝛia lugubꝛis armeniacoꝝ fuit. Campusq̃ liber eis māsit. nō virtute. s; multitudine supantibus. Ex armeniacis dicūt aliqui plures stratos esse q̄ ex suiceñ. Magna cedes equoꝛum fuit. plures theutoni dum suiceñ. vlcisci volūt vitam amiserūt. Dum hec agūtur rex romanoꝛuꝫ oꝛatoꝛes ad delphinū mittit. episcopum augusteñ. ⁊ ioannē de aych doctoꝛem. nonnullosq̃ milites perscrutatum. Quid cause sit quod imperiuꝫ cum exercitu sit ingressus. Redeunt oꝛatoꝛes ⁊ cum his delphinus suos ad regem destinat q̄nq̃ viros pꝛestantes. Interim ex parte conciliȷ basilieñ. cardinales duo arelateñ. ⁊ sancti calixti pluresq̃ aliȷ doctoꝛes delphinū adeūt. Et cum hijs ciues basilieñ. depꝛecanturq̃ neue concilio vel ciuitati nocent. Is rursum suos basileam cuꝫ hijs nūcios mittit. Qui habuerunt diuersos concoꝛdie tractatus. Nam ⁊ oꝛatoꝛes felicis pape ac ducis sabaudie totiusq̃ suiceñ. factōis illuc ꝯuenerāt. Oꝛatoꝛes qui Nuremberge fuerunt dixerunt delphinū vocatu regis contra suiceñ. venisse. Tandem cū deuastationem in alsacia peregerunt. non sine nece suoꝝ ad pꝑia reuersi sunt. Anno domini. 1444.

187

Folium CCXLIX recto

함락된 콘스탄티노폴리스

동로마 제국(비잔티움 제국)의 수도이자 유일한 기독교 지혜의 본산 콘스탄티노폴리스가 1453년 5월 29일에 술탄 메흐메드 2세에 의해 마침내 함락당하고 말았고 이로써 1천 년 비잔틴 제국의 역사도 막을 내렸다. 성 소피아 성당은 이슬람 성전으로 바뀌었고 도시명도 이스탄불로 바뀌었다. 이 삽화는 다른 곳에 사용했던 것인데 이곳에 재사용했다. 단 제목은 '함락된 콘스탄티노폴리스'로 붙여 있다.

De expugnatione constantinopolitane vrbis anno .1453.

Constanstinopolis ciuitas orientis imperij sedes ⁊ vnicū grecie domiciliū sapiētie hoc anno q̄rto kal. Iunias a mahumeto turchorꝫ principe p. 50. dies obsessa vi ⁊ armis expugnata diripit̄ ⁊ fedat̄ anno regni mahumeti tercio. q̄ coactis vndiqꝫ copijs mirabili apparatu terra mariqꝫ regiā vrbē aggressus. cuius descriptio in superiorib' habita ē. Ad terciū aūt diē captato vrbis situ machinas innumeras craticulosasqꝫ ex virgultis viminibusqꝫ ꝯtextas qb' pugnātes tegerent̄ fossatis admouit. Erat aūt murus fortis. q̄ tn̄ machine cā horribili cedebat. Bombardaqꝫ ingens turrī iuxta sctī romani portā collidit. cui' ruina añmuralis fossatū replet, equatqꝫ vt via hostibus pateret. At cū turch' trib' iā locis ꝯcussis lapidibus muros desperaret. Memoratu cuiusdā inuidi xpiani ex colle biremes intromittere curat. Est em̄ port' ille in lōgū angustū qꝫ ꝓtract'. cui' orietalē plagā colligate naues ⁊ cathena muniebant. inde hostib' aditus impossibilis erat. quā ob rē vt coangustaret circūuallaretqꝫ mag' vrbē iussit in via eq̄re ex colle suppositis leuitis vasis lacertorꝫ vi ad stadia septuagīta trahi biremes. q̄ ascēsu grauī' sublate posthac eo apice in decliuū ad ripā leuissime sin' introrsum vehebāt̄. Inde pōtē lōgitudīs stadiorꝫ circiter. xxx. ex ripa vrbi oppoīta q̄ vasis vinarijs colligatis sub constructis ꝯfixisqꝫ lignis q̄ exercit' decurreret ad murū. dyametralisqꝫ cinctio ingressuꝫ transitūue ꝓhibebat. Tandē dato signo vndiqꝫ nō solū ꝯstātinopolis orientis columen. s ipa q̄ꝫ pera ne q̄d auxilij grecis ꝓstaret oppugnari cepta ē. Turchi rursus subruere murū portasqꝫ q̄tere innixi. Cernit̄ varia pereuntiū forma ⁊ plurima mortis imago. Cūqꝫ defensio remissior fieret turchi aiaduertentes acri' incūbūt. In ingressu demū porte octigēti circiter milites ex latinis grecisqꝫ periere. ⁊ iā hostis superiorē murꝫ tenebat saxa in ciues deuoluens. Cū subito capta vrbe cesis oib' in rapinas itū ē. In hui' aūt vrbis populatiōe cōstātin' paleologus ⁊ ipe mr̄e helena genit' orietis imꝑator capite trūcat' regni sil' ⁊ vite finē fecit. datis q̄ꝫ edictis vt a sex annis supra oēs vtriusqꝫ sex' ꝑsone necarent̄. sacerdotes ⁊ vniuersi monachi diuersis tormētorꝫ generib' necati sunt. Reliquū oē vulgus gladio datū. tāta sanguinis effusio vt riui cruoris ꝑ vrbes currerent. Sic nobilissima vrbs ꝑ constantinū primū cōdita in manus infideliū venit. Ab eius ꝯditione M.c.xxx. vel circa. Quibus gestis omnia in predā dedit. sacra templa fedauit. postremo turchi varia nephanda pegerūt

Constantinopolis expugnatio a turchis

188

Folium CCLIII recto

샤바츠 요새

"헝가리의 마티아스Mathias(헝가리식은 Mátyás마탸슈) 왕은 샤바츠Šabac(독일식 표기는 자바츠 Sabatz)에 있는 터키군 요새를 포위했지만 터키군은 헝가리의 비티비츠Witibitz 공公을 사로잡아 그의 목을 자르고 헝가리 군의 사기를 떨어뜨리기 위해 그의 목을 창대 끝에 꽂고 요새 위에 걸어놓았다. 분개한 헝가리의 마티아스 왕은 온 힘을 다해 이 요새를 공격하고 마침내 함락했다. 1492년에 터키군이 다시 공격해 왔지만 헝가리군은 그들을 물리쳤다."

Leodium galliarꝝ clarissima ꝛ potētissima ciuitas hoc anno M.cccc.lxviij. a carolo burgundiorꝝ duce capta ꝛ ingēti edita cede. diripit. Superiorib⁹ eñ annis inter leodiēses ꝛ burgūdionū ducē maxie ꝯtentiones agebant. q̄s cū leodiēsis eṗs extiguere tēptasset a ꝯciuib⁹ suis vrbe pulsus fuit. ideo summ⁹ pontifex tricariensem eṗm legatū eo misit. Js in carcerē trudit. Quā ob rē indignatus dux vrbē in germania populosissimam presente ꝛ fauente ludouico frācorꝝ rege acerrimo ipetu ac p̄lio vrbē expugnauit ac eā euertit

Mathias inclitus rex hungarie bosnēse regnū hac tēpestate aggressus castrū iaytza tū loci natura tū vo menioꝝ altitudine munitissimū deditione cepit. Inter hec sacro regni hungarie diademate a manibus friderici romanoꝝ cesaris magna cū difficultate rehabito. rex sexto sui regni. Anno dn̄i M.cccc.lxiiij. in die cene dn̄i astantib⁹ ꝓceribus cū solēnitate maxia coronatus. Post hec mahumetē turchoꝝ impatorē in expugnatione dicti castri iaytza in fugā vertit. relictis machinis ꝛ tormentoꝝ generib⁹ inglori⁹ in turchiā rediJt. Tandē post aliqua tp̄a castrū siue castellū turchoꝝ sabatz denoīatū ad lit⁹ flumis zaue vel saui p̄ eosdē ex lignis terraq̄ʒ multū curiose ꝑforti ope p̄paratū (vt seq̄ues figura p̄ omnē diametrū ac formā ostendit) turrib⁹ ac fossatis ac vallibus. necnō minus militibus munitū diro hiemis sub rigore obsedit. in quo lignea menia ex tabulis fabricata sunt. quaꝝ tabularꝝ cōpago ita solidū est vt vix ab intento posset iunctura ꝯprehendi. Suntq̄ʒ tricliuia ambitu ꝓlixiore distincta portic⁹ in oī decore disposite. Area vo curtis ingēti ambitu cicte vt amplitudo ip̄a regiā aulā ostentat. Dūq̄ʒ rex acrius p̄lio insisteret. turchi rapto comite iohāne de witebitz ab exercitu regis ad castellū. eo interfecto caput ei⁹ absciderūt cū flauescēte copiosaq̄ʒ coma haste suffixuz ad terrorem exponi iusserunt. Mathias rex indignatus vi aggressus deditione cepit ac expugnauit ingenti gloria. Nouissime turchi anno M.cccc.xcij. iterato castellū inuaserūt. ab hungaris repulsi ad propria redierunt

Sabatz

189

Folium CCLIV verso

트렌토의 유대인 처형

"1475년 3월 21일, 트렌토(Trento 현재 이탈리아 북부도시)에서 일어난 일이다. 일련의 유대인들이 유대 전통에 따라 누룩 없는 빵을 준비하는 데 필요한 그리스도의 피가 부족했다. 그래서 유대인 토비아스는 30개월밖에 되지 않은 시몬이라는 기독교 집안의 아기를 유괴했다. 밤에 그들은 먼저 아기의 성기를 자른 다음 온몸을 찔러 피를 받은 후 찬양하기 시작했고, 그 사이 아기는 죽었다.

아기를 찾아 나선 부모는 3일 후에 아기의 시체를 강에서 발견했다.

이 사실이 알려지자 당국은 유대인들을 잡아 고문하고 처형함으로써 그들의 악행을 뿌리 뽑았다. 주교의 명으로 아기가 묻혔는데 여러 가지 기적이 일어났다. 그 후 많은 신자들이 이 '거룩한 아기'의 묘소를 찾았기 때문에 이 도시는 크게 번영하게 되었고, 시민들은 이 아기에게 바치는 아름다운 성당을 세웠다."*

*어떤 기적인지는 설명이 없다.

Simon beatus tridentin⁹ puerul⁹. quē ob miraculoꝝ frequētiā btm̄ appellāt. die marcij. xij. kal. aprilis anno ab incarnatione verbi septuagisimoq̄nto supra millesimū q̄ter cētū. in hebdomoda sctā a iudeis in tridētina ciuitate necat⁹ xp̄i martir efficit. Judei eīm ea in vrbe degētes pasca suo more celebraturi. cuꝫ xp̄ianū nō haberēt immolādū cui⁹ sanguinē in azimis suis vti possent puerū in hūc modū in samuelis cuiusdā iudei domū furtim deportarūt. In sacra hebdomoda añ diē pasce luce tercia vespere facto is añ fores p̄ris puerulū more sedēs. cū nō aderat genitor nec cara parēs, p̄ditor thobias astitit blanda voce moratus pueꝝ cui⁹ etas nō dū ter decē mēses viderat. fert illico samuel ad edes. Cūq̄ꝫ nox ruit hic gemini saligmā samuelq̄ꝫ thobias vitalis moyses ysrahel atq̄ꝫ mayer añ synagogā leti ei⁹ pectora nudāt. In eius collo primū ne vagire posset sudariolū apposuerūt ꝛ extensis brachijs p̄mo p̄apulū forpicib⁹. mox genā dexterā p̄cidentes. Inde q̄sq̄ꝫ forpice carnē ꝯuellit. Sudib⁹ deinde pacutis pupugere. cū ille manus alter plantas cōtinet crudeliter sanguine collecto hymonos eoꝝ more canētes. addūt minis v̄ba. accipias suspēse ihesu. fecere sic olim maiores nr̄i. sic ꝯfundant celo terra mariq̄ꝫ xp̄icole. sic caput eius inter vlnas cecidit ꝛ vita libera ad superos fecit iter. inde ad cenas ꝑperarūt azimas de sanguine eius in xp̄i dedec⁹ ederūt. eoq̄ꝫ mortuo statim corpus in ꝑpinquū domus eoꝝ flumen p̄iecerūt ꝛ pasca cū gaudio celebrarūt. Querētes deinde anxij parētes gnatū paruulū. postridie eū in fluuio inuenerūt. q̄ illico vrbis p̄tori scelus denūciarūt. Is p̄tor iohānes de salis nobilis brixiensiū ciuis legū doctor viso puero exhorruit facin⁹ ꝛ ꝯfestim vrbis iudeos ꝯp̄hendit ꝛ eculeo eos sigillatim imponēs tormētis astricti eo ordine crimē retulerūtt. q̄ diligēti examinatione cognito iudeos ꝯdignis supplicijs exterminauit. Presul eo tp̄e vrbis Jo. hinderbach collegit extictū corp⁹ ꝛ sepulchro mādat. multis e vestigio cepit florere miracul̄. Inde ex oī xp̄iano orbe pp̄loꝝ ꝯcursus ad sctī huius paruuli sepulchrū est factus vt etiā vrbs ip̄a cū miraculis ꝛ opibus multis sit aucta Corpori v̄o ipsius pueri tridentini ciues basilicam pulchram erexere

Nō simile etiā scel⁹ apd̄ motā oppidū qd̄ ē ī finib⁹ agri fori iulij p⁹ q̄nquēniū iudei pegert. Nā etiā aliū puerū sili mō mactauerūt. p̄ q̄ tres eoꝝ captiui venetijs missi fuert ꝛ atroci supplicio ꝯcremati sr̄.

Iterum thurchi inferiorem ingressi misiam magna cede sternunt. Dehinc magnā genuensium vrbē caphām quā ad meotidem adhuc possidebant. Genuenses expugnant. ciuitas populosa ꝛ mercatoribus plurimū apta iuit hoc anno ciue genueosi eā prodente in turchoꝝ man. deuenit in littore euxini maris sita.

190

Folium CCLV recto

성모의 계시받은 양치기의 최후

"1476년 프랑코니아Franconia의 니콜라스하우젠Nicholashausen 이란 마을에서 한 양치기가 성모 마리아가 나타나 계시했다면서 사람들 앞에서 교황과 사제들을 비난하는 설교를 했다. 이 소문이 퍼지자 많은 사람들이 모여들었다. 뷔르템베르크의 주교는 그를 체포하여 뷔르츠부르크로 데려온 다음 화형에 처했다. 그 이후로 니콜라스하우젠으로 가는 순례의 행렬이 끊겼다."

Puelle monstrū tēpestate istac in veronēsi agro nascit' que vnū tantū caput habēs ꝫ duos podices. duasq; vuluas. ex ipis ambab' supfluitates emittebat. Insup q̄tuor brachia ꝫ duo grossiora q̄ p volūta
te mouebat. alia tenuiora ꝛ immobilia erant. vētres etiā duos circa stomachū cōiunctos habebat. hanc parentes p italiā circūferētes precia ab inspicientibus mendicabant.

Padus ꝛ tiber reliquiq; oēs ytalie fluuij nouēbrio mēse (ex multitudine imbriū) ita excreuere vt extra al
ueū effluentes multa accolis dāna intulerūt. q2 nō secus p vias mortales nauigabāt ac p eoꝝ fluminū
aluea facere consueuerant. Decrescentibus paulopost multa animalia ꝛ q̄maxime tiber secū traxit. ex quo
rum putrefactione ꝛ flatu pestis maxima subsecuta est.

In hispania morte heinrici prouincia diuidit' diuersis populoꝝ studijs. nā ferdinādus iohannis arroga
nie regis filius helisabetham heinrici sororē in matrimoniū traductā ꝛ alfonsus portugalie rex heinri
ci iohannam filiam ex sorore sua neptē fouens regnū diuiserūt. Anno sequenti ferdinandus rex hispanie in
agro numantino portugalie regem profugat.

Johannes de monte regio astronimus

Iohānes de mōte regio aleman' nō minor anaximādro. milesio aut syracusa-
no archimede. vtraq; lingua greca ac latina eruditissim' germanoꝝ dec'. hac
quidē tēpestate ob astronomiā ceterasq; mathematicas disciplinas a mathia pānonie rege nurmbergēsibusq; ppetuo donat' stipendio. ꝛ in germania. pānonia
ac rome multo in pcio habit' ē. Qui cū in hūgaria kalendariū ppulchrū ac q̄daz
alia in astronomia magno cū labore suo celebri ingenio composuisset. Epheme-
ridesq; a nostris diario dicta maxima cura ingenioq; edita inductis noue astro-
nomie tabulis. reprobatisq; gerardi cremonēsis theoricis romā ad emendandaz
pasthilem dionisij computū a sixto q̄rto pon. accit' dum pleraq; posteritati parat
nō sine maxima studiosoꝝ iactura morbo perijt. Usus ē pceptore georgio burba
chio in mathematicis excellentissimo. cui' theorice sciētissime impsse circūferūt.

Nicolaus estensis q̄ de impio ciuitatis cū hercule diffidebat. ferrariā clā ingres
sus primo septēbris primo īpetu aduersarios exterruit. mox concursu Sigis
mundi fratris herculis eiectus vrbe palude latitans capitur. nec multo post capi
te obtruncatur adolescens omni virtute insignis.

In franconia germanie nobili prouincia (que ab incolatu francoꝝ orientalis francia appellat') Anno
salutis M.cccc.lxxvi. in rebus xp̄ianis varij mot' agitationesq; inciderūt. Timpanista quidā aīaliuꝫ
brutoꝝ pastor apud vicū Niclashausen vocitatū sectatores plures nactus virus diffundere cepit. eo pnicio
sius quo ꝛ sacerdotes ꝛ religiosos in ppl'oꝝ inuidiā adductos spernētes abiectos habere ceperūt. Is vo si
mulatā puritatē quandā ꝛ innocentiā vite pponebat. edocens vitā cleri ignominiosaꝫ fore. theolonia ꝛ pe
dagia dn̄is nō esse psoluēda. oēs aq̄s ꝛ nemora oībus libera esse. ac nōnulla alia nephāda in populū semi
nans. q̄ nouitate gaudebāt. ea sibi v̄ginē mariā enarrasse p̄dicabat. Undiq; igit' gētes votis occurrebant.
Diebusq; festis maximo ꝯcursu hominū longū sermonē in odium cleri deducebat. Eo igit' a Rudolfo epo
herbipoleñ. missi exploratores inde sectatorē pricipalē ad herbipoli ducētes igni tradiderūt. post cui' mortē
hec pegrinatio viroꝝ ꝛ mulieꝝ euanuit. Nurmbergēses q̄3 sb mulcta ne q̄s de ciuib' suis accedēt phibuerūt

191

Folium CCLVI recto

뤼체른의 은둔자

"1480년 여름, 스위스의 루체른 근처에 한 은둔처에서 피골이 상접한 한 노인이 발견되었다. 그는 20년 동안 먹지도 않고 은둔생활을 했다."

Rhodij licet a turchis nō parua dissidia habuerūt. post tn̄ cōstantinopolis expugnationē grauia sense re bella. Cū q̄tuor ꝛ viginti annoꝝ curriculo cōplures sibi vicinas ditiones subegissent. animo infla tus mahumet egre admodū tulit rhodiā vrbē finitimā eius imperio liberam eē. Mahumetes igr̄ imparatoꝛ ingenti classe maximaq̄ꝫ bellatoꝝ vi rhodum petens. Appulit itaq̄ꝫ ea classis veloꝝ centū decimo kal. iunij Anno incarnationis. 1480. militeq̄ꝫ in terrā exposito pͥmū in vertice mōtis sancti stephani ꝛ circa eius mo tis colles castrametati sunt. ꝛ p tres ferme menses vrbē bombardis alijsq̄ꝫ missilibus indesinenter p duces suos lacerauit ꝛ oppugnauit. Uerū petrus dabuson magnus rhodioꝝ militū magister xp̄iane religionis amantissimus. vir prudentissimus ac magnanim⁹ sue magnanimitatis magnū experimentū dedit. diuina eīn fauente clementia principis ꝛ suoꝝ ṽtuti fauente turchi fundunt̄. ꝑpulsant̄. ceduntr̄. tātoq̄ꝫ impetu ter ga vertunt vt sibijpis necē afferrent. fama satis constans est turchos visionis miraculo exterritos. maiorē eīn partem exercitus amisit. vbi celitus xp̄i ihesu ministri ꝓpugnantes visi militibus rhodijs miraculo tur chis terrori fuere maximo. Fatendū igit̄ hanc victoriā celo dimissam esse cū tam parua militū copia hosti po tētissimo iā muris potito restitit. Exactꝭ igit̄ nouē ꝛ octagīta dieb⁹ īpatoꝛ rhodioꝝ littore classes soluēs phiscū nauigare ꝑperat. illic milites ꝛ suppellectilē exonerat. vbi dies vndecim moratus ad domesticos la res cū clade ꝛ ignomia reuertit̄. Petrus autem a pontifice sixto ꝛ ceteris omnibus europe xp̄icolis pecu nijs adiutus. vbi laceratam insulam diligenti cura restituit ꝛ celebrioreꝫ fecit.

Apud suitēses montanos q̄s itali suiceros appellāt haud longe a finib⁹ lucernensiū in loco vasti solitudinis homo senex soli tarie vitā abstinentissimā hoc tpe habebat. q̄ p annos. xx. sine omī corpali cibo vixit. quē fratrē nico lau appellabant. vir corpe aridus sicc⁹ exhaustus sola cute neruisq̄ꝫ ꝛ ossibus compactus. Et q̄q̄ꝫ he remite diutius ieiunent. ꝛ illesi ꝑ pter ociū ꝛ vitā vmbrosam sicut i carceratis ꝯtingit nō raro ꝛ s̄b ter ra ꝓprie. cū ꝑpter indigestionem plures in ipis aggregent̄ supflui tates flegmatice crude. cū sint cōti nue in deū intuentes virtute aīa/ li. virt⁹ debilitat̄ naturalis vt no cumentum nō videat̄ pcipe a ieiu nio. Estq̄ꝫ consuetudo in his sicut et in alijs nō parua res. Uerū hic homo quasi celestē vitam in terris egit. immaculatā absq̄ꝫ sorde. cuius nonulli eū homine gloriosum dixerūt suāq̄ꝫ vitā ad iactanciā interp̄tati sunt eoq̄ꝫ mercedem accepisse p̄dicarunt. s̄ sunt iniqui iudices. qui nō in melius que occulta sunt interpretā/ tur q̄ꝫ que patent. Cur virū calumnient̄ qui longā vitam in artissima pauptate ꝛ solitudine duxit. q̄ multos annos in bona conuersatione accedentiū eos consolando absumpsit. in abstinentia extrema ꝛ humilitate p seuerans. qui nihil appetiuit. qui nulli iniurius. parua fuit merces tantis laboribus humana laus. stultus est qui ꝓpter rumusculos hoīm suū corpus affligit. suūq̄ꝫ gremiū fraudat: Is sanctus ꝛ iustus homo. qui auariciā calcauit. honores seculi subegit. qui patientiā obiecit. qui nullū supbie fomitem ostendit. sola fidu cia futuroꝝ teneri arbitrat̄. retributioneq̄ꝫ thesauri celestis expectare potius iudicat̄. Judicauit hoc ppetua hominis leticia. quem nemo mestum vidit s̄ vultu semp eodem. Sciebat se mortali culpa liberꝫ. bonis ope ribus a ꝯtemplationibus intentū. Potuit cū paulo dicere. Gloria nostra hec est testimoniū conscientie nr̄e. et decetero reposita est mihi corona iusticie quā reddet mihi in illū diem iustus iudex. Per antistitem quoq̄ꝫ constantiensem approbatus. Tandem senio ac viribus deficiens eius senilem animam mollis dissoluit so por. sepultus in ecclesia sui pastoris non sine miraculis q̄escit. q̄ ꝛ finitimis pplis nōnulla vaticinia p̄dixit

Hidruntū apulie maritima ciuitas hoc anno. 1480. ab exercitu mahumeti turchoꝝ principis diu expu gnata. Cum eius exercitus a sarsone in apuleā transuectus est in colle qui vrbi imminet castrametati sunt vallo ꝛ fossa munitissimi ita hidruntū obsederunt vt nulla spes erat ferendi auxilij. Tandem diruptis menibus ad vesperam protracta pugna. superati hidruntini. ingressi vrbem turchi. archieps obstupuit vt nec verbū trucidatus emittere potuit. qui in hostiū manus deuenerūt omnes capite plexi sunt. Franciscus lurgus hidruntinoꝝ dux captus ꝛ exarmatus medius ꝓsectus est. supra duodecim milia euaserunt. tantū duo ꝛ viginti. potiti prima victoria barbari ceperunt statim vicina oppida sollicitare ad deditionem. et in primis leucen ꝛ tarentum. Infelix igitur apulia fuisset si obitus mahumeti non interuenisset. quo mortuo alphonsus dux calabrie vrbem valida obsidione cinxit. Turchi audientes sui principis obitum diffisi pos se vrbem tueri saluis rebus suis sese alphonso tradidere. Qui vrbem ingressus omnia retinuit ꝛ turchos quosdam in mancipijs suis reseruauit.

192

Folium CCLVII recto

이스탄불을 덮친 재앙

"1490년 7월 12일, 이스탄불(원래 콘스탄티노폴리스이나 이슬람 세력이 점령한 다음 도시명이 바뀌었다)은 천둥과 번개를 동반한 유례없이 엄청난 폭풍에 휩싸였다. 이교도(무슬림)들은 이것이 토성의 기운 때문이라고 했지만, 기독교인들은 신의 진노라고 했다. 베네치아 상인들과 다른 상인들에 의하면 800채의 집이 파괴되고 3천 명의 사람들이 피해를 입었다고 했다."

삽화에서는 성 소피아 성당 바로 위 검은 구름으로부터 번개가 치고 있다.

193

Folium CCLVII recto

알자스 지방 마을에 닥친 재앙의 징조

"1492년 11월 7일 정오 알자스 지방 준트가우Sundgau의 엔지스하임Ensisheim 마을에서 이상한 일이 있었다. 하늘에서 무게가 몇 백 파운드나 되는 돌이 떨어졌던 것이다. 재앙이 닥쳐올 징조였다."

유성이 떨어진 것으로 보인다.

Tempestas ingens prius inaudita. anno ſalutis. 1490. die. 12. mēſ iulij. in regia vrbe ↄſtātinopolita na admodū deſeuit. Superioꝝ em̄ triū ſyderū ignes. q̄ decidui ad terras fulminū nomē hn̄t. cū ↄtagiū nimij hūoris ex ſuperiore circulo atqꝫ ardoris e ſbiecto ꝑ hūc modū egerāt. Turbato itaqꝫ aere cū collectus humor habūdantiā ſtimulabat. ſeu grauiſ ſiderū ptu. Et cū ī nube luctabaꝰ flatꝰ aut vapor. primo ingētia tonitrua audita. Exin fulmīa ardētia viſa. ꝛ longiore tractu fulgetra. Et quāqꝫ a ſaturni ſidere ꝓficiſci iſta ↄſectati ſunt. ſicut crementia a martis. Qualiter cū vulſiniis oppidū thuſcoꝝ opulētiſſimū totū crematum ē fulmīe. In ea vrbe p̄clariſſima hec geſta. xp̄iani id diuine ꝓuidētie attribuūt. Ubi antiq̄ colūna ymaginē ↄſtatini imꝑatoris hēbat. fulgur ꝛ horridꝰ impetꝰ ne d̄ſi ꝑtē eiꝰ deiecit. Uerū vt veridici narrarūt negociatores veneti ꝛ alij. octīgētos domos ignis reꝝ edax ↄſūpſit. Et hoīm tria milia. vt nec lignū nec forma edificioꝝ ṙmāſit. Ea forma vt circulꝰ deuaſtatōis īfra oñdit. iō hāc figurā ī laudabilē rei mēoriā adiūximꝰ.

192

Cum varia reꝝ miracula effluxis tꝑibꝰ. vt oñdimꝰ euenerīt. Uiſa eī horrēda oñta corona trabes tellurī hyatꝰ ſanguineꝰ polꝰ. ardētes clipei ꝛ alia. Lac pluere e celo viſū. ꝛ lanā. carnē ꝛ cruorē deſcēdē. viſi ↄcurrētes mōtes. Et lūa ſolqꝫ triplex. cruce ſigtus lapis excidit tꝑibꝰ friderici ſcd̄i imꝑatorī (vti p̄miſſū ē) Nouiſſime āno. 1492. vij. ydꝰ nouēbris. ī meridie ſb friderico. iij. imꝑatore. ad agros eiꝰ ꝓprios. cū crepuit ꝑ aera fulmē. igēs lapis cōcidit. cui forma delte. acieſqꝫ triāgula fuit. miſſus ab obliq̄. hūc ſenſerat Enſheim. Sūt gaudia q̄ꝫ ſenſit. Cū illic ī agros deſiluit depopulatꝰ humū. in ꝑtes diſtractꝰ. pōdꝰ tn̄ ḡue adhuc hꝫ. ꝛ ad oñtationē obſuatur. tanq̄ꝫ futuꝝ omen. 193

Bella ꝑ h̄ tꝑa inter regē maximilianū. ꝛ regeꝫ frācie. ob ducilſam britānie. ꝑ mltas clades geſta fuerūt. Et adhuc ſub dubio marte vigent.

제7시대

세상의 종말과 최후 심판

194

Folium CCLXII verso

적그리스도의 출현

적그리스도가 회중들 앞에서 악마가 그의 귀에 속삭이고 있는 말을 그대로 전한다. 하늘에는 천사가 적그리스도를 벌하고 있다.

195

Folium CCLXIV recto

죽음과 시간의 종말

"하나님은 죄 지은 아담의 육체를 땅으로 돌려보냈다. 그것은 피조물의 끝을 의미하는 것이 아니라 피조물들이 저지른 죄의 끝을 의미한다. 하나님의 원하심에 따라 우리는 태어나거나 죽는다. 이것은 온전히 하나님의 능력에 의한 것이며 우리 인간이 결정할 수 있는 일은 아니다. 그렇지만 하나님은 우리에게 자유 의지를 주셨다. 의로운 삶을 살면 좋은 종말을 맞이할 수 있다. 그러므로 그리스도 안에서 죽은 것이야말로 우리 인간들의 진정한 삶의 목표이다."

Imago mortis

Morte nihil melius. vita nil peius iniqua
O p̄ma mors hoīm. reqes eterna laborū
Tu senile iugum domino volente relaxas
Vinctorūqz graues adimis ceruice cathenas
Exiliumqz leuas. ⁊ carceris hostia frangis
Eripis indignis. iusti bona ꝑtibus equans
Atqz immota manes. nulla exorabilis arte
A primo prefixa die. tu cuncta quieto
Ferre iubes animo. promisso fine laborum
Te sine supplicium. vita est carcer perennis

TENDIMꝰ · HVC · OĒS : HAEC · DOMVS · VLTIMA ·:~

TV prope qui transis nec dicis aue resiste :
Auribus et corde haec mea uerba tene
Sum qd' es, ipse fui derisio amare ~~mortis~~
Mortis, dum licuit pace iuuante frui
Sed ueniente nece postq̄ sum raptus amicis
Atqz meis famulis orba parente domus
Me contexit humo deplorauitqz iacētem
Inqz meos cineres ultima dona dedit
Inde mei uultus corrodit terra nitorem
Quaeqz fuit formae gloria magna iacet :

Meqz fuisse uirum nequeas
cognoscere. Si tu ad uisum
fuero forte retectus humo.
Ergo deum pro me cum pu
ra mente precare. Ut in pe
rpetua pace frui tribuat.
Ut quicumqz rogat pro me
comportet in ymum
Et mecum maneat in regi
one poli ·:~

196

Folium CCLXV verso

최후의 심판

최후의 심판 날 두 천사가 긴 나팔로 잠을 깨우자 죽은 자들이 땅 속에서 나온다. 되살아난 영혼들 가운데 일부는 구원을 받아 천국으로 향하고 일부는 지옥불로 떨어진다.

부록

ingenia ac polita reddit. Has edes diuus Uladislaus illustris sarmacie rex dū ex prutenoꝝ littorali sarmacie gente seuissimo conflictu victoriā duxisset (Cuius quidem belli plurima clarissima monumenta hancvsqꝫ in etatem in arce regia de qua paulopost dicemus supstant) magnis opulentijs extruxit. libertatibus ⁊ stipēdijs summis celebrauit. Nec incole vrbis sarmatico more viuunt. quos crudos ⁊ ignauos sarmatas prisci dixerunt. Sunt nanqꝫ illic clarissimi ciues. virtutibus prudentia ⁊ comitate insignes. humanitatē ⁊ hospitalitatem liberaliter ⁊ familiariter erga quoscꝫ peregrinos offerentes. Uictus illis splendidior q̄ ceteris sarmatis. Ex omni delicato genere cibi potus illis frequētior est. Aqua ordeo ⁊ humulo decocta. Is quātū necessitas ferre potest si sumit̃ profecto nihil nature humane ⁊ ad corpus ipm alendū conuenientius quicq̄ reperiri potest. Sub arce vero intra ciuitatem extat ⁊ aliud insigne collegiū. vbi achademia iuris ac legū pollet. Ad vrbis vero septentrionale latus adiacet paruum oppidū nullis quidem menibus cinctū quod Clepardiuz vocant. nihil dignū scriptu in ea q̄ egregia sacra sedes diui Floriani strennui christiane fidei militis Quā diuus Uladislaus de quo ante meminibus canonicatu ceterisq̄ dignitatibus ac muneribus refecit. et doctorib⁹ gymnasiū artiū regentib⁹ colēdā reddidit. Rupes aūt ac crepidines nimia altitudine erecte. sic vt iam celū sustentare videant̃. Tandē arenis congestaqꝫ terra obducte ingentē collem efficiunt. qui ea parte q̄ in boreā tendit vrbi imminet. ⁊ ex alio latere niuosum carpathū althe tumentem respicit. quā collis partem insignis europe fluuius Istula quondā germanie terminus allnit. qui ex carpathi radice paruo quidē fonte prosiliens longius magis magisqꝫ tumet. ita vt iam vndaꝝ auctus mole que ex pannonicis montibus sese in eum precipitant. trabes ⁊ ingentia robora variasqꝫ lingnoꝝ structuras defert. Tandem vbi imbriū ac ceteris fluminibus magis tumuerit rates ac honerarias naues secū ad germanicū occeanū in sinū codanū deducit vbi trino vasto ore spumosus sese euoluens nomina deperdit. In eo aūt colle primū est ingēs templuz in

197

decus diui wenzteslai ducis bohemie conditū. vbi omniū illustrissimoꝝ viroꝝ monumenta ac sepulture extant. multis opibus varijsqꝫ artibus extructe marmoreo allabastroqꝫ lapide exsculpta. quos maximo ritu ac pompa celebrari consuetū est. In medio aūt templi extat celebre monumentū in quo clarissimus christi miles diuus Florianus requiescit. Sunt ⁊ in eodem colle due sacre edes. diui michaelis ⁊ sancti Georgii Post egregie nobiliū curie ac edes sacerdotū. qui noctu dieqꝫ templa venerant. Post primū ingens regia sedes maximis ac varijs structuris condita. que totius regni capitoliū est vbi tota regni gaza congeritur. Hic principibus declaratur imperium. nam regalis corona hic maximis custodibus obseruat. Extra collē aūt ē monasterium fratrū minorum religiosius ordinem seruans. Nec longe ab eo monasterio extat cenobium sacrarum virginū. Huic ex opposito ad pontē ipm̄ ē insigne hospitale ⁊ sacra edes sancte Hedwigis. Ad aliam vero istule ripam extat clara ciuitas quam Casimirum vocant a rege sic vocato condita. quā Istula vbi sub arce regia se diuiserit totam circumluit ac pene insulam reddit. Est in ea insigne phanū diue virginis katherine vbi ordo Augustinensium floret. Tum ⁊ templum quod ad sacrosanctū corpus christi vocant. vbi canonici regulares inhabitant. Ac cetere alie sacre edes. Extant ⁊ clarissima monumenta vetusti collegij iam insolita. quos illustris regina hedewigis construxerat. Plurima preclara preterea in his vrbibus a vetustissimis temporibꝰ gesta sunt per illustrissimos reges ac principes. Sꝫ breuitatem imitati finē his imposuisse dignum statuimus

197

Folium CCXLIII verso-CCXLIV recto

크라쿠프

폴란드 제2의 도시 크라쿠프Kraków의 라틴어 명칭은 크라코비아Cracovia이다. 폴란드 남부 비스와 강변에 위치한 이 도시의 기원은 7세기로 거슬러 올라가며 폴란드에서 가장 오래된 도시 중 하나이다. 13세기 몽골 3차 침공을 대비하여 굳건한 성벽을 세웠고, 1335년 카시미르 3세는 서쪽의 외곽지역을 편입하여 큰 도시로 만들었다.

크라쿠프는 한때 폴란드 왕국의 수도였으며 르네상스 시대 이전까지만 하더라도 유럽에서 가장 큰 도시 중 하나로 손꼽혔다. 비스와 강변 언덕에는 바벨Wawel 성과 대성당이 서 있다.

Folium CCXLIII verso-CCXLIV recto

뤼벡

북부독일 트라베Trave 강이 발트 해로 흘러들어가는 곳에 위치한 뤼벡Lübeck은 서유럽과 스칸디나비아 및 러시아를 중계하던 한자Hansa동맹의 맹주였다.

뤼벡에 서 있는 일곱 개의 첨탑 중 1310년에 봉헌된 성모 마리아 교회의 쌍둥이 첨탑은 높이 125미터로 19세기에 쾰른 대성당이 완성되기까지 유럽에서 가장 높은 탑이었다. 이러한 뤼벡의 스카이라인은 발트 해 연안의 다른 도시에도 큰 영향을 주었다. 라틴어 명칭은 루베카Lubeca이다.

Ubeca seu vt alij scribunt Lubecum saxonie vrbs illustris ac cesarea ciuitas nedũ in germania verum et apud externas gentes nominatissima a Uikbodo vitigo cimbroꝝ duce ad cimbricam chersoneson quondam edificata in eo loco quem venedes qui ꝛ vandali adhuc saxonie partem tenentes Buccouiam di-xere. Aucta ꝑ seuissimũ principeꝫ qui kitto dicebať. quē ꝛ trutonē appellabant Anno xp̄i M.c.iij. Ea por-cio terre littoralis ē inter magnopolensiũ holltadensiũqꝫ ducatus duobus fluminibus baguisoꝛ trauo irri-gua. Que limpdia flumina vernacula lingua wagnꝭ ꝛ trab appellantur. Is kitto ex nobili progenie marc mannoꝝ ꝛ martinopolensiũ ortũ habuit potens ac grauissimus xp̄ianoꝝ ꝑsecutoꝛ. qui dn̄os de vagerñ qui de Stargardia seu de oldenburg vocabanť in fernerñ ꝛ peldte interfecit. Un⁹ ex his ingenuus euadens in daniam secessit heinricus nomine Gotstalci comitis filius. Is p⁹ aliqua tempora rediens kittoni caput secu-ri abscidit inde suā ducens vxorē. Quo tp̄e heinricus quartus imperio romano prefuit. In ea ꝓuincia om-nes basilice sacerdotibus priuate deuastate erant fidesqꝫ xp̄iana sopita. Urbs quoqꝫ lubicēsis trina vice ob principũ bella ꝑcipue ducis heinrici de leone deuastata fuit ꝛ comitis alsesis de holchstein. qui p⁹ sedatā di-scordiā vrbem duci heinrico permisit in eo loco vbi nunc sita ē. Cũ eius situs prius ꝓpe swartau. postea ꝓpe herneborg fuit vt doctus helmuldus refert. Exin ob negotiationes ex germania alta ꝛ bassa ꝛ ex varijs re-gionibus mirũimmodũ aucta ē vt nũc vltra mare baltheũ seu germanicũ qꝺ Stagnũ vocant in noruegiam Sueciam Liuoniam. in Russiā Littuaniā Prussiā Poloniā ꝛ Pomeraniā. in ducatũ magnopolēsiũ. in da-niam Angliā Flandriā Scociā ꝛ regnũ francie omnes mercaturas ꝑ stagnũ ꝑ terrā in Saxoniā westualiam et marchiā frequentant. Peritissimi astronomi scribunt hanc nobile vrbē initiũ suũ habuisse sub signo libre ꝛ fundatā in singulari dei gratia. Cũ incole vrbis ꝑ ceteris finitimis deuotiones ad modũ diuinas exerceāt Sētit tñ dulcē nucleũ in amara testa. Deinde anno primo ꝛ tricesimo supra vndecies centenũ domini inferio-ris vandalie lubecā deuastarũt qꝫ comes Alff de holchstein iterato instaurauit cũ arce vbi nunc predicatores habitant. In septentrione ac fine ciuitatis Anno M.c.lix. lubicenses memores damni illati copias in ꝓuin-ciā rugen educētes cladeꝫ ꝑ effusionē sanguis ꝑncipi ꝛ potētatui ei⁹ intulerũt. Episcopatũ lubicēsiũ anno sa-lutis M.c.lxi. antistes duodecimus de oldenburg seu Stargardia in vagerñ Geraldus auxilio ducis hein-rici de leone primo obtinuit. qui tredecim ꝑbendas ꝑ oīa necessaria in decimis villis ac possessionibus dota-uit. Creuit igiť lubecũ in potētissimā ciuitatē. oldenburg aũt defecit. Cũ aũt frideric⁹ huius noīs prim⁹ hanc vrbē ingenti exercitu obsedisset heinric⁹ lubicēsis ep̄s pacē a cesare impetrauit ea ꝯditione vt fauore ducis heinrici cesari obedientiā ꝓstaret. Is antistes summā ecclīaꝫ dicauit. ꝛ monasteriũ ad sanctũ iohannē in vrbe extruxit vbi nunc sacrosancte virgines inhabitāt. q̄uis monachi ordis diui benedicti hũc locũ primo posse

derũt. qui nũc apud ciſmer ꝓuīcie de holſtein ꝓpe mare morã faciũt. His tēporib⁹ lubecũ auguſtal' ac libera ciuitas effecta ab impatore friderico libertatibus donata vt caput oīm vrbiũ Stagnaliũ deinceps foret ⁊ in variis priuilegiis etiã apud exteros p̄cipue in londen ciuitate anglie. In norwegia ī ducatu magni ducis moſchauie. in ampla vrbe nogardia. In ruſſia (vbi baſilicã ⁊ curiã xpiano more habent). Ac ī pleriſqꝫ locis ac regionib⁹ magnis exemptionib⁹ decorata fuit atꝫ dotata. In flandria q̄ꝫ ⁊ regno dacie ⁊ ſuecie immunitatibus gaudet. Idē ceſar fridericus priuilegia a duce heinrico p̄habita eis confirmans ꝑ bullã aureã vltro donauit vt ꝯſules viginti quatuor habere poſſent (q̄ꝫuis numerus iſte ꝑ raro complet⁹ ſit) Eoſqꝫ nobiles effecit vt aurũ more equitũ deauratorũ (exceptis calcarib⁹) deferre poſſint. Hec inclita vrbs munda ac nitida exiſtit in vertice ab vtraqꝫ parte decliui poſita vt aque ⁊ immundicies libere deſcedant ⁊ ob frequentes imbres vie purgantur. Eccleſia cathedralis quã ſummã vocãt in meridie ac fine ciuitatis ſita admodũ longa ⁊ decora exiſtit. Ornatur hec vrbs p̄ter iſtã quatuor prochianis baſilicis que ſeptē turres celſas p̄acutas ac pulcherrimas habent cupro ac plũbo tectas ac in ſummitate auro decoratas. Turris in ede ſancti petri corona deaurata cũ armis ceſaris ⁊ vrbis inſignita ē. Omni quoqꝫ decore edes ſacre ornate extant. Inter has q̄nqꝫ ecc̄ias baſilica glorioſiſſime virginis marie eminentiã obtinet Habet quoqꝫ duo monaſteria vnũ ordinis p̄dicatorꝝ. alterũ ſancti franciſci. ac hoſpitale ad ſanctũ ſpiritum. Ciuitas vero aquis ⁊ turribus muro ac foſſis admodũ munita ē. Platee due longe ⁊ ample ꝑ vrbē poſite ſunt vbi edes recto ordine ſite ſunt extructe de lateribus ornatiſſime ac varie decorate exiſtunt. Cetere vie has cruciatim ſecant. Forũ indies onuſtum piſcib⁹ ⁊ carnibus videtur ac aliis neceſſariis. Hilabiturqꝫ primo fluuius Haguiſo a ſeptentrione in meridiē inde in occidentē. Ante ciuitatē flumen trauus contrarie ex meridie in ſeptentrionē fluit impetu mare petens. In eo flumine nauigia minora a mari ad lubecũ accedunt vſqꝫ ad murũ cũ maiores naues (onera plauſtrorꝝ. cc. l. ducētes) in littore maris p̄ſtant ⁊ ob profunditatem ad duo miliaria ciuitati appropinquare nõ poſſunt. Nouiſſime anno M. cccc. xcii. epiſcopus Theodricus natus de hamburg cũ rome confirmationem accepiſſet Lubecam ingreſſus vigeſimuſquintus lubicenſium ep̄s diuina gratia nunc glorioſe p̄ſidet. Cetera ornamenta vrbis ob longitudinem ſcripturarum ⁊ varietatem ſilentio pretereunda fore dignum duxi.

199

Folium CCLXVII verso

교황 피우스 2세, 황제 프리트리히 3세

외교관이자 문인인 에네아 피콜로미니Enea Piccolomini는 1440년 비엔나에 있는 신성 로마 제국 황제 프리트리히 3세의 궁정에서 계관시인이 되었다. 그 후 그는 1447년에 주교가 되었고 1458년에는 교황 피우스 2세(비오 2세)로 선출되었다. 그는 포르투갈의 엘레오노라 공주와 프리트리히 3세의 결혼을 주선했고, 1452년 신성 로마 황제 대관식을 위해 프리트리히 3세를 로마로 동행했다.

Sum pius Eneas fama super ethera notus

Eneas pius papa Fridericꝰ terciꝰ romanoꝝ īperator

Parcere prostratis scit nobilis ira Leonis
Tu quoqꝫ fac simile quisquis regnabis in orbe

200

Folium CCLXXXIII recto

보헤미아

로마인들은 켈트 족의 일파인 보이Boii 족이 정착한 이 지역을 '보이 족의 땅'이라고 하여 '보이오하이뭄'Boiohaemum이라고 불렀다. 보헤미아Bohemia라는 지명은 바로 여기에서 유래한다. 6~7세기에는 이 지역에 체코 민족이 정주하면서 왕조를 세웠다. 그 후 보헤미아는 14세기 룩셈부르크 왕가의 카를 4세가 통치할 때 크게 발전하기 시작했으며 16세기부터 19세기 초까지는 합스부르크 왕가의 지배를 받았다. 현재의 체코 공화국은 서쪽의 보헤미아와 동쪽의 모라비아, 북쪽 폴란드 접경의 실레지아 지방 일부로 이루어져 있다.

defuncta) nubere vlterius nollet. iamq3 q̄nq3 ⁊ q̄nquagita regnasset annos. ad extremū sub impio friderici ppl'ari tumultu ex regio solo deturbat⁹ est. Et xp̄ofer⁹ bauarie dux sibi ex sorore nepos in ei⁹ locuz suffectus q̄ auūculū suuz. x. annis q̄bus ip̄e regnauit in insula gothica regnare p̄misit. Xp̄ofero aūt ex hūanis abeunte. dacie ac noruegie coronā cristigerus accepit. Sueci v̄o in electione regis discordantes alij carolum equestri dignitate insignē. alij canutū ei⁹ fratrē natu minorē regno p̄ficiunt. Pendente adhuc electionis negotio carolus immissis militibus scoltonie q̄d hodie scockhalm oppidū clam occupat. in q̄ regia sedes habet. Canutus p̄ amicos arcē inuadit. hinc bellū inter fratres ortū ⁊ pugna diu anceps. occisis vtrumq3 plurib⁹ ea demū lege inducie pacte vt potestas eligendi regē exclusa nobilitate plebi fieret. in qua cū carolus gratiosior esset maiestas regni ad eum defert. Canut⁹ priuatā vitā degit. Carolus v̄o nouo regno tumidus at3 insolens armatis nauibus heinricū etatē confectū. nulli noxiū sibi ip̄i viuentē e gothia p̄pulsauit. qui etiam hodie in hūanis agens apud pomeranos (vnde illi origo fuit) p̄uo contentus vitā agere fert. q̄3 sint incerta mortalia ⁊ q̄zinuida suo exemplo docent. qui tribus potentissimis regnis exutus nec paruam insulam in q̄ decem annis delituerat vsq3 ad mortem retinere potuit. etate plenissimus. Sed neq3 carolo scelera sua impunita fuere. qui dum xp̄i eccl'ias p̄sequit. religionem contemnit. sacerdotes dispoliat. festos dies obseruare prohibet. iura diuina ⁊ humana a Johanne benedicti filio vsalensium p̄sulem viro cordato ⁊ impigro. a quo nobilitas regni excitata est magno p̄lio sup̄atus ac regno p̄pulsus in parua insula nonlonge ab ostio vistele p̄pe prussiam exilium agit. Cristigerus in locum eius assumptus pietate ac iusticia melior. Iterum tria regna nostro t̄pe in vnum redegit. cui ⁊ gothia paret. gotho⁊ quondā sedes ⁊ patria.

Bohemia

201

Folium CCLXXXIV recto

베스트팔렌

베스트팔리아Westphalia로도 잘 알려져 있는 베스트팔렌Westfalen은 대부분 평지이며 서쪽에는 라인 강, 동쪽에는 베저 강, 북쪽으로는 프리슬란드, 남쪽으로는 헤센 지방의 산맥이 경계를 이룬다. 샤를 마뉴 대제는 베스트팔렌 족들과 여러 번 전쟁하여 그들을 굴복시켰고, 그들이 이교도를 버리고 기독교를 받아들이도록 했다.

Westualia germanie prouincia

Westualia rheno fluuio ab occidēti claudit. visurgo ab oriēte quā Vserā hodie vocant. a septentrione phrisiā hꝫ ⁊ traiectēsiū terrā. meridiē hassie mōtes excipiūt q̄s anobos pholomeꝰ appellare videt. ex quibꝰ amasis fluuiꝰ orit q̄ Padeburnā ⁊ monasteriū nō ignobiles ciuitates alluēs. mediā ferme ꝓuinciā intersecat ⁊ ꝑ phrisiā defluēs fert in mare. Salas q̄ꝫ fluuiꝰ westualiā irrigat. inter quē ⁊ rhenū cū drusus germāicꝰ belligeraret domitꝭ hostibꝰ victor appetijt. Quo aūt cultores huiꝰ terre vocauit antiq̄tas difficile dictu ē discordantibꝰ auctoribꝰ. Strabo vicinos rheni accolas hoc loco sugambros appellare videt. q̄ duce melone cū romanis bella gessere. victiq̄ꝫ datis obsidibꝰ pacē obtinuere. q̄uis calcata fide ⁊ ꝑditꝭ obsidibꝰ rebellarūt. Pholomeꝰ q̄ꝫ a pte septētrionali germanie circa rhenū fluuiū Bussatores habitare tradit ꝑuos appellatos siccābros. o quenos ⁊ lōgobardos inuenio apud Strabonē circa amasim fluuiū bruteros habitasse q̄s drusus nauali bello supauit. Bruteros aūt bello victos ab austro in aquilonē ⁊ occeanū dilapsos. Ob quā rē cōiecturā cape possumꝰ hos eē q̄ hodie pruteni appellant aq̄lonares ppli de q̄bꝰ supra diximꝰ. facile nāq̄ꝫ bruteros in prutenos sermo ꝯuertit. Carolꝰ magnus multa cū westualis gessit ꝓlia eosq̄ꝫ magnis afflixit cladibꝰ coegitq̄ꝫ xp̄i religionē amplecti relicto ydolorū cultu. quā cū sepiꝰ abnegasset nec iusiurādū aduerteretvt metu pene rebelligionē cōpesceret occultos ꝯstituit iudices q̄bꝰ ptātē deditvt q̄ꝫ primū deierasse aliquē cōperissent aut fregisse fidē aut aliq̄d aliud flagiciū cōmisisse mox illū supplicio afficerent vbi primū cōprehēdi posset nulla citatione ꝑuia aut defensione pmissa. elegit eīn viros graues ⁊ recti amantes quos plectere innocentes haud verisimile sint. Terruit ea res westualos ac demū in fide continuit. cum sepe iñ nemoribus ⁊ proceres ⁊ mediocres viri laqueo suspensi inuenirent nulla accusationi prius audita. Querentibus tamen causam cōstabat fregisse fidem. aut magnū aliquod scelus cōmisisse qui necati reperiebantur. Id iudicium ad nostram vsq̄ꝫ durat etatem vocaturq̄ꝫ vetitum. qui ei presunt scabini appellantur. quorū ea presumptio est vt per totam Germaniā iurisditionē extendere velint. Secretos habent

202

Folium CCLXXXIV verso

헤센

헤센Hessen은 베스트팔렌과 프랑켄(프랑코니아) 사이 산이 많은 지방으로 그 영역은 라인 강으로부터 북동쪽 튀링엔 지방까지이다.

1264년에서 1567년까지 신성 로마 제국의 제후 국가 헤센 방백국方伯國(Landgrafschaft Hessen)이란 이름으로 존재했다. 현재 이 지방의 최대도시는 프랑크푸르트이다.

ritus ꝛ archana quedã quibꝰ malefactores iudicãt ea nõdũ quisqꝫ reptus q̄ vel p̄cio vel metu reuelauerit. Ip̄oꝝ qꝫ scabinoꝝ magꝭ ps occulta ē q̄ ꝑ prouĩcias discurrẽtes crimĩosos notãt ꝛ referẽtes iudicio accusãt probantqꝫ vt eis mos ē. damnatiqꝫ describũtᷣ in libro ꝛ minoribus scabinis ꝯmittitᷣ executio. reus ignarus sue dãnationis vbicũqꝫ reptus fuerit supplitio afficitᷣ. Degenerauit aũt hoc iudiciũ. nã ꝛ viles aliq̄ p̄sone admittũtᷣ ꝛ ciuilia negotia tractare audẽt. quibus erat solũ de criminalibꝰ ꝯmissa ptãs. In hac prouincia nr̄o tp̄e susatenses ab eccl̄ia coloniensi desciuere. nec diutino vexati bello multisqꝫ cladibus affecti ꝛ obsessione ptinacissima oppugnati ad obedientiã redire. cuiꝰ rei causa ꝛ theodricꝰ coloniensis antistes. q̄ westualoꝝ p̄riceps habetᷣ. Et iohãnes dux cleuẽsis nõ paruis inter se odijs cõtendere. Cũ susatẽses ad cliuẽsium opes cõfugissent coloniẽses saxonie duces ꝛ nõ paruã bohemoꝝ manũ in auxiliũ accepissent. Apud monasteriũ qꝫ eiusdẽ prouincie ciuitatẽ ꝓpter eccl̄iaꝫ quã walranꝰ theodrici frater sibi debitaꝫ existimabat acriter dimicatũ ē. in quo bello multis hostiũ cesis vnꝰ ex principibꝰ brunsuicẽsibꝰ q̄ dux copiaꝝ fuit interceptus ꝛ in ptãteꝫ coloniẽsis antistitis factꝰ. Est aũt westualia regio admodũ frigida neqꝫ frumẽti habundans. pane vtuntᷣ nigro. ceruisia potus. vinũ qđ rheno vehitᷣ magno emitᷣ p̄cio. opulẽti tñ eo vtuntᷣ idqꝫ raro. populus marcialis ē ꝛ ingeniosus. de q̄ ꝓuerbiũ esse dicũt viciosos ꝛ fallaces westualia facilꝰ qꝫ stultos gignere. Hic qꝫ theodrici mentio incidit nõ ē absre pauca de eo referre. cui inter viros illustres nostri seculi nemo locũ negauerit. Origo eiꝰ ex familia morsnẽsi apud germanos principes honoratissima fuit. Tres fratres habuit qui oẽs supra sexagesimũ annũ vixere. Henricus natu maioꝛ paternũ principatũ gubernauit. Johãnes monasteriẽsem eccl̄iam multis annis vsqꝫ ad exitũ vite sue summa cũ laude administrauit. Ualranius ꝛ ad traiacẽsem eccl̄iaꝫ ꝛ ad monasteriensem defũcto frẽ nequaqꝫ aspirauit. qꝫuis ad traiectã cõcilij basiliensis fauore ꝛ ad monasteriẽsem nicolai põtificis institutione vteretᷣ. Theodricꝰ ip̄e cũ bononie iuri põtificio operã daret a Johãne. xxiij. summo pon. coloniẽsem eccl̄iaꝫ obtinuit. cui iã sex ꝛ. l. annos nõ sine plebis ac nobilitatis magno fauore p̄fuit. q̄ ꝛ si plurima ꝓ defensione eccl̄ie sue vario euentu bella gessit in quis mõ strennui militis. mõ fortissimi ducis officiũ impleuit. nunqꝫ tñ domi aut sacerdotalia munia aut ciuilẽ administrationẽ neglexit. corpe pulchro ꝛ supra ꝯmunẽ staturã eminenti. aïo magno ꝛ p̄liberali. cuiꝰ pallaciũ illustribꝰ sp̄ patuit hospitibꝰ.

Hassia germanie ꝓuincia

Inter westualos ac francones hassia iacet mõtana regio q̄ a rheno in septentrionẽ porrecta thuringie iũgitᷣ. princeps gẽtis lãtgrauius etate nr̄a ad impiũ vocatꝰ. imparẽ se esse dixit q̄ tante rei molẽ sustinere posset. maluitqꝫ paruo imp̄io parentibꝰ sibi relicto vtiliter p̄esse. qꝫ magnũ accipiẽs dissipare. id quoqꝫ sibi obstare ad rẽ xp̄ianã gerendã dixit. qꝛ lr̄as ignoraret. Fuit tñ legũ cultoꝛ. qꝫs sibi patrio sermone exponi iussit. Quotiẽs corã eo cã ventilata ē nec vnqꝫ cõptus est iniquã tulisse sententiã. Hic cũ reformaturꝰ monasteriũ qđdã sue ditionis ingreditᷣ ꝛ inuitatus cũ monachis edit venenũ pro cibo inter edendũ sumpsisse creditus est. nam ꝛ ip̄e ꝛ abbas qui reformationem petierat paulopost extincti fuerunt.

203

Folium CCLXXXV recto

프랑켄

라틴어 지명은 프랑코니아Franconia이다. 오늘날 바이에른 지방의 북부지방과 그 인접 지역에 해당하며 주요 도시로는 뉘른베르크, 밤베르크, 뷔르츠베르크 등이 있다.

19세기 초 나폴레옹이 신성 로마 제국을 해체함에 따라 남부 독일 국가들의 경계선이 새로 확정되면서 프랑켄Franken 지역 대부분이 바이에른에 속하게 되었다.

Franconia germanie superioris prouincia

Franconia ⁊ huic succedit nobilis sane ꝓuincia admodū potēs ab incolatu francorū sic appellata. Fran
ci q̄dē troiani ab origīe fuerūt. q̄ deleto Ilio duce Priami magni p̄ami ex sorore nepote ꝑ pontū euxi
nū ⁊ meothidas paludes in scithiā ꝑuenerunt. ibiq̄ꝫ ciuitatē edificarūt quā vocauere Sicambriā. ex q̄ dicti
sicambri. Cōstat em̄ pꝰ euictā incēsamq̄ꝫ troiā q̄ supfuerūt excidio in turmas tres diuisos in exiliū ꝓfugis
se. ⁊ alios q̄dē Enea duce italiā petiuisse a quibꝰ albani ꝓdierūt. ⁊ deinde romā qui orbis impio potiti sūt.
Alij sub Anthenore ꝑ medios achiuos elapsi illiricos penetrauere sinꝰ ⁊ regna liburnorū ad intimū adriati
cū pelagus accessere vrbēq̄ꝫ cōdidere patauinā vbi sepultū Anthenorē tradūt. qui eneciū fugas secū duxit
a quibus postea dicti veneti q̄rū est hodie ingens ptās terra mariq̄ꝫ. Tercij vt diximus in scithiā penitrarūt.
quo in loco in magnā gentē coaluerūt. Cūq̄ꝫ scitharū multi romano impio subiecti essent ⁊ ipi quoq̄ꝫ tribu
ta penderūt. māserūt fectigales vsq̄ꝫ ad tp̄a valentiniani cesaris. quo impante alani vexare impiū ceperūt.
impator vō proposito edicto libertatē in decenniū eis promisit qui alanorū ferocitatē cōpesceret. allecto eo
p̄mio Sycābri arma susceperūt alanosq̄ꝫ bello victos deleuere. Ob quā rē libertati in decenniū ab impato
re donati sunt ⁊ mutato noīe franci appellati. qđ actica lingua siue feroces siue nobiles sonat. Itali francos
nobiles liberos vocāt. Exacto decennio cū romani solita tributa repeterēt frāci ob ipāꝫ libertatē effrenes fa
cti parere recusarūt. Pricipes eo tp̄e francis fuere priamꝰ ⁊ anthenor antiqui nois ac vtut quibus copias
ductātibus p̄liū cū romanis cōsertū est. in quo priamꝰ ipe cū fortissimis sue gentis cecidit. qui cladi supfue
rūt ex scithia digressi sunt ⁊ ī germaniā profecti in ptibꝰ thuringie cōsederūt cū pricipibꝰ suis priami ⁊ an
thenoris filijs marcomede scꝫ ⁊ simone. Symo sine liberis decessit. Marcomede filiꝰ fuit foramūdꝰ quē si
bi frācij regē creauere. ⁊ hic p̄mꝰ inter frācos regnauit. Huic fuit filiꝰ clodoweꝰ crinitꝰ a quo frācorū reges
criniti sunt appellati. ꝑ ideꝫ tempus gothi qui iā vrbem romam irruperāt vltra ligerū fluuiū in gallia sedes
inuaserūt. Burgundiones quoq̄ꝫ iuxta rhodanuꝫ habitabāt. qui ⁊ ipi paulo plꝰ reges hr̄e ceperunt. Fran

VSLANT
IBERNIA
SCOCIA
ANGLIA
OCEANVS GERMANICVS
LVNDEA
HOLAND
Traiectum
Prug
Antorf
Monstri
FRISIA
Hamburg
Lubic
Albis fl
Calis FLANDRIA
OCCIDENT
Tibulla fl
Leodiü
GELRIA
WESTVALIA
Colonia
PICARDIA
BRABANCIA
Masa fluuius
Aquisgranu
MARCHA
NOR MANDIA
FRANCIA
Lutzelburg
Trier
Marburg
BRITANIA
Paris
Palantina
Mosella fl
Frankfurt FRANCONIA
Mentz
Menus fl
Heidelberg
Erabipulis
Sala fl
Mets
Speier
Oaliens
Secana fl
Necarus fl
Bamberg
Tors
Argentina
Nurnberg
Sana fl
BVRGVNDIA
Basilea
Norling
Salin
SWEVIA
Vlma
Danubio fl
Lucern
SVEVIA
Ratispona
BAVARIA
Lion
Zurch
Rodanus fl
Vesontz
Limag fl
Licus fl
Bern
Constancia
Renus fl SVEITZER
Isara fl
Genf
Iler fl
Augusta
Isara fl
Monchen
Enos fl
Auinio
Druencius fl
Athesis fl
Villach
PROVINCIA MASSILIA
LONGOBARDIA
Venecia
Badua
Vincencia
Verona
Ianua

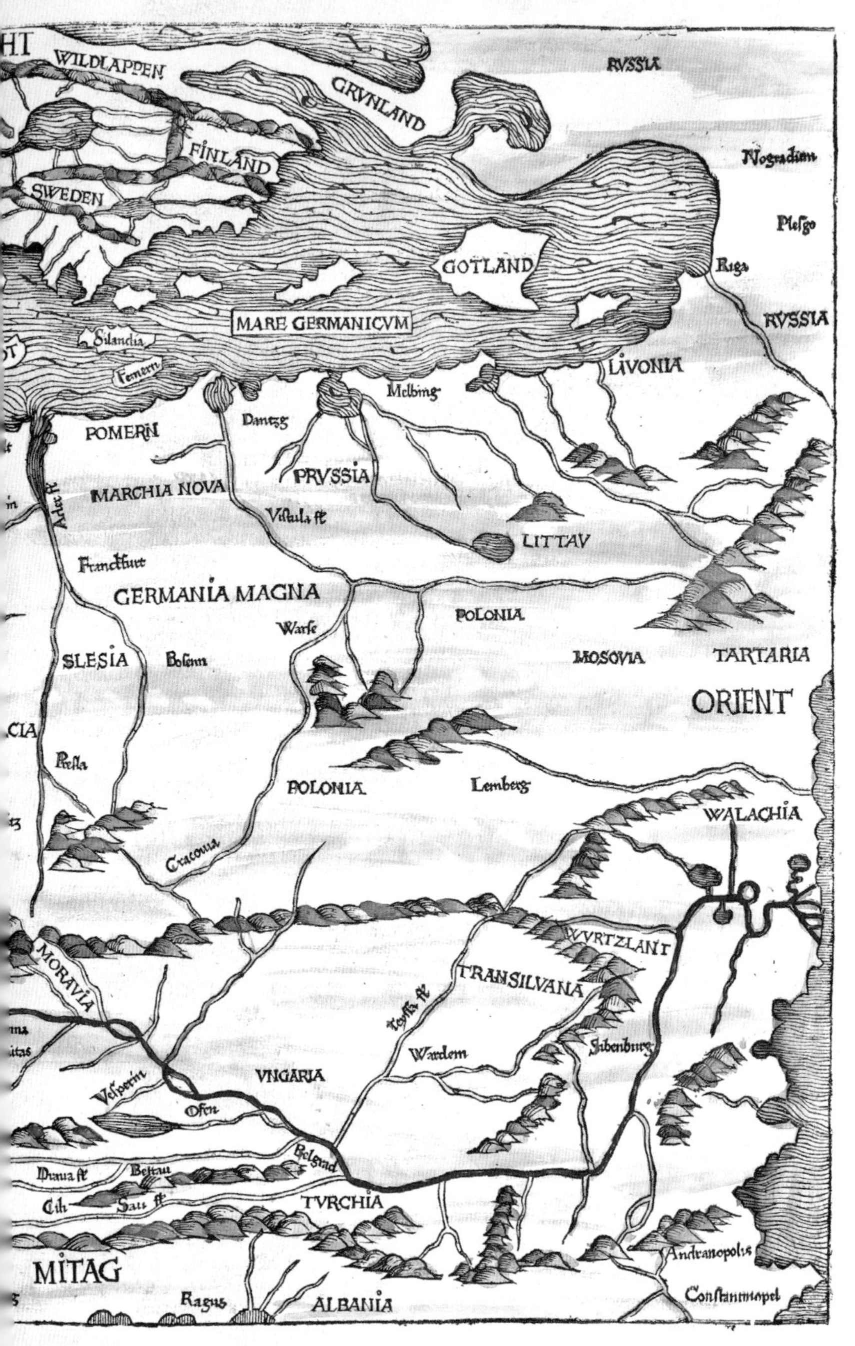

WILDLAPPEN
GRVNLAND
RVSSIA
FINLAND
SWEDEN
Nogradien
Plesgo
GOTLAND
Riga
MARE GERMANICVM
RVSSIA
Silandia
Femern
LIVONIA
Melbing
Dantzg
POMERN
PRVSSIA
MARCHIA NOVA
Vistula fl
LITTAV
Francfurt
GERMANIA MAGNA
POLONIA
Warse
SLESIA
Bosenn
MOSOVIA
TARTARIA
ORIENT
Presla
POLONIA
Lemberg
WALACHIA
Cracowia
MORAVIA
WVRTZLANT
TRANSILVANA
Wardein
Sibenburg
VNGARIA
Vesperin
Ofen
Belgrad
Drawa fl
Bettau
Cili
Sau fl
TVRCHIA
MITAG
Andranopolis
Ragus
ALBANIA
Constantinopel

204

Folium CCCVII verso-CCCVIII recto

중부 유럽 지도

이 지도는 독일을 중심으로 주변 국가들의 산맥, 강 등이 묘사되어 있으며 지명은 대부분 라틴어로 표기되어 있다.

찾아보기

하르트만 셰델Hartmann Schedel(1440~1514)

라이프치히 대학에서 교양 과정을 이수하고 1463년 이탈리아 파도바 대학에서 의학을 공부하면서, 절정기였던 르네상스의 인문주의 이상을 접했다. 1470~1480년에는 독일 남부 도시 뇌르트링겐과 암베르크에 살다가, 뉘른베르크로 돌아와 인문주의자들과 교류하였다. 다방면에 걸친 학식을 갖춘 셰델에게 상인 제발트 슈라이어와 제바스티안 캄머마이스터가 세계 연대기 저술을 주문했고, 그는 자신의 서재에 있던 옛 자료들을 엮어 《뉘른베르크 연대기》를 출간했다.

정태남

이탈리아 건축사이자 작가로 건축 분야 외에도 미술, 음악, 언어, 역사 등 여러 분야를 넘나들며 30년 이상 이탈리아를 중심으로 유럽에서 활동했다. 이를 바탕으로 이탈리아를 비롯하여 유럽 여러 나라의 도시와 문화에 대하여 국내 주요 매체에 기고하고 있으며 여러 곳에서 강연도 하고 있다. 현재 ITCCK(주한 이탈리아 상공회의소)와 《음악저널》의 고문이기도 하다.

저서로는 팔라디오의 《건축4서》(해설), 《건축으로 만나는 1000년 로마》, 《동유럽 문화도시 기행》, 《유럽에서 클래식을 만나다》, 《로마 역사의 길을 걷다》, 《매력과 마력의 도시 로마 산책》, 《이탈리아 도시 기행》 등이 있다.